한국정치사 구술연구

"이 저서는 2015년 대한민국 교육부와 한국학중앙연구원(한국학진흥사업단)의 구술자료아카이브구축(현대한국구술사연구)의 지원을 받아 수행된 연구임 (AKS-2015-OHA-1240001)"

한국정치사 구술연구

초판 1쇄 발행 2020년 12월 24일

지은이 조영재, 김택호, 손동유
펴낸이 윤관백
펴낸곳 도서출판 선인
등 록 제5-77호(1998.11.4)
주 소 서울시 마포구 마포대로 4다길 4 곶마루빌딩 1층
전 화 02)718-6252/6257
팩 스 02)718-6253
E-mail sunin72@chol.com

정가 33,000원
ISBN 979-11-6068-419-3 94900
ISBN 979-11-6068-418-6 (세트)

한국의 구술사는 1980년대 출발하여 1990년대 도약기를 거쳤고, 2000년대 이후 비약적인 성장을 이루어왔습니다. 십여 년 전 만해도 낯설던 '구술사'라는 용어가 이제 학계에서는 물론 일반 국민들 사이에서도 익숙해졌습니다. 다양한 연구 분야에서 구술사 방법론을 적용하고 있으며, 많은 기관에서 구술사 관련 사업들을 발주하고 있습니다. 뿐만 아니라 여러 기관에 구술사 관련 아카이브를 만들고 있으니, 지난 몇 십 년 간의 구술사 분야의 발전은 상전벽해(桑田碧海)라고 해도 손색이 없을 정도입니다.

그러나 이러한 발전과정에서도 고민이 없지 않았습니다. 학계에서는 수많은 구술 자료를 체계적으로 관리하고 활용할 아카이브가 필요하다는 지적이 있었고, 이에 따라 2009년 4월부터 한국학중앙연구원에서는 "현대한국구술사연구사업"을 시작했습니다. 이렇게 시작된 "현대한국구술사연구사업"은 10년이라는 장기 계획을 통해 영상 자료 중심의 수집, 체계적인 관리와 보존, 서비스 기능을 갖춘 아카이브를 구축한다는 점에서 많은 주목을 받았습니다. 그 결과 491명의 구술자로부터 3,368여 시간의 구술 자료가 수집되었고, 이 자료들은 현재 아날로그와 디지털로 보존되고 있으며, 학계와 국민들이 활용할 수 있도록 온라인 아카이브를 통해 제공되고 있습니다.

'현대한국구술사연구사업'은 총 5개 연구단으로 구성되어 진행되었습니다. 4개 분야의 연구팀에서 자료를 수집하고, 1개의 아카이브구축팀에서 관리하고 서비스하는 형태입니다. '정당정치' 분야(과제명: "세대로 본 역동의 한국정당정치사 – 산업화·민주화 세대의 증언")는 명지대 연구단에서, '현대사와 군' 분야(과제명: "한국 현대사와 군")는 서울대 연구단, '경제외교' 분야(과제명: "고도성장기(1960~70년대) 경제외교사 구술아카이브 구축")는 한국외대 연구단, '종교와 민주화' 분야(과제명: "현대 한국사 발전의 내면적 동력을 찾아서 – 민주화와 산업화를 이끈 종교인 구술자료 수집과 연구")는 한신대 연구단이 맡았으며, 아카이브 구축(과제명: 현대한국구술자료관구축연구)은 한국학중앙연구원에서 진행했습니다.

이번에 간행되는 "현대한국구술사연구 총서"는 지난 10년간의 연구사업을 총괄해 본 것입니다. 각 연구단별로 한 권씩 모두 5권으로 묶었습니다. 10년의 연구사업과 수많은 구술 자료들을 5권의 책에 모두 담아내기에는 한계가 있을 수밖에 없지만, 전체 연구사업을 조망하고 각각의 주제에 따른 구술 자료들의 특성을 드러낼 수 있도록 노력했습니다.

본 총서는 현대한국의 역사를 구술 자료를 통해 다시 조망했다는데 의미가 있습니다. 10년이라는 장기 사업을 통해 각 주제별로 한국 현대사의 주요 인물들의 경험과 기억을 담았고, 이 자료들을 바탕으로 한국 현대사의 주요 대목을 다시 구성해 보았습니다. 명지대의 정치분야 구술은 총 3부로 우선 정치인의 내면과 인식의 세계를 정치엘리트의 근대화론과 집단기억, 통일인식과 행위 양상, 구술자의 정서와 구술 내용의 상호관계 등으로 풀어냈고, 더불어 정치공간에서의 구조와 행위를 파악하기 위해 '직업정치인'의 등장과 정치적 기회구조, 정당정치 변화의 순간들, 그리고 정계입문의 경로와 정치적 입장 선택의 변수 등을 다채롭고 흥미롭게 정리했습니다. 다음으로 한국군의 기억에 대한 구술자료를 연구한 서울대 연구단에서는 창군에서 베트남전, 그리고 한국 정치변동에서 군의 역할, 식민지 시기이후 한국전쟁에 이르는 창군 이후 군의 경험, 베트남 전쟁 시기 작전권 협상, 한국기업의 베트남 진출, 한국군의 일상생활, 그리고 윤필용 사건, 하나회, 자주국방, 그리고 군의 해외유학 경험에 대한 흥미로운 구술 자료들을 촘촘하게 연구했습니다. 세 번째로 경제외교분야 인물들의 구술 자료를 연구한 한국외국어대학의 경우, 1960년대 경제개발계획 시기 외자도입, 한일협정, 과학기술개발 등 초기적 상황, 중화학공업화 시기 정책결정 및 제철, 조선, 자동차 등 각 산업에서 정책 결정 등에 대해 분야별로 다채롭게 당시 경험을 재구성했습니다. 네 번째로 종교와 민주화 분야를 연구한 한신대 연구단에서는 군사독재 시기, 5·18 광주민주화운동에서 1987년 민주화, 그리고 그 이후로 시기를 구분해서 종교인의 민주화 운동에 연루되었던 도시산업선교회, 민중불교운동, 5·18과 한국교회, 민중교회운동, 1980년대 민주화운동에 참여했던 목회자, 그리고 1990년대 이후 기독교 시민운동, 일본군 위안부운동, 종단개혁 등 흥미진진한 구술 자료를 역사로 풀어냈습니다. 끝으로 구술 자료를 집적, 서비스한 한국학중앙연구원 연구단은 먼저 현대한국구술자료관 구축의 역사와 특징을 현대한국구술자료관 구축 연구의 내용 및 수집 자료의 특성 등을 중심으로 살피고, 다음으로 실제 10년간 구술아카이브 구축의 전 과정을 자료관 관리 규정의 특징과 구술 자료 생산 과정에서 자료관의 역할, 아카이브 관리시스템 특성과 의의, 그리고 아카이브 서비스 시스템 특성과 의의 등으로 나누어 살펴보았습니다. 마지막으로 현대한국구술자료관의 활용 방향과 전망에서는 지속적으로 논쟁이 되는 구술기록의 저작권 문제와 구술기록의 수집과 활용 과정에서의 윤리적·법적 쟁점들을 구체적으로 정리하고, 끝으로 국내외 구술아카이브에 대한 시론적 평가에 근거해서 향후 아카이브를 활용한 연구의 전망 및 풀어야 할 숙제에 대해 다루었습니다. 이는 이후 발전적으로 구축될 구술사 아카이브에 적지 않은 도움이 될 것으로 생각됩니다.

지난 10년간 자료를 수집하고 정리한 각 연구단의 연구자들에게 감사드립니다. 아울러 구술 자료의 수집 뿐만 아니라 이번 총서에 옥고를 주신 필진 여러분께도 감사드립니다. 또한 10년동안 지원을 아끼지 않았던 교육부와 한국학중앙연구원, 한국학진흥사업단에도 이 지면을 빌어 감사드립니다. 이번 총서와 수집된 구술 자료가 한국의 현대사에 대한 보다 다양하고 풍부한 연구를 하는데 기여하기를 바랍니다. 감사합니다.

명지대 연구책임자 김익한
서울대 연구책임자 정용욱
한국외대 연구책임자 반병률
한신대 연구책임자 연규홍
한국학중앙연구원 연구책임자 김 원

명지대학교 국제한국학연구소는 2009년부터 2018년까지 10년 동안 한국정치엘리트들을 대상으로 구술연구를 진행했다. 이 연구는 한국학중앙연구원이 지원하는 엘리트구술연구사업(현대한국구술사연구사업)의 일환이었고, 정치엘리트뿐 아니라 군부엘리트, 경제엘리트, 종교엘리트를 포함하는 방대한 구술연구의 일부분이었다.

이 책은 명지대 국제한국학연구소가 진행한 10년 동안의 한국정치엘리트 구술연구에 관한 것이다. 구술연구의 결과물은 실로 방대하다. 144명의 구술자들을 대상으로 1,172시간의 구술이 이루어졌으며, 그에 따른 영상기록과 20,071쪽에 달하는 녹취록이 결과물에 포함되어 있다. 이러한 구술연구 결과를 한 권의 책으로 축약하는 것은 불가능하다. 따라서 이 책에서는 지난 10년의 연구성과를 개략적으로 소개하고, 구술내용의 특성을 예시적으로 보여줄 수 있는 내용을 담고자 했다.

제1부 [총론]에서는 본 연구에서 진행한 한국정당정치엘리트 구술연구의 성격과 의의 및 한계에 대해 서술하고자 했다. 제1장에서는 구술연구의 개략적 외형(contour)을 담고 있다. 연구목적과 방법, 구술대상자들의 인구학적·사회학적·정치학적 특성 및 주요 구술사례들을 소개하고자 했다. 제2장에서는 이러한 구술자료들이 지니고 있는 의미와 한계에

관한 방법론적 이해방식에 관한 것이다. 구술연구에서 항상 대면하게 되는 문제, 즉 역사적인 '사실'과 구술자들의 '기억' 및 '구술'사이에 존재하는 간극의 원인과 유형을 분석하고, 이러한 간극을 해석하는 방법에 대해 서술하고자 했다.

제2부 [정치인의 내면과 인식세계]에서는 정치인들의 주관적 세계를 다룬다. 이제까지 대부분의 사회과학적 연구들은 사회균열, 정당배열, 정당체제와 같은 거시·사회적 변수들이나 또는 투표율, 지지율과 같은 수량화 가능한 양적 지표들을 중심으로 정당정치를 해석해 왔다. 이와 달리 이 책에서는 구술자료를 통해 정치인의 인식과 사고방식 등을 살펴봄으로써, 정치행위자들의 주관적인 측면에서 접근하고자 했다.

제1장에서는 정치인의 사고를 지배한 가치관, 세계관 및 논리 속에서 존재하는 '집단의식'과 '표상'에 대해 다룬다. 제2장에서는 특정 사안(통일문제)에 관한 정치인들 '인식'과 '태도'에 있어서 다양성과 변화를 추적하였다. 제3장에서는 구술자료에 숨겨져 있는, 구술자와 면담자 사이에 존재하는 '정보격차문제'와 이로 인한 '내면의 정서' 및 '상호작용'에 대해 분석한다. 제4장에서는 정치행위자의 '개인적 정서'나 '기질적 특성'이 그들의 정책활동이나 정치적 선택 있어서 미치는 영향에 대해 서술한다.

제3부 [정치공간에서의 구조와 행위]에서는 정치인의 의식과 행위 저변에서 영향을 미치는 '사회·정치구조'나 그러한 구조에 영향을 받아 이루어지는 행위현장을 다룬다. 제1장에서는 한국에서 대표적인 근대적 '직업정치인'(언론인 출신, 법조인 출신)이 등장하는 과정에서 작용하는 '거시적 정치환경'과 '정치적 기회구조'에 대하여 다룬다. 제2장에서는 한국정당정치의 변화를 가져왔던 '정당창당'(민주공화당 창당)과 '선거제도의 변화'(선거법 개정)와 그 과정에서 행위자들에게 영향을 미쳤던 정치적 계기들에 대해 서술한다. 제3장에서는 정치환경의 변화에 따른 정치인들의 충원과정에 대해 사례별로 다룬다.

이 책의 저자로 참여한 3인은 10년간 명지대 국제한국학연구소의 구술연구에 직접 참여했던 연구자들이다. 하지만 이들이 구술연구를 대표하진 않는다. 정치학자 고원, 김형철, 이준한, 이종훈, 정상호뿐 아니라, 역사학자 이호룡 역시 직접 구술연구에 참여하였다. 이들의 전문성과 노력으로 초기의 시행착오를 줄이고, 구술연구가 체계적으로 진행될 수 있었다.

그럼에도 가장 중요한 기여자의 지위는 역사학과 기록학을 전공한 명지대학교 기록정보과학전문대학원의 김익환 몫이다. 그는 구술연구의 책임자로서 연구의 전체적 방향을 설정하고 진행과정을 설계했을 뿐 아니라, 실제 연구과정을 끊임없이 점검하였다. 만약 그가 가진 학자로서의 전문성과 열정이 없었다면, 정치학, 역사학, 국문학, 기록학 간의 학제 간 연구는 결실을 맺기 힘들었을 것이다. 덧붙여 대학원생이었던 김은실, 권용찬, 송영랑, 김하나, 용마루, 김소연, 남서진, 박혜준, 이은정 등 연구원들은 녹취, 자료정리 및 일정관리와 같이 구술연구에 필수적인 실무를 담당하였다.

이처럼 수많은 연구자와 연구원의 노력으로 구술연구는 진행되었다. 하지만 이 책이 지닌 허술함과 한계는 그들 책임이 아니다. 오로지 저자들의 몫이다.

끝으로 이 책을 비롯하여 한국학중앙연구원의 한국현대구술사연구의 시리즈를 출판해 준 도서출판 선인의 윤관백 사장과 편집부 여러분께 감사를 드린다.

저자 일동

목 차

제II부
정치인의 내면과 인식의 세계

제Ⅲ부
정치공간에서의 구조와 행위

제 I 부

총론

제01장

정당정치구술연구 10년

-기록과 파편들-

조 영 재

1. 들어가며

지난 10년 동안 엘리트 구술은 한국학계에서 주요 성장분야 중에 하나이다. 이 같은 엘리트에 대한 구술은 행정부, 입법부, 사법부의 기록관리기관이나 연구기관의 재정적 지원 하에 지속적으로 이루어져왔다.[1] 그 중에서도 한국학중앙연구원이 지원하는 엘리트구술(현대한국구술사연구사업)은 정치, 군부, 경제, 종교의 영역을 대상으로 하며, 구술대상기간, 구술자의 수, 구술연구기간에 있어서 다른 구술연구를 압도한다.[2]

1) 여기에는 대통령기록관, 국회기록보존소, 대법원 행정처, 한국학중앙연구소 등이 포함된다. 대규모 구술연구는 수많은 인력·시간·장비를 필요로 하며, 이러한 예산을 확보할 수 있는 기관의 지원이 필수적이다.

2) 한국학중앙연구원의 구술연구는 세계적으로도 유례를 찾기 쉽지 않다. 미국 대통령기록관(Presidential Libraries)의 구술연구가 그나마 비교할 수 있는 대상이다. 케네디기록관이 1,300여개, 존슨기록관이 1,500여개, 클린턴 기록관이 130여개의 구술면담 자료를 소장하고 있다. 하지만 이중 클린턴의 사례를 제외하면 대부분의 구술자료는 청각자료(녹음테이프)나 문서자료(녹취록)의 형태로 존재한다. 한국학중앙연구원의 자료는 시각자료(영상테이프)까지 포함하고 있다는 점에서 커다란 차이가 있다.

정치엘리트 구술인 정당정치구술연구만 하더라도 10년에 걸친 연구기간동안 해방이후부터 노무현 정부시기에 이르기까지 현대정당정치의 전기간을 포괄하고 있다. 이 시기는 근대화의 세가지 모멘텀(momentum)에 해당하는 국가형성, 산업화, 민주화로 구분할 수 있다. 구술대상은 144여명이다. 이들의 평균나이는 만 80세이며, 평균적으로 약 3선(2.8선)의 국회의원을 지냈다. 이들이 경험한 정당은 모두 528개(평균 4.2개)에 이른다. 이들이 구술한 시간은 1,172여 시간에 이르며, 녹취록은 A4용지를 기준으로 20,071쪽이다. 이 과정에서 7명의 정치학자와 2명의 역사학자, 그리고 1명의 국문학자가 면담에 참여하였다.

정당정치 엘리트들을 대상으로 이처럼 방대한 구술을 세계적으로 유례를 찾아보기 힘들다. 그런 만큼 질문지(questionnaire)구성과 구술자 표집(sampling)에 있어서 새로운 연구방법을 시도해야만 했다. 전공이 상이한 학자들의 학제 간 협력도 매우 중요했다. 그 결과로 새로운 사실이나 논쟁적인 진술, 그리고 기존의 연구들을 보완할 수 있는 다양한 구술을 성과로 확보할 수 있었다. 그러나 성과는 여기에 국한되지 않는다. 구술하는 과정에서 겪었던 많은 시행착오는 향후 새로운 구술연구에 참고가 될 것이다. 구술내용을 여러 학문영역에서 다양한 주제를 통해 접근할 수 있다는 점 또한 정당정치엘리트 구술이 남긴 중요한 가능성의 영역이다.

이 글에서는 지난 10여년동안의 한국정당정치구술 연구의 방법, 주체, 과정을 기록하고, 이 과정에서 파생되었던 파편들, 즉 성과와 향후 과제들을 정리하고자 한다.

2. 새로운 연구방법의 시도

정당정치엘리트 구술연구를 기획하는 과정에서 마주했던 첫 번째 문제는 참고할 만한 선례연구가 없었다는 점이다. 연구방법론부터 새롭게 만들어야했다. 구체적으로는 ① 연구대상 시기를 어떻게 구분하고, ② 구술대상 엘리트를 어떻게 표집하며, ③ 어떤 질문지를 구성할 것인가였다. 정치학의 정당정치연구방법론, 사회과학의 질적연구방법론, 인류학 등의 구술연구방법론이 주요 참고자료였다.

1) 시기구분

사실 연구대상이 되는 해방이후 60여년의 시간은 일반적인 역사적 시간의 관점에서 볼 때 그리 긴 시간은 아니다. 한 개인의 생애주기에도 못 미치는 시간이기 때문이다. 하지만 정당정치사적으로 보면 문제는 달라진다. 근대 사회의 산물인 정당은 매우 짧은 시간 동안에 파벌, 명사정당, 대중정당, 포괄정당, 카르텔정당, 선거전문가정당 등 다양한 형태를 거치며 형성(formation)되고 발전(development)되었고, 더나가 탈산업화와 세계화라는 탈근대화 흐름 속에서 해체(dealignment)되거나 재편(realignment)되고 있기 때문이다[3]. 서구 사회에서 100년이 넘게 진행되었던 역사적 과정은 한국 사회에서 지난 60여년 동안 압축적으로 진행되었다. 따라서 정당정치사적 관점에서 한국 정당정치 행태와 환경의 변화를 구분해 줄 시기구분이 매우 필요했다.

우리는 크게 국가형성기(1945~1960), 산업화기(1961~1986), 민주화

3) Lipset, S. M. and S. Rokkan, "Cleavage Structures, Party Systems and Voter Alignments: an Introduction", in S. M. Lipset and S. Rokkan(eds.). *Party System and Voter Alignment*, New York. 1967. ; Mair, Peter, *Party System Change: Approaches and Interpretations*, Oxford University Press. 1997.

기(1987~2008)로 구분하였다. 각각은 근대화가 진행되는 과정에서 동력과 계기를 제공하는 모멘텀(momentum)으로 작용했으며, 정당 또한 근대화 모멘텀의 일부이자 산물로 간주 될 수 있기 때문이다. 실제로 구술연구과정에서 이러한 기준이 적절했음을 확인할 수 있었다. 국가형성기에 특정 정당에 소속되어 있지 않는 무소속이 압도적인 지지(제헌선거: 40.3%, 2대선거: 62.9%, 3대선거: 47.9%)를 받을 정도로 정당은 주변적인 지위에 있었다. 산업화기에는 정당법 등에 의한 권위주의적 통제와 정당(공화당)을 통한 정치적 동원을 특징으로 하면서, 한국 정당정치의 특성이 어떻게 형성되었는 지를 확인할 수 있었다. 민주화기에는 의회정치를 중심으로 정당 간의 연대와 통합(3당합당, DJP연합 등)이 정치적 변화를 이끄는 중심축으로 작용하였다는 구술이 이어졌다. 다시 말해 근대화 모멘텀은 한국정당정치발전과 변화를 구분하는 중요한 기준이라 할 수 있다.

이처럼 거시적 변화기준은 구술을 기획하거나 구술내용을 확인하는 과정에서 의미있는 역할을 했다. 하지만 시기구분을 개별 구술연구에 적용할 때는 주의해야 했다. 대부분의 구술자들은 두 개 이상의 시간대에 걸쳐서 정치활동을 했기 때문이다. 예컨대 최고령자였던 송방용의 경우에는 제2대 국회(1950년)에서부터 제10대국회(1980년)에 걸쳐 국회의원을 역임했다. 국회의장을 역임했던 김수한은 제7대 국회(1967년)부터 제17대국회(2008년)까지 활동을 이어왔다. 이들이 활동했던 사회적 시간대가 국가형성기에서 산업기로, 산업화기에서 민주화기로 바뀌었음에도 불구하고, 이들의 정치적 활동방식과 행태는 지속성과 연속성을 지니고 있는 경우가 많았다. 한마디로 사회적 차원 뿐 만아니라, 개인적 차원에서도 '비동시성의 동시성'(the contemporaneity of the uncontemporary)이 나타나기 때문이다. 시간의 흐름에 따라 시기적 변화는 단절적으로 이루어지고 있음에도, 구술자 개인의 수준에서는 '변화가 어떻게 나타났지, 연속성과 단절성은 무엇이었는지를 항상 염두에 두어야만 했다.

2) 정당정치 엘리트의 표집(sampling)

이 문제는 훨씬 미묘하다. 우선 '정당정치'가 무엇인지, 그리고 '엘리트'가 누구인지에 대한 조작적 정의(operational definition)가 필요하다.[4] '어떤 분야'에서 활동했던 '누구'를 구체적으로 선택해야하기 때문이다. 전자는 정치학의 핵심주제 중에 하나지만, 후자는 사회과학 뿐 만아니라 구술학계에서도 논쟁적인 주제이다.[5]

하지만 조작적 정의의 어려움은 단지 방법론적인 측면에 불과하다. 어떠한 방식으로 정의한다하더라도 정당정치엘리트 상층부에 속할 수 있는 '국회의원'은 충분했기 때문이다. 국회의원 모집단 명부로 사용했던 '대한민국헌정회 회원명부'에는 1,090명(2014년 기준)이 있었다.[6]

실질적인 문제는 다른데 있었다. 두 가지였다. 첫째, 1,000명이 넘는 모집단에서 어떤 기준을 가지고 표집 할 것인가이다. 네 가지 기준이 적

---

4) 이 때문에 본 연구의 표집방법은 이론적 표집(theoretical sampling) 또는 의도적 표집(purposive sampling)에 가깝다. 통계적 대표성을 추구하는 통계적 확률표집(probability sampling)과 대비된다.

5) 통상 정치학과 사회학에서는 정치적·사회적·경제적·이념적 자원의 소유여부나 소유관계를 통해 엘리트를 정의한다. 이와 달리 어떤 구술사가는 '자신들이 지닌 사회적 통제력을 정당화하는 구술주체성' 통해 엘리트를 정의한다. 예컨대 맥마한은 "엘리트들은 사회를 통제하기 위한 자신들의 시도를 정당화하는 이야기(a lore)를 발전시키는 사람들"이라고 정의하며, 비엘리트(non-elite)에 대해 "자신들이 사회에 대한 통제력이 없다는 이야기를 만들어 내는 사람들"이라고 규정한다.(McMahan, Eva M., *Elite Oral History Discourse: A Study of Cooperation and Coherence*. Tuscaloosa: University of Alabama Press, 1989. pp.33~34.)

6) 구술대상기간(제헌국회~제18대국회) 동안 역대 국회의원 정수는 4,400여명에 달한다. 여기에 재선이상의 중복을 제외하고, 또 사망자를 제외한 것이 헌정회 회원명부 인원이다.

용되었다. 정치스펙트럼, 지역, 성별, 당선횟수(선수)이다. 정치스펙트럼은 보수, 중도, 진보의 세 영역으로 구분하였다. 정당은 이념적·정책적 지향을 추구하는 인적 집단이라는 점을 고려해서, 정치적 스펙트럼을 제1기준으로 삼았다. 보수정당에는 자유당, 민주공화당과 그 계승정당(민정당, 민자당, 신한국당 등)이 속하며, 중도정당은 민주당과 그 계승정당이 포함된다. 혁신계와 민노당 등은 진보정당 계열로 분류되었다. 지역기준은 제2의 기준이었다. 한국의 소선거구제나 중선거구제 모두 지역대표성에 기반하고 있으며, 민주화 이후 지역정치의 중요성을 반영한 것이다. 서울, 인천경기, 대전충청, 광주호남, 대구경북, 부산경남, 강원제주 등 7개의 권역으로 구분하였다. 성별기준은 그 다음이다. 비록 전체 모집단에서 여성이 차지하는 비중은 4%로 매우 적다. 하지만 여성의 지위와 역할 비중의 변화는 그 자체로 근대성의 지표라는 점에서 적용기준에 포함시켰다. 마지막 기준은 당선횟수이다. 위의 세 가지 조건이 충족되었다면, 그중에서 당선횟수가 많은 사람을 표집하고자 했다.

또한 본 연구에서는 기존의 전통적인 정당정치엘리트 연구의 한계점을 보완하기 위해 보조적인 표집기준을 추가하였다. 하나는 비엘리트(non-elite) 구술로 보완하고자 했다. 엘리트 중심의 구술만으로는 지구당이나 지역활동, 정당하부 조직과 같은 정당정치의 하부구조(infra-structure)에 대한 진술을 놓칠 수 있기 때문이다. 또 하나는 비제도 엘리트구술로 보완하고자 했다. 왜냐하면 한국에서 권위주의 정치질서가 오랫동안 유지되었고, 그 과정에서 제도권 내에서 존재하는 정당들은 일반 유권자의 이해와 요구를 수용하고 전달하는 정당 본연의 기능을 수행하기 어려웠기 때문이다. 이러한 정당기능의 결손을 보완했던 '기능적 대체물'이 재야세력이었다. 재야는 때로 독자적으로, 때로 기존 제도권 정당들과 연대하며, 정당의 기능을 수행해왔다. 준 정당으로 기능해 온 재야세력(또는 사회집단)에 대한 구술은 정당정치구술의 결락을 메워줄 수 있다. 본 연구에서 구분했던 구술대상자 구분을 표로 나타내면 다음과 같다.

구술역할	정당정치역할구분	정당정치 지위
주요 구술대상자	정당정치 엘리트	국회의원, 핵심 당간부, 정당관련 핵심 행정관료
보완적 구술대상자	정당정치 비엘리트	당 하부관료, 지구당, 지역활동 당원
	비제도 엘리트	재야명망가, 사회조직 활동가

여러 가지 고려에도 불구하고, 실제 구술이 진행되는 과정에서는 표집 문제는 훨씬 복잡하거나, 또는 정반대로 매우 단순했다. 복잡했던 측면은 위의 두 가지 기준(정치적 스펙트럼, 지역)을 적용할 때 나타났다. 양적으로 얼마만큼 배정할지 결정할 수 있는 기준이 없었기 때문이다. 반면에 단순했던 점은 수많은 고려에도 불구하고, 현실적으로 잠재적 구술자 중에서 '고령자'와 '구술에 적극적으로 응한 사람들'을 중심으로 진행할 수밖에 없었다는 것이다. 구술자 표집의 오류를 줄이기 위해 만들었던 여러 기준과 수많은 노력들이 실제 구술연구과정에서 그대로 적용되기 어려웠던 이유이다.

3) 질문지 구성

이 문제는 다시 '형식'과 '내용'의 문제로 구분된다. 형식적인 측면에서 '반 구조화된 질문지'(semi-structured questionnaire)가 면접에 활용되었다. 다시 말해 정당정치의 핵심내용을 구술할 수 있도록 주요 질문과 주제를 사전에 준비하지만, 구술자의 개별성과 특성 그리고 면접상황에 맞추어 질문을 추가하거나 변형할 수 있도록 하였다.

내용적인 측면은 반구조화된 질문지의 주요항목을 어떻게 설계할 것인가에 관련된 것이다. 먼저 출생과 가족관계, 성장과정, 교육과정, 경제적 배경, 역사적 사건에 대한 경험과 인식 등과 같은 생애사적 항목은 질문지의 앞부분에 배치하였다. 이러한 질문은 구술자와 면담자 간의 친밀도와 이해도를 높혀 준다. 하지만 더욱 중요한 것은 구술자의 생애사에 대한 진술이 정당정치활동의 인지적·사회적 맥락을 이해하는데 많은 도움을 준다는 것이다.

물론 질문지 구성의 핵심은 구술자의 정당정치 경험에 맞추어 만들어진 반구조화된 질문들이다. 여기에는 기존의 정당정치연구의 분석틀로부터 안내를 받았다. 기존 연구에 따르면 정당정치 영역을 구분하는 방식은 크게 두 가지 이다. 하나는 거시적 방식이다. 사르토리(Sartori)는 정당연구의 분석 단위를 개별 정당의 운영·리더십·노선에 초점을 맞추는 정당구조(party structure)연구와 정당 간의 상호작용의 양식과 경쟁관계에 초점을 맞추는 정당체계(party system)연구로 구분한 바 있다.

다른 하나는 정당과 시민사회와의 연계와 조직에 초점을 두고 정당을 세 개의 다른 얼굴 혹은 요소로 분절한 메이어(Mair)의 연구가 대표적이다. 메이어에 따르면, 첫 번째 얼굴은 중앙당으로서의 정당(party on central office)이다. 중앙당은 공천·재정·정책을 총괄하는 중앙집중적 권위의 실체이자 제도이다. 두 번째 얼굴은 토대에서의 정당(party on the ground)인데, 이는 구체적으로 정당과 시민사회의 연계(linkage)를 의미한다. 세 번째 얼굴은 공직 속의 정당(party in public office)인데, 정부와 의회의 한 부분으로서의 정당(party in government)을 말하며, 당을 통하여 의회와 행정부, 자치단체, 정부산하 기관이나 공기업 등에 진출한 사람들을 구성원으로 한다. 본 연구에서는 사르토리와 메이어의 연구가 갖는 장점을 결합하는 방식으로 정당정치 연구영역을 분류하고자 하였다. 이를 간략히 표현하면 다음과 같다.

사르토리(Sartori)	구술사 프로젝트	메이어(Mair)
정당구조	조직과 구조	조직으로서의 정당
정당체계	체계와 토대	토대로서의 정당
	정부와 의회	공직 속의 정당

이러한 정당정치의 구성영역은 세부적인 질문들을 설계할 때 중요한 안내지침이 된다. 이를 통해 면담자는 핵심적인 질문이 누락되지 않도록 하는 체크리스트를 확보할 수 있게 된다. 그리고 이 체크리스트는 개별 구술자들이 경험은 했으나 의식하지 못하고 있는 다양한 측면들의 구술을 끌어내는데도 유용하게 활용된다. 예를들어 민주화기 구술면접에 사용되었던 체크리스트를 짧게 요약하면 다음과 같다.

시기	민주화시기(3단계연구시기)				
정당체제	민주화시기 정당체제 형성기	양당체제	다당체제	양당체제	다당체제
연도	1988-1990	1990-1995	1995-1997	1997-2002	2002-2008
조직과 구조	민정당, 통일민주당, 평화민주당, 신민주공화당의 중앙당, 지구당, 충원구조, 내부경쟁구조(파벌), 재정조달 등	민자당, 민주당의 중앙당, 지구당, 충원구조, 내부경쟁구조(파벌), 재정조달 등	민자당, 자민련, 민주당, 국민회의의 중앙당, 지구당, 충원구조, 내부경쟁구조(파벌), 재정조달 등	DJP연합(국민회의, 자민련), 한나라당의 중앙당, 지구당, 충원구조, 내부경쟁구조(파벌), 재정조달 등	열린우리당, 한나라당, 자민련의 중앙당, 지구당, 충원구조, 내부경쟁구조(파벌), 재정조달 등

시기	민주화시기(3단계연구시기)				
정당체제	민주화시기 정당체제 형성기	양당체제	다당체제	양당체제	다당체제
체계와 토대	- 평화민주당, 신민주공화당의 창당 - 정당과 사회단체 관계	- '꼬마' 민주당의 창당 - 정당과 사회단체 관계	- 자민련, 국민회의의 창당 - 정당과 사회단체 관계	- 한나라당의 통합과 창당 - 정당과 사회단체 관계	- 민노당의 창당 - 정당과 사회단체 관계
정부와 의회	- 13대 대선 - 13대 총선 - 13대 의정활동 - 민정당의 당정관계	- 14대 총선 - 14대 의정활동 - 민자당의 당정관계	- 15대 대선 - 15대 총선 - 15대의 의정활동 - 신한국당의 당정관계	- 16대 대선 - 16대 총선 - 16대 의정활동 - 새천년 민주당의 당정관계	- 17대 대선 - 17대 총선 - 17대 의정활동 - 열린우리당의 당정관계

실제 질문지를 작성하는데 사용되는 체크리스트는 훨씬 정교하다. 하지만 아무리 정교한 체크리스트라고 할지라도 한계는 뚜렷하다. 첫째, 현실의 세계는 매우 다층적으로 구성되어 있다는 것이다. 위에 표에 들어 있는 각각의 셀(cell)들이 끊임없이 상호작용하면 여러 가지 층위를 구성한다. 총선을 예로 들어보자. 선거를 치르면서 당내에서는 중앙당과의 관계, 시도당과의 관계, 지구당과의 관계 차원이 상호작용한다. 당 밖에서는 지역구의 지방정부, 지역의 권력구조, 지역사회조직, 지역유권자와의 관계 차원이 상호작용한다. 둘째, 구술자 개인의 특성과 조건이 또 다른 변수이다. 위에서 언급한 선거의 경우 만 하더라도 선거에 동원되는 정치적·정책적 전략과 전술, 인력과 조직자원, 이들을 뒷받침할 수 있는 재정자원, 연줄(혈연, 지연, 학연)이 모두 작동한다. 이 모든 것을

미리 결정하거나 표준화할 수 없다.[7] 따라서 본 연구에서 반 구조화된 질문지를 통해, 개방적인 질문과 열려진 답변을 추구하려고 하였다.

3. 구술자와 면담자

구술연구는 매우 복잡하고 창조적인 작업이다. 면담자와 피면담자의 상호작용을 최소화하는 '구조화된 면담'과 달리, 구술연구는 면담자와 구술자의 공동작업에 가깝다. 면담자와 구술자는 준비과정에서부터 구술결과물을 정리하는 전체 과정동안 서로 상호작용을 하며, 협력하여야 한다. 본 구술연구에 참여했던 구술자들과 면담자들에 대한 기록은 다음과 같다.

1) 구술자들

(1) 표집상의 특징

구술연구에서 구술자들의 기여는 두 가지 과정을 통해서 결정된다. 첫째는 표집과정이고, 둘째는 구술과정이다. 여기서는 두 가지 과정 속에서 구술자들의 역할을 제고하기 위한 시도들에 대해 서술할 것이다.

먼저 표집과정을 살펴보자. 구술연구에서 '누가 구술할 것인가'라는 질문의 중요성은 아무리 강조해도 지나침이 없다. 구술연구과정은 앞에서 이루어진 실수를 뒤에서 만회하는 것이 허용되지 않는 '불가역적 과정'이기 때문이다. 본 구술연구에서처럼 수많은 면담자와 구술자가 협력을 해야 하는 대규모 연구에서는 더욱 그러하다.

앞서 말했듯이, 본연구의 표집기준은 ① 정당스펙트럼 ② 활동지역 ③

7) 구조화된 면접에서는 표준화를 시도한다. 질문의 표준화, 질문방법의 표준화, 면담자의 표준화를 통해, 상호작용과 '편견'의 최소화를 추구한다.

성별 ④ 당선횟수였다. 그리고 제도엘리트 구술의 한계를 보완하기 위해, 비엘리트나 비제도권 활동인사를 참여시키는 것이었다.[8] 다음은 본 연구에서 실제 표집되어 구술을 완료한 구술자들의 인구학적·정치적 변수에 관한 기술통계치이다. 이는 본 구술연구의 주요 성과 뿐만아니라, 문제점과 한계의 축약판이기도 하다.

	구분	사례수	비중	전체	비고
활동지위	정당정치 엘리트 (국회의원 등)	126	87.5%	144	
	정당정치 비엘리트	8	5.6%		
	비제도 엘리트	10	6.9%		
정당구분	보수	85	44.1%	193	중복사례 집계
	중도	89	46.1%		
	진보	19	9.8%		
	진영이동자	38	26.4%		
	보유당적수	545	평균 3.8개		
국회의원 지역구분	전국구	50		50	중복사례 집계 *
	서울권	24	21.8%	101	
	인천경기권	17	15.5%		
	대전충청권	12	10.9%		
	대구경북권	15	13.6%		
	부산경남권	13	11.8%		
	광주호남권	21	19.1%		
	강원제주권	8	7.3%		

8) 물론 이러한 기준 자체는 본 연구팀의 문제의식이나 주관을 반영하는 것으로, 앞으로 적극적인 비판과 검토가 이루어져야 할 것이다.

	구분	사례수	비중	전체	비고
성별구성	여성	11	7.6%	144	
	남성	133	92.4%		
국회의원 평균선수 (選數)				3.0	
전체평균연령				81	

* 전국구와 지역구 전환, 지역구 이동사례를 포함하여 집계함

이들은 2020년 현재 평균 81세이며, 대부분 정당정치 일선에서 은퇴를 한 상태이다. 이들이 정당정치에 참여하기 이전의 사회적 지위와 배경은 언론인(23%), 사회활동가(22%), 정당인(20%), 실업인(13%), 교육인(12%), 법조인(9%), 군인(8%) 등으로 다양하였다. 표집기준을 통해서 보면 다음과 같은 특징을 보인다.

먼저 구술대상자들의 활동상 지위를 살펴보자. 전체 구술대상자 144명 중에서 핵심구술자에 해당하는 정당정치엘리트의 비중은 87.5%이다. 국회의원보좌관, 정당 하위 당직자, 지구당활동가 등이 속하는 정당정치 비엘리트의 비중은 5.6%이다. 이들로부터 정당정치의 조직과 구조, 체계와 토대, 정부와 의회관계 등에 대한 핵심적인 진술을 기대할 수 있다. 이에 비해 비제도 엘리트는 10명(6.9%)이었다. 실제로 1960년대 중반에서 1990년대 중반까지 재야·사회운동 출신으로 비제도권에서 출발한 면담자들은 26명에 달했지만, 이들 중 상당수가 제도권 정당으로 옮겨감으로써 정당정치 엘리트로 분류되었다. 이들의 경로를 추적하면 이른바 '운동의 정치'가 '제도의 정치'로 이행하는 과정에 대한 진술을 확보할 수 있다.

둘째, 이념적 스펙트럼의 구성이다. 흔히 당적의 이동에 관심을 가지지만, 보다 중요한 것은 스펙트럼 사이의 이동(진영의 이동)이다. 당적의

이동은 잦은 창당과 해산, 그리고 이합집산과 같은 외부적 요인에 의한 것일 수 있기 때문이다.[9] 하지만 진영의 이동은 대부분 개인의 선택의 결과이다. 전체 144명 중에서 진영을 이동한 구술자는 38명(26.4%)에 달한다. 구술자의 1/4 이상이 진영을 달리하는 정당으로 옮겼다는 것이다. 특기할 만한 사실은 보수나 중도에서 진보로 이동한 경우는 없다는 것이다. 대부분 진보에서 보수나 중도로, 혹은 보수와 중도 사이에서 일어난 것들이다. 연구와 분석이 필요한 대목이다. 전체 구술자 중에서 중복집계하였을 경우, 보수와 중도는 40% 중반으로 비슷한 비중으로 구성되며, 진보는 보다 낮은 9.8% 비중을 차지한다.

셋째, 활동 지역구성을 보면 전국구가 높은 비중을 보인다. 이는 정치를 진인하거나 정당활동을 하는 과정에서 다양한 이유로 전국구를 경험한 구술자들이 많기 때문이다. 전체 표집과정에서 지역적 균형을 고려하였으나, 시간이 지남에 따라 지역 간 유권자구성비가 변화하거나, 특정 지역의 경우 구술을 거부하는 비율이 높아서 유권자수에 비례하는 표집 기준을 적용하지는 못했다. 하지만 지역별 정당정치연구에 어려움을 안겨다 줄 정도의 불균형은 피하고자 노력하였다.

넷째, 성별 구성이다. 여성은 불과 7.6%로 심각한 성비불균형을 보인다. 하지만 구술대상이 되는 제헌의회에서부터 18대국회에 이르기까지 여성의원의 비중이 4%에 지나지 않는다는 점으로 고려해 보면, 무리한 구성은 아니다. 실제로 여성정치인의 경우에 구술자를 표집하고 접촉하는 과정에서 현실적인 어려움이 매우 컸다. 잠재적 구술대상자가 매우 희소했을 뿐 아니라, 구술 참여에도 소극적이었기 때문이다.

---

9) 구술자들이 보유한 당적은 545개로 개인당 평균 3.8개에 달한다. 하지만 이는 한국 정당정치의 유통성을 고려해 볼 때, 그다지 놀라운 일은 아니다. 해방이후부터 총선에서 입후보자를 낸 정당은 270여개에 달하며, 그 평균수명 또한 3년 2개월에 지나지 않다.(호광석, 『한국의 정당정치: 제1공화국부터 제5공화국까지 체계론적 분석』, 들녘, 2005, 58면)

(2) 구술과정 상의 특징[10)]

정치엘리트들의 구술은 객관성을 의심받아왔다. 정치인들은 자기합리화나 거짓진술에 능하다는 통념 때문이다. 게다가 정치엘리트의 경우에는 비엘리트들 보다 자기자신을 정당화하고자 하는 동기와 능력을 모두 갖추고 있다. 이점 때문에 정당정치엘리트 구술연구에서는 면담자와 구술자 사이에 의심과 긴장이 반복적으로 일어난다. 이러한 의심과 긴장은 구술과정에 활력을 불어넣을 수도 있지만, 종종 구술자와 면담자의 협력관계를 해치는 요소로도 작용한다. 이때 불필요한 긴장을 해소하는 것은 구술의 성패와 직결되기도 한다.

사실 구술은 과거의 '기억'에 의존하여 이루어진다. 따라서 '사실'과 다른 진술이 이루어질 수 있는 가능성은 변수라기보다는 상수에 가깝다. 다시 말해 객관적 사실에 완벽히 부합하는 구술이라는 것은 불가능에 가까운 신화이다. 구술자가 과거에 경험하고 기억하는 과정 자체에서부터 정보가 생략하거나 선별되거나 누락되는 것을 피할 수 없으며, 시간이 지남에 따라 기억된 정보 조차도 망각이나 변형을 겪을 수 밖에 없기 때문이다. 게다가 여러 가지 이유로 허위진술(거짓말)까지 보태진다. 따라서 구술연구를 통해 얻은 구술자료의 객관성을 의심하는 것은 무리가 아니다. 따라서 본 구술연구팀은 무의식적인 기억의 변형이나 의도적인 거짓진술을 줄이기 위해 다음과 같은 여러 가지 시도를 해왔다.

첫째, 구술을 준비하는 과정에서 이루어진 시도이다. 구술하기 전에 구술자에게 충분한 정보를 주는 것도 한 가지 방편이다. 이러한 정보를 접한 구술자는 의도하지 않는 착오 혹시 있을 지도 모르는 허위진술에 대한 유혹을 줄일 수 있기 때문이다. 미리 전달하는 사전 정보는 질문지

10) 정치엘리트 구술에 있어서, '사실'과 다른 진술에 대한 다양한 해석과 그 대비책에 대해서는 다음 글을 요약한 것임.(조영재, 「'사실'과 '구술자료'의 간극에 대한 하나의 해석」, 『기록학연구』, 제43호, 2015.)

에 참고사항으로 첨부되거나 또는 연대기나 뉴스기사 등이 요약된 브리핑북 등을 통해 전달할 수 있다.

둘째, 구술면담을 진행하는 과정에서 이루어진 시도이다. 구술과정에서 구술자와 면담자가 서로 협력하기 위해서는 다음과 같은 두 가지 신뢰가 선행되어야 한다.

하나는 구술자료수집과 공개 정책에 대한 신뢰이다. 구술자는 구술자료가 구술자의 동의 하에 공개될 것이며, 전적으로 공익적인 목적에 따라 활용될 것이라는 점을 신뢰하여야 한다. 특히 정치엘리트의 경우에 아직까지 생존해 있는 주변 인물들과 관련되어 있는 사실에 대해 진술하기를 꺼리거나 모호하고 추상적인 진술로 일관할 가능성이 높다는 점을 고려할 때, 면담자는 구술자에게 자신의 구술이 자신의 동의를 통해서만 공개되며 사적으로 이용되지 않을 것이라는 믿음을 주는 것은 매우 중요하다.

또 다른 신뢰는 면담자의 전문성에 대한 신뢰이다. 사전 면담이나 면담이 진행되는 과정에서 면담자가 면담 주제와 관련하여 전문적 식견이 있음을 보여주는 것이 도움이 된다. 전문성에 대한 신뢰는 구술자가 허위진술을 하거나 주제에 벗어난 진술을 할 가능성을 효과적으로 차단하는데 도움이 되기 때문이다.

셋째, 후속작업과정에서 이루어지는 시도이다. 구술을 완료하면 녹취서를 작성하고, 구술자 또는 면담자가 간단한 주석이나 정오(正誤)표기 등을 덧붙이며, 제3자를 통해 검수절차를 진행한다. 이 과정에서 녹취서에 기억의 변형이나 착오 또는 정보의 왜곡에 대하여 기록함으로써 사후적인 보정을 하고자 하였다.

2) 면담자들

(1) 학제 간 구성과 분업

구술연구에서 면담자가 하는 역할은 매우 다양하다. 가장 중요한 일은 구술자와 면담을 진행하는 것이지만, 그 외에도 연구내용과 방법 및 절차를 기획하고, 구술자와 소통하여 면담을 진행하고, 다시 그 결과물을 정리하는 일련의 일들을 반복적으로 수행해야 한다. 만약 본 연구처럼 장기간에 걸친 대규모 프로젝트일 경우에는 연구과정 전체를 반복적으로 피드백하는 과정을 수반한다.

본 연구에서는 11명의 학자들이 구술에 참여하였다. 이중에는 7명의 정치학, 2명의 역사학자, 1명의 국문학자, 1명의 기록학자가 있었다. 정치학자는 연구내용과 방법론을 기획하는데 중요한 역할을 하였다. 역사학자는 사회과학자들이 놓치기 쉬운 통시적 시각을 제공했고, 무엇보다 구술을 준비하는 과정에서 다양한 자료접근방식을 안내했다. 국문학자는 비문, 방언, 외래어 등이 많은 구어체문장을 녹취록에 적절히 표기할 수 있도록 표기원칙을 만들었다, 마지막으로 기록학자는 구술기록을 생산·분류·관리하는 과정을 설계하는데 기여했다.

(2) 면담자들의 공동작업

초기의 '분업에 기초한 협업'이 시간이 지날수록 '공동 작업에 의한 협업'으로 진화하였다. 각자가 가진 전문성은 시간이 지남에 따라 서로 공유되었으며, 결국 구술연구의 전체 과정을 함께 기획하고 진행하게 되었다. 오랜 연구기간이 가져다 준 장점이다. 공동 작업에 의한 협업은 다음과 같은 방식으로 이루어졌다.

첫째, 전문적인 정보를 공유하였다. 정당정치엘리트를 대상으로 대규모 구술연구를 진행할 때, 전문정보를 공유하는 것은 매우 필요한 일이다. 정당정치엘리트가 생애를 통해 경험한 활동범위와 영역은 매우 넓고 전문적이기 때문이다. 예를 들어 사회적 배경을 보면 문학인, 의료인, 학자, 관료, 군인, 사회활동가 등으로 다양하다. 의정활동의 범위 역시 매 회기별로 2번의 상임위를 경험하며, 그때마다 다른 정책영역에서 활동할 가능성이 높다. 그리고 그들의 활동지역은 전국에 걸쳐있다. 이들에 대한 질문지를 만드는 과정에서 면담자들 간의 정보공유과 조언은 완성도를 높이는데 도움이 되었다. 여기서 전문적인 정보란 연구에 참여하는 면담자 개개인의 전공에서 비롯된 것, 삶의 경험에서 비롯된 것, 이전 구술과정에서 얻어진 것 등 다양했다.

둘째, 면담을 협력적으로 진행하는 것이다. 자신의 전문분야에 관련하여 다른 면담자의 질문작성을 보조하거나, 더나가 자신의 전문분야의 면담에 직접 참여하는 것이다. 이러한 협력은 면담의 전문성을 제고하고 시간을 절약하며, 구술자로부터 신뢰를 얻는데 도움이 되었다.

셋째, 서로의 면담을 연계하여 진행하는 것이다. 구체적으로는 동일한 사건 또는 동일한 사안과 관련하여, 서로 다른 구술자들에게 공동의 질문이나 보완적인 질문을 함으로써 교차검증을 하는 것이다. 정당정치엘리트들의 활동이나 인적인 네트워크는 서로 연계되어있는 경우가 많으며, 직접 경험이나 간접 경험을 공유하고 있을 가능성이 높기 때문에 가능한 일이다. 면담을 서로 연계시키는 것은 교차검증하는 것 이외에도 같은 사안이나 사건에 대한 서로 다른 관점이나 태도를 확인하는데도 유용하다.

4. 연구내용과 결과들

1) 총량적 지표들

앞서 언급했던 방법론적인 시도 뿐 아니라, 수많은 시행착오와 그 극복과정 또한 본 구술연구의 주요한 성과들이다. 하지만 보다 직접적인 성과는 구술내용에 있다. 총량적 지표를 보면 다음과 같다. 전체 144명의 구술자를 대상으로 1,171시간의 구술을 진행하였다. 이에 대한 녹취록은 A4 용지로 20,071쪽에 달한다. 여기에 담긴 내용과 의미를 상술할 수는 없다. 따라서 개략적인 안내에 그치고자 한다.

첫째, 5,971개의 상세목록이 포함되어있다. 상세목록은 구술내용을 사건이나 주제별로 단락을 지어 놓은 것이다. 다시 말해 구술내용에는 상세목록의 개수만큼의 사건이나 주제가 포함되어 있다는 것이다. 이는 동일 사건·주제 또는 유사 사건·주제를 비교할 수 있는 토대가 될 것이다. 더욱 중요한 것은 시청각 자료(audio visual data)가 함께 존재한다는 것이다. 기존의 텍스트자료에는 없는 표정과 시선, 말투, 감정 등 다양하고 구체적인 정보를 함께 담고 있다.

둘째, 정당정치에서 핵심적 직위 241개에 대한 사례가 구술되어 있다. 여기에는 정당의 조직과 구조 및 정당과 행정부, 정당과 의회와의 관계에 관한 다양한 진술이 포함되어 있다. 중앙당의 국장과 실장급 정당관료를 통해 정당의 사무국 조직과 구조 및 주요 활동, 그리고 내부 서열과 권력구조에 대한 구술이 수집되었고, 당 3역 이상(사무총장, 원내총무, 정책위의장)의 핵심당직자들을 통해 당의 원내전략, 상대당 전략, 당정관계, 정무·정책활동에 대한 구술이 채록되었다. 상임위원장, 행정관료를 통해 행정부와 입법부에서의 정치·정책활동에 대한 구술이 확보되었다. 아래는 경험사례에 대한 누적 분포이다.

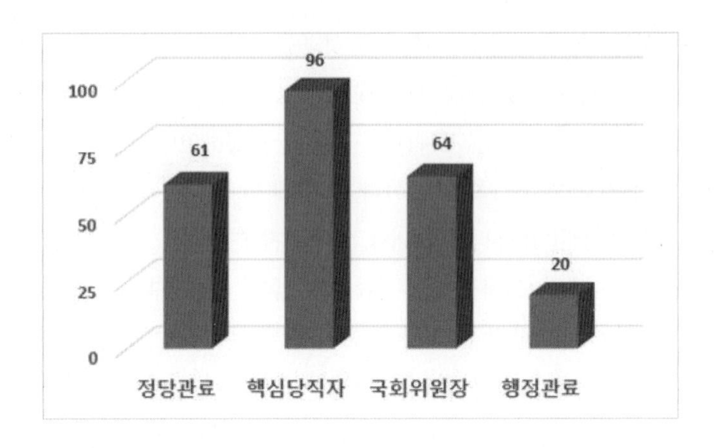

셋째, 각각 353개의 총선과 국회회기 기간 동안의 의정활동 기록을 포함하고 있다. 정당의 핵심활동은 유권자로부터 지지를 획득하고, 이를 의석으로 전환하여 정책으로 전달하는 것이다. 그런 점에서 이 자료들은 한국 정당이 정당으로서의 기능을 어떻게 수행했는지를 보여주는 직접적인 활동기록이라 할 수 있다.

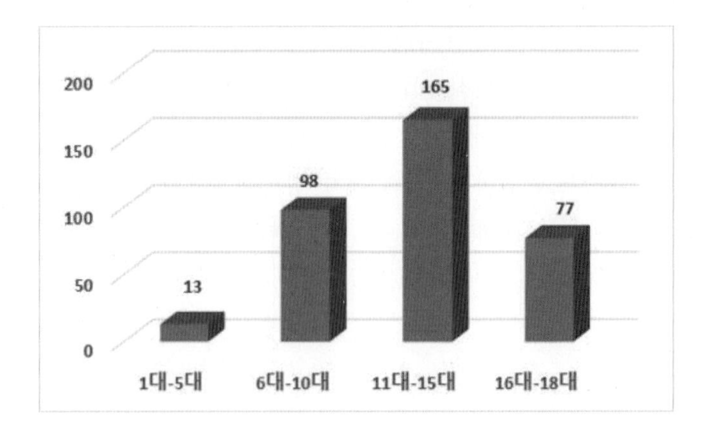

2) 발견적 구술들

정당정치엘리트구술연구가 지향하는 핵심적인 목적 중에 하나는 '권력자의 집무실에서, 행정부에서, 의회에서, 정당에서 실제로 무슨 일이 일어났는가를 확인하는 것'이다. 이는 구술을 통해서 기존의 정보를 확인하거나, 기존의 정보와 대립되는 정보를 수집하거나, 알려지지 않았던 새로운 정보를 얻는 과정을 통해서 이루어진다. 본 연구에서 확보한 대부분의 구술들은 위와 같은 3가지 유형 중에 하나에 속한다. 여기서는 새로운 사실에 대한 진술을 포함하는 '발견적 구술'에 대해 몇 가지 사례를 예시하고자 한다. 앞의 두 개는 1980년대와 1990년대 대표하는 정치적 사건에 관한 것이다. 세 번째는 제주지역 정치의 특성에 관한 구술이다.

(1) '87년 헌정체제' 성립과정

1987년 개정된 헌법은 이후 30여 년 동안 한국의 헌정질서의 기본 프레임으로 작동하였으나, 이제까지 구체적인 헌법제정과정에 대해서 알려진 바는 많지 않았다. 본 구술에서는 1986년 국회 '개헌특위' 간사를 시작으로 하여 1987년 헌법의 조문을 완성했던 '헌법개정안기초소위' 위원장을 지냈던 현경대 의원과 초대 헌법재판소 사무처장을 역임한 변정일 의원을 통해 각 정당의 초안과 협상과 조율과정 및 헌법재판소 설치와 안착과정에 대해 상세한 구술을 확보하였다. 그리고 구체적인 근거를 본인이 소장하고 있는 자료와 메모 등을 통해 확인할 수 있었다.

현경대 의원의 구술은 '87년 헌정체제'의 성립과정이 일반적인 견해와 많이 달랐음을 보여주었다. 첫째, 전두환 당시 대통령이 초기 정당 간 협상('4+4회담', '2+2회담') 과정에서부터 '10인 소위'에 이르기까지 지속적으로 개입하였다는 점이다. 여당 간사였던 현경대로부터 수시로 보고를 받고 의견을 주거나 정무수석을 통하여 전략에 관한 지침을 내렸기 때문이다. 이는 당시 대선후보였던 노태우 당대표가 민정당 개헌특위 위원들로부터 간단한 보고를 받거나 일반적인 당부를 하는데 그쳤던 것과는 비교된다. 이는 '6.29선언'으로 정치적 주도권이 상당 부분 노태우 당대표로 이전되었다는 기존의 견해와 충돌하는 구술이다.

둘째, '87년 헌정체제'에서 새로 도입된 헌법재판소(헌법 제6장)의 도입 역시 전두환 당시 대통령의 강력한 지침에 의한 것이라는 점이다. 정무수석의 요청에 의해 민정당 헌법안을 가지고 방문했던 현경대 당시 개헌특위 간사는 전두환 대통령이 주요 조항에 대해 이미 충분히 숙지하고 있었다고 구술하였다. 그 중에서 '위헌법률심판'에 관한 조항도 있었다. 당시 민정당 뿐 아니라 야당들의 경우에도 기존의 위헌법률심판권을 당시 유명무실한 '헌법위원회' 대신 대법원에게 부여하고자 하였다. 하지만 전두환 대통령은 정당해산심판 같은 헌법재판을 대법원이 할 경우 사법기관이 정치에 노출된다는 입장을 피력하며 헌법재판소로 대체하도록 하였다는 것이다. 이는 권위주의 체제 하에서 대통령의 제왕적 권력을 견제하고 제어하기 위하여 여야 간에 합의에 의해 헌법재판소 조항을 신설하였다는 주장과 배치된다. 더나가 헌법재판소의 기능 중에서 가장 큰 비중을 차지하고 있는 '헌법소원'제도의 도입이 여야간의 정치적 거래의 산물이었음을 구술하고 있다.

셋째, 현재 논쟁이 되고 있는 헌법 조항들이 개정당시 현실적·사회적·정치적 맥락에서 벗어나 있는 것들이 많이 있다는 것이다. '경제민주화' 조항 또는 '김종인 조항'이라고 일컬어지고 있는 '헌법 제119조 2항'의 경우가 대표적이다. 현경대는 당시 초안과 비교하면서, 경제민주화라는 개념 대신 산업민주화라는 개념으로 쓰였으며, 경제주체 간(가계, 기업, 정부)의 조화에 초점을 둔 조항이었다고 강조했다.

변정일 의원의 구술은 설립 초기 헌법재판소가 처한 불확실성을 어떻게 제거해 나갔으며, 현재와 같은 모습을 갖추게 되었는가에 대해 상세한 구술을 남겼다. 그는 헌재의 초대사무처장으로서 헌재가 대법원과 행정부로부터 독립적인 지위와 위상을 갖추기 위해 예산, 조직, 공간 등을 어떻게 구성해 나갔는지에 대해 직접적인 경험을 통해 구술하였다.

이처럼 현경대와 변정일 의원이 남긴 초기 헌정체제의 성립과 운용에 대한 구술은 이른바 '87년체제'의 성립과 기원에 관한 역사적 사료로서 가치가 매우 높다.

(2) 'DJP 연합'의 성립과정

1990년 '3당합당'은 보수가 주도한 보수-중도연합이라고 한다면, 1997년 'DJP 연합'은 중도가 주도한 보수-중도연합이라 할 수 있다. 그리고 이 연합의 결과로 인해 최초로 평화적인 정권교체가 가능하였다는 점에서 정당사적 의의가 매우 크다. 하지만 'DJP연합'의 협상과정과 그 결과에 대해서는 일부 알려져 있지만, 그 정치적 기획의 배경과 구체화 과정에 대해서는 알려진 바가 많지 않다. 본 연구에서는 'DJP연합'의 기획자인 이강래 의원과 실행 책임자인 한광옥 의원의 구술을 통해, 김대중의 정계복귀와 대선구도 속에서 보수-중도연합의 기획을 하게 된 배경과 구체화 과정에 대해서 상세한 구술을 확보하였다. 이 과정에서 'DJP연합'의 역사적 기원은 무엇이었으며, 1990년대 총선, 대선, 지방선거 등과 같은 선거정치가 어떻게 정당의 기획정치로 연결되고 있는지에 대한 직접적인 근거들을 만날 수 있었다.

먼저, 중도정당(새청치국민회의)이 주도한 'DJP연합'은 역설적이게도 보수정당(민정당)이 주도한 '3당합당'의 붕괴에서 역사적 기원을 찾을 수 있다. 민자당의 분열과 자민련의 창당은 중도정당인 민주당과 김대중에게 정치적으로 기획할 수 있는 공간을 열어 주었다는 것이다. 영남과 충청이 결합한 민자당이 존재하는 상황에서 어떠한 조합으로도 민주당과 김대중이 승리할 가능성은 없다고 판단했으나, 이러한 구도가 붕괴된 이상 다양한 방식으로 '다수파'를 구성할 수 있는 가능성이 생겼다고 생각했다는 것이다(이강래). 게다가 민자당에서 이탈하여 자민련을 구성했던 대구·경북(TK)세력(박준규, 박철언, 박태준)은 처음부터 끝까지 'DJP연합'에 정치적 이해를 함께하고 있다는 것이다. 하지만 보수정당의 분열이 충분조건은 아니었다. 연이은 지방선거(1995년)와 제15대 총선(1996년)은 보수정당인 자민당과 중도정당인 새정치국민회의 간에 화학적 반응을 일으키도록 하는 촉매제 역할을 하였다. 총선에서 패배한 새정치국민회의에게 있어서 자민련과의 연합이 유일한 활로로 판단되었기 때문이다. 내각제를 반대했던 중도정당은 'DJP연합'의 관건이었던 내각제개헌 카드를 받아들일 수 밖에 없었던 배경이다(한광옥). 집권 PK세력에 의해 정치적으로 배제되었던 TK세력은 내각제를 통해 대구경북지역권력을 장악하려는 의도로 DJ에 협력하였으며, JP가 원심력에 휩쓸리지 않도록하는데 중요한 기여를 하였다. 1997년 대선에서 김대중대통령의 당선은 유권자 구성의 커다란 변화없이, 정치적 기획공간을 통해 중도세력이 '보수와 중도'연합을 창출한 결과였다는 것이다.

(3) 지역정치의 특성: 제주 사례

영남, 호남, 충청, 강원의 지역정치와 그 특성에 대해서는 많은 구술과 연구가 있다. 실제로 각 지역을 대표하는 정치인과 정치세력이 존재하거나 존재했던 적이 있다. 하지만 제주지역은 잦은 당적 이탈·변경·복귀, 무소속의 득세, 정치적 진입장벽의 높은 문턱 등을 특징으로 하는 제주지역정치에 대한 연구나 자료는 많지 않다. 동시대에 같은 학연을 가지고 출발했던 제주출신 의원(현경대, 변정일)의 정치활동과 정치적 경쟁에 관한 구술을 통해 제주지역정치에는 역사적 경험(4.3사태), 공동체적 기반(대면사회적 성격), 연고주의(학연, 혈연)이 복합적으로 작용하고 있다는 것을 확인할 수 있었다.

첫째, 구술자들은 모두 4.3사태가 제주유권자들의 집단기억 속에 항상 잠재되어 있으며, 피해의식과 공동체 의식에 기반이 되고 있다는 점을 지적하고 있다. 실제로 현경대 의원은 4.3때 홀어머니가 살해되는 가족사적 비극을 겪었으며, 변정일 의원의 가족은 진압을 피해서 외지를 돌다 귀향한 경험을 가지고 있었다. 이러한 4.3에 대한 기억을 공유한 이들은 소속정당을 달리하며 서로 경쟁을 하기도 하였지만, '4.3특별법' 제정(2000년)에 함께 적극적으로 나서게 되는 배경이 되었다. '4.3사태'에 관한 진상규명과 명예회복은 한국 사회와 정치 영역에서 오랫동안 금기시되어 왔지만, 그런 만큼 제주 유권자와 정치인들에게 지역공동체의 절실한 정치적 사안이었다는 것이다.

둘째, 구술자들은 제주지역의 독특한 공동체 문화가 제주 정치문화의 근간이 되고있다는 점을 다양하게 구술하였다. 제주도 전체가 하나의 선거구였던 중선거구제(1973-1988) 시기에도 서로에 대한 정보와 평판을 손쉽게 공유할 수 있는 일종의 대면사회(face-to-face society)였다는 것이다. 더나가 이 공동체에는 독특한 개인주의적 합리주의 문화가 자리매김하고 있다는 것이다. 관혼상제에 있어서 철저히 개인적으로 부조하고 그에 대해 개인적으로 답례하는 문화가 일례이다. 이러한 문화에서 정치인의 정치이념이나 소속정당 여부는 그다지 중요하지 않다는 것이다. 즉 개인주의적 상호주의 문화 속에서 얻어진 정보나 평판이 지역유권자에게 급속히 공유되는 상황에서, 개인으로서 정치인 자신의 자질, 자세, 평판이 가장 중요한 요소라는 것이다. 제주지역에서 대부분의 정치인들이 무소속을 넘나들고, 정당을 이전하면서도 정치인의 삶을 이어갈 수 있는 것도 이처럼 정치적 자산이 온전히 개인에게 부착되어 있는 인격적 속성을 지니고 있기 때문이라는 것이다. 하지만 구술자들에 따르면 이러한 제주지역 공동체문화와 그에 따른 정치문화는 2000년대 이후 급속히 축소되고 있다고 한다.

셋째, 혈연과 학연에 기반한 강한 연고주의 전통이다. 물론 이는 제주 지역만의 특성은 아니다. 지역적 편차는 있지만, 대부분 혈연, 지역, 학연은 한국 사회에서 가장 핵심적인 정치자본(political capital)으로 기능하였기 때문이다. 하지만 앞에서 언급한 공동체문화에 연고주의가 만났을 때, 그 파급력은 매우 강한 것으로 보인다. 구술자 현경대와 변정일은 그런 면에서 좋은 비교대상이다. 두 구술자 모두 제주지역 '명문'으로 불리는 오현고 출신으로, 학연이 선거정치에 매우 커다란 도움이 되었다고 한다. 하지만 혈연은 달랐다. 구술자 변정일의 성은 희성(稀姓)인데 반해, 현경대의 혈연인 현씨 문중은 제주도에서 가장 정치적으로 영향력을 발휘하는 집단으로 평가되고 있다. 두 구술자 모두 선거운동과정에서 혈연이 가지는 중요성에 대해서 모두 깊이 공감하였다.

이와 같이 구술자들을 통해 확인한 제주도의 독특한 역사적·사회적 특성이 어떻게 정치문화에 반영되는가는 매우 중요하다. 지역구 국회의원, 광역 및 기초 단체장과 의회 등이 빚어내는 지역정치의 토대가 되기 때문이다. 구술자들을 통해서도 일부 확인할 수 있지만, 지역정치문화가 지역정치에 미치는 영향에 대해서는 향후 추가적인 연구와 구술이 필요한 영역이다.

5. 나오며: 정당정치구술의 파편들

최근 10여년 동안 엘리트 구술은 양적으로 팽창해왔다. 하지만 학문적 성취와 활용가능성에 대해서는 여전히 미지수다. 아직까지 구술결과들에 대해 전면적인 검토나 평가를 할 기회가 없었기 때문이다. 이러한 사정은 본 연구에도 동일하다. 한국에서 최초로 장기간에 걸쳐 방대하게 정치엘리트 구술자료를 집적했다는 점에서 여러 가지 가능성과 반향을 예상할 수 있지만, 구체적인 파급효과에 대해 가늠하기란 쉽지 않다. 방대한 자료를 산출하였지만, 그 성과는 아직 파편의 상태로 남아있다.

아래에서는 구술자료의 학술적 활용가능성을 중심으로 서술하고 향후 과제에 살펴보고자 한다. 본 연구의 구술자료는 영상, 음성, 텍스트가 함께 제공되는 데, 이에 따른 정보의 양은 기존의 텍스트기반의 자료와는 비교할 수 없이 구체적이고 풍부하다. 이를 바탕으로 정당정치를 연구대상으로 하는 정치학 뿐 만아니라 인접사회과학이나 인문과학에서도 파급효과가 있을 것으로 본다.

첫째, 기존 정당정치 연구자료에 비교·맥락 자료로 활용할 수 있을 것이다. 대부분의 정당관련 연구는 매우 제한되어 있는 양의 1차 자료와 추정과 추론에 근거한 2차 자료에 기반하고 있다. 한국 정당사 관련 연구의 상당수가 논증이 없는 주장으로 간주되는 이유는 여기에서 연유한다. 본 연구에서 생산한 방대한 양의 구술자료는 1차 자료를 보완하고, 1차 자료와 2차 자료의 비교를 가능케 하며, 다양한 연구가설들에 대한 구체적인 사례를 제공할 수 있을 것이다.

둘째, 정당사·정치사를 통사적으로 구성하는데 활용될 수 있을 것이다. 이는 본 연구가 정당의 형성(formation)·발전(development)·재편(realignment)·해체(dealignment)를 포함하는 장기적인 시기를 다루고 있으며, 중앙당 정치에서부터 하부정당 정치까지 포함하는 다양한 연구영역을 포괄하고 있기 때문에 가능한 것이다. 이 분야의 기존 연구는 시기적으로 누락되어 있는 자료와 영역적으로 결락되어 있는 자료들로 인해 많은 제한을 받아 왔었다.

셋째, 본 연구의 구술 결과를 활용하는 것은 비단 정치학을 포함한 사회과학 연구자들 국한되지 않는다. 본 구술에는 정치엘리트와 하위활동가들에 대한 다양한 생애사 정보·심리정보·의식흐름 정보·언어정보·행위정보를 포함하고 있다. 인류학, 사회학, 심리학, 국문학 등의 영역에서도 연구자료 로서 가치가 적지 않을 것으로 기대할 수 있다. 또한 역사학과 기록학 등 타 분야에 새로운 연구 과제를 제공해 줄수 있을 것이다.

넷째, 학제 간 공동연구와 구술연구의 표준을 형성하는데 도움이 될 수 있을 것이다. 실제로 본 연구팀에는 역사학, 정치학, 기록학, 국어국문학 연구자가 공동으로 참여하였다. 이들의 시도와 시행착오는 새로운 구술연구를 기획하고 연구표준 설정하는데 참고자료가 될 수 있을 것으로 본다.

이러한 파급효과가 현실화되기 위해서는 몇 가지 노력이 있어야 한다.

첫째, 무엇보다도 엘리트구술의 신뢰성을 구축하는 것이 필요하다. 이를 위해서 엘리트구술에 있을 수 있는 의도적인 과장이나 축소, 허위진술 문제를 해결해야 한다. 본 연구결과에 대한 심층적인 분석이나 교차검증이 필요한 대목이다. 본 구술연구를 검증하기 위하여 추가로 구술연구를 진행하거나, 다른 연구방법(양적 방법 또는 참여관찰 등)을 통해 검증하는 것도 대안이 될 수 있다.

둘째, 엘리트 중심의 시각을 보완하는 것이다. 허위진술을 걷어낸다 하더라도, 정당정치 엘리트 중심으로 정당정치를 바라보는 것은 한계를 지닐 수 밖에 없기 때문이다. 사실 정당정치의 이해관계자에는 하위 당료나 당원, 더 나가 일반유권자가 포함된다. 이들의 진술이 배제되거나 이들의 진술과 비교·평가되지 않는 엘리트구술은, 역으로 정당한 가치를 부여받기 힘들다.

셋째, 엘리트구술자료를 독해하는 심리학적·사회학적 연구방법을 발전시켜야 한다. 엘리트구술이 개인의 기억에 의존하는 이상, 기억상의 오류, 망각, 사후적 변형 등을 피할 수 없다. 그리고 이러한 문제들은 단순히 인간의 생물학적 한계에서 비롯된 것이 아니라, 종종 자신의 믿음이나 가치가 서로 충돌할 때 발생하는 인지불일치(cognitive dissonance)를 해소하기 위한 심리적 과정의 결과이거나 집단 내 구성원들과 관계에서 형성된 집단사고(groupthink)의 산물이거나 현재의 관점에서 과거를 지속적으로 재해석하면서 변형된 것일 수 있기 때문이다.

제02장

정치엘리트 구술과 해석방법

조 영 재

1. 문제제기

현대적 의미에서 구술사가 학계에 등장한 역사는 매우 짧다.[1] 그 중에서도 정치엘리트의 구술기록을 체계적으로 생산·관리·활용한 것은 더욱 최근의 일이다.[2] 하지만 짧은 역사에도 불구하고 정치엘리트 구술의

* 이글은 『기록학연구』(제43호, 2015)에 실렸던 논문이다. 정치엘리트의 구술에서 흔히 발생하는 사실(fact)와 구술내용의 차이(간극)을 분석한 글이다. 사실 정치엘리트의 진술은 의도적이든 비의도적이든 객관적 사실과 다를 가능성이 높다는 점에서 구술자료로서의 가치를 의심받아왔다. 이글은 그러한 간극이 실제로 질적으로 상이한 여러 가지 유형으로 구분될 수 있으며, 그 중 일부는 구술자료가 지니고 있는 단점이라기 보다는 장점이자 특성이라고 주장한다. 이 책에 실린 구술자료의 특성을 이해하는데 도움이 될 것으로 본다.

1) 고대 그리스 역사가 헤로도투스나 투키디데스가 역사를 기술하는데 있어서 구술에 의존했다는 점을 고려해 볼 때, 구술사적 전통은 고대사회로 거슬러 올라간다. 하지만 역사적 자료를 구축하는 방법으로 정착된 것은 1948년 출발한 컬럼비아 대학의 "구술사 프로젝트"에서였다.(Sharpless, Rebecca, "History of Oral History" Charlton, L. E, L. E. Myers eds. *Handbook of Oral History*, Oxford: Altamira Press, 2006, pp.19-22.)

2) 정치학과 사회학에서 '엘리트'의 개념, 구성, 기능, 역할 등에 대한 오랜 논쟁이 있었다. 하지만 대부분의 연구에서 '엘리트'는, 명시적인 개념정의 없이, 특

성과는 적지 않다. 1961년부터 미국 국립기록청(National Archives of the United States: NARA)이 대통령기록관(presidential libraries)을 통해서 진행하고 있는 구술사프로젝트가 대표적인 사례이다.[3] 1920년에서 1980년까지 활동했던 영국 핵심 정치엘리트를 대상으로 진행되었던 영국런던정경대학도서관의 '영국정치행정구술사아카이브'(British Oral Archive of Political and Administrative History: BOAPAH) 프로그램이나 1970년대 이후부터 최근까지 수집되어 영국국립도서관(British Library)에 구축되어 있는 정부 및 정당관련 구술사컬렉션은 또 다른 사례이다.[4]

권을 가지고 있거나 영향력을 지닌 개인이나 집단을 지칭하는 데 사용되어왔다. 이러한 사정은 구술사 연구에서도 마찬가지이다. 일반적으로 구술사 연구에서 '엘리트'는 단순히 정치인, 관료, 국회의원, 국가지도자, 기업인 등을 지칭하는데 사용된다. 또한 '엘리트'는 자신들이 지닌 통제력을 정당화시키는 존재로서 묘사되며, 그렇지 못한 일반사람들(ordinary people), 패배자들(the vanquished), 버림받은 자들(the earth's forshaken one)의 반대편에 있는 사람들을 은유하는데 쓰여지고 있다. 이 글에서는 대다수 엘리트 이론이 공유하고 있는 '정치·사회조직 또는 국가에서 정책결정권을 가진 소수 집단'이라는 서술적 정의에 따른다.

3) 이 프로젝트는 NARA의 주관 하에 개별 대통령기록관이 진행하는 일련의 독립적인 프로젝트로 구성되어있다. 트루먼대통령기록관의 구술프로젝트를 시작으로 하여, 이후 역대 대통령에 관한 구술프로그램이 현재까지 지속적으로 이어지고 있다. 대표적으로 케네디기록관은 1,300여개, 존슨기록관은 1,500여개의 인터뷰자료를 구축하고 있다. 2008년 종료된 클린턴기록관은 130여개의 인터뷰자료를 소장하고 있다.(Greenwell, R., "The Oral History Collections of the Presidential Libraries" The Journal of American History, Vol.84, No. 2. 1997. pp.597-599. Riley, R. L., "Presidential Oral History: The Clinton Presidential History Project", *The Oral History Review*, Vol.34, Issue 2. 2007. pp. 93.

4) BOAPAH에 대해서는 http://archives.lse.ac.uk/Record.aspx?src=CalmView.Catalog&id=BOAPAH 참조. 영국국립도서관 컬렉션에 대해서는 http://www.bl.uk/reshelp/findhelprestype/sound/ohist/ohcoll/ohpol/politics.html 참조 [2014. 11. 5 검색]

한국에서도 이러한 양상은 압축적으로 반복된다. 지난 30여 년간 구술사 연구의 영역, 대상, 규모는 급속히 확대되어왔다. 특히 2000년 후반부터는 엘리트 구술자료의 수집이 확대되기 시작했으며, 이 분야의 주요 성장산업으로 기록될 만 했다. 정치엘리트에 대한 구술자료는 이러한 경향을 대표한다. 한국학 중앙연구원이 주관하는 '현대한국구술사연구'의 일환으로 해방이후부터 2000년대까지 활동했던 정당정치엘리트에 대한 구술프로그램이 진행되고 있으며, 국가기록원은 2008년부터 매년 지속적으로 '역대 대통령 관련인사 구술채록 사업'을, 그리고 국회도서관은 2012년부터 '역대 국회의장단 구술채록 사업'을 이어오고 있다.[5]

이러한 정치엘리트구술자료 수집에 있어서 핵심적인 목적 중에 하나는 권력자의 집무실에서, 행정부에서, 의회에서, 정당에서 도대체 무슨 일이 있었는가를 확인하는 것이다.[6] 물론 정치권력이나 제도가 작동하는 구체적인 과정을 연구하기 위해서 반드시 구술자료가 필요한 것은 아니다. 기존 연구들이 그렇듯이, 우리는 1차적으로 기존의 문서기록, 시청각기록들을 통해 이러한 작업을 수행할 수 있기 때문이다. 그러나 이러한 작업은 기록관리제도가 체계적으로 갖추어져 있고, 그 기록에 대한 정보공개가 제도적으로 뒷받침되어 있는 선진 민주주의 국가에서도 결코 쉬운 일이 아니다. 권력은 주로 문어(written words)보다 구어(spoken words)를 통해 작동되고, 공개된 영역(front doors)보다 비공

---

5) 김태우, 「엘리트 구술자료의 성격과 수집방안」, 『구술사연구』, 제5권 1호. 43-44면 참고.

6) 엘리트 구술자료의 쓰임새는 단순히 사실 확인의 영역을 넘어서 훨씬 다양하다. 다른 구술자료들과 마찬가지로 엘리트 구술자료 역시 구술자가 지니고 있는 사회적·정치적·심리적·언어적·문화적·이데올로기적 특성에 대한 다양한 정보를 포함하고 있기 때문이다. 그러나 이러한 정보를 얻기 위해 많은 인력과 높은 비용을 투입하여 엘리트 구술자료를 수집하는 경우는 드물다. 이러한 사정은 엘리트구술프로젝트에 자본을 제공하는 주체(정부기관 또는 재단)의 관심사에 기인한 바 크다.

개영역(closed doors)에서 행사되기 때문이다. 게다가 이러한 권력의 작용이 언론을 통해 공개되었을 때조차, 권력에 의해 의도적으로 흘려진 것(purposive leaks)일 가능성이 높다. 미국 클린턴 대통령의 경우를 살펴보면 30,000여개의 문서보존함(archival boxes)에 보존된 문서들, 백악관의 모든 이메일과 전자문서들, 사진과 영상필름들, 1,000쪽에 가까운 회고록(My life), 그리고 이러한 공적 기록에 버금가는 양으로 추정되는 언론자료들이 있음에도 불구하고, 별도로 구술자료를 수집하는 이유도 여기에 있다.[7)]

문제는 여기에서 수집된 엘리트 구술자료가 그 가치를 의심받고 있다는 점이다.[8)] 여기에는 두 가지 통념이 이유로 작용한다. 첫째, 정치엘리

---

7) 클린턴 대통령의 경우에는 다음과 같은 목록들이 추가된다. 7년 동안 4,000만 달러이상의 비용을 들여 대통령의 은밀한 사생활까지 조사했던 특별검사 스타(Starr)의 조사기록들, 각종 독립위원회와 의회 위원회의 조사 및 회의기록들. 이러한 기록들의 목록과 함께 이들 기록들을 통한 사실접근이 어려운 이유에 대해서는 Riley, "Presidential Oral History", pp.84-87. 참고.

8) 엘리트 구술자료의 가치에 대한 의심은 크게 두 가지 시각으로부터 나온다. 하나는 실증주의적 시각으로부터의 의심이다. 본 논문은 이러한 의심에 대한 하나의 답변이다. 또 다른 의심은 '아래로부터의 역사'(history from below) 시각으로부터 나온다. 이들에 따르면, 엘리트 구술자료는 연구자원의 낭비일 뿐이다. 이미 엘리트들은 이미 공공기록을 통해 압도적으로 과잉 대표되어 있을 뿐 아니라, 일기, 메모의 형태로 자신의 기록들을 남기고 있기 때문이다.
엘리트 구술자료가 연구자원의 낭비라는 주장에 대해 반론을 제기하는 것은 본 논문의 목적을 넘어선다. 다만 다음과 같은 몇 가지 점을 지적하고자 한다. 첫째, 엘리트 구술연구에 의해서도 엘리트들이 공적문서 속에서 얼마나 과잉 대표되어 있는지를 드러낼 수 있으며, 이를 통해 문서기록이 지니고 있는 (엘리트들에게 과도하게 기울어진)'체계적인 비대칭성'(systematic lopsideness)을 보완할 수 있다. 둘째, 그들만이 공유하고 있는 정보를 사회적으로 공유할 수도 있으며, 어떤 방식으로 권력을 생산·재생산하는 지를 분석할 수도 있다. 게다가 엘리트구술사연구 또한 다른 전통적 구술사연구와 마찬가지로 '다른 곳에서 구할 수 없는 정보를 획득한다'는 구술사의 '특화된 목적'을 공유하고 있다는 점을 기억할 필요가 있다. Waldemarson, Y. "Openness and Elite Oral History: The Case of Sweden", *The Paradox of Openess:*

트 구술자료는 구술자의 개인적 경험과 기억에 기초하고 있으며, 따라서 개별적이며, 주관적일 뿐 아니라 부정확하기까지 하다는 통념 때문이다. 이는 정치엘리트 구술자료에 국한된 문제가 아니라 모든 구술자료에 적용된다. 하지만 객관적 사실의 재구성을 1차적인 목적으로 하는 정치엘리트 구술에서 더욱 문제가 된다.[9] 둘째, 정치엘리트의 속성 상 자기 합리화와 거짓 진술의 위험을 피하기 어렵다는 통념 때문이다. 이 또한 정치엘리트 구술자료에 국한된 문제는 아니다. 하지만 비엘리트(non-elite)보다 엘리트가 더 많은 자기 정당화의 동기와 능력을 갖추고 있다는 점은 이론적으로 경험적으로 부정하기 어렵다. "엘리트들은 사회를 통제하기 위한 자신들의 시도를 정당화하는 이야기(a lore)를 발전시키는 사람들"이라는 맥마한(McMahan)의 지적은 이러한 속성을 잘 드러내 준다.[10] 게다가 정책결정에 핵심적 역할을 수행했던 엘리트 구술이 지닌 영향력은 비엘리트(non-elite)에 비할 바가 아니라는 점에서 거짓 진술의 파급효과는 심대하다.

이글의 문제의식은 위와 같은 두 가지 통념에서 출발한다. 이 통념들

Transparencey and Participation in Nordic Cultures of Consensus. Brill Academic Publishers. 2014. P.177. 참고.

9) 엘리트 구술연구자 모두가 이런 목적에 동의하는 것은 아니다. 하지만 정부기관 또는 재단으로부터 재원을 지원받는 국내외의 대규모 정치엘리트 구술연구에서 객관적인 사실을 재구성 하는 것이 1차적인 목적임에는 틀림없다. 또한 엘리트구술을 활용하여 정치현상의 인과분석을 하고자 하는 많은 학문적 연구들의 목적도 이와 유사하다.

10) 엘리트를 정치적·사회적·경제적·이념적 자원의 소유관계 속에서 정의하는 정치학 또는 사회학적 정의와 별도로, 맥마한은 엘리트를 정의하는데 있어서 '자신들이 지닌 통제력을 정당화하는 구술주체적 성격'을 강조한다. 그에 따르면 비엘리트(non-elite)는 "자신들이 사회에 대한 통제력이 없다는 이야기를 만들어내는 사람들"이다. McMahan, E. M. *Elite Oral History Discourse: A Study of Cooperation and Coherence*, Tuscaloosa: University of Alabama Press. 1989. pp.33-34.

이 지적하는 것은 다음과 같다. 정치엘리트 구술자료는 다른 구술자료와 마찬가지로 객관적이지도 신뢰할만하지도 않을 뿐 만 아니라, 정치엘리트의 자기정당화의 도구로 전락할 수 있다는 것이다. 필자가 보기에 여기에는 공통된 전제가 있다. 정치엘리트의 구술자료는 실제 역사적 사실과 간극(괴리)이 매우 크다는 것이다. 즉 사실과 많이 다르다는 것이다. 이글의 목적은 이와 같은 간극을 탐구하는 것이다. 구체적으로는 간극이 발생하는 이유와 양상은 어떠하며, 그러한 간극을 줄일 수 있는 방법은 무엇인가라는 질문에 답하는 것이다.

2. '사실'과 '구술자료'의 간극구조와 특성

정치엘리트 구술자료는 객관적인 사실로부터 얼마나 벗어나 있는가? 이 질문은 정치엘리트 구술자료가 지닌 역사적 증거능력의 가능성과 한계를 묻는 것이다. 여기에 답하기 위해서는 '객관적인 사실로부터 구술자료가 어떻게 생산되는가'를 살펴보는 것이 필수적이다. 사실과 구술자료 사이의 '거리'를 의미하는 '간극'은 구술자료가 생산되는 과정을 통해 얻어진 산물이기 때문이다.

사실 구술대상에 관계없이 모든 구술자료는 크게 다음과 같은 세 가지 요소, 즉 '사실(fact)', '기억'(memory), '구술'(oral narrative)이라는 요소를 거쳐서 생산된다. 구술자료와 사실 사이의 간극은 이러한 세 가지 요소를 거치면서, 때로는 구술자의 의도와 관계없이 자연적·우연적·필연적으로 형성(rising)되기도 하고, 때로는 구술자의 의식적·무의식적 의도에 의해 인위적·선택적으로 구성(making)되기도 한다. 세 가지 요소와 간극 사이의 관계를 그림으로 도해하면 다음과 같다.

〈그림 1〉 구술과정과 간극

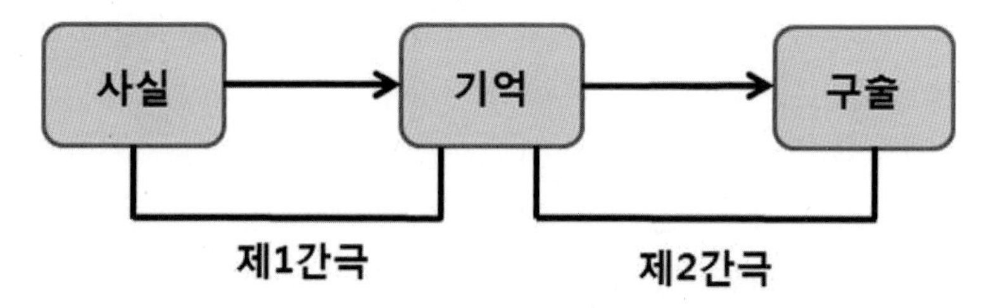

최초의 간극(제1간극)은 외부의 '사실'과 구술자의 '기억' 사이에서 발생한다. 실제 구술의 토대가 되는 것은 개인의 '기억'인데, 이는 단순히 외부의 객관적인 사실을 모사하거나 재현한 것이 아니다.[11] 심리학적 발견에 따르면, 완전 기억(total recall)이라는 것은 일종의 신화이며, 기억이란 일련의 선택과정을 거치는 재구성 행위(reconstructive behavior)라는 점이다.[12]

---

11) 구술사 연구자들은 '기억'을 서로 다른 차원에서 접근한다. 폴 톰슨(Paul Thompson)처럼 심리학적 연구에 기초하여 기억이 지닌 생물학적·생리학적 특성에 주목하기도 하고, 나탕 바슈텔(Nathan Wachtel)처럼 사회학적 연구에 기초하여 기억이 지닌 사회적·집합적 성격을 강조하기도 한다.(Wachtel, N. Between Memory and History, Harwood Academic Publishers. 윤택림 편역, 『구술사, 기억으로 쓰는 역사』, 아르케. 2010. 참고).
하지만 만약 '기억'이 다차원적인 속성을 지니고 있다는 점을 우리가 받아들인다면, 기억에 대해 서로 다른 차원에서 접근하고자 하는 견해들을 서로 대립적인 것으로 볼 필요는 없다. 왜냐하면 개인의 기억이 지닌 신뢰성을 검증하기 위해서는 기억의 심리적·생리적 메카니즘에 대해 접근하는 것이 필수적이며, 사회집단 간에 존재하는 권력관계를 분석하기 위해서는 기억의 사회적 틀(집합적/사회학적 차원)에 대해 접근해야 하기 때문이다. 본 논문은 '간극'에 대해 분석하기 위해 심리학적으로 접근한다. 반면 후자의 차원을 통해 접근한 연구로는 허영란(「대항기억의 정치학과 기억공동체: 울산 장생포 포경사 구술을 중심으로」, 『로컬리티의 문화적 재구성과 실천적 담론 학술회의 자료집』, 2012.) 참고.

12) Parkin, A. *Memory: A Guide for Professionals*, Wiley, 2000. 이영애·박희경 역, 『기억연구의 실제와 응용』, 시그마프레스, 2001. 20-26면.

사실과 기억이 일치하지 않는다는 점(제1간극)이 구술연구에 미친 영향은 이중적이다. 이러한 불일치와 간극을 부정적으로 바라보았던 실증주의 역사학은 구술연구의 객관성을 부정하는 근거로 삼았던 반면, 긍정적으로 바라보았던 일부 역사가나 구술연구자들은 새로운 역사인식의 토대로 삼았기 때문이다. 예컨대 역사학자 카아(Carr)는 과거에 있었던 일 그 자체를 의미하는 '과거(의 사실)'과 '역사적 사실'을 구분하고, 역사적 사실이란 과거에 있었던 일 그 자체가 아니라 역사가가 능동적으로 해석했던 결과로 보았다.[13] 구술자료 자체가 가지고 있는 독립적이고도 독특한 특성에 주목했던 포르텔리(Portelli)는 기억이 주관적인 것이란 점을 수동적으로 인정하는데 그치지 않고 적극적으로 받아들여 역사의 일부로 해석하였다. 그에 따르면,

> "[개인적 경험이나 기억의] 주관성은 더 가시적인 '사실들' 만큼이나 역사의 영역 안에 있다. 제보자들[구술자들]이 믿는 것은 정말 일어난 것만큼이나 진정한 역사적 사실, 즉 그들이 믿는다는 사실이다.[14]

포르텔리는 주관적 기억을 역사적 사실로 취급함으로써 구술사에 새로운 의미를 부여했다. 즉 구술자료는 실제의 가시적인 사건에 대해서보다는 그 사건들이 지니는 의미에 대해 더 많은 것을 말해주며, 실제 사건들에 대해 '틀린' 진술이라 하더라도 심리적으로 계속 '진실'이고, 이러한 '진실'은 '사실적으로 믿을 수 있는 설명'과 마찬가지로 중요하다는 것

13) 이재성, 「한국정치사와 구술사: 정치학을 위한 방법론적 탐색」, 『한국사회과학』, 통권 제29권. 186면.

14) Portelli, A, *The Death of Luigi Trastulli and Other Stories: Form and Meaning in Oral History*, State Unversity of New Youk Press. 1991. 윤택림 편역, 『구술사, 기억으로 쓰는 역사』, 아르케. 2010. 84면.

이다. 이제 포르텔리에게 있어서 사실과 기억의 간극은 그다지 중요하지 않다. 왜냐하면 틀린 믿음이라 하더라도, 그 자체가 역사적 사실의 일부로서 신빙성을 지니고 있기 때문이다.[15]

주관적 기억 그 자체가 역사적 사실의 일부라는 포르텔리의 주장은 제1간극을 해석하는 데 있어서 중요한 진전임에는 틀림없다. 모든 간극이 부정적이거나 배척되어야 하는 것은 아니라는 점을 시사하기 때문이다. 하지만 제1간극의 구조와 의미는 포르텔리가 생각하는 것에 비해 좀 더 복잡하고 복합적이다. 객관적 사실과 주관적 기억 간에는 다양한 동학이 있으며, 이를 이해하기 위해서는 세분화된 구분이 필요하기 때문이다.

이를 위해서 사실과 기억 사이에 인지(cognition)과정을 추가하는 것이 필요하다. 즉 제1 간극은 외부의 사실(fact) → 인지(cognition) → 기억(memory)하는 과정에서 발생한다는 것이다.[16] 그러므로 제1간극이 발생하는 '사실을 기억하는 과정'이란 다음과 같은 두 개의 과정, 즉 '사실을 인지하는 과정', '인지한 사실을 기억'하는 과정으로 세분화 할 수 있다.

15) Portelli, Ibid, 83–85면 참조.

16) 넓은 의미에서 인지(cognition)는 지식의 습득, 저장(기억), 변형, 사용을 의미하며, 따라서 기억 역시 넓은 의미의 인지에 포함된다.(Matlin, M. W. Cognition,6th ed. Wiley. 2004. 민윤기 역, 『인지심리학』, 박학사.) 여기서는 분석적 편의를 위해 좁은 의미로 쓰이며, 지식의 습득(외부 사실에 대한 인식)에 국한한다.

〈표 1〉 제1간극(제1유형간극과 제2유형간극)의 발생요인과 형태

제1간극 발생과정	사실 ⟶ 기억	
제1간극 유형	사실과 인식의 간극 (제1유형)	인식과 (장기)기억의 간극 (제2유형)
간극 발생요인	인식주체의 능력, 상태, 상황 등	장기기억의 종류, 시간, 학습, 인지부조화
간극 형태	생략, 선별, 착오	망각, 기억변형

제1간극의 첫 번째 과정, 즉 먼저 외부의 사실을 어떻게 인지하느냐하는 문제는 인식론의 오래된 주제이자 논쟁의 대상이다. 여기서 분명한 것은 인식주체의 상태, 능력, 상황에 따라서 인지 내용에 커다란 차이를 보이며, 종종 생략과 선별, 착오나 오류로 나타난다는 점이다.[17] 이러한 문제로 인해 발생하는 간극을, 이 논문에서는 '제1유형의 간극'이라고 표현하고자 한다.

제1간극의 두 번째 과정은 인식한 내용을 어떻게 유지(기억)하는가의 문제이다. 다시 심리학적 연구에 따르면, 이 과정은 근본적으로 다른 두 가지 형태, 즉 단기기억과정과 장기기억과정으로 구분된다.[18] 구술과 관련하여서는 장기기억과정이 중요하다. 구술은 장기기억을 대상으로 하며,

17) 이 과정은 복잡한 메카니즘 속에서 이루어진다고 알려져 있다. 여기에 외부의 사상(event)을 등록하는 감각(sensation), 등록된 감각을 해석하는 지각(perception), 직접 지각되지 않는 것을 심적 그림으로 만들어내는 심상(imagery)이 개입한다. Hermann, D. J., C. Y. Yoder, *Applied Cognitive Psychology, Lawrence Erlbaum Associates*, Inc. 2006. 이재식 역, 『응용인지심리학』, 2009. 97-100면 참조.

18) 새로운 기억은 단기기억에 저장되며, 필요하면 장기기억으로 옮겨 저장된다. 옮겨지는 과정은 기억흔적의 '응고화'(consolidation)으로 알려져 있다. 두 가지 기억의 차이와 메카니즘에 대해서는 Parkin, *Memory: A Guide for Professionals*, 3-13면 참조.

그 지속성에는 다양한 요인이 개입되기 때문이다. 구술과정에서 흔히 만나게 되는 '망각'이나 '기억변형'에 의한 간극은 이 과정에서 일어난다. 이 논문에서는 이러한 간극을 '제2유형의 간극'이라고 명명하고자 한다.

또 다른 간극, 제2간극은 기억과 구술 사이에서 발생한다. 이로 인해 나타나는 형태는 매우 간단하다. 의도적인 허위진술, 즉 거짓말을 하는 것이다. 이처럼 제2간극은 제1간극에 비해 간명한 형태로 나타나지만, 그 요인은 매우 다양하다. 자신의 과거 행위를 합리화하기 위해서, 이전의 진술과의 일관성을 위해서, 자신의 입지를 강화하기 위해서, 또는 반대자나 경쟁자의 위신을 손상시키기 위해서 허위진술을 한다. 이러한 간극은 앞의 유형들과 달리 '제3유형의 간극'으로 이름한다.

제3유형의 간극과 그 결과가 구술자료에 미치는 영향은 치명적이다. 많은 심리학 연구가 '인간의 삶에서 거짓말은 일상적이며 바람직하기까지 하다'고 주장한다. 하지만 구술에 관한 한 이러한 주장을 받아들이기 어렵다.[19] 일부 사실에 대한 허위진술은 나머지 다른 사실에 대한 진술의 신뢰도를 손상시키기 때문이다. 게다가 구술자료가 구술자의 사적인 목적에 이용되는 결과를 초래하기까지 한다.

19) 사회심리학자 드파울로(DePaulo)는 일련의 실험과 연구를 통해 거짓말은 비정상적이며 잘못된 것이라는 주장은 그릇된 것이라고 주장한다. 그에 따르면, "전적인 진실(whole truth)은 가능하지도 않을 뿐 더러, 설령 가능하다 손 치더라도 바람직하지도 않다"고 주장한다.(DePaulo, B. M. "The Many Faces of Lies", in A. G. Miller, ed. *The Social Psychology of Good Evil*, Guilford Press. 2004).

〈표 2〉 제2간극(제3유형 간극)의 발생요인과 형태

제2간극 발생과정	기억 ──────→ 구술
제2간극 유형	기억과 구술의 간극 (제3유형)
간극 발생요인	수많은 개인적 동기
간극 형태	허위진술(거짓말), 반복적인 허위진술

앞서 보았듯이 객관적인 사실과 구술자료들 사이에 존재하는 간극은 다양한 형태로 구성되며, 그 형태마다 훨씬 많은 발생요인을 갖고 있다. 이러한 것을 모두 다루는 것은 광범위한 심리학적·사회학적 작업이 될 것이다. 따라서 아래에서는 다양한 간극 형태 중에서 구술연구에 중대한 영향을 미치는 주요 형태에 대해 유형별로 살펴보고자 한다.

3. 제1유형: 기억의 형성과정에서 발생하는 간극

앞서 지적했듯이, 모든 간극은 객관적 사실을 인식하고 이를 기억으로 만드는 과정에서 출발한다. 인간은 객관적 사실을 온전히 총체로서 인식하거나 재현할 수 없으며, 개인에 따라서 선택적으로 인식하기 때문이다. 게다가 개인의 인식과 기억의 토대가 되는 경험은 객관적 사실의 일부에 지나지 않기 때문이다. 전자는 '기억의 주관성'으로, 후자는 '기억의 개별성'으로 표현된다. 아래 두가지 형태는 이를 대표한다.

1) 선별인식과 선별기억

구술자들이 사물을 개별적·선별적으로 '인식'할 뿐만 아니라, 더나가 개별적·선별적으로 '기억'하는데 따라 발생하는 간극이다. 이는 동일한 시간대에서 동일한 경험을 함께 했던 구술자들 사이에서 조차 서로 다른 구술이 이루지는 원인으로 작용한다.

먼저 선별인식은 사람들이 객관적 사실을 인식하는 과정에서 나타나는 지각정보 등을 선별적으로 받아들일 뿐 아니라, 이를 통해 각자 주관적인 의미를 부여하는 과정에서 발생한다. 대표적인 사례는 특정 시공간, 특정 상황, 또는 특정 인물에 대한 구술묘사에서 종종 등장한다. 예컨대 1980년대 전두환 정부 시절, 한 야당지도자가 당지도부의 결정에 따르지 않았던 야당의원에 대해 징계할 것을 언급했던 사례를 살펴보자. 당시 그 자리에 함께 했던 두 명의 구술자는 서로 다른 관점에서 인식했다. 즉 그 야당지도자의 언급에 대해, 한 구술자는 '여당에 대한 결연한 투쟁의지'를 보였다고 인식했던 반면, 다른 구술자는 '당지도부의 결정에 따르라는 협박'이었다고 느꼈다.[20]

선별기억이란 시간이 흐르면서 인식한 내용을 선별적으로 기억하는데 따라 나타나는 간극형태이다. 구술연구자 반시나(Vansina)의 '기억' 개념은 이러한 간극에 기초하고 있다.

> 기억은 내면화된 행위, 즉 '회상이미지'(remembrance-image)로 사건이나 상황을 재현하는 것이다. (...) 이미지를 만들어내고 동시에 그것을 서술하는 두 가지 과정에서 감각적인 자료는 선택되거나 버려지고 재구성되어서, 그 가운데 생기는 '공백'(gaps)은 '그랬음이 틀림없어'(it must have been)라고 논리적으로 연결되어 채워진다. 예를 들면, 교통사고를 회상하는 경우에도 이 모든 것은 명백하게 나타난다. 증언은 반복되면 될수록 거듭 재구성되고, 어떤 정보는 생략되고 관찰

---

20) 이글에서 인용되는 구술자는 익명으로 처리한다. 일부 비공개 기록이 포함되어있을 뿐 만 아니라, 단순 사례 인용에 굳이 구술자의 인명이 필요하다고 보지 않기 때문이다.

되지 않는 것들이 첨가된다.[21]

이처럼 구술자들은 인식과 기억의 과정에서 객관적인 사실로부터 선별되고 재구성되어 인식하고 기억함으로써 간극을 발생시킨다. 그리고 이러한 간극의 존재는 구술자료(정치엘리트 구술자료를 포함하여) 뿐 아니라 인간의 의식을 통해서 구성된 모든 산물의 운명이다.

문제는 접근방법이다. 반시나는 서로 독립적인 구술 속에서 일치점을 찾음으로써 왜곡을 찾아내고 간극을 좁힐 수 있다고 주장한다.[22] 또 다른 구술사가 포르텔리는 왜곡이나 왜곡을 만들어내는 주관성 자체가 또 다른 창조물이므로, 주관성이 만들어낸 산물들을 역사적 사실의 일부로 받아들이라고 요구한다.[23] 일견 서로 다른 해석처럼 보이는 이 두 가지 입장은 사실 대립적이지 않다. 엘리트 구술자료에도 사실과 다른 무수한 착오나 왜곡이 존재한다. 이러한 오류는 반복된 구술이나 독립적 구술을 통해서, 그리고 문서자료를 통해서 교정할 수 있고, 또 그래야만 한다. 하지만 여기서 그쳐서는 안 된다. 왜곡된 인식과 기억은 그 자체로, '사건이 발생했던 과거'를 해석하는데 있어서, 그리고 '구술을 하고 있는 현재'나 '구술이후의 미래'에 있어서 의미있는 '또 다른 사실'로 작용하기 때문이다.

인간의 인식과 기억이 선별적으로 구성되는 대표적인 사례는 '이데올로기적 폐쇄회로 속의 사고'나 '집단사고'(groupthink)의 경우이다.[24] 역

---

21) Vansina, Jan, "Memory and Oral Traditon", in J. C. Miller, ed. The African Past Speaks: Essays on Oral Tradition and History, Archon, 1980. 윤택림, 『구술사, 기억으로 쓰는 역사』, 56면.

22) Vansina, 위의 글. 73-74면.

23) Portelli, 위의 글. 85면.

24) 집단사고의 개념은 제니스(Janis)가 쿠바미사일 위기 당시 피그만 습격 사건 등과 같은 미국의 정책결정의의 실패를 설명하기 위해 고안한 개념이다. 그에

사학자 소퍼(Soffer)는 '이란-미국 외교관계 프로젝트'(Iran-American Relations Project)의 구술자료를 분석하면서, 잘못된 인식이 역사적으로 어떤 의미가 있는지를 설득력 있게 보여준다.[25] 1970년대 초 이란군사지원임무의 책임을 맡고 있었던 국방성 소속의 한 장성(Gen. Ellis Williamson)은 그의 구술을 통해, 자신이 이란왕정(shah's regime)에 대해 매우 비현실적인 인식을 갖고 있음을 드러냈다. 그는 구술에서, 이란왕정의 지배층인 상층 5-6%는 최고의 교육을 받았으며 교양있는 훌륭한 사람들이었던 반면, 나머지 대다수 대중은 신데렐라 정서를 지니고 있었으며 자극을 갈망하는 존재로 묘사했다. 그리고 그들은 "마침내 (1979년 이란혁명을 통해) 자극을 받았으며, 극단적으로 위험한 존재가 되었다"고 구술하였다.

소퍼는 윌리암슨의 구술자료를 통해 세 가지 해석을 도출해낸다. 첫째, 윌리암슨의 구술자료는 그 자체로, 윌리암슨 개인이 대다수 이란인에 대해 서구적 편견을 가지고 있으며, 스스로 무능한 제국주의자임을 드러냈다는 것이다. 하지만 윌리암슨의 구술자료는 그가 말하지 않은 것도 드러낸다. 소퍼는 윌림암슨을 다른 구술자들과 비교함으로써, (윌리암슨이 속해있는) '군사관료'와 '외교관료' 간에 이데올로기적 균열(ideological cleavage)이 존재했다고 분석한다. 당시 이란에 파견된 미국 관료들 사이에는 서로 다른 이데올로기적 집단사고(ideological group-think)가 존재했다는 것이다. 마지막으로 소퍼는 윌리암슨과 같은 군부관료들이 자유민주주의적 원리에 따르는 '대다수 미국인들'과 매우 비민

따르면, 응집력있는 집단의 구성원들은 집단 내의 규범에 동조현상을 보이며, 따라서 합리적으로 인식하고 판단하기 어렵다고 주장한다.

25) Soffer, J, "Oral History and the History of American foreign Relations", *The Journal of American History*, Vol.82, No.2. pp.610-612.

주적인 이란왕정을 지지하는 '미국정부' 사이에 놓여진 갭을 매우기 위해 그러한 이데올로기를 이용했다고 해석한다. 이처럼 객관적 사실과 동떨어진 어리석은 인식조차 역사적 현실을 구성하는 자료로서 해석이 가능하다.[26]

2) 개별적 경험

개별적으로 경험한 사실에 기초하여 인식하는 것이나 기억하는 것은 간극을 발생시키는 또 다른 요소 중에 하나이다. 이것은 개인적으로 경험했던 하나의 사건이 더 많은 사건들로 구성된 큰 사건의 일부일 경우에 발생한다. 대부분의 사회적·정치적 사건들이 무수한 행위자들에 의해 구성된다는 점을 고려해 볼 때, 이러한 간극은 매우 빈번하게 나타날 수 있다.

1987년 '6.29선언'에 관한 구술자료는 그러한 사례에 해당한다. 당시 노태우 민정당 대통령후보가 전격적으로 발표했던 '6.29선언'의 실제 진원지가 어디인가 하는 것은 한국 민주화과정을 연구하는데 있어서 매우 중요한 문제이다. 이때 6.29선언이 전두환 대통령 측의 기획에 의한 것인지 아니면 노태우 후보의 결단에 의한 것인지가 중심적인 관심사이다.[27] 구술연구에서도 선언 당사자인 '노태우 후보' 주변인들을 통해, 사

---

26) 소퍼는 이러한 자료해석 방법을 '징후발견적 독해'(symptomatic reading)이라 불렀다. Soffer, Ibid. p.610.

27) 이른바 '협약에 의한 민주화' 과정에서 권위주의 세력 내부의 강경파와 온건파의 균열이 중요한데, 6.29선언은 이러한 균열의 정도를 보여주는 지표이기 때문이다. 만약 강경파로 알려진 전두환 측이 기획하고, 온건파로 알려진 노태우 측이 실행에 옮긴 것이라면 둘 사이의 균열은 크지 않은 것이다. 반대로 노태우 측이 기획하고 실행에 옮긴 것이라면, 권위주의세력 내 온건파가 강경파를 제압한 것으로 해석할 수 있다. 협약에 의한 민주화와 권력블럭 내 분열의 중요성에 대해서는 임혁백, 『시장, 국가, 민주주의: 한국민주화와 정치경제이론』, 나남출판, 1994. 244-249면.

실여부를 확인하고자 하였다.[28] 즉 '노태우 후보가 '6.29선언'의 핵심 내용인 대통령직선제를 정말 고려하고 있었는가?' '만약 그렇다면 어떠한 경로를 통해 그러한 생각을 가지게 되었는가?' 하는 점을 면밀하게 추적하는 것이다. 구술자료에 의하면, 당시 외교안보 전문가였던 K교수, 측근 정치인 L씨, P씨 등 여러 인사들이 그들 스스로가 당시 야당과 재야가 주장하고 있던 대통령 중심제를 수용하여 정국을 돌파하도록 노태우 후보에게 조언했던 '진원지'(당사자)임을 자처하였다.[29]

그러나 여러 명이 진원지일 수는 없다. 그렇다면, 이들 중 한명을 제외하고 나머지는 거짓진술을 한 것인가, 아니면 이들 모두가 거짓진술을 한 것인가? 다른 여러 구술을 통해서 확인 한 바로는, 이들 모두가 노태우 당시 민정당 대표에게 독자적으로 권고한 것은 사실이었다. 하지만 노태우 대표가 이들의 권고를 실제로 받아들였는지, 받아들였다면 누구로부터 영향을 받았는지는 명확하지 않다. 중요한 것은 당시 전두환 대통령이 '4.13 호헌조치'로 대통령 직선제를 강경하게 거부하고 대치정국을 이어갈 때, 여권 내부에서 조차 직선제를 받아들이지 않으면 안된다는 시각이 적지 않았다는 것을 보여 준다는 점이다.

이처럼 역사적 사건에는 여러 행위자들이 관련되어 있고, 그들은 모두 서로 다른 경험을 통해 그 사건에 관여하고 있을 수 있다. 특히 정치적 파급효과가 크고, 이해당사자(stakeholders)간의 갈등이 심할 경우에, 소수 엘리트의 구술만으로는 전체적인 객관적 사실을 구성하는 데

28) 2009년 대통령기록관에서 '노태우전대통령 관련인사구술채록'연구사업을 진행한 바 있다.

29) 노태우 전대통령 자신은 언론인 조갑제와의 인터뷰에서 외교안보전문가 K교수가 진원지임을 밝힌 바 있다. 하지만 그 인터뷰는 측근 S씨의 관리 하에 진행된 것으로 보이며, 신뢰성에는 의문에 여지가 있다. 조갑제, 『노태우 육성회고록』, 조갑제닷컴, 2007. 164면.

에는 뚜렷한 한계가 따른다.[30] 달리 말하면, 개별적 경험에 기초한 구술 자료일 경우에, 사실과의 간극은 더 많은 개별적 경험자들의 구술을 확보하고 이들을 종합함으로써 좁혀 질 수 있다는 것을 의미한다.

4. 제2유형: 기억의 유지과정에서 발생하는 간극

주관적으로, 그리고 개별적으로 형성된 기억조차, '원형'을 있는 그대로 유지하는 것은 불가능에 가깝다. 기억은 시간의 풍화과정을 거치면서 소실되기도 하며, 여러 가지 요인에 의해 변형되기도 하기 때문이다. 아래에서는 '기억의 상실'과 '기억의 변형'에 따른 간극 유형을 다룬다.

1) 망각

인간의 기억은 단기기억과 장기기억으로 구분된다. 전자는 현재 처리하고 있는 재료에 대한 짧은 시간의 즉각적 기억이며, 후자는 일생동안 누적되어 있는 경험과 정보에 대한 기억이다.[31] 망각(forgetting)은 이러한 장기기억의 일부를 잃어버린 것이다. 일반적으로 망각은 처음에 급속히 진행되다가 거의 기억이 남아 있지 않는 순간부터는 매우 더디게 진행된다고 알려져 있다.[32]

---

30) 민주화 이후의 사회정책 결정과정은 이러한 복합성을 명료하게 보여준다. 예컨대 김대중 정부 하에서 이루어진 의료보험 통합정책은 대표적인 사례이다. 의보통합정책을 살펴보기 위해서는 청와대, 경제관료, 복지관료, 국회, 사회단체 등의 복합적 구술이 필요하다. 조영재, 「한국 복지정책과정의 특성에 관한 연구」, 『한국정치학회보』, 2008. 참고.

31) Matlin, *Cognition*, 118면.

32) 멱함수(power function) 형태로 나타나는 망각곡선(forgetting curve)을 통해 시각적으로 확인할 수 있다.

구술연구에서 이러한 망각이 만들어낸 간극은 일종의 재앙이다. 다른 간극유형들은 분류하고, 오류를 수정하고, 변형을 재해석함으로써 다양한 의미를 부여할 수 있다. 이에 반해 망각은 수정하거나 해석할 수 있는 그 어떤 소재도 남겨 놓지 않는다. 하지만 심리학적 연구결과를 활용하면, 아무런 분석대상 조차 남아 있는 않는 '망각'상태에 대해서도 몇 가지 해석의 여지가 남아있다.

먼저 '섬광기억'(flashbulb memory)에 대한 논의를 살펴볼 필요가 있다. 섬광기억은 정서적 각성을 일으킬 만큼 놀라운 사건이나 개인적으로 중요한 사건에 대한 기억을 말한다.[33] 이 종류의 기억은 오랫동안 망각을 이겨내는 놀라운 힘이 있다. 예를 들어 기자출신의 정치인 S씨는 처음 특종 정보를 획득했을 당시 상황에 대해, 50년이 지난 지금까지도 마치 현재에 그 현장에 있는 것처럼 상세히 기억하고 있었다. 그는 당시 날짜, 시간, 날씨에 관한 사항 뿐 아니라, 주변 장소의 사물배치, 상대방의 옷차림과 표정, 대화내용까지 스냅사진처럼 기억하고 있었다. 구술연구에서 이러한 섬광기억이 시사하는 바는 명료하다. 망각을 견뎌내지 못하는 기억들은 구술자에게 정서적 각성을 일으키지 않는 평이한 사건들일 가능성이 매우 높다는 것이다.

'전문성'도 망각에 저항하는 요인으로 알려져 있다. 특정 사안이나 사건에 대한 전문성이 높을수록 그 사건에 대해 오랫동안 기억을 유지한다는 것이다.[34] 노태우 정부시기 청와대 경제수석을 지냈던 K씨는 당시 논란이 되었던 '토지공개념' 정책에 대해 상세한 기억을 유지하고 있었다. 토지공개념정책의 배경이 되었던 재벌들의 토지투기현황과 그에 관련된 수치들, 정책 찬성자 및 반대자의 목록과 그 행위들, 그 과정에서

33) Ibid. 181면.

34) Ibid. 175면.

벌어졌던 일화들을 기억하는데 어려움이 없었다. 이러한 전문성이 구술연구에 시사하는 바는 다음과 같다. 즉, 자신이 경험했던 사안들에 대해 기억을 유지하지 못할 경우에는 그 전문성을 의심해 볼 여지가 있다는 것이다. 전직 국회의원들에게서 무수한 사례를 발견할 수 있다. 국회 상임위원회 위원으로서, 간사로서, 위원장으로서 활동했음에도 불구하고, 해당 상임위에서 다루어졌던 중요한 법안이나 사안에 대해 상세한 기억을 유지하고 있는 경우는 많지 않다. 심지어는 자신이 발의하여 사회적·정치적 이목이 집중되었던 사안에 대해서조차 망각하는 경우가 적지 않았다. 반면 이들 국회의원들은 자신의 지위정보나 외유정보, 정치적인 친소관계 등과 같은 정치정보에 대해 높은 기억력을 보였다. 이런 부류의 국회의원은 정책전문가라기보다 정치전문가라 할 수 있다.

일상적으로 '반복되었던 경험'이나 '기분일치'(mood congruence)[35]도 망각에 버티는 힘이 있다고 알려져 있다. 이미 쓰여진 문서기록에서 누락된 정보는 더 이상 다루기 어렵지만, 이처럼 구술연구에서 망각된 기억은 구술자의 경험적 특성을 추론하는데 제한적으로 활용될 수 있다.

2) 기억의 변형

한번 '형성된 기억'일지라도 고정되어 있지 않으며, 지속적인 변형과정을 거치면서 객관적인 사실로부터 멀어져간다. 여기에서 발생하는 간극은 여러 가지 형태로 나타난다.

먼저 '학습'(learning)이 기억의 변형을 가져올 수도 있다. 엘리트들은 비엘리트를 보다 학습의 기회나 동기를 더 많이 가지고 있다고 알려져 있다. 정치엘리트들 경우, 과거 자신이 관련되어 있었던 사건이나 인물에 대해 책을 통해서, 언론을 통해서, 주변인들과의 대화를 통해서 지속적

35) 기분이 유쾌한 상태에서 유쾌한 기억이나, 기분이 불쾌한 상태에서 불쾌한 기억은 더디게 망각된다. Ibid. 167면.

으로 정보를 습득하고 학습한다. 그 결과, 때로는 자신이 경험하지 못했거나 부분적으로만 경험했던 사실에 대해서도 습득된 정보에 기초해 자신의 기억을 변형시키는 경우가 있다.

'일관성 편향'(consistency bias)도 기억의 변형을 가져오는 요인으로 꼽힌다.[36] 사람들은 '과거'와 '현재'의 감정(및 신념) 사이에 일관성을 과장하는 경향이 있으며, 그로인해 과거에 대한 기억이 왜곡될 수 있다는 것이다. 미국에서 멕시코계 여성파업 노동자들을 면담했던 역사학자 호닉(Honig)은, 이들에게서 일관성 편향을 발견하였다. 처음 파업에 참가했을 당시 여성노동자들은 '파업을 통해 자신들이 소심한 공장노동자에서 자기 확신에 찬 투사로 변모하였다'고 생각했었다. 그러나 몇 년 뒤 다시 면담했을 때에 '그들 자신들은 항상 자기주장에 강하였으며, 복종적이지 않았었다'고 회상했다는 것이다.[37]

'인지부조화'(cognitive dissonance)는 기억변형을 가져오는 매우 빈번하고도 은밀한 형태의 간극이다. 인지부조화라는 것은 '흡연으로 인해 죽을 수도 있기 때문에 흡연하는 것은 어리석은 짓이다'라는 생각과 '나는 하루 두 갑의 담배를 피운다'라는 서로 상반되는 두 가지 인지요소(사상, 신념, 태도, 견해)를 가지고 있을 때, 사람들이 가지게 되는 불유쾌한 감정이다. 사람들은 이러한 부조화를 해소하기 위해 '흡연은 긴장 이완이나 비만예방에 도움이 되기 때문에 해롭지 않다'라는 구실을 만든다. 이것은 일종의 자기기만을 통해 부조화에 따른 불편한 감정을 해소하는 것이다.[38] 비엘리트들도 일상적으로 인지부조화를 해소하려고

36) Matlin, *Cognition*, 184면.

37) Ibid. 185면.

38) Tavris, C. and Elliot Aronson, Mistakes Were Made(But Not By Me), Lescher and Lescher, 2007. 박웅희 역, 『거짓말의 진화: 자기정당화의 심리학』, 추수밭, 2007. 27면.

시도하지만, 정치엘리트들은 그러한 경향이 더욱 뚜렷하다.[39] 예컨대 과거 야당에서 권위주의 정부와 격렬하게 투쟁했던 정치인들이 공천탈락이나 기타 이유로 인해 권위주의적 여당으로 당적을 옮길 경우가 있다. 이때 상당수의 정치엘리트들이 자기정당화를 시도한다. 자신들이 추종했던 "(야당 지도자의) 위선적인 행태에 환멸을 느껴서", "호랑이를 잡으려면 호랑이 굴로 가야해서", "현실 정치를 조금이라도 개선하기 위해서", "또는 자신을 지지해준 유권자이 절실히 요구해서" 그랬다는 것이다. 이러한 인지부조화에 따른 자기기만은 뒤에서 말하는 허위진술(거짓말)과 근본적으로 다르다. 허위진술을 하는 사람들과 달리 그들은 진정으로 그것(자기기만적인 진술)을 믿는다는 것이다. 다른 사람들에게는 터무니없는 변명으로 들릴 경우에도 그렇다. 일견 이해되지 않는 구술자의 기억 중에는 상당수가 이러한 사례로 추정된다.

의식적으로든 무의식적으로든, 기억이 변형되는 과정은 일상적으로 발생할 수 있다. 그리고 변형된 기억은 사실과 구술자료의 간극을 확대시킴으로써 구술자료의 신뢰성을 저하시키는 요소로 작용한다. 이때 우리가 구술자에게서 기억변형이 일어나는 다양한 이유와 그 메카니즘을 이해할 수 있다면, 그 구술자의 구술자료를 해석하고 그 간극을 좁히는데 한 발 더 나아갈 수 있을 것이다.

5. 제3유형: 구술하는 과정에서 발생하는 간극

과거의 경험이 여러 경로를 통해서 하나의 기억으로 응고(consolidation)되었다하더라도, 간극은 거기서 끝나지 않는다. 구술자는 구술하는

39) 위의 태브리스(Tavris)와 애런슨(Aronson)의 책은 이러한 사례들로 가득 채워져 있다.

과정에서 자신의 기억과 다른 내용을 진술할 수 있기 때문이다. 허위진술(거짓말)은 구술자료를 독해하는데 있어서 가장 경계해야할 '무의미한' 간극이다.

1) 의도적인 허위진술

정치엘리트들이 허위진술하는 이유는 실로 다양하다. 자신의 실수나 잘못을 감추고 자신을 방어하기 위해서, 정치적 반대자를 제거하거나 위해(危害)를 가하기 위해서, 자신의 과거를 포장하기 위해서, 또는 보다 적극적으로 자신의 정치적 자산이나 입지를 구축하기 위해서 허위진술을 한다.

허위진술은 앞에서 언급했던 인지부조화를 해소하는 것과는 근본적으로 상이하다. 가장 중요한 차이는 후자가 '자신을 속이기 위한 무의식적 행위'인 반면, 전자는 '타인을 속이기 위한 의식적인 행위'라는 점이다.[40] 또 한 가지 차이는 진술하는 태도와 일관성에서 드러난다. 인지부조화를 해소하기 위한 진술은 실제 자신의 믿음과 생각에 기초하기 때문에 확실하고 단호한 태도를 보이는 경우가 많으며, 그 진술내용은 오래도록 일관성을 유지하며 반복된다. 하지만 일시적인 목적으로 타인을 속이는 거짓 진술은 불확실하고 머뭇거리는 태도를 보이는 경우가 많으며, 속여야할 이유가 사라지면 거짓진술이 더 이상 유지되지 않을 경우가 많다. 심지어는 손쉽게 이전과는 반대진술로도 이동하기도 한다.

40) 필자의 개인적 경험에 비춰 볼 때, 정치엘리트라 할지라도 명시적으로 타인을 속이기 위해 거짓으로 진술한 경우는 많지 않았다. 물론 자신을 기만하는 구술이 많았을지는 모른다. 하지만 그들이 필자를 속이기 위해 의도적으로 허위진술을 하고 있다는 느낌이 들거나, 또는 그와 관련된 대한 증거를 발견하기란 어려웠다. 대답하기 곤란한 질문(거짓말로 답해야 할지도 모를 질문)에 대해서, 그들은 사전에 필자에게 그 질문을 하지 말아 달라고 요청하는 경우는 가끔 있었다.

이러한 의도적 허위진술은 논란의 여지없이 제거되어야할 간극이다. 다만, 거짓말의 동기를 유추하는 것은 당시 정치적 상황이나 맥락을 이해하는데 도움을 줄 수도 있을 것이다.

2) 반복되는 허위진술

흔히 말하는, 거짓이 거짓을 낳는 경우이다. 위에서 언급한 의도적인 허위진술이 뚜렷한 목적을 가지고 이루지는 것이라면, 반복되는 허위진술은 뚜렷한 목적을 확인하기 어려운 사례이다. 이러한 반복되는 허위진술은 구술과정에서 나타나기도 한다. 앞에서 허위진술을 하고나서, 어쩔 수 없이 그 허위진술을 반복하는 것이다. 일례로 들면, 앞선 진술에서 자신의 독립성을 강조하면서, 당으로부터 선거비용을 전혀 지원받지 않았다고 주장했던 한 정치인이 있었다. 그러나 몇 칠 후에 이어진 면담에서 당의 모든 정치인들이 등급별로 선거비용을 차등지원 받았음을 인정했었다. 이때 그는 자신만은 그러지 않았다는 진술을 덧붙이고자 했다. 별다른 실익도 없는 허위진술을 반복한 것이다. 하지만 구술과정에서 이루어지는 허위진술을 반복했을 경우에 손쉽게 그 허위성이 드러나는 경우가 많다. 위의 사례에서처럼 앞에서의 진술과 뒤에서의 진술의 맥락이 다를 경우가 많은데, 그럴 경우 허위진술의 여부가 명백히 드러나기 때문이다.

반복적인 허위진술은 현실세계에서도 발생하며, 때로는 믿음으로까지 이어지기도 한다. 학자출신의 정치인 P씨는, "1960년대 한국 정부가 독일로부터 상업차관을 얻을 수 있었던 것은 파독광부·간호사의 임금을 담보로 했기 때문에 가능했다"는, 소위 '임금담보설'을 반복적으로 주장하였다.[41] 그는 구술을 통해, 누가 보더라도 확신과 감동에 찬 어조로

41) P씨는 자신의 회고록, 언론인터뷰, 정치엘리트 구술에서 반복적으로 임금담보설을 주장한 바 있다.

진술하였다. 그로 인해 '임금담보설'은 일반 시민들, 그리고 당사자였던 파독광부·간호사 뿐 아니라 학계와 언론계에서 조차 '사실'로 받아들여지고 있다. 하지만 이는 명백한 허위진술이었다.[42]

이처럼 반복적인 허위진술은 그 허위성이 드러날 가능성이 높다. 하지만 그 반복성으로 인해 발생하는 문제는 의외로 심각할 수 있다. P씨의 거듭된 허위진술 사례에서처럼 허위가 객관적 사실로 둔갑할 수 있으며, '서민의 설움을 극복하고 일구어 낸 성공적 근대화'라는 허위이데올로기를 만들어낼 수 있기 때문이다.

6. 결론: 간극 좁히기

구술자료가 지니고 있는 긍정적 요소는 잘 알려져 있으며, 따라서 이 글에서 반복하진 않는다. 반대로 이 글에서는 구술자료의 객관성과 신뢰성을 해치는 부정적 요소로 지목되고 있는, 즉 사실과 구술자료 사이에 놓여 있는 간극에 대해 살펴보았다. 이 간극에는 질적으로 상이한 간극형태들이 포함되어있으며, 따라서 이 간극들이 단순히 '거리'라는 양적인 개념으로 환원될 수 없다는 것은 분명하다. 특히 기억을 형성하거나 유지하는 과정에서 발생하는 간극은 풍부한 해석의 여지가 있으며, 이로 인해 구술자료는 문서기록과 구별되는 독특한 특성과 장점을 가진다.

하지만 '구술자료가 풍부한 해석의 가능성을 지니고 있다고 주장하는

---

42) 법적으로나 연대기적으로 임금을 담보로 하여 차관을 얻는 것은 불가능한 일이었다. 그리고 파독인력 중에서 임금을 강제로 담보했다는 주장은 그 누구를 통해서도 나온 바가 없다. 이영조·이옥남, 「1960년대 초 서독의 대한 상업차관에 대한 파독근로자의 임금 담보설의 진실」, 『한국정치외교사논총』, 제34집 2호. 참고.

것'과 '구술자료의 모든 내용이 하나의 객관적 실체라고 주장하는 것'은 명백히 다르다. 간극을 다양하게 해석함으로써 역사적 사실을 재구성하는 것은 중요하다. 이에 못지 않게 구술자료의 신뢰성을 해치는 일부 '무의미한' 간극을 걷어내고 역사적 사실에 접근하는 것 또한 중요하다.

문제는 이미 생산된 구술자료에서 무의미한 간극을 걷어내는 것은 불가능에 가까운 일이란 점이다. 간극들 사이에는 객관과 주관, 의식과 무의식, 사실과 허위가 뒤엉켜 있기 때문이다. 하지만 비관할 일은 아니다. 이미 생산이 완료된 문서기록과는 달리, 구술자료는 생산과정에 개입여지가 남아 있기 때문이다. 구술연구, 특히 엘리트 구술연구가 지니고 있는 장점 중에 하나이다.

구술자료에서 나타날 수 있는 무의미한 간극은 다음과 같은 세 가지 영역에서 축소할 수 있다. 첫째, 구술을 준비하는 과정에서 축소할 수 있다. 이때 구술자에게 충분하게 기초정보를 제공할 필요가 있다. 기초정보를 접한 구술자는 의도하지 않는 착오나 혹시 있을 지도 모를 허위진술에 대한 유혹을 줄일 수 있기 때문이다. 미국 클린턴대통령 구술프로그램은 좋은 사례를 제공한다.[43] 그들은 인터뷰를 진행하기 전에 브리핑북(briefing book)을 통해 구술자에게 기초정보를 제공한다. 브리핑북에는 구술자가 관련된 뉴스기사의 연대기, 구술자가 행했던 주요 연설이나 공개진술 표본들, 주요 이슈나 사건들에 대한 뉴스기사, 그리고 인터뷰에서 질문할 내용들이 담긴 사전질문지 등이 여기에 포함된다.[44] 이러한 정보제공을 통해 구술자의 착오를 줄이거나, 망각했던 기억을 다시 회상케 하거나, 허위진술의 가능성을 미리 차단할 수도 있다.[45]

---

43) Riley,"Presidential Oral History", pp. 93-94.

44) 이 작업은 대학원생들에 의해 진행되며, 40여명이 넘는 전문연구자들 중에서 관련자가 함께 한다. Ibid. pp.93-94.

45) 필자가 수행하는 정치엘리트구술에서도 충실한 정보를 담은 사전질문지의 효

둘째, 구술을 진행하는 과정에서 축소할 수 있다. 구술자료 수집은 구술자와 면담자가 서로 협력하는 과정을 통해 이루어진다. 이 과정에서 신뢰와 친밀감(rapport)은 필수적이다. 본 면담에 앞서 사전면담을 갖는 것이 효과적이며, 구술의 목적·내용·방향에 대해 충분한 교감이 필요하다. 이때 면담이 학술적 환경 속에서 진행될 것이며, 구술결과물이 미래세대를 위해 공적으로 활용될 것이란 점, 그리고 비공개 사항에 대해서는 철저한 보안이 이루어질 것이라는 믿음을 주는 것이 중요하다.[46] 면담을 진행하는 과정에서도 신뢰와 친밀감을 유지해야하며, 구술의 주제에 관해 전문적인 식견을 갖고 있음을 보여 주는 것도 중요하다. 흔히 엘리트는 비엘리트와 달리 자신의 의도대로 상황을 주도하려는 경향이 있기 때문이다.[47] 이때 면담자가 구술 내용에 대해 전문성을 지니고 있음을 보여주는 줌으로써, 구술자가 허위진술하거나 주제를 벗어난 진술할 가능성을 효과적으로 차단할 수 있을 것이다.

마지막으로 구술자료의 해석과정을 통해 줄일 수 있다. 흔히 연구자들은 구술자료가 문서자료의 빈공간과 오류를 점검하는데 있어서 효과적으로 활용될 수 있다고 생각한다.[48] 하지만 그 반대도 가능하다. 하나의 구술자료는 다른 구술자료를 포함하여 다양한 문서자료들과 함께 교차검토(triangulation)될 수 있다. 그 과정에서 우리는 무의미한 주관적 진술이나 허위진술이 만들어낸 간극을 줄여나갈 수 있을 것이라 기대할 수 있다.

과는 뚜렷하였다.

46) Ibid, p.96.

47) 김태우, 「엘리트 구술자료의 성격과 수집 방안」, 51-52면.

48) Tansey, O. "Process Tracing and Elite Interviewing: A Case for Non-probability Sampling", *Political Science and Politics*, Vol.40. No.4. 2007. p.6.

위와 같은 논의에 기초해 볼 때, 본 논문의 최종적인 결론은 다음과 같이 요약할 수 있다. 첫째, 모든 간극을 부정적으로 볼 필요는 없다는 것이다. 제1유형과 제2유형 간극은 구술자료가 지니고 있는 장점이다. 이 간극들을 해석함으로써 사실을 보다 풍부하게 재구성하고 이해 할 수 있기 때문이다. 둘째, 부정적인 간극인 제3유형의 간극은 구술을 준비하는 과정, 구술을 진행하는 과정, 구술자료를 해석하는 과정에서 좁힐 수 있다는 것이다.

제 II 부

정치인의 내면과 인식의 세계

제01장

박정희 정부 정치엘리트의 근대화론과 집단기억

김 택 호

1. 구술 내러티브와 집단기억

조금만 생각해 봐도 구술자료에는 애초부터 주관적인 관점이 담길 수 밖에 없다는 점을 알 수 있다. 구술자료 수집자들은 구술을 통해 객관적인 정보를 얻을 수 있는 특별한 방안이 있느냐는 질문을 수시로 듣고 있지만, 구술자료에는 다양한 차원과 영역의 정보들이 담긴다는 점 외에 구술자의 증언이나 견해가 충분히 객관적이라고 말하기는 어렵다.

엘리트 대상 구술에서도 마찬가지이다. 현대사의 중요 사건과 관련된 중요 인물 대상 구술에도 사실, 주장, 항변, 변명, 고백이 정돈되지 않은 상태로 카메라에 담기는 모습을 보게 되는데, 그런 낱낱의 정보를 하나하나 다시 살펴보면, 검증할 필요 없이 사실이라고 확증할 만한 것들은 생각보다 많지 않다. 물론 이것은 구술자료뿐만 아니라, 다른 형태의 기록들도 마찬가지일 것이다. 문학 연구자인 필자의 눈에 구술은 무엇보다도 복수의 화자와 복수의 청자가 개입되는 복잡한 의사소통구조에서 협력을 통해 이야기를 생산하는 독특한 형식으로 보인다.

한 사람을 대상으로 장시간의 구술을 진행하게 되면 필연적으로 생애사 구술이 된다. 장시간의 구술을 기획한다는 것 자체가 구술자의 생애 전반을 담겠다는 의도가 내포된 것이기도 하다. 생애사 구술은 면담자의 질문이 전체 흐름에 크게 작용한다고 해도 구술자가 전달하는 이야기 성격을 띨 수밖에 없다. 그런데 이야기라는 말이 내포하는 의미는 생각보다 복잡하다.

꽤 오랜 기간 적잖은 문학 연구자들은 이야기가 대체 무엇이고, 어떻게 만들어지며, 그것이 인간의 존재 방식과 문화를 이해하는 데에 어떤 역할을 할 수 있는지 연구해왔다. 우리가 흔히 내러티브 연구라고 부르는 이야기-혹은 이야기성- 대상 연구는 주로 신화, 민담, 설화, 서사시, 소설, 영화 등을 대상으로 진행되어왔다. 최근 그 대상은 드라마와 광고, 각종 연설문 등에까지 확장되고 있다. 구술 결과물 역시 하나의 내러티브라고 규정하는 데에 문제가 없을 것이다.

이 장에서는 구술을 하나의 내러티브라고 전제하고, 구술자의 내러티브와 집단기억의 관계를 다루려고 한다. 보다 정확하게 말하자면, 한 사회의 집단기억이 정치 엘리트인 구술자의 내러티브에 어떻게 작용하는지, 혹은 그들이 어떻게 집단기억이 생산되는 데 기여했는지 살펴보겠다는 것이다.

구술자의 진술을 내러티브로 규정하고, 그 내용을 분석하기 위해서는 내러티브 구성의 일반적인 방식이 무엇인지 이해하는 것이 필요하다. 일반적으로 내러티브의 핵심은 동원된 많은 에피소드들-구술자의 경험들-을 인과관계로 연결하거나, 연결하려는 의지와 관련 깊다. 화자는 사건들 사이의 인과관계를 규정하려고 애쓴다는 것이다. 이렇게 구축된 인과관계를 우리는 플롯(plot)이라고 부르는데, 플롯이 바로 내러티브의 의미인 주제를 만든다. 그 의미에 교훈이나, 처세 등에 관한 내용이 숨어 있으며, 이를 통해 화자의 세계관을 보여준다.

그런데 우리가 알아야 할 것은 내러티브의 성패가 내러티브에 대한 청자-수용자-의 신뢰에 달려있다는 점이다. 그리고 내러티브에 대한 신뢰는 내러티브의 구조가 아니라, 내러티브가 그 수용자들에게 제공하는 리얼리티, 있음직하다는 느낌에 달려있다는 점이다.

그렇다면 우리는 어떤 경우에 내러티브에 리얼리티가 있다고 느끼는 것일까? 서사연구자들은 핍진성(verisimilitude)이라는 개념을 통해 이를 설명한다. "문학 작품에서, 텍스트에 대해 신뢰할 만하고 개연성이 있다고 독자에게 납득 시키는 정도"를 말하는 이 개념이 바로 리얼리티가 추구하는 지점이다. 핍진성(verisimilitude)은 화자와 청자가 공유하는 무엇인가가 있을 때 형성된다. 그 공유지점을 문화와 관습으로 이해할 수도 있는데, 청자는 이 문화와 관습을 받아들임으로써 내러티브에 신뢰를 느끼게 되는 것이다. 완벽한 인과구조를 지닌 것으로 보이든, 다소 억지스러워 보이든 화자의 말이 청자에게 느낌을 주는 근본적인 기반은 서사구조 내부가 아니라, 외부에 있다는 것이다. 문제는 그 외부이다. 거기에는 수많은 텍스트들-관습적으로 적합한 판단근거와 행동들-이 관여될 것이다. 핍진성은 대체로 그것은 어떠했느냐보다, 그것은 어떠해야 했었느냐에 더 관심을 기울인다.[1)]

필자 역시 내러티브에 신뢰를 부여하는 핵심요소가 인식의 공유라는 입장에 동의한다. 우리가 흔히 문화적 배경이라고 부르는 인식의 공유 위에서 내러티브는 구성되고, 유통될 수 있다. 내러티브의 유효성을 이해하기 위해서는 내러티브 생산자와 소비자 간에 공유된 인식을 찾는 일이 무엇보다도 중요하다. 이 공유된 인식을 부르는 이름은 많다. 집단기억, 혹은 문화적 기억이라는 말도 그중 하나이다.

집단기억 이론가로서 집단기억과 역사기술의 관련성에 대해 분석적으로 접근했던 알라이다 아스만(Aleida Assmann)은 역사기술은 사실(역

1) 시모어 채트먼(Seymour Chatman), 김경수 역, 『영화와 소설의 서사구조(*Story and Discourse*)』, 민음사, 1990, 58면 참조.

사)과 기억과 수사가 개별성을 주장하지만, 혼란스럽게 사용된다고 주장한다.[2)] 그가 말하는 기억은 집단기억이다. 그러므로 그의 말은 역사기술 역시 집단기억으로부터 자유롭지 못하다는 말이면서, 동시에 역사기술도 집단기억 형성에 한몫을 하고 있다는 뜻이기도 하다. 집단기억이 무엇인지, 그것이 어떻게 작동하며, 어떤 효과를 유발하는지에 대한 분석과 연구는 그간 산발적으로 진행되었다. 쉽게 예상할 수 있듯이 집단기억이라고 통칭하는 개념과 기능에 대해서는 다양한 관점과 이론이 제기될 수밖에 없다.

집단기억에 관한 이론은 프랑스인 역사사회학자 모리스 알브바슈(Maurice Halbawchs)가 1925년에 출판한 저서 *Les Cadres Sociaux de la Mémoire*[3)]에서 제기한 문제들을 중심으로 축적되기 시작했다. 그의 생각은 대략 이렇다. 첫째 기억은 구성된 것이다. 기억은 당시에 있었던 사실이 아니라, 시간이 흐르고 경험이 축적되면서 편집된 방식으로 당시를 회상하는 것이라고 주장하고 있는 것이다. 둘째 기억은 선택된 것이다. 기억은 과거에 대한 것이 아니라, 현재에 대한 것이다. 현재에 중요한 것이 과거에 투영된 것이 기억이라고 주장한다. 셋째 기억은 집단적이다. 대상에 대한 기억은 개인적으로 형성되는 것이 아니라, 기억의 주체가 속한 집단의 기억을 공유하는 것이라고 주장하는 것이다. 이 집단성을 알브바슈는 '기억의 틀'이라고 정의하고 있다.[4)] 이러한 중요 특성을 기초로 알브바슈는 기억이 변하는 것이며, 권력과 관계 깊다고 주장하고

2) 알라이다 아스만(Aleida Assmann) 저, 변학수·채연숙 역, 『기억의 공간－문화적 기억의 형식과 변천(Erinnerungsräume)』, 그린비, 2011, 192-196면 참조.

3) '기억의 사회적인 틀' 정도로 번역할 수 있다.

4) Maurice Halbwachs, *The Collective Memory* (Harper & Row Publishers, 1980), pp.22-49. 참조.

있는 것이다.

피에르 노라(Pierre Nora), 제프리 올릭(J. Olick), 아스만 부부(Aleida Assmann, Jan Assmann) 등이 알브바슈의 후예로 흔히 거명되는 집단기억 이론가들이다. 이들 이론가들이 말하는 집단기억은 그 용어(collective memory, social memory, cultural memory)와 개념에서 다소 차이를 보이지만, 정체성이 반복되는 사회화 과정과 전통, 관습 등에 의해 발생하고 유지된다는 관점을 공유한다.

이런 집단기억이 염려스러운 것은 그것이 지닌 생산력 때문이다. 기억은 과거 자체가 아니다. 과거는 기억의 대상일 뿐이다. 그러므로 기억은 현재의 지배 아래 있고, 그 현재의 어느 상황이 과거를 기억이라는 방식으로 호명하는 것이다. 집단기억을 유지하는 힘은 교육이다. 교육은 제도를 통해서 뒷받침되는데, 거기에 다양한 표상들이 더해질 때 집단기억은 초역사적이고, 원천적인 것으로 자리 잡게 되는 것이다. 제도가 집단기억을 유지시킬 뿐만 아니라, 집단기억이 제도를 만들어내기도 한다. 그러므로 대다수 집단기억들이 국가주의, 민족주의와 결합하고 있는 것이다.

최근 한국의 역사학계와 사회학계에서도 기억 문제를 연구영역으로 끌어오려는 시도가 산발적으로 시도되고 있다. 사적 경험과 기억을 드러내는 구술기록물을 역사연구와 결합하려는 연구방법이나, 집단기억이라고 통칭되는 기억의 사회성에 대한 관심이 그것이다. 그러나 말이 쉬워 기억이지, 기억의 의미와 의의, 구조를 일목요연하게 설명하는 것은 사실상 불가능에 가깝다. 기억이 사회적 산물이라는 입장에 서 있는 제프리 올릭이 기억이라는 개인적 차원의 용어를 집단 차원으로 이동시키는 과정에 지나친 도약이 발생한다는 노아 게디(Noa Gedi), 이걸 엘람(Yigal Elam) 등의 비판에 대해 근거 있는 우려라고 인정[5]하는 장면이

5) 제프리 올릭(Jeffrey K. Olick), 김경이 옮김, 『기억의 지도(The Politics of Regret)』, 옥당, 2011, 38-40면, 참조.

이러한 사정을 잘 보여준다.

집단기억 문제가 단지 대중들에게만 관여할 뿐, 엘리트집단과는 무관하다고 생각하는 것은 오해이다. 특히 정치 엘리트들의 경우, 권력의 산물이거나, 관습의 산물인 집단기억에 대해 비판적이거나 분석적인 입장을 견지하는 것은 매우 어려운 일이다. 나아가 그들은 자신의 정치적 입장에 따라 집단기억을 생산한다. 정치적 이념의 공동체는 기억의 공동체이기도 하며, 그 공유된 기억을 통해 일체감과 동지의식을 공유한다. 정치는 그러한 공동체의 유지·확산을 위해 유·무형의 표상을 만들어 기억의 영속성을 보장받으려고 한다. 그런 방식으로 권력을 작동시키는 것이다.

이 장에서 다루는 중요 대상은 구범모, 임방현 두 전직 국회의원이다. 여기에 송방용 전 국회의원의 구술도 부분적으로 다룰 예정이다. 세 인물은 각기 정치학자, 언론인, 교육자이자 경제전문가 출신 정치인이다. 이 세 인물에 주목하는 이유는 무엇보다도 박정희 정부에 참여하여, 근대화론에 기초한 국가운영에 기여했으며, 이러한 국가운영에 대한 철학을 수용하고 생산한 인물들이라는 공통점을 지니고 있다는 점에 있다. 이들은 박정희 시대 핵심 엘리트였던 군 출신이 아니었지만, 이른바 문민 출신으로 당대의 이데올로기를 적극적으로 지원했던 인물들이다. 실제로 이들은 구술과정에서 당시의 국제정세와 한국사회의 당면과제를 연결하면서, 경제개발 우선의 국가운영을 논리적으로 설명하는 데에 상당한 노력을 기울였다. 이 장에서 특히 주목하는 것은 이들의 가치관 형성배경이다. 가깝게는 1950년대 말로부터 1960년대까지 한국 지식사회의 상황, 멀게는 이들보다 1~2세대 이전부터 한국사회에 관철되었던 특정한 가치관이 이들의 사고와 맺고 있는 관계를 가늠해보자는 것이다.

2. 근대화론의 내용과 표상

1) 근대화론–오래된 경험과 기억

19세기 말부터 20세기 중반까지 한국사회의 과거와 현재 미래를 이해하는 핵심어는 '가난'이었다. 1910년대 중반 일본에서 발간한 조선인유학생학우회 회보 『학지광』에 수록된 글들로부터 1950~60년대 『사상계』에 이르기까지 가난한 조국에 대한 한탄과 조국을 가난에서 벗어나게 할 방안과 포부를 피력하는 지식인들의 글들은 끊임없이 동료지식인들과 대중들에게 읽혔다. 가난은 오랜 기간 한국사회의 표상이었고, 극복해야 할 당면과제였으며, 현재와는 다른 미래를 모색해야만 하는 이유였다.

1960년을 전후로 한국 지식사회에 강력한 영향을 미친 근대화론은 이전보다 거시적인 관점을 기반으로 이토록 오래된 한국사회의 과제를 분석하고, 미래를 설계하는 중요한 준거점이 되었다. 21세기에도 여전히 '현대화된 근대화론'은 주장되고 있으며, 적잖은 한국인들에게 영향을 미치고 있다.

미국발 근대화론이 한국사회에 유입된 것은 1960년을 전후해서이다. 『사상계』는 1959년 2월에 '근대화' 특집을 기획했는데, 필자들은 1648년 베스트팔렌조약을 서양 근대의 기점이라 말하거나, 후진국 근대화 과정의 세 가지 유형 가운데 한국이 제3유형인 타율적 근대화 과정을 밟았으며, 앞으로의 근대화 과정에서 사대근성을 버리고 과학의 발달과 정치적 자유 그리고 동양의 가치를 재발견하는 방향에서 이루어져야 한다고 주장했다.[6]

이 시기 '근대화론'에 가장 강력한 영향을 미친 인물은 월트 로스토(Walt Whitman Rostow)였다. 1958년 출판된 그의 『반공산당 선언(A Non-

6) 신주백, 「1960년대 '근대화론'의 학계 유입과 한국사 연구–'근대화'를 주제로 내세운 학술기획을 중심으로」, 『사학연구』 125, 한국사학회, 2017.3, 53면 참조.

Communist: The Stages of Economic Growth)』은 이미 1960년에 번역서로 출판되었고,[7] 이듬해 『사상계』에도 소개될 만큼 지식인 사회에 반향을 일으켰다.[8] 케네디 정부에서 국무성정책기획위원회 의장으로 활동한 로스토는, 잘 알려진 바와 같이 사회의 발전단계를 5단계, 전통사회, 과도기적 사회, 도약단계의 사회, 성숙단계의 사회, 고도의 대량소비사회로 구분했다. 그의 근대화론은 냉전시대 미국의 대외정책에 이론적 기반을 제공하는 성격이 강했는데, 반공산주의는 그 핵심 전략이라고 할 수 있다. 그런데 근대화론 유입 초기 한국 사회는 반공산주의를 중심으로 반응하지 않았다.

근대화론에 우선 반응을 보인 것은 경제학자 이상구였지만, 곧이어 역사학, 국문학, 정치학, 사회학자들도 근대화론을 연구대상으로 삼기 시작했다. 이들의 관심사는 근대화의 개념, 근대기점, 서구 근대화의 시사점 등이었다.[9] 그러나 그 관심사가 어디에 있었든 한국 지식인 사회는 기본적으로 경제개발을 통한 국가경쟁력 강화라는 근대화 이데올로기를 수용하는 쪽이었다. 3공화국의 근대화정책과 상호 영향을 주고받으며, 이 근대화론은 한국의 지배 이데올로기가 되었다. 그런데 사실 이러한 진화론적 관점은 한국 지식인들에게 익숙한 것이기도 했다.

우리가 개화파 지식인이라고 부르는 19세기 신지식인들은 사회진화론을 수용한 사람들이었다. 예컨대 『서유견문』에서 '미개 → 반개화 → 개화'로 인류 역사단계를 구분하면서 당시 조선을 반개화 상태로 규정하거

7) W.W. 로스토오, 李相球 역, 『反共産黨宣言-經濟成長의 諸段階』, 進明文化社, 1960

8) 李相球, 「경제발전단계설로 이름난 W.W. 로스토우: 케네디행정부를 이끄는 브레인트러스트」, 『사상계』9-2, 1961. 2.

9) 신주백, 앞의 글, 56-63면 참조.

나, 경쟁을 발전의 핵심 동력으로 판단하는 유길준의 생각[10]은 스펜서(Herbert Spencer), 모스(Edward S. Morse), 후쿠자와 유키치(福澤諭吉), 량치자오(梁啓超) 등의 생각과 동일하다. 이들의 사상에 어떤 이름을 붙인다고 하더라도, 그것은 사회진화론의 다른 이름이다.[11]

19세기 후반 한반도의 이른바 개화파 지식인들은 유럽의 강대국들과 미국의 식민지 개척에 정당성을 제공했던 스펜서의 사회진화론을 약자의 자기방어, 주체성 강화의 논리로 변형시켜 수용했다. 이 과정에서 스펜서의 논리와 구별되는 한국적 특성이 발생한다. 스펜서의 논리가 자유방임주의적 자본주의 체제를 정당화하는 것이었던 데 반해, 한반도에서는 국가주의를 형성시키는 논리로 활용되었던 것이다. 스펜서의 논리가 주로 자본가들과 제국주의를 옹호하는 입장에서 자연선택에 의한 자연도태를 중심으로 전개되었던 것과 달리 한국의 지식인들이 노력에 의해 약자가 강자로 진화할 수도 있고 그대로 도태될 수도 있다는 인위선택 논리에 기울어져 있었다는 점 역시 차이점이라 할 수 있다. 물론 이것이 당시 한국 지식인만이 보여주었던 특수성이라고 말할 수는 없다. 후쿠자와 유키치 같은 인물이 선두에 있었지만, 결과적으로 볼 때 이런 경향은 동아시아 사회진화론의 특성이기도 하다.

이런 경향이 비단 19세기말과 20세기 초에 한정된 것도 아니다. 을사늑약 이후 이른바 자강운동론, 일제강점기의 실력양성론, 민족개조론,

10) 유길준전서편찬위원회, 『유길준전서』4, 일조각, 1971, 57면.

11) 19세기 후반 한반도에 사회진화론은 광범위하게 영향을 끼쳤다. 1896년 청의 옌푸(嚴復)가 헉슬리(Thomas Henry Huxley)의 『진화와 윤리(Evolution and Ethics)』에 스펜서의 사회이론을 첨가하여 번역·출판한 『천연론(天演論)』이 한국에 소개되었으며, 역시 사회진화론의 입장에서 저술된 량치자오의 『음빙실문집(飮氷室文集)』은 1903년 2월 상하이에서 출판된 지 얼마 지나지 않아 조선에 전해지기도 했다. 량치자오는 당시 조선사회 지식인들에게 가장 영향력이 강한 인물이었다. 1900년에서 1910년 사이에 신문이나 기관지 학회보에서 사회진화론에 영향받은 글을 찾아보는 일은 어렵지 않았다.

물산장려운동, 민립대학 건립운동, 자치운동 등은 일제강점기 내내 우파 지식인들의 이론적 기반이 되었다. 이런 과정에서 한국의 민족주의는 제국주의와 강대국에 대한 비판의 논리적 기반을 상실하는 결과를 초래했다. 한국적 사회진화론의 논리에 의하면 제국주의는 현실적으로 불가피하거나 당연한 현상으로 해석될 여지도 충분하기 때문이다.

이러한 경험과 기억, 여기에 분단 이후 남북으로 나뉘어 공간을 점유한 좌우익 지식인 그룹의 분포가 1960년을 전후로 유입된 미국발 근대화론과 제3공화국의 개발정책이 폭넓게 수용되었던 기반이다.

2) 내용–진화론적 세계관

서울대 정치학과 교수 출신으로 정부시책평가교수로 활동하다 제9대 유신정우회 의원과 제10대 민주공화당 의원을 지냈던 구범모[12]는 구술면담 시종일관 정치·경제에 대한 자신의 거시적인 관점과 1960–70년대 정치 상황을 강력하게 연계하는 논리를 피력했다. 그는 그 과정에서 박정희 전 대통령에 대한 평가와 박정희 정부와 국회 내에서 자신의 활동을 논리적으로 설명하려고 노력했다. 그가 제시하고 있는 정치·경제에 대한 거시적인 관점은 선 경제적 근대화, 후 정치적 민주화로 요약되는 근대화 개념이다. 그의 말을 직접 들어보자.

> 비교정치 중에서도 내가 얘기하는 모더니제이션 폴리티컬 디벨럽먼트(modernization political development) 해가지고 그때 프린스턴 유니버시티 프레스

12) 구범모는 1932년 경북 예천군에서 출생했다. 대전고를 졸업하고, 서울대 문리과대학 정치학과와 대학원을 졸업하고 폴브라이트재단의 지원을 받아 코넬대에 유학한 바 있으며, 1960년대부터 1970년대 초반까지 서울대 문리과대학 정치학과 교수를 지냈다. 1973년 제9대와 유정회 의원과 1978년 제10대 의원을 지냈으며, 1980년 정치규제를 당하였다가 1984년 해금되었다. 이후 한국정신문화연구원 교수로 정년퇴임했다.

(Princeton University Press)에서 나오는 『폴리티컬 디벨럽먼트 시리즈(political development series)』라는 게 1호인가 나왔어요. 커뮤니케이션 앤드 폴리티컬 디벨럽먼트 폴리티컬 파티스 앤드 폴리티컬 디벨럽먼트(communication and political development political parties and political development). 그 당시에 말하자면 미국이 각 후진국들에게 원조를 많이 주고 이랬는데. 그 나라들을 어떻게 하면 공산화가 안 되고 민주화가 되도록 하겠냐 이거야. 민주화 되도록 할 수가 있느냐. 근데 그중에서도 물론 그때 냉전시대니까 공산화가 돼서는 안 되겠다. 민주화가 돼야겠다. 그리고 민주화가 되자면 경제발전이 돼야 된다. 경제발전을 시키기 위해서 원조를 준다. 물질적인 원조를. 원조를 주는데, 어떤 데는 잘 되고 어떤 데는 안 된다. 이를테면 남미 같은 데는 원조 몇 나라 줘 봐도 또 안 되거든. 또, 중동도 그렇고. 그러니 말하자면 경제성장 근대화를 하려면 물질적인 유인 투자만 가지고 안 되겠다. 뭔가 정신이 살아 있어야지. 돈을 옳게 원조를 받아서 쓰겠다고 하는 그런 의지, 혼, 정신 그런 게 있는 나라가 되더라. 근대화가 없는 나라는 안 되더라. 예를 들면. 그런 것도 비교 연구를 하고. 그런 게 미국에 붐이에요. 거기에 반한 거지. 내가. …(중략)… 소위 리쿠르트먼트(recruitment) 정치적 충원을 어떻게 하느냐. 결국 정치발전을 하려면 엘리트들이 충원이 잘 되가지고 대중을 이끌고 나가야된다. 그런 것도 내용이. 그래서 내 박사논문이 후진국의 근대화 과정에 있어서의 정치적 엘리트 충원과정의 연구에요. 그러니까 모더니재이션 프로세스(modernization process)에 있어서의 엘리트의 리쿠르트먼트(recruitment)가 어떻게 되느냐. 정말 엘리트로 충원이 되는 것이 나라별로 어떻게 다르냐. 또, 엘리트가 근대적인 정신, 근대적인 스킬, 기능, 자질, 능력 이걸 가진 사람이 엘리트로 충원이 되어야 그 나라가 빨리 근대화가 된다. 말하자면 그런 비교 연구한 거지. 내 박사 논문이 그거죠. …(중략)… 그러니까 말하자면 그 전에는 문민 개념으로 완전히 군 쿠데타 있으면 안 된다, 그것만 알았지. 근대화의 동력이라 그럴까. 근대화의 다이너믹스를 그전에는 몰랐단 말이야. 근대화가 되려면 우선 말하자면 근대화의 인덱스 근대화의 지표라고 할까. 이를테면 매스컴이 얼마나 발전

해 있느냐, 그리고 도로 교통이 얼마나 발전해 있느냐, 문화가 얼마나 발전, 정치적 엘리트가 어떻게 교육이 됐느냐, 그런 여러 가지 근대화를 가리키는 지표들이 그것이 일정 수준에 이르러야만 근대화가 된다. 정치적 발전이 된다는 얘기란 말이죠. 그러니까 말하자면 그 중에서도 근대화에서 가장 중요한 것이 소위 인더스트리얼래이제이션(industrialization) 산업화 경제발전이지. 배에서 삐양 소리가 나는데, 못 먹어서 말이야. 거기서 아무리 민주화, 아무리 떠들어도 안 된다고. 배가 차야지. 그러니까 그 지표 중에서도 근대화를 추구하는 지표 중에서도 물질적인 경제적인 지표가. 가장 중요하다 이거지. 경제 성장 어느 정도 돼야 민주화가 되는 거지. 헐벗고 굶주렸는데 민주화를 아무리 떠든들. 그거 돼요. 그러니까 민주화를 하려면 우선 산업화 공업화 경제성장 이것이 가장 중요한 선행돼야할 지표다. 그렇게 인식을 하게 된 거지.

(구범모 구술 https://mkoha.aks.ac.kr/IndexMain.do)

그의 말은 '민주화에 선행하는 것이 경제발전이다. 그런데 그런 경제발전을 기반은 살아있는 정신, 보다 구체적으로 원조를 받더라도 그것을 옳게 쓰겠다는 의지, 혼이다. 이를 위해서는 문화발전과 정치엘리트를 충원하는 교육이 필요하다.'라고 요약할 수 있다.

이는 구범모가 개발연대 정부 정책과 박정희 정부의 성격과 방향, 또 정당성의 근거를 설명하는 것이면서, 그가 진행했던 공적 활동의 대의명분이고, 대통령 박정희를 긍정적으로 평가하는 핵심 근거이다. 동시에 그의 구술 내용을 하나로 통합하고, 본인의 모든 정치적·학문적 활동의 원인이 되는 관점이자 논리이다. 이러한 논리를 단단한 전제로 받아들이게 된다면, 그의 활동 대부분은 이해할 만한 것이고, 신뢰할 만한 것이 된다.

구범모의 말에 따르면 그는 처음부터 근대화론자가 아니었다. 그는 구술에서 "내가 미국 가기 전에 1963년 12월에…. 아무튼 윤보선 박정희 대통령 선거가 붙었어요. 선거 참여를 했는데, 그때 나는 윤보선을 찍었거든. 군인이 쿠데타 해서 정권 잡는 건 안 된다 말이야. 그런 생각을 했었죠."라고 말한다. 그렇다면 그에게 코넬대 유학은 일종의 통과의례가 된다. 그 후 그는 예의 "발전론적 시각"을 확보하게 된다. 당시 미국의 대외정책이 한국의 입장에서 매우 훌륭한 방향이고, 이를 실현해야 한다고 판단하게 된 것이다. 그런 그에게 대통령 박정희는 그와 같은 근대화를 실현시키는 인물이다.

> 말하자면 그전에 박정희 행정이라고 할까, 박정희 대통령이 들어서고 나서 우선 달라진 것이 그 전에는 관청이다, 또는 공무원이다, 이런 사람들이 국민이 보기에는 권위의 어떤 상징이라고 할까. 행세하고 명령하고 하는 게 있었거든요. 그게 이미지가 바뀌었어요. 박정희 대통령이 되고 나서는 전부 다 공무원들이 작업복으로 갈아입고, 새마을 복으로 갈아입고 말하자면 일을 한다고 할까. 뭘 뜯어고치는 새마을 사업이라고 하는 게 뭐 물론 농로를 차 다닐 수 있게 편리하게 만든다든가. 여러 가지 그런, 말하자면 그 일하는 공무원이라고 할까. 업적을 쌓기 위한 그런 식으로 토탈 이미지가 바뀌었지요. 그런 식으로 행정도 바꾸고, 정치도 바뀌는 거죠.
>
> (구범모 구술 https://mkoha.aks.ac.kr/IndexMain.do)

국가발전을 위한 효율적이고, 성실한 행위자로 박정희는 묘사된다. 그런 관점은 당시 야당에 대한 평가에도 핵심 기준으로 작동한다.

> 글쎄 난 그때 거의 뭐 완전히 뭐라고 할까요? 그 뭐 발전론적인 시각이라고 할까? 감이라고 할까? 그런 것을 전혀 상실한 사람들이다 그런 감이 전혀 없는 사람이다 그런 거를 느꼈죠. 인제 나도 뭐 국내에서만 있었더라면 같은 생각을 했을지 모르겠는데 그래도 후진국이 어떻게 하면은 발전할 수 있느냐, 개발하느냐, 근대화할 수 있느냐? 그걸 세계 각국을 탐사하고 실태 조사를 한 연구보고서도 나오고, 그게

책으로도 나오고, 인제 그런 것을 미국 가서 그것만 봤으니까, 그런 데선 '야 이거 우리나라가 트이려면 발전하려면 이렇게 해야겠구나. 그런 생각으로 가득 차 있는 거죠. 가득 차 있는데 야당 사람들은 그런 감각이 없으니까, 그런 거 보면 권력 기능이 하는 것은 반대를 해야 된다. 이래가지고 덮어 놓고 반대를 한단 말이야.

(구범모 구술 https://mkoha.aks.ac.kr/IndexMain.do)

그러므로 유신은 불가피한 선택이 된다. 경제발전을 위한 효율성 제고와 무엇보다도 경제적 근대화가 마무리되지 않은 시점에서 북한이라고 하는 근본적인 위험요소에 대응하는 것이 중요하기 때문이다.

역사적 평가는 뭐 이제 말하자면 뭐 국회의원은 국민이 직접 선출을 하는 게 국회의원인데 그 이제 말하자면 대통령이 임명하는 것이 유정회니까, 민주원칙에 어긋나지 않느냐? 뭐 그 얘기지 간단히 말하면. 뭐 그런 점이 있지. 그런 점이 있는데, 인제 박정희 대통령은 어떤 생각으로 했는고 하니, 아무튼 자기가 이 나라를 가난으로부터 해방을 시켜야 되겠다. 그러자면 새마을 운동, 무슨 뭐 경제성장을 하고 중화학공업을 하고 해서 결국 국력에 절대적 우위를 차지한 다음에 내가 관두겠다, 이런 생각을 했단 말이야. 근데 그렇게 할려면 조금 통치를 하게 시간적인 여유를 줘야 되는데 이건 뭐 선거제도로 안 된단 말이야. 근데 이 양반이 1971년 선거의 마지막 직선에서 김대중 씨하고 싸워가지고 신승을 했거든. 겨우 이기긴 이겼는데 뭐 국고가 탕진될 정도로 돈도 많이 썼다고. 그래 71년 선거, 직접 선거가 끝나고 나서 내가 서울대학에 있을 땐데 박정희 대통령이 공화당에 '돈 안 드는 선거를 어떻게 하면 할 수 있느냐? 돈 안 드는 선거 제도를 연구를 해라.' 그런 지시가 내려왔어요. 그래서 뭐 많은 학자들이 동원이 돼서, 나도 동원이 돼가지고서 가서 했는데 결과적으로는 우리가 건의한 거는 안 되고 나중에 보니까 한 구에서 어 여당 하나, 야당 하나 그렇게 되면 덜 싸우니까.

(구범모 구술 https://mkoha.aks.ac.kr/IndexMain.do)

난 불가피하다고 생각을 하는 편이지. 왜냐하면 난 그 전에는 그렇게까지 뭐, 그 유신을 해야 된다 할 정도로 생각을 하지 않았는데, 실제 남북회담에 임해보니 북한 놈들이 온갖 그 정성이 남한 집어삼키는 데 있단 말이야. 심지어 나 같은 사람 개인에 대해서 그 파일까지 환하게 알면서 말이야 하는 거라든지. 뭐 그 북한이 조직적으로 그 남한을 이렇게 집어 삼키겠다고 생각하는 거에 반해서 남한의 체제는 너무 자유분방한 거야.

(구범모 구술 https://mkoha.aks.ac.kr/IndexMain.do)

국가주의적 경제발전론의 단순하고 명료한 논리는 그의 구술 전체를 아우르는 핵심논리가 된다. 그리고 그 논리적 기반은 개인의 활동에 대한 종합적인 평가와 베트남전 파병의 의미를 규정하는 장면에도 적용된다.

그런 게 있죠. 이를테면 좁게 보면 개인적으론 손해를 본 거고. 왜냐면 내가 학문의 길을 그대로 걸었더라면 훨씬 더 학문적인 업적도 많이 냈을 테고 일을 많이 했을 텐데 인제 중간에 정치를, 정치로 돎으로서 말하자면 그런 학문적인 업적을 낼 수가 없었고 또 명예에 있어서도 마치 뭐 독재나 유신을 옹호한 그 어떤 반지성적인 그런 이미지를 남겼고. 뭐 그게 부분적으로는 손해라고 할까? 그렇게 볼 수 있는데, 그러나 결론적으로 총체적으로는 난 그래도 그 부분적인 나의 손해가 나라의 발전에 조금이라도 기여할 수 있었다면, 그것도 양해될 수 있는 게 아니냐. 따라서 그렇게 후회는 없다 후회 없는 인생을 살았다. 그 대신 말하자면 학문도 옳게 못하고 정치도 옳게 못한, 총체적으로는 그런 뭐라고 할까? 그 정치도 학문도 옳게 못한 그런 반병신 비슷하게 됐지만은 그러나 과도기에는 그런 개인의 희생은, 개인의 봉사는 감내해야 되지 않느냐. 그런 어떤 의미에서는 커다란 역사의 진보에 발전에 하나의 희생물이 됐다. 뭐 그렇게 생각하고 있는 거죠.

(구범모 구술 https://mkoha.aks.ac.kr/IndexMain.do)

당시에 닉슨 독트린(Nixon Doctrine)도 '아시아의 방어는 아시아인의 손으로' 이래가지고 70년 되가지고 닉슨 닥트린 나와서 한국에서 1개 사단을 뺐거든요. 2개 사단이 있다가. 1개 사단만. 7사단인가 2사단인가 중에서 2사단 남고 7사단인가 빠지고 그랬는데, 박 통은 그걸 미리 예감을 한 거예요. '미국 사람들 여기 붙들어 두기 위해서는 미국이 필요로 하는 전력을 월남에서 필요로 하는 전력을 한국이 도와줘야 된다. 그래야 미국에 사단을 여기에 인질로도 잡아둘 수 있다.' 그 양반 그런 판단이 빠른 사람이죠. 그래서 우리 직접 얘기를 듣기도 했고. 그래서 그런 걸 찬성을 했죠. 신문이나 이런 데서는 야당은 반대를 많이 하지만, 국익을 위해서는 해야 된다. 그뿐만이 아니라 월남 파병이 어떤 의미에서는 우리나라의 국운을 좌우하는 중대한 모멘텀이예요. 왜냐면 월남파병이 우리나라가 고대 이조시대부터 인로드 루킹(inroad looking), 정치하는 사람들이 바깥은 못보고 앞만 보고서 정치를 했단 말이에요. 안에 자본도 없고, 땅은 좁고 말이야. 여기서 씨름해봐야 발전할 수가 없는 거예요. 소위 아웃로드 루킹(outroad looking), 바깥으로 해변으로 진출해야겠다. 일종의 개국이지. 개국을 한 것이 사실 월남파병이에요. 그거를 계기로 해서 안보도 튼튼해졌고. 미군을 여기 잡아두었다는 의미뿐만 아니라, 군 장비 현대화를 했거든. 월남에서 쓰든 미국이 쓰든 현대 장비를 군으로 도입을 하고 말이야. 장비 현대화도 됐고. 또 그것으로 인해서 물자수송도 하고. 한진이 그 바람에 일어선 거예요. 물자수송도 하고. 또 그거를 발판으로 해서 중동에 건설 진출도 하고 그러면서 운이 확 트인 거지. 긴 역사적 안목에서 볼 때, 그런 것들을 박정희 대통령이 판단을 했지만, 대부분의 지식인 사회라든 야권이라든가 이런 데서는 아무튼 박정희 하는 거 반대한다 말이야. 싫다. 반대는 해야 되니까. 찬성 해주는 측이 있어야 될 거 아녜요. 그래야 밀고 나가고, 대통령도 힘이 실리지. 전부다 마치 반대만 한다, 그리되면 국가 주요정책을 시행할 수가 없죠. 그런 것을 말하자면 우리 자문 그룹들이 그런 욕을 먹더라도 밀고 나가야된다 말이야, 그런 역할을 많이 했죠.

(구범모 구술 https://mkoha.aks.ac.kr/IndexMain.do)

베트남전 참전은 근대화론의 대외 확장이었다. 자연스러운 면과 부자연스러운 면이 공존하지만, 국가의 경제발전이 무엇보다도 중요하고, 이를 성취하기 위한 조건이 위태로울 때 찾아온 하나의 기회이자 "모멘텀"으로 구술자는 인식하고 있다.

장시간 이루어진 구술이지만, 구범모의 구술은 당시의 경제근대화론에 대한 확신과 신념을 기둥으로 논리적으로 구성되어 있다. 박정희 정부에 대한 지지, 유신체제에 대한 지지, 유정회 참여, 야당에 대한 비판, 강력한 반공체제, 베트남전 파병 등 구범모가 구술한 중요 내용이 모두 근대화론에 대한 확신을 전제하고 있으며, 그것을 통해 설명이 가능한 것이다.[13)]

그런데 구범모 구술의 논리는 결코 독특하거나, 낯설지 않다. 우리는 오랫동안 그런 논리로 한국의 20세기 후반부를 설명하는 목소리를 들어왔다. 이 낯설지 않음이 어디에서 오는 것인지도 그리 어렵지 않게 찾을 수 있다.

만약 많은 사람들이 그의 구술에 신뢰를 느낀다면, 그것은 기본적으로 그의 근대화론의 논리를 수긍한다는 뜻일 것이다. 그 수긍 가능성은 꽤 높다. 일단 박정희 시대의 성과를 인정하는 입장에 선 사람들은 그것이 이상론이든, 현실론이든 구범모와 같은 입장일 것이다. 사실 그가 말하고 있는 "발전론적 시각"은 앞서 언급된 바 있는 로스토의 입장에 기초한 것이다.

---

13) 박정희 전 대통령 사후 정치활동을 지속하지 않은 이유를 묻는 면담자의 질문에 구범모는 다음과 같이 대답한다. "나는 이제 불사이군이다. 불사이군이란 말이 두 임금을 섬기지 않는다는 유교의 정신이라고 할까. 그런 게 은연중에 박혀 있어서 박정희 대통령만 모시면 됐지, 다른 임금을 주인으로 모시고 일을 할 수 없다. 한 임금 섬김으로써 끝나는 것이 도리다. 그런 생각으로 정치하자는 유혹을 뿌리치고 다시 학교로 돌아갔죠. 그런 나중의 성품도 성격도 유학의 정신에서 온 게 아닌가, 그렇게 생각합니다."

구범모는 1963년 미국 코넬대 유학 당시 이러한 관점을 접했으며, 거기에 강하게 매료됐다고 하고 있지만, 살펴본 바처럼 1960년에 이미 로스토의 저술은 번역, 출판되었고, 1961년에는 『사상계』에 로스토에 대한 글이 실리기도 했다. 구범모는 구술을 통해 본인의 박사논문 주제가 정치엘리트의 충원에 관한 연구라고 밝히고 있는데, 이 역시 로스토가 경제성장 단계뿐만 아니라, 경제성장을 위해 새로운 지도층 충원이 필요하다는 점을 강조했던 것과 관련될 수 있다.

근대화론이 폭넓게 확산하기 시작한 것은 4.19혁명 이후 장면 정부 출범부터였다. 아이젠하워 행정부는 장면 정부가 출범한 직후 로스토의 이론이 한국 사회에 적용되어야 할 필요성을 강조했다. 1960년 8월 국무부 극동담당 차관보 파슨스(Graham Parsons)는 "한국이 로스토식 도약 단계로 전환하도록 지도해야 하며, 이를 통해 공산주의 경쟁자들의 영향력이 커지지 않도록 해야 한다"는 입장을 내놓았다. 장면 정부는 찰스 울프(Charles Wolff) 박사를 고문으로 임명했고, 경제제일주의를 가장 최우선 정책으로 채택했다. 경제성장을 제1의 목표로 삼아 경제개발계획의 입안을 추진했으며, 부흥부를 건설부로 개편하고 국토건설단을 만들어 장준하를 단장으로 임명했다.[14] 장면 정부의 경제개발계획 방식

14) 국토건설본부의 창설 초기 단장은 장면 총리가 직접 맡았고, 기획부장에는 장준하, 강사진으로는 정헌주, 장준하, 주요한, 함석헌 등이 활동하였다. 총 2,000여 명의 인력을 국토건설추진요원으로 선발하였고 이들은 1961년 1월 9일부터 2월 27일까지 사전교육을 받았다. 이들은 입소 및 등·하교 형태로 2~4주간 교육을 받았는데, 제도, 작도방법, 측량, 건축 또는 토목 시공 실무에 대한 기술 교육을 받았다. 더불어 체력 단련은 물론 정신교육, 국가관, 이론 교육 등의 수업을 받았다. '국토건설추진요원'들의 교육이 끝난 1961년 2월 27일 오후 2시 중앙청에서는 수료식이 거행되었다. 꽃샘추위에도 불구하고 광장에는 많은 사람들이 모여 이들을 축하해 주었다. 수료식을 마친 후, 국토건설추진요원들은 삽 한 자루씩을 멘 채 서울시가를 행진하면서 국토건설에 대한 그들의 의지를 다졌다. 국토건설추진요원들은 국토건설사업이 시작된 지방으로 분산 파견되어 국토개발 사업과 건축, 도로 공사 등의 임무를 열심히 수행했

은 로스토가 주장했던 불균형성장론 방식 그대로였다. 이렇게 민주당 정부를 거치면서 점차 경제성장이 반공 이데올로기를 위한 가장 중요한 길이라는 정서가 확산되기 시작했다.[15] 이처럼 이 근대화 이론은 1960년대 미국 대외 정책의 기본방향이었고, 제2공화국 출범과 함께 이미 한국에 적용되기 시작했다.

일반적으로 근대화에는 세 가지 필요요소가 있다고 판단한다. 첫째 자본주의 산업화에 기초한 경제발전, 둘째 정치발전을 통한 민주화, 셋째 국민국가 형성이다. 2차 대전 이후 사회주의진영과의 체제경쟁에 돌입한 미국은 당시 대거 등장한 신생 독립국을 포함한 국민국가의 사회주의화를 막기 위해 사회주의 이념이 주는 것 이상의 비전을 줘야 한다는 목표를 설정했다. 경제발전과 민주화의 비전을 동시에 안겨주는 것, 빠른 민주화로 인한 불안정성보다 친미 권위주의 정권의 안정적 유지와 성장을 원했던 미국의 전략목표가 이런 근대화 이론을 대외정책의 기본방향으로 설정하는 것은 매우 자연스러운 일이었다.

1960년대부터 80년대에 이르기까지 사실 이런 관점은 그리 특이한 것이 아니었다. 구범모가 그런 관점을 전폭적으로 수용하는 계기가 되었다는 때가 미국 유학 중이었던 1963년이었다는 점을 감안하면, 당시 그의 그러한 관점이 몹시 새로운 것이라고 보기도 힘들다. 어쩌면 미국 유학 이전에 이미 그는 근대화론자가 되었을 수도 있다. 그가 모르고 있기에는 이미 근대화론이 한국사회에 미치고 있는 영향은 적잖았기 때문이다.

다. 국토건설사업은 장면 정권이 짧은 기간에 추진한 정책 중에 가장 효과적인 사업이었으며, 무엇보다 심각했던 실업자 구제에 큰 도움이 되었다.(황은주, 「폐허 속 국토에 새 생명을 – 국토건설단」, 국가기록원 홈페이지 http://theme.archives.go.kr/next/koreaOfRecord/build.do)

15) 박태균, 「1960년대 반공 이데올로기의 진화」, 기외르기 스첼, 크리스토프 폴만, 김동춘 외 저, 『반공의 시대 – 한국과 독일, 냉전의 정치』, 돌베개, 2015, 267–289면 참조.

그런데 중요한 것은 그의 근대화론과 근대화론 수용과정에 대한 설명이 그가 활동했던 박정희 시대를 훌륭했던 때로 호명하는 기반이라는 점이다. 이는 구범모 개인뿐만 아니라, 적잖은 한국인들이 공유하는 인식이다. 지금도 박정희 시대에 대한 향수는 많은 한국인들에게 작동한다. 범위를 조금 확장해보면, 한국사회의 강력한 교육열 역시 경쟁 논리를 마음속 깊이 받아들인 결과이다. 경쟁의 폐해를 끊임없이 비판하는 지식인들도 사적으로는 경쟁 논리를 자연스럽게 받아들이는 현상을 우리는 자주 목격한다. 근대화론, 민족주의 혹은 국가주의의 기저에 자리잡은 경쟁주의와 적자생존론은 아직도 한국사회에 강력하게 작용하고 있으며 당연한 현실로 수용되고 있다.

조세, 이민, 복지, 노동, 심지어는 교육 문제에 이르기까지 다양한 분야에서 발생하는 한국 사회갈등의 상당수는 근대화론과 사회진화론을 축으로 형성된 가치관과 그 반대 입장의 충돌이다. 광범위한 영역에서 약자는 강해져야 하고, 강자는 더욱 강해져야 한다는 관점, 경쟁에서 승리하는 것이 곧 선이라는 관점은 매우 단순하고 명료한 방식으로 한국사회에 관철되고 있다. 이런 사고방식이 거의 모든 영역에서, 심지어는 공적 영역에까지 관철되거나, 분명한 실체를 지닌 중요 관점으로 자리잡고 있는 것은 사회진화론과 근대화론의 대중적 설득논리가 한국사회에 하나의 집단기억이자 문화적 기억으로 작용하고 있다는 점을 말해주는 것이다. 알브바슈의 말을 빌리면 사회진화론과 근대화론에 기초한 사고가 한국사회에서 기억의 사회적 틀로 작동하고 있다는 것이다. 최근 들어 이러한 기억의 사회적 틀은 박정희, 혹은 박정희 시대라는 표상을 근거지로 유지되고 있는 것처럼 보인다. 이와 관련하여 우선 두 가지를 언급할 수 있다. 첫째 박정희, 혹은 박정희 시대라는 강력한 표상이 이러한 집단기억을 응집시키고, 존재기반을 제공한다는 점, 둘째 경험과 기억이 서로를 견인하면서 집단기억을 공고하게 지탱한다는 점이다.

이와 같은 상황은 구범모를 비롯한 근대화론자들의 로스토 수용에 대한 이해도를 넓혀준다. 로스토의 단계적 발전론은 이미 한국 지식인들에게는 익숙한 것이었다. 더군다나 이를 반공의 기반으로 인식한다는 점은 미국 입장에서는 1960년대적 사고이지만, 한국의 우파 지식인들에게는 1920년대 이후 늘 자신들의 사고 중심에 있었던 것이다.

구범모와는 다른 활동영역에 있었으나, 박정희 정부에서 활동했던 또 다른 구술자 임방현[16]의 경우에서도 이런 측면을 발견할 수 있다.

> KBS가 한번은 그 언론계의 논객들을 한 서너 명 불러가지고 토크 프로, 이걸 했어요. 그날 토픽이 신생국가에서 민주주의를 헐라면 민주화가 먼저냐, 경제건설이 먼저냐, 이게 그날의 토픽이에요. 남재희 씨. 그 언론계 후배고 참 친한 친구야. 남재희 씨가 마침 같이 있었는데, 자기 의견을 먼저 얘기를 하더라고. 자기는 민주주의가 먼저다. 민주화만 되면 경제발전은 따라오는 거다. 이렇게 얘기하더라고. 나는 그 말 끝나자 "내 의견은 좀 다르다." 아, 그 논문도 그런 거 아니에요. "민주화가 되면, 민주화가 되면 그렇게 된다는 게 나로선 신생국의 경우 비현실적이다." 흔히 민주주의만 내가 알면 민주화가 되었다고 생각하는데, 그 그건 아니다. 그러니까 그쪽 대답이 뭐냐면 소련이 지금 공산권에서 선진국 아니냐, 이거야. 그런데 민주, 민주주의는커녕, 독재정치 하고 있지 않냐. 어? 그렇게 말해요. 그래서 나는 그랬어요. 당신 얘기에 나는 의견이 다르다. 내가 미국에서 공부할 때 읽은 책 중에는 미국의 민주주의와 러시아의 시스템과 비교 연구한 그런 내용이 있더라. 지금도 잊지 못하는 것이 유진 블랙(Eugene R. Black)이라고, 세계은행 총재했어요, 그 후에. 유진 블랙이라고 하는 사람이 소비에트 러시아의 정치권력구조와 미

16) 1930년 전북 전주에서 출생한 임방현은 전주고와 서울대 철학과를 졸업하고 합동통신, 민국일보, 조선일보, 한국일보 등에서 기자로 활동하였다. 1970년 대통령비서실 사회담당 특별보좌관에 임명되어 정계에 입문하였다. 1975년부터 1979년까지 청와대 대변인 겸 대통령비서실 공보수석비서관을 역임한 그는 박정희 전 대통령 사후 민정당 소속으로 11대와 12대 국회의원을 지냈다.

국의 권력구조를 비교하는데 어느 쪽이 민주적인 사회이냐 그거예요. 이건 인덱스가 많더군요. 그냥 뭐 이 나라 헌법이 그러니까 이것이 아니고. 가령 국민 개개인이 가처분 소득을 얼마 가지고 있느냐, 또 개개인이 교육, 문맹률은 어떠냐. 또 가처분, 또 산업구조. 소비경제. 뭐 등등 많아요. 이렇게 따져볼 적에 선진국이냐 후진국이냐 그게 나오는 거지. 그냥 단순히 민주주의 내걸었다 이거 아니다. 자기 인덱스에서 대조를 해서 분석을 해보니까 소련은 공산권의 리더 컨트리(Leader Country)라 하지만, 이건 후진국에 속한다. 사회구조가, 실질이. 미국에 비교해서 그렇다. 이렇게 써 있는 걸 내 읽었다. 그러니 당신이 지금 러시아와 이렇게 맞비교 하는 건 그건 논리 구조가 다른 거다. 이렇게 하면서, 경제개발에 치중을 해야, 역점을 두어야 중소기업이 또는 대기업도 육성이 되고 경제발전이 가속이 된다. 그러면 누가 나오느냐 중산층이 육성이 된다. 중산층, 서민이 중산층으로 올라가고 중산층이 캐피탈리스트가 될 수도 있고. 이렇게 해야 중산층 이코르(equal) 민주주의다. 내 그런 얘기 했어요. 예컨대 엘빈 토플러(Alvin Toffler)가 한 말 속에 그런 게 있더군요. 민주주의는, 민주화란 산업화가 된 다음의 얘기다. 그에 이르는 과정에서는 자유를 제한하고 하는 거 당연한 일이다. 이렇게 토플러가 얘기한 게 있어요. 그러니까 그 말에 꼭 맞다 그르다가 아니라. 이렇게 하고 이제 토론이 끝났어요.

(임방현 구술 https://mkoha.aks.ac.kr/IndexMain.do)

1883년 보빙사라는 이름의 친선사절단 일원으로 미국에 건너 가 게이오 시절 인연을 맺었던 에드워드 모스의 소개로 매사추세츠 세일럼(Salem) 인근에 있는 거버너 더머 아카데미(Governor Dummer Academmy)에서 공부한 후, 유럽 각국을 거쳐 귀국했던 유길준이 1889년 탈고했다고 알려진 『서유견문』에서 발견할 수 있는 내용과 2010년과 2011년 한국의 노 정치학자 출신 전직 국회의원과 언론인 출신 전 국회의원의 구술 내용이 흡사한 것은 우연이 아니다.[17] 유길준의 멘토였던 에드워드 모스가 사회진화론자였던 것처럼, 사실상 구범모 발언의 원저자라 할 수 있는 로스토 역시 진화론적 발전론자였기 때문에 이들의 사고가 유사한 것은 아닐 것이다. 구범모와 임방현 두 한국사회의 우파 지식인들은 이미 강고하게 한국사회에 자리 잡은 기억의 사회적 틀로서의 사회진화론-근대화론을 공유하고 있다. 이들은 집단기억의 공유자들이다. 이런 사고의 지배성을 회고하고 있는 언론인 출신 구술자도 있다. 사회진화론적 사고가 특정한 이념이 아니라 사회의 전체적인 방향이었다는 임재경의 회상을 들어보자.

> 언론계에서도 그러니까 경제부처에서 이것을 어프로치를 안 하고, 사회문제에서 어프로치 하는 거예요. 청계피복은 저건 전통적으로, 물론 그런 면도 사실은 사실이지마는 예외적으로 근로조건이 나쁘고. 말하자면 노동자들의 기본적인 요구가 통하지 않는데. 그걸 너무 이게 확대해서 보지 말자는 것이 그냥 편집국 기자들의 일반적이 아니었는가, 그렇게 봅니다. 그러니깐 그때 기자들이 요새하곤 연령 세대차이도 있지마는 대부분 학생운동수준이 아니었어요. 그 이후에 학생운동, 일부 학생운동 출신들이 말단기자로는 있었지마는. 그 이후에는 학생운동 경험자들이 많이 인제 언론계에 들어와서 분위기가 달라지지마는, 그때 당시에는 소위 근대화론자 쪽에 주류를 이루는. 구닥다리들은 다 나갔지마는. 말하자면은 박정희, 김종필의 근대화론에 이렇게 약간 기울어진 쪽이 아니었는가. 근데 이게.

---

17) 보스턴 총영사인 외교 관료가 2013년 「서유견문을 다시 읽으면서」라는 제목의 칼럼을 통해서 "지금 한국사회는 선진국에 진입하느냐 못하느냐의 경계에 서 있다. 우리나라는 한 번 더 도약을 해야만 선진국이 될 수 있기 때문에 계속 긴장감을 갖고 선진사회 달성을 위해 매진하지 않으면 안 된다."라고 말하는 모습이 전혀 이례적이거나, 특이한 관점이나 발상이 아니라, 지극히 상식적으로 들리는 점도 서유견문식 사고가 여전히 한국사회에 영향을 미치고 있다는 방증으로 읽힌다.(박강호, 「오피니언 글로벌 에세이 - 서유견문을 다시 읽으면서」, 『문화일보』 2013.06.05, 참조)

좋은 대학, 큰 대학에서 시험, 상당히 경쟁률이 높은 시험을 통과해서 큰 신문사에 들어온 기자일수록 그렇다고 전 그렇게 봅니다. 근데 우리가 그 사람들이 특히 반성을 많이 해야죠. 전국적으로 다 그렇다고 그러면 어폐가 있고. 아주 요소요소에 그런, 말하자면 중요한 역할을 할 사람들이 생각이 잘못돼 있었다. 전 그렇게.

(임재경 구술 https://mkoha.aks.ac.kr/IndexMain.do)

당시 한국사회를 지배하는 "기억의 사회적 틀"을 얘기하고 있는 것이다. 엘리트면 엘리트일수록 그런 경향이 더욱 강했다는 말이 인상적이다. 그런 점에서 구범모가 박정희와 5.16정변에 대한 생각을 바꾸게 된 결정적인 계기가 미국방문이었다고 말하고 있는 부분은 섬세하게 따져봐야 할 문제로 보인다. 앞서도 인용했지만, 중요 부분을 다시 확인해 보자.

반대 했었지. 왜냐면 머릿속에 들어있는 것이 미국식 교육이고 소위 문민 교육을 받은 사람들이 찬성을 하겠소? 그런데 그것이 내 경우에는 그런 생각이 바뀐 것이 직후에 1963년 대통령선거가, 1962년에 있었는가 보다. 1962년 12월인가. 1963년에 미국을 갔다가 코넬대학에 갔다가 1964년에 왔는데. 1963년에 미국에 가니까 거기 가서 정치학이란 학문 자체가 패러다임이 소위 주제가 모더니제이션(mordern-ization)이요. 근대화. 또는 폴리티컬 디벨럽먼트(political development) 정치발전 이런 게 주젠데. 그 주제가 몬고 하니 온 세계가 근대화 되어야 된다. 특히, 후진국이 근대화 되어야 된다. 근대화의 이데아티프스(Ideal types)는, 이념형은 앵글로 아메리칸 하는 거다. 그리고 모든 게 바뀌어야 된다. 그게 근대화가 되어야 이 세상이 옳게 되는 거다. 전국 학계가 거기에 주목을 하고 연구를 할 때에요. 책도 그런 게 나오고. 완전히 내가 미국 가서 1년 여 있는 동안에 완전히 세뇌가 돼버렸어. '근대화 돼야 사는가보다.' 내가 비행기를 타고 미국 유학을 갈 때 촌놈이 가면서 '야, 어떻게 하면 우리나라가 참 기아선상을 벗어나서 잘 사는 나라로 될 수 있느냐.' 그런 거를 고민을 해가면서 갔는데. 미국 가서 보니까 '근대화를 해야 산다. 그러려면 경제가 발전을 해야 되고, 미국식 민주주의를 받아들여야 되고 그렇다.' 여하간 그중에서도 경제발전 근대화 이게 선행이 돼야 된다. 라는 공부를 했단 말이야. 그래 가지고 미국서 돌아올 때는 5·16혁명이라고 하는 것이 잘 된 거다. 그렇게 생각이 바뀌어서 돌아왔어요.

(구범모 구술 https://mkoha.aks.ac.kr/IndexMain.do)

그가 말하는 "미국식 교육, 소위 문민 교육"은 민주주의 교육일 것이다. 그런 보편적 관점에서 쿠데타는 받아들이기 어려운 행위이고, 그래서 반대할 수밖에 없었다고 말하는 것이다. 그러나 그는 정작 자기 가치관의 원산지인 미국에 가보니, 상황이 바뀌었더라, 그래서 그 바뀐 상황과 논리를 공부하다 보니, 거기에 "완전히 세뇌"가 되어버렸다고 말하고 있다. 그런데 이는 세계관의 변화가 아니라 방법론 인식의 변화였다. "잘 사는 나라"를 만들기 위해서 필요한 것은 "미국식 민주주의"와 "경제발전"인데, 그 순서를 조정할 필요성을 알게 되었고 공감했다는 것이 구범모 고백의 논리이다.

이런 논리를 미국에 가서 깨닫게 되었다는 그의 고백을 의심 없이 납득하기는 어렵다. 그가 미국에 가기 전에도 이미 한국에 로스토의 이론이 소개되고 있었다는 앞의 내용을 거론하지 않아도, 유길준뿐만 아니라, 갑신정변에 참여했던 소위 개화파지식인들 모두가 공감했던 부국강병론과 다를 것이 없는 내용이고, 대한제국의 열망 역시 거기에 있었다는 점은 누구나 아는 일이다. 물론 이는 허버트 스펜서와 후쿠자와 유키치의 세례를 받은 관점이기 때문이다. 이를 사회진화론 관점을 뒤늦게 수용하게 되었다는 말로 이해하는 것도 어렵다. 그가 말하는 "미국식 교육, 소위 문민 교육"이 사회진화론과 대척점에 있는 무엇이 아니기 때문이다.

그의 발언은 고백이라기보다는 해명에 가깝다. 그리고 그 해명은 새로운 관점을 받아들인 것에 대한 해명이라기보다는 순서를 조정한 것에 대한 해명으로 보인다. 물론 사회진화론이라는 기억의 사회적 틀, 집단기억이 내존했다는 점을 드러내고 있다는 점에서 본다면 고백일 수도 있을 것이다.

3) 표상–박정희

개인의 기억은 분명한 주체가 자신의 목소리로 기억의 내용을 말할 수 있다. 그러나 집단기억은 기억의 주체를 명료하게 규정하기 어렵다. 그러므로 기억의 내용을 이해하는 것도 어렵다. 이런 난감함을 돌파할 수 있는 계기를 집단기억의 표상들[18]이 제공해준다. 표상이 있다는 것은 내용이 있다는 뜻이기 때문이다. 사실 집단기억을 유지하는 데에 가장 중요한 것은 표상이다. 표상이 전달하려는 메시지를 수용하는 주체가 기억의 주체가 되며, 그들이 공유하는 관념이 기억의 내용이 되는 것이다.

1960–70년대 한국사회에 대한 가장 강력한 집단기억의 표상은 박정희였다. 1955년에 출생한 남성 24명에 대한 생애사 구술을 통해 그들의 집단적 인식을 추적한 신경아의 연구는 이 문제에 관한 시사점을 제공한다. 1955년생 남성들은 1970년대 이래 한국의 산업화 시대를 일군 주역들이라고 할 수 있다. 1975년 정부가 중화학공업화를 선언하면서 제조업과 건설업을 중심으로 도시에서 일자리를 얻게 된 이들은 1980년대 중동 건설 바람을 타고 해외 파견 노동자로 오일달러를 벌어들이거나 부동산 경기로 월급보다 훨씬 더 많은 돈을 벌기도 했다. 이 세대는 빈곤한 농촌사회에서 태어나 도시의 노동자가 되었고 일부는 1980년대 이래

18) 책, 영화, 박물관, 기념관, 조형물 등 집단기억의 표상 형태는 다양하다.

중산층에 편입되거나 도시의 불안정 노동자층으로 남은 사람들이다. 신경아는 구술결과를 다음과 같이 분석한다.

첫째, 1955년생 남성들의 노동서사에 나타난 공통된 요소는 '박정희신화'이다. "가난한 백성들을 먹고 살게 해 주었다"는 진술이 보여주는 것처럼, 박정희는 1960년대 이래 한국의 성공적인 산업화를 상징하는 아이콘이다. 그의 산업화 전략에 내포된 명암을 모르는 것은 아니지만, 인터뷰 참여자들은 산업화의 공적을 국민이나 노동자계급이 아닌 박정희에게로 돌렸다. 박정희신화는 이들이 지닌 마음의 레짐에서 가장 높은 권좌를 차지한다.
둘째, 물질중심적 사고이다. 경제중심주의, 경제환원론, 성장주의, 반(反)복지주의 등이 이들의 노동서사에서 빈번히 등장한다. "촛불 집회 때 가게 문을 닫은 것이 불만스러웠다"는 진술은 전형적인 예이다.
셋째, 생계부양자의식이다. 남성이 지닌 가족의 생계부양자로서의 책임은 이들의 어깨를 무겁게 짓누르고 있는데, 실제로 자신이 가족의 부양하든 아니든 남성들에게서 공통적으로 발견된다.
넷째, 도구적 성찰성이다. 스노비즘의 한 요소라고 할 수 있는 이런 특징은 수입을 극대화하기위해 직장을 자주 이동하고 동시에 여러 가지 일을 찾아다니는 노동 경험에서 명확하다.
다섯째, 근거 없는 집합주의이다. 이들은 어린 시절부터 "나라가 개인보다 먼저"라고 배웠지만, 실제로 이것은 의식적인 구호의 성격이 강하다. 인터뷰 참여자들의 생애과정은 집합주의의 표피 아래 이들이 개인적 전략에 의존해 왔다는 것을 보여준다.
여섯째, 효율성 이데올로기이다. "빨리빨리 해치우는 게 낫다", "(정부가) 독재를 해야 서민이 살기가 편하다"는 식의 효율성 이데올로기는 탈법적, 일탈적 행위들이 효율성을 위한 수단으로 인식되는 현상을 낳았다. 이는 효율성을 정당성보다 우위에 두는 사고양식으로서 한국사회의 법과 제도가 갖는 현실적 구속력을 제한

하고 국가기구의 비합리적 불법적 관행을 묵인하는 결과를 가져왔다.
1955년생 남성들의 노동서사에 나타나는 이 같은 의식상의 요소들은 이들이 가부장적이며 권위주의적인 1960-70년대의 박정희 시대의 통치이데올로기를 강력하게 내면화하고 있음을 보여준다. 이들의 10대와 20대, 정체성 형성기를 지배했던 박정희 정부의 이념은 이제 60세를 바라보는 노년이 된 베이비부머들의 삶에서 여전히 중요한 영향력을 가지고 있다. 그러나 박정희시대의 기억을 '신화'라고 부르는 이유는 이들이 실제로 박정희의 통치이데올로기를 그대로 실천해오지 않았기 때문이다. 1955년생 남성의 노동서사는 박정희시대에 대한 조심스러운 의미화, 남성생계부양자의식의 과도한 정체화, 표리부동한 집합주의, 민주주의에 대한 평가절하, 신자유주의사회의 일상적 불안 사이에서 동요하며 의식과 무의식의 균열을 드러낸다.[19]

적어도 1955년생 남성 24명에게는 박정희라는 존재가 근대화 담론의 구심점이 되고 있다는 점을 확인할 수 있다. 그러나 박정희라는 하나의 표상이 1955년생 남성들에게만 국한되는 것은 아닐 것이다.

많은 사람들에게 박정희는 전후 한국사회가 겪었던 극심한 가난, 저발전, 빈곤국이라는 오명으로부터 벗어나게 해준 위대한 영도자로 기억되고 있다. 이러한 평가는 박정희를 둘러싼 논쟁이 오늘날까지 계속되고 있음에도 불구하고 일반인들에게는 큰 차이 없이 받아들여지고 있다. 산업화의 목표를 달성하는 과정이 비민주적이고 폭력적이었다고 할지라도 당시로서는 불가피했다는 인식이 지배적이다.[20]

앞서 언급한 바 있는 베트남전을 한국에 주어진 하나의 기회로 인식

---

19) 신경아, 「베이비부머의 노동서사에 나타난 세대의식 – 박정희신화와 아이러니」, 『한국사회학회 사회학대회 논문집』, 한국사회학회, 2014.6, 351-352면.

20) 「역대 대통령 선호도 1위 박정희…… 2위는 노무현」, 『한겨레신문』, 2015.8.7., 참조.

하는 구술 내용도 구범모에게서만 발견할 수 있는 독특한 관점은 아니다. 베트남전 파병 초기 파병을 지원하는 병력은 거의 없었다. 그러나 어느 순간부터 월남붐이라는 말이 생겨날 정도로 베트남은 기회의 땅으로 인식되기 시작했다. 파병 경험자들의 구술을 통해 당시 상황을 살펴보고 있는 한 연구에서 다음과 같은 내용을 찾아볼 수 있다.

> 군 당국에 의해 위로부터 조장된 파월 유인책이 효과를 발휘하는 데는 그리 많은 시간이 필요치 않았다. 베트남에서 무사히 귀환한 파월 군인과 그들이 들려주던 이국의 풍경, 병사 개인의 경제적 필요와 당시 사회적으로 조성되었던 '월남붐'은 전장에 대한 인식을 바꿔놓고 있었던 것이다. 1967년을 넘어서 1968년경이 되면, 군에서도 지원병이 늘어 "대한민국에 공짜가 어디 있어, 월남 갈려면 공짜로 못가"(방인호 구술)라는 말이 나올 정도가 되었고, 베트남에 가기위해 상납이 이루어졌을 정도로(최용목 구술) '군내의 월남붐'이 일었다. 전장은 이미 더 이상 사지가 아니라 가난을 탈출하는 출구로 인식되고 있었던 것이다.[21)]

언제나 박정희 시대를 긍정적으로 평가하는 논리의 기반은 경제성장이다. "잘살아보자."라는 당시의 구호는 경제성장이라는 국가의 목표를 구성원 개인 차원으로 번역한 말이면서, 박정희 체제에 대한 동의를 포함한 구호였다. "잘살아보자."라는 말은 구성원들을 향한 말이지만, 그 잘사는 주체는 개개인이 아니라 국가와 국민이었다. 박정희 시대의 근대화 담론에서 민족주의는 '운명공동체'로서의 민족에 대한 강조에 더해, '생활공동체'로서의 민족을 부각시키는 것이었다. 그런 점에서 국민경제라는 집단 살림의 조화롭고 협동적인 구성원을 상정한 주체화 전략이었

---

21) 윤충로, 「베트남전쟁 참전군인의 집합적 정체성 형성과 지배 이데올로기의 재생산」, 『경제와 사회』, 비판사회학회, 2007.12, 204면.

고, "우리도 잘살 수 있다."라는 슬로건에 압축되어 있었다[22]는 분석은 적절해 보인다.

이와 같은 체제는 국가구성원들로부터 상당한 동의를 얻어냈다. 앞서 소개한 세대들의 생각들도 결국 박정희 시대 근대화론에 대한 지지 표명이다. 이런 박정희 시대의 근대화 전략이 "적자생존·승자독식이라는 경쟁사회의 논리에 적응하고 살아남기 위해 자기계발을 추구해 나가"는 "호모 에코노미스트의 주체성"을 만들어 냈다.

> 박정희체제의 근대화 전략은 민족주의 담론에 기대어 추진되었다. 집단살림으로서의 국민경제를 빠르게 성장시키는 것이 '우리가 잘 사는 길'이었고, 여기에서는 계급적 차이와 차별, 불평등이 감춰지거나 '복지국가 실현'이라는 미래의 목표 속에 용해되어 버리곤 하였다. 그런데 박정희체제의 국민경제 성장 전략은 세계시장에서의 상품·가격경쟁력을 다투는 수출주도형 공업화 전략이었기에 기업의 경쟁력 확보가 국가의 입장에서는 매우 중요한 과제였다. 기업의 경쟁력이 강화되어 가는 과정은 조직·인사·홍보·마케팅·재무관리 등 기업의전 부문이 합리화·효율화되어 감을 의미했고, 이는 능력 본위의 경쟁 논리가 기업뿐만 아니라 사회를 서서히 잠식해감을 의미하는 것이었다. 기업의 효율적 재편은 능력에 따른 이윤의 재분배, 즉 불평등을 정상적인 것으로 다루는 것이었고, 사람들은 '적자생존·승자독식'이라는 경쟁사회의 논리에 적응하고 살아남기 위해 자기계발을 추구해 나갔다. 즉, 박정희가 그토록 혐오했던 '사리사욕을 추구하는 출세지향의 개인주의자'들이 시장과 기업을 매개로 생성되는 구조가 박정희체제의 기본 특징일 수밖에 없었다. '호모 에코노미쿠스'의 주체성은 이러한 구조 속에서 만들어졌다.[23]

---

22) 황병주, 「박정희 체제의 지배 담론: 근대화 담론을 중심으로」, 한양대 박사학위논문, 2008, 172-173, 참조.

23) 이상록, 「산업화시기 출세성공 스토리와 발전주의적 주체 만들기 - 박정희 체제에서 탄생한 호모 에코노미쿠스를 중심으로」, 『인문학연구』28, 인천대학교

위와 같은 분석은 의미심장하다. 로스토의 주장과 인접한 거리에 있었던 근대화론, 민족주의 혹은 국가주의, 경쟁주의와 적자생존론은 사실 1960~70년대 한국사회의 발전과 불균형, 모순을 함께 담고 있는 말들이다. 박정희는 이런 개념들을 포괄하는 표상으로 현존하고 있다.

일테면 모성이라는 집단기억은 이를 구체적으로 실현하는 수많은 어머니 모델을 기반으로 유지되고 전승된다. 집단기억으로서의 경제성장, 국가주의, 경쟁과 효율성에 대한 신뢰 역시 표상이라고 하는 기억의 터가 필요하다. 인간 박정희, 혹은 박정희 시대는 경제성장, 국가주의, 경쟁과 효율성이라는 보수적인 가치에 대한 신뢰라는 집단기억 사고의 강력한 상위표상이다. 그 상위표상은 또다시 수많은 물적 증거들에 의해 그 위상이 강화된다. 경부고속도로, 포항제철, 새마을운동의 물적, 통계적 결과물들, 동상, 기념관, 사진 등이 그 사례라고 할 것이다. 1960~70년대 경제활동을 주도했던 사람들과 마찬가지로 구범모 역시 근대화의 표상으로 박정희를 인식한다. 박정희가 있음으로써 그들의 근대화론은 객관적 근거를 확보하는 것이다.

구범모는 인간 박정희의 기질을 "잘 사는 나라"를 만들기 위한 "근대화"의 표상으로 기억한다. 앞서 인용했던 내용을 다시 확인하면서 박정희의 유신통치 배경과 김재규의 인간적 면모를 설명하는 구술자의 태도를 비교해보자.

> 역사적 평가는 뭐 이제 말하자면 뭐 국회의원은 국민이 직접 선출을 하는 게 국회의원인데 그 이제 말하자면 대통령이 임명하는 것이 유정회니까 거 민주원칙에 어긋나지 않느냐? 그 얘기지 간단히 말하면, 그런 점이 있지. 그런 점이 있는데, 인제 박정희 대통령은 에 어떤 생각으로 했는고 하니 아무튼 자기가 이 나라를 가난

인문학연구소, 2017.12, 56-57면.

으로부터 해방을 시켜야 되겠다. 그러자면 새마을 운동, 경제성장을 하고 중화학 공업을 하고 해서 결국 국력에 절대적 우위를 차지한 다음에 내가 관두겠다, 이런 생각을 했단 말이야. 근데 그렇게 할려면 조금 통치를 하게 시간적인 여유를 줘야 되는데 이건 뭐 선거제도로 안 된단 말이야. 근데 이 양반이 1971년 선거의 마지막 직선에서 김대중 씨하고 싸워가지고 신승을 했거든. 겨우 이기긴 이겼는데, 국고가 탕진될 정도로 돈도 많이 썼다고. 그래 71년 선거, 직접 선거가 끝나고 나서 내가 서울대학에 있을 땐데 박정희 대통령이 공화당에 '돈 안 드는 선거를 어떻게 하면 할 수 있느냐? 돈 안 드는 선거 제도를 연구를 해라.' 그런 지시가 내려왔어요. 그래서 뭐 많은 학자들이 동원이 돼서, 나도 동원이 돼가지고서 가서 했는데 결과적으로는 우리가 건의한 거는 안 되고 나중에 보니까 한 구에서 어 여당 하나, 야당 하나 그렇게 되면 덜 싸우니까

(구범모 구술 https://mkoha.aks.ac.kr/IndexMain.do)

그때 유정회 제도가 말이죠, 어떤고 하니 유정회 73명인데 처음에, 그 안에 구성요소를 보면 잡다하고. 각 분야에서 물론 다 왔지만은. 박정희 대통령이 보기에 말하자면 '써먹을 놈', 뭐 나 같은 경우엔 '써먹을 놈'에 해당하는 거지. 이놈은 머리도 좀 이용을 해야 되겠고 여러 가지 이용을 해야 되겠다 그래 가지고 이제 써먹을 사람들을 각 분야에 이제 언론계, 학계, 뭐 실업계, 교육계 뭐 이래 가지고 차출을 했다고 할까 동원을 해서 유정회 의원을 시킨 것도 있고, 또 어떤 분야에 있어서는 인사 교류의 일환으로 써먹었었어요. 그게 김재규, 중앙정보부장 하던. 근데 김재규 씨가 유정회에 나하고 같이 들어왔는데, 내 김재규를 알아요, 잘 아는데. 그래 이 친구가, 이 양반이 어떻게 되었는고 하니 보안사령관을 했단 말이야. 박정희 대통령 신임이 있으니까. 그래 보안사령관을 할 때 이 사람이 뭐 좀 말하자면은 박정희 대통령하고 가깝다 이래가지고 자연히 월권 비슷한 것을 좀 했어요. 이를테면 전역을 해가지고 제대하는 사람들에게 무슨 가방 같은 걸 하나 만들어가지고 다 가져가게 했단 말이야. 근데 그것도 하나의 이권이 된단 말이야. 그

건 뭐 전 제대 장병한테 주니까. 그런 말씽. 또는 무슨 옛 수도경비사령부에서 막사를 어디 짓겠다, 그러면 보안사령관은 또 반대를 하고. 이래서 군에서 말썽도 있고 그러니까 박통이 그 사람을 3단장인가 뭘 시켰어요. 3군단장으로 내보냈단 말이야. 그러니까 72부대에 보안사령관 하다가 3군단장으로 내려 보낸 거니까 어떤 의미에선 뭐 좌천 비슷한 거지. 그래 뭐 군에서 인사 처리하기가 거북하단 말이야. 뭐 그런 거를 옷 벗겨가지고 유정회 국회의원으로 시킨 거야. 그래서 김재규 씨가 유정회 의원이 됐어.

(구범모 구술 https://mkoha.aks.ac.kr/IndexMain.do)

그가 대통령직을 연장하는 의도가 순전히 공적인 의도에서 비롯되었다는 판단은 박정희는 마땅히 그런 사람이어야 하기 때문이다. 유신정우회라는 기형적인 정치집단을 구성하고 그 구성원을 임명하는 과정에서도 여전히 박정희의 선한 의도는 관철된다. 사심이 있는 사람이고, 군에서도 처리 곤란한 사람이었던 김재규가 유정회 의원이 된 것 역시 인간 박정희의 선한 의도가 반영된 결과이다. 이러한 관점은 박정희와 미국의 갈등을 설명하는 장면에서 흥미롭게 반복된다. 구범모에게 있어서 미국은 민주주의와 근대화론의 근원처이다. 그런 미국과 근대화의 실천자 박정희의 갈등을 그는 선의와 선의의 충돌로 설명한다.

그 당시에는 에 이렇게 간 거예요. 이쪽 계산은, 인제 박정희 대통령은 가만히 보니까 물론 그 양반이 군인 출신이니까, 우선 '전력상으로라도 북한하고 싸워서 이겨야 되겠다. 대한민국을 방어해야 되겠다.' 인제 그런 생각이 있죠, 박정희 대통령은. 그런데 여러 가지 북한의 정세 판단, 전력 판단에 있어 미국하고 차이가 있는 거야. 박정희 대통령이 보기에는 북한이, 북한이 이런 수준의, 높은 수준의 전차, 포 뭐 여러 가지를 가지고 있다 이거야. 근데 거기에 대항을 하려면 현대화된 무기로서 대항을 해야 되겠다. 인제 그런 생각이란 말이야. 근데 그게 우리가 없어. 근데 미국 보고 '그거 좀 장비를 현대화 해 달라'라고 미국 보고 얘기를 한단 말이야. 그래 미국은 우리 판단은 그렇지 않다. 니 생각이 이런 수준(손 올림-높은 수준)이 아니라, 이런 수준(손 내림-낮은 수준)이다. 그래 우리가 다 너희 감당할 수 있다. 그러니 안심해라. 이런 얘기야. 박정희 대통령이 보면 그렇지 않단 얘기야. '사람들이 기회만 있으면 남침해 온다. 수준이 이렇다(손 올림-높은 수준).' 그래 그것 때문에 미국하고 늘 알력이 있는 거요, 박정희 대통령하고. 그래 인제 박정희 대통령 생각은 그 저쪽하고 전력의 열세를, 장비의 열세를 면해야 되겠다, 그런 생각인데 반해서 미국은 네가 인마 독재하기 위해서 자꾸 장비 현대화를 요구를 하고 군을 강화하려고 하는 거다. 우리가 막아 준단 말이야. 이 새끼는 뭐 그렇게, 자꾸 조르지 마라 뭐 이런 식이야.

(구범모 구술 https://mkoha.aks.ac.kr/IndexMain.do)

임방현의 구술에서도 박정희와 미국은 서로 충돌되거나, 양립불가능한 존재가 아니다.

내 생각도 그렇고 그 양반 생각도 그래. 이거 쓴다. 장 사주님 말버릇이 "연필을 날카롭게 깎아서 쓰십시오." 이러거든 항상. 나는 이런 얘기를 했습니다. 프랭클린 루스벨트가 미국 역사상 전무후무하게 4선 대통령을 하다가 죽었습니다. 내가 궁금해서 그러면 루스벨트가 4선 출마했을 그 무렵에 미국의 굴지의 신문 뉴욕타임스가 어떤 사설을 썼을까. 내가 조사를 해봤습니다. 그랬더니 그 주제가, 제목이 '도강 중에는 기수를 바꾸지 않는다.' 이렇게 썼습디다. 그러면 2차 대전 터지기 전에 미국하고, 우리 대한민국에 1960년대 하고 어느 쪽이 더 위중한 상황입니까? 나는 2차 대전 터지기 전 상황보다도 이게 결코 가벼운 상황이 아니라고 생각합니다. 그러면 박정희라고 하는 군인이 목숨 걸고 혁명을 해서 쿠데타를 해서 나라를 세우고, 정권을 잡고 근대화, 조국근대화, 민족중흥, 이런 지표를 처음으로 제시한 사람이다. 박 장군이 목숨 걸고 할 때, 의회 민주주의의 뭐 장단점을 수선하고 땜

질하기 위해서 나온 사람이 아닙니다. 나는 그렇게 봅니다. 수백 년, 수천 년 한국 민족의 역사에 줄기를 바꿔놓겠다고 나온 사람 아니겠습니까. 내가 보기엔 그렇습니다. 물론 군인이 정치를 안 하고 하면 더 좋죠. 그러나 한국에 있어서의 근대화 개념을 머릿속에 넣고, 세례를 받은 세력집단이 누굽니까.

(임방현 구술 https://mkoha.aks.ac.kr/IndexMain.do)

4) 기억의 전승-교육

지금도 많은 사람들이 경제발전이 민주주의에 선행한다는 논리를 수용하고, 주장한다. 그들은 교육적 효과와 발전된 한국의 현재라는 구체적인 증거, 또는 사적 경험을 근거로 이런 논리를 내면에서 강화하고 있다. 이런 인식은 앞서 언급한 것처럼 사회진화론이라는 사회적 기억의 틀을 전제한다. 사회진화론은 18세기 이후 구성된 관념이다. 그것이 구성된 관념이라고 느끼지 못하는 이유는 일상적으로 경험하는 것이기 때문이다. 경험은 전통, 관습과 같이 전승된 반복성에 기대어 의미를 획득하는 것이지 그 자체에 의미를 품고 있는 것이 아니다. 반복되는 이야기이지만, 이와 같은 구조 속에서 사회구성원 다수가 공유하는 생각들을 집단기억으로 규정할 수 있다.

기억은 과거 자체가 아니다. 과거는 기억의 대상일 뿐이다. 기억은 현재의 지배 아래 있고, 그 현재의 어느 상황이 과거를 기억이라는 방식으로 호명하는 것이다. 집단기억을 유지하는 힘은 교육이다. 교육은 제도를 통해서 뒷받침되는데, 거기에 다양한 표상들이 더해질 때 집단기억은 초역사적이고, 원천적인 것으로 자리 잡게 되는 것이다. 구범모와 임방현의 구술에서 이른바 민족교육을 강조하는 부분은 이와 관련한 시사점을 제공한다.

독대할 기회는 뭐 그렇게 많지 않았어요. 어디 갔다 오면 보고하고 그럴 때는 독대라기보다 몇 사람 같이 들어가고 그랬지. 내가 무슨 책임 있는 장관 자리를 맡았다든가 그러면 그렇게 했었겠죠. 그런데 난 그런 기회는 없었거든. 그냥 여권에 들어가서 내 맡은 바 임무를 그냥 수행을 했기 때문에 무슨 어느 분야를 책임지고 한 경험이 없어서, 그렇게 독대할 기회는 별로 없었어요. 이를테면 독대라면 뭐 그걸 독대라고 할 수 있을까? 정부 여당의 연석회의 같은 게 이제 주기적으로 있었죠. 그럴 때에 한 번 내가 기억이 나는 거는 이제 박정희 대통령이 1차경제개발계획에 성공을 했단 말이야. 그래 성공을 하니까 다음부터 이 양반의 머릿속에 중요시하게 된 것이 어떻게 하면은 1차경제개발계획과 같은 성공을 계속 발전시켜 나갈 수 있을까 그걸 관심을 가지게 되었어요. 그래 그걸 하려면 물질적인 경제적인 것만 가지고는 안 된다. 경제, 물질의 계속적인 성장을 위해서는 뭔가 그걸 뒷받침하는 원동력이 있어야 된다. 그 원동력이 뭐냐면 정신, 문화 속에 있는 것이다. 그런 그 정신문화가 그것이 개조되지 않고서는 물질 경제성장이 있을 수 없다. 이제 그 부분을 관심을 갖기 시작했어요. 그래 그 일환이 정신문화연구원이라든가. 또는 각 대학의 국사학을 가르쳐라. 국사를 필수로 가르쳐라. 또는 사학과 안에 국사, 서양사, 세계사를 같이 가르쳤거든. 근데 그 '국사를 독문해라. 국사를, 우리나라 국사를 가르쳐라.' 어 그리고 각종 문화재 개발, 경주 문화권이라든가 이 충무공 뭐라든가 뭐 서울, 심지어 서울 근처에 행주산성이라든가 각종 그런 문화재라고 하는 것이 방치 방임되고 있었거든. 그걸 거들떠보는 사람이 없었어요. 근데 그거를 이렇게 '전부 다 리바이벌, 부활을 시켜가지고 정신문화를 발전시켜라.' 이제 그리고 또 그 중의 하나가 '반공교육도 강화하라.' 이렇게 돼있어요. 근데 반공교육이 왜 이렇게 안 되느냐? 왜 이렇게 대학 사회에서 좌경사상이 나오고 반대가 나오느냐?

(임방현 구술 https://mkoha.aks.ac.kr/IndexMain.do)

그중 예를 하나 들면요. 특보실이요. 책상에 앉아서 뭐 일을 하고 있는데, 갑자기 옆에 벽으로 되어있는 문이 툭 열리더니 누구 하나 갑자기 들어와. 몰랐죠. 벽인

줄 알았지. 그 이렇게 보니까 대통령이야. 그 행정원은 다른 방에 있으니까 모르고. 깜짝 놀라서 일어나서 인사를 하니까 뒷짐 지고 왔다 갔다 하면서 "흠, 내가 금년 봄에" 아, 내년 봄이던가 하여튼 봄에 일찍이 2월인가 했을 거예요. "전국 교육자대회를 소집해야겠소." 이렇게 얘기를 해요. 유신 전 해인 1970년, 거기에서 내가 연설을 할 텐데 치사라고 하죠. 그거를 좀 기초를 해달라고 그래요. 나보고. 아, 누구 지시인데 "네 알겠습니다." 마음속으로는 '아, 그 은사 박종홍 선생님이 교육문화 담당 특별보좌관으로 계신데. 왜 거기다 말씀을 하시지 나한테 하시나.' 이런 생각이 좀 들었지만, 지시사항인데, "알겠습니다." 하고 열심히 인제 그걸 했어요. 그 주제가 뭐냐 하면 '국적 있는 교육'이었습니다. 국적 있는 교육. 그때는 이제 서구 문물이 범람하고 우리의 주체적인 역량은 약하고. 그러니까 특히 한국전쟁 이후로는 미국문화, 미국문물 이것이 범람하고, 교육계도 "어, 뭐 훈육을 하고 선생이 가르치는 이건 아니야, 이건 개성을 압박하는 거야. 자유방임교육. 이건 개성을 존중하는 거야. 존 듀이의 교육이 그런 게 아니야." 이런 식인 게 교육계의 주조예요. 교과서를 뜯어봐도 옛날 우리 몸에 익숙한 그 행동거지에 관한 것, 예의, 염치에 관한 것, 또 우리 전통적인 미덕인 웃어른을 공경하는 것, 부모를 참 공경하는 것. 이런 건 무슨 봉건적인 것이 아니고 이런 것도 어려서부터 몸에 배여야 되는 건데, 없어요, 없어. 그리고 맨 기술교육, 민주주의 교육, 이런 것만 해. 그래서 그런 걸 내가 그 연설문을 지적하면서 "교육내용을 재검토해야한다." 그런 주제를 했어요. 그 주제가 국적 있는 교육이에요.

(임방현 구술 https://mkoha.aks.ac.kr/IndexMain.do)

사실 이런 관점은 한국사회에서 꽤 오래된 전통이다. 1920년대 우파 민족주의 지식인들의 관심사와 논리를 대표하는 것 중 하나가 이른바 '민족개조론'이었다. 개화파 지식인들에게는 자신들의 사상을 관철시킬 수 있는 국가주권이 아직 있었다. 그러나 식민지 지식인들은 개화파 지식인들과 동일한 목표를 설정할 수는 없었다. 그들은 국가의 자리에 '민족'이라는 보다 관념적인 공동체를 상정했다.

1920년대에 들어서면서 운동의 방향을 정신, 민족성 개조로 전환해야 한다고 주장했던 일군의 지식인들은 '서구적 근대화=문명화=진보'라는 도식에 대해 회의를 표한다는 점에서 개화파 지식인들과 분명하게 구분된다. 1910년대 지식인 사회에서도 그와 같은 모습이 보이지 않았다는 점을 감안하면, 이때의 민족주의 경향은 새롭다.[24] 주로 『개벽』을 중심으로 전개됐던 당시 민족개조론은 서구 문명의 한계를 지적에 대한 평가는 그다지 긍정적이지 않았다. 이러한 흐름은 민족주의 진영에 매우 강한 영향을 주었다. 1930년대에도 동아시아 전통문화에 대한 관심을 중심으로 전개된 예술·교양의 경향이 단지 일본의 동양주의 사조의 영향 때문이라고 볼 수만은 없는 이유도 여기에 있다. 다시 말해 박정희 정부의 이른바 민족문화정책과 교육이 20세기 전반기 한국사회 우파 민족주의진영 주류의 논리, 관점과 큰 차이가 없다는 것이다. 당시의 민족주의 진영도 사회주의에 대한 반감과 위기감이 강했다. 박정희 정부의 민족문화·교육 정책의 주창자이자, 선도적 수용자였던 구범모와 임방현의 입장이 유전된 것처럼 보인다는 뜻이다. 이처럼 계몽적인 태도는 기본적으로 엘리트의식이 이들을 지배하고 있었다는 뜻이기도 하다. 그런 점에서 앞서 소개한 임재경의 발언은 의미심장하다.

---

24) 1910년대의 사회진화론자들에게 근대적인 것, 서구적인 것은 진·선·미의 대명사처럼 여겨졌고, 그렇기 때문에 양성해야 할 실력과 버려야 할 습관을 선택하는 데 기준이 되었던 것은 당연히 '문명화된 서구'였다. 1910년대 대표적인 실력양성론자로 꼽을 수 있는 현상윤의 경우, 현대문명의 특징을 '자연과학을 바탕으로 한 물질주의'와 '자유와 평등 사상에 입각한 개인주의'라고 이해했으며, 이를 갖추지 않는 한 진보적 생활은 불가능하다고 단언하였다. 이러한 인식에 입각해서, 이들은 산업의 진흥과 신교육의 보급 그리고 이를 뒷받침할 수 있는 사회적인 조건들을 조성하기 위해 유교적인 사상과 관습을 버릴 것을 역설했던 것이다.(현상윤, 「문예부흥과 종교개혁의 사적 가치를 논하야 조선 당면의 풍기문제를 급(及)함」, 『청춘』 제12호 참조.)

그런데 이들의 엘리트의식은 지식과 정보의 유통구조와 관련된 것이기도 하다. 19세기 이후 서구 근대 지식체계는 그들이 추구하기로 한 근대성에 합당하지 않는 모든 것은 '미신'이나 '열등한 것'으로 폄하고 서구 위주의 세계관을 유일하고 보편적인 인류 발전관으로 규정지어 왔다. 그리고 그것은 근대 이후 서구 제국주의 세력의 동양 진출과 함께 오리엔탈리즘이나 동양학이라는 정보 유통구조를 통해 동양의 지식체계로 유입되기 시작했다. 이러한 정보 유통구조를 통해 서구의 근대지식체계는 세계지식체계의 중심으로 발전되어 가고 동양의 전통지식체계는 이것의 주변 지식체계로 전락하게 되어 서구 근대지식체계의 하위체계로 변하게 된다. 그런데 이 중심지식체계는 주변부 지식체계에 대해 전문가를 규정하고 공급하는 기능, 지식을 정당화시키는 기능을 수행한다.[25] 19세기 이후 한국사회는 이러한 지식체계의 보편적 흐름 속에 놓여 있었다.

구한말 우리의 위정척사론, 동도서기론, 개화사상 등은 근대 지식체계에 대한 반응으로 제기된 지식체계들이다. 이 중 개화론은 서구의 새로운 문물은 원론, 혹은 각론 할 것 없이 전폭적으로 받아들여야 야만을 면할 수 있다는 논리이다. 개화론은 서구의 중심지식체계로의 편입이야말로 조선이 근대사회로 이행해 나갈 수 있는 유일한 일이라는 논리를 그 기반으로 하고 있는데, 중국 중심의 지식체계를 중심지식체계로 인정하지 않고, 당시의 조선 지식체계를 서구적 지식체계에 편입시켜야 한다는 것을 주장한다. 이것은 당시의 위정척사파의 인식체계 근거가 중국의 그것에 있다는 점과 뚜렷하게 대비되는 점이라고 할 수 있다. 그런데 지식과 정보는 사회적 제 세력의 주요한 기반이 되어 왔으며, 사회통제 수단의 핵심이 되어 왔기 때문에 부유하고 교육수준이 높은 계층에게는 정보와 지식의 유통이 활발하지만 소외계층에게는 정보유통이 빈약한

---

25) 이종각, 「교육학 학문공동체와 토착화의 과제 – 한국교육학의 주변성과 역기능성」, 김신일 외 저, 『한국교육의 현단계』, 교육과학사, 1991. 313–314면.

것이 일반적인 상황이다. 물론 이것은 국가 간에도 적용된다. 그러나 여기에서 간과해서는 안 될 점이 있는데, 그것은 상위의 중심 지식체계를 수용한 상위 주변 지식체계는 자신들의 지식체계보다는 하위에 있으나, 역시 주변 지식체계인 하위 지식체계에 자신들의 체제에 맞게 변형된 중심 지식체계를 전달하는 능력을 지니는데, 일본에서 구한말의 우리에게 전달된 서구적 근대 지식체계가 여기에 해당된다는 점이다.[26)]

앞서도 언급된 바와 같이 유길준은 『서유견문』에서 인류의 진보는 '미개 → 반(半)개화 → 개화'로 나아가는데 당대의 조선을 '반개화'의 상태로 파악하고 있어 조선의 전통문화를 야만이나 미개로 파악하고 있음을 알 수 있다. 이것은 유길준이 후쿠자와 유키치의 지식소비자 내지는 지식상품 수입상이었음을 보여준다.[27)]

이러한 당시 상황이 지니는 가장 큰 문제점은 역시 몰주체적인 태도일 수밖에 없다. 이를테면, 개화파 지식인들에게 적지 않은 영향을 미쳤던 후쿠자와 유키치가 임오군란에 개입하기를 주장하고 갑신정변 당시에도 청과의 전쟁을 주장하기도 하는 데서 알 수 있듯이 그의 탈아론이 식민주의와 동의어였다는 점[28)]은 이후의 근대주의의 수용이 약육강식의 제

26) 전영표, 「지식의 국제유통과 저작권에 관한 연구」, 『출판연구』, 1993. 5. 276-277면.

27) 이외에도 유길준은 서구지식체계에 대하여 주변부였던 한국 지식체계에서는 그 지식의 전문가로서 재생산자의 역할을 하고 있기도 했다. 이러한 정보의 유통구조는 개화파 지식인들이 일본이 우리에게 강요하는 식민지적 근대성을 비판 없이 그대로 수용할 가능성을 이미 가지고 있었던 것이다. 중심 지식체계는 새로운 이론의 생산, 공급처인데 중심 지식체계인 서구의 근대지식체계를 통해서 사회진화론적인 역사발전관이 일본에 전해지고 중심지식체계인 서구 근대주의의 '중개상' 격으로 성장한 일본에 의해서 다시 그 하청업자격인 유길준에게 전달되었다는 것이다. 물론 이러한 유길준의 근대주의적 견해는 당시 서구와 일본의 강력한 '힘'에 의해서 충분히 그 정당성을 획득할 수 있었던 것이다.

28) 박동현, 「해방 이전의 근대주의의 수용과정과 그 특색」, 『고봉논집』 15, 경희

국주의적인 논리를 차용하여 그것을 동아시아의 인접 국가들에 적용하려는 일본의 근대주의 수용으로 귀착될 소지를 이미 안고 있었음을 반영한다.[29)]

개화기부터 형성되기 시작한 이와 같은 지식유통구조와 여기에서 비롯된 조선 근대사상의 한계는 식민지 조선에서 더욱 강화되어 나타난다. 이광수와 최남선을 대표로 하는 근대 계몽주의와 주로 이들이 수용하게 되는 대동아공영론 역시 그 근본 원인 중의 하나를 근대사상의 유통구조로부터 찾는 것도 가능할 것이다. 그런데 이러한 근대사상의 특성은 보다 직접적인 대면관계 속에서 1945년 이후 더욱 강화된다. 구범모가 초기 건국 단계 한국의 상황을 미국과 연결해 분석하는 내용이다.

> 말하자면 4·19때 학생들이 들고 일어났는데, 거기에선 여러 가지 설이 많죠. '고대가 먼저 했다, 4월 18일 날 먼저 했다. 그리고 그 뒤에 서울대학 따랐다.' 내가 볼 때는 비슷비슷해요. 시기가. 그런 움직임이 있었죠. 그리고 그 당시에 솔직한 얘기가 미국이 맥카나키(D. P. McConaughy) 대사인데. 그 사람이 국무성의 지령을 받았는지 "계엄령이 되더라도 발포하지 말도록 하라." 그런 지시를 받고 대한민국 정부에 얘기를 해서 계엄령 하에서도 발포하지 못하도록 한 거죠. 그러니까 성공을 한 거지. 만약에 발포를 한다든지 해가지고 무력 진압을 한다든지 하면 시위를 더 오래 끌었겠지. 그것도 미국이 도운 거지. 미국이 도운 거고. 그뿐만이 아니라 4·19의 소위 민주혁명이라고 하는데, 우리나라에 네이션 빌딩(nation building)이라고 할까. 국가건설이라고 하는 것 자체가 어느 의미에서는 미국의 힘이 큰 거죠. 국가건설 그 자체가. 민주화도 그렇고 또 해방 이후 정부수립 이후에 미국이 무슨

대 대학원, 1994. 29-30면.

29) 사회진화론에 입각한 역사발전관이 '내선일체' '동조론(同祖論)' 등의 인종적 식민주의로 왜곡될 가능성과 그 과정에 관하여서는 차하순, 「식민주의사관」, 차하순 편, 『사관이란 무엇인가』, 청람문화사, 1985. 참조.

경제원조 무슨 PL 480에 의한 무슨 농산물 원조 그런 것뿐만이 아니고 미국이 나라의 주요한 전략부분에 종사하는 인재를 미국으로 불러들였어요. 교육을 했다고. 이를테면 한국 군대만 하더라도 우선 군에 장교들을 포트 베닝(Fort Benning)이라는 학교에 불러다가 교육을, 장교부터 교육을 시켰고. 그 다음에 교육자, 다음 언론기관. 아무튼 나라를 움직이는 중요기관 사람들을 미국에 와서 교육을 시킨 거죠. 교육을 시켜가지고 그 사람들로 하여금 말하자면 네이션 빌딩에 중요한 일꾼으로 활용을 했단 말이지. 그런 의미에서 본다면 국가 건설에 필요한 그런 인적자원의 양성, 또 물적인 경제적인 원조, 그런 거 해가지고 미국이 쭉 했었고 연장선상에서 민주화도 마찬가지에요. 말하자면 미국이 어느 의미에서는 그런 민간부분에 그런 민주화에 자극도 줬었고, 종교단체를 통해서든 또는 NGO들을 통해서든 줬었고. 4·19때에 일어났다 하더라도 지금 카다피처럼 그런 독재를 하겠다 그러면서 국제적으로 아무런 압력이 없었다면 그것이 더 오래 갔겠지.

(구범모 구술 https://mkoha.aks.ac.kr/IndexMain.do)

보다 더 직접적인 경우도 있다. 청년기에 일제강점기를 경험했고, 1940년대 후반부터 한국 정치의 중심부에서 활동했던 송방용 전 의원[30]의 구술 중 일부분이다.

30) 1913년 전라북도 김제 출생으로, 본관은 여산(礪山)이다. 배재고등보통학교를 졸업하고, 1936년 연희전문학교 문과를 수석으로 졸업하고 고향 김제에서 문맹퇴치교육에 앞장섰다. 제2대(김제군 갑-무소속), 제3대(김제군 갑-무소속) 국회의원과 제5대 참의원(전라북도-무소속), 제10대 유신정우회(통일주체국민회의) 국회의원을 역임했으며, 한국은행 금융통화위원회 위원, 경제과학심의회의 상임위원 겸 장기자원대책위원회 위원장, 대한민국헌정회 원로의장, 대한민국헌정회 14대 회장 등을 지냈다. 자유당 정권 때부터 경제문제와 관련하여 의정활동을 전개했으며, 5·16군사정변 후에는 경제과학심의회의 상임위원으로 발탁된 후로 자원과 농정문제의 전문가로 경제개발에 기여했다. 2011년 노환으로 사망했다.

5월에 처음으로 비행기를 탔다는 거. 비행기를 타고 보니깐 그게 어딘고 하니 여의돕니다. 우리는 그때 비행장이 없었어요. 여의도에 군사 비행장이 있었어요. 그건 철판을 깔아서 이제 그 위에서 뜨는 겁니다. 활주로가 있는 게 아니고요. 그런 시설에서 비행기를 1등을 표를 줍디다. 근데 타고 보니깐 1등이 없어요. 그래서 이제 둘이서 타는 그 칸에서 가는데 느낌이 있습니다. 한국 땅에서 우리가 탔으니깐 한국 땅에, 한국 사람이 그 탑승객 중에 많아야 할 거 아닙니까? 그런데 타고 보니깐 우리들뿐이예요. 거기서 느낀 게 이게 바로 한국이로구나. 비록 한국 땅에 있지만은 외국에 간 것 같은 그런 비행기속 풍경. 그걸 느꼈습니다. 그리고 그 다음에 이제 토일렛(toilet)을 찾아가야지 않았습니까? 토일렛에서 한국에 이착하는 비행기인데 한국말로 토일렛이 적혀있질 않거든요. 영어로 적혀 있고 중국말로 적혀 있어요. 그래서 제가 느낀 게 한국 땅에 있으면서 이방인이 우리가 아니겠느냐. 한국 땅에 있으면서 이방인. 그래서 우리가 언제 빨리, 언제 빨리 이 굴욕에서 벗어나느냐. 그걸 생각했지요. 그러면서 제가 그때 느낀 게 그렇습니다. 일본하고 우리하고 원수 같이 지내지만은 그런 거 다 잊어가지고 동양 사람으로서 우리가 제휴해가지고 갈 때도 있어야 될 거 아니냐. 그래서 동양 문명이 서양 문명하고 이 결혼할 때를 한번 만들어 보면 어떠냐. 이런 꿈을 그때 가진 것도 그땝니다.

(송방용 구술 https://mkoha.aks.ac.kr/IndexMain.do)

국가 엘리트 간의 국제 연대를 꿈꾸는 것일까? 교육문제와는 전혀 관련이 없는 위의 내용에서 확인할 수 있는 것은 그의 엘리트의식이다. 박정희시대 정치엘리트였던 이들이 교육을 강조하는 것은 글자 그대로 시민, 유권자를 계몽대상으로 인식하는 태도가 깔려 있다. 앞서도 언급했지만 동아시아 사회진화론의 특성은 자연도태론이 아니라, 인위도태론을 채택하고 있다는 점이다. 서구의 강력한 힘의 근거는 그들의 민족성이고, 민족성의 근간이 도덕이라는 사회진화론자 이광수의 입장[31]이 교육과 계몽으로 귀결되었듯이, 인위도태 논리에 따르자면 국가 엘리트들의 대내적 임무는 국가발전을 위해 열등한 구성원들을 계몽하고, 교육하는 것이 될 수밖에 없다.

이런 저간의 사정은 1960-70년대 한국의 엘리트들이 어떤 존재들이었는지 곰곰이 되짚어보게 만든다. 지식과 정보유통의 주변부 국가에서 활동하는 제1세계 지식과 정보의 소비자에 불과했지만, 자신이 속한 사회에서는 영향력을 확보한 엘리트였던 그들은 집단기억의 생산자이자, 유포자였다. 동시에 그들은 스스로 유포한 집단지식에 완전히 몰입된 존재이기도 했다.

3. 정치인과 집단기억

유권자 입장에서 한 사람의 정치인, 특정한 정치적 행위를 평가하고 분석하는 데에는 수많은 정보가 필요하다. 문제는 일반 유권자들에게 정치행위에 대한 구체적이고 실제적인 정보가 정확하게 전달되기가 쉽지 않다는 점이다. 유권자들은 언론이나 소문-정치 관련 언론기사도 의도했든 그렇지 않든 소문 전달에 지나지 않는 경우도 많다-에 의존해 정치를 평가하는 경우가 많다. 그런데 유권자 다수가 정치를 평가하는 일은 생각의 경로 의존 경향이 강하다. 그 생각의 경로 의존성을 집단기억이라고 정의할 수 있다.

31) "英米族의 興旺도 그 民族性이 原因이오, 吾族의 衰頹도 그 民族性의 原因이니 民族의 盛衰興亡이 實로 그 民族性에 달린것이외다. 그럼으로 一民族을 改造함애는 그 民族性의 根柢인 道德에서부터 始하여야 한다함이외다."(이광수, 「민족개조론」, 『개벽』 제23호, 1922. 5. 37-38면.)

집단기억은 집단정체성을 구성한다. 하나의 집단정체성 내부에는 다양한 집단기억이 교차하기도 하며, 하나의 집단정체성이 언제나 하나의 집단기억만을 근거로 하지 않는다. 또한 정체성은 명확한 사실이나 경험에 의해 구성된 기억으로만 구축되지 않는다. 우리는 자기 자신과 관련된 기억만을 토대로 가치판단을 하지 않는다. 우리의 인식체계는 직접 경험을 통해 얻은 기억들과 외부에서 유입된 정보가 혼재되어 구성된다. 오래전부터 국가는 교육과 사회동원 등을 통해서 집단정체성을 형성시켜 왔다. 그리고 이 과정에는 집단기억을 구성하는 기획이 작동한다. 이런 기획은 좌우 이념을 가리지 않고 시도되는 것이다. 그 집단기억은 이야기의 형태로 확산되고 유지된다.[32]

집단기억이 만들어 낸 이야기 공간처럼 정치인들에게 평온한 곳도 드물 것이다. 이 이야기 구조 속에 자신이 들어갈 수 있다면, 안정적인 지지를 오래 얻을 수 있기 때문이다. 구범모와 임방현이라는 두 중요 정치인은 박정희 지지자였고, 또 동업자였다. 그러므로 그들에게 박정희 체제에 대한 긍정적 평가와 의미부여는 박정희에 대한 행위가 아니라 자기 자신의 정치적 삶에 대한 긍정적 평가이자 의미부여이다. 그들은 구술을 통해 다양한 사례를 언급하면서 박정희 체제의 정당성을 역설한다. 거기에는 인간 박정희에 대한 신뢰, 또 그와의 관계에 대한 윤리적 의미부여 등도 포함된다. 그러한 그들의 입장과 태도에 대한 가치판단은 논외로 한다. 다만 이 장에서 밝히고 싶었던 것은 그들의 논리가 19세기

---

32) "모든 스토리텔링이 듣는 사람들의 사고 속에서 기계적으로 입력되는 것은 아니다. 그 이야기를 통해 자연스럽게 새로운 세계 창조에 동참하도록 만들 뿐이다. 스토리를 따라가다 보면 오히려 자신이 살고 있는 현실 세계보다 더 직접적이고 생생하게 연결되어 있다는 느낌을 갖게 된다. 스토리를 마음속으로 흡수한 독자는 편안함과 경쾌함을 동시에 느끼면서 사건이 일어나는 그 세계의 그 시간 속으로, 그 깊은 세계에 자신이 살고 있다는 느낌을 받는다. 이것이 바로 스토리텔링의 힘이다."(심영덕, 「스토리텔링의 구성과 광고의 서사 전략」, 『한민족어문학』 58, 한민족어문학회, 2011.6, 302-203면.)

후반부터 동아시아, 특히 한국에서 꾸준히 수용·변용·확산되었던 진화론적 사고의 연장선에 있다는 점이다. 그런 점에서 그들은 집단기억 수용자들이자 생산자들이다.

남는 문제는 그들이 집단기억에 포섭된 사람들이었던가, 아니면 그것을 활용했던 사람들인가 하는 점이다. 어찌되었든 그들은 집단기억에 의존한 논리를 통해 자신의 정치활동에 대해 정당성을 확보하거나 해명하고 있기 때문이다.

제02장

정치인의 통일인식과 행위양상

손동유

1. 머리말

한국전쟁은 한반도의 분단을 고착시켰고 한민족의 모든 생활에 직접 영향을 미치면서 70년이 흘렀다. 분단 초기 남북은 민족재통합의 당위론을 바탕으로 각자의 입장으로 흡수통일 할 것을 표방하며 대립하였으나, 분단의 세월이 지속되면서 국내외 정세 및 남북한 주민의 인식 변화 등으로 유엔 동시가입[1]이 이루어지고, 국가연합 또는 연방제 방식[2]의

1) 1991년 9월 남북이 각각 유엔가입국이 되면서 그동안 서로 한반도의 유일한 합법정부임을 표방하던 양측의 논리는 변경될 수 밖에 없었다. 이어 같은 해 12월에는 남북기본합의서(남북 사이의 화해와 불가침 및 교류 협력에 관한 합의서)가 채택되면서 7·4남북공동성명에서 천명한 조국통일 3대원칙의 재확인, 민족 화해 이룩, 무력 침략과 충돌 방지, 긴장 완화와 평화 보장, 교류 협력을 통한 민족 공동의 번영 도모, 평화통일을 성취하기 위한 공동의 노력 등을 합의하였다.

2) 특히 연방제 통일방안은 북한의 고려연방제 주장이 먼저 제기되면서 대한민국에서는 오랫동안 금기시 되는 논제였으나, 분단의 장기화로 인한 이질감의 누적으로 민족의 재통합을 위해서는 단계가 필요하다는 논리와 상호 체제를 인정하자는 호혜적 입장이 설득력을 갖게 되면서 통일방안의 하나로 자리잡고 있다.

통일방안이 논의 되는 등 변화를 거쳐왔다.

대한민국의 거의 모든 정치인은 통일을 지향한다고 밝혀왔고, 모든 정당은 통일을 표방하며, 정부가 바뀌어도 행정부에 통일관련 기구를 두고 통일정책을 추진해 오고 있다. 그러나 개별 정치인, 정당은 저마다 통일에 대하여 서로 다른 다양한 입장을 취하고 있고, 정부 마다의 성격에 따라 각기 상이한 통일정책을 내오곤 한다.

이승만 정부는 한국전쟁의 일방으로서 철저하게 북진과 승공을 모토로 했다. 박정희 정부시기에는 북측에 밀사를 보내기도 하고 '7.4 남북공동성명'을 발표하는 등 적극적으로 통일정책을 추진하기도 했다. 그러나 집권 내내 '반공'은 정권을 지탱하는 기본 동력으로 작동했고, 그 '반공' 프레임은 장기집권과 독재에 저항하며 민주주의를 요구하는 개인과 세력에 대한 탄압의 도구로도 이용되었다.

전두환 정부시기에는 1982년 '민족화합민주통일방안'을 제시하였고, 문화적 차원의 남북교류나 자연 재해시 인도적 차원의 교류는 있었으나, 집권기간 일관되게 민주화운동진영과 야당의 통일논의에 대하여 반공반북 이데올로기에 근거한 이념공세로 통일정책의 실질적인 진전은 볼 수 없었다. 노태우 정부는 '한민족공동체통일방안'과 '북방정책'을 표방하며 북한에 대해서 전향적인 자세를 취했다. 1989년 9월 발표한 '한민족공동체통일방안'에서는 과도적 통일체제로 '남북연합(Korea Commonwealth)'을 제시하면서, 남북연합을 구성해 남북 간 개방과 교류협력을 실현하고 민족사회의 동질화와 통합의 기반을 다져나가자는 내용을 담았다. 이후 1991년 UN에 남과 북이 동시에 각각 독립국가로서 가입하였고 곧 이어 "남북사이의 화해와 불가침 및 교류협력에 관한 합의서"를 채택하면서 공식적인 교류의 물꼬를 텄다. 하지만 국내 정치에 있어서 이념적 프레임은 전두환 정부와 크게 다르지 않았다.

문민정부를 표방한 김영삼 정부는 집권 초기 이른바 '비전향 장기수'

송환 등 전향적인 조치를 취하며 정상회담을 추진하기도 하였으나, 1994년 정상회담을 앞두고 회담의 상대였던 북한의 김일성 주석이 갑자기 사망하자 조문조차도 하지 않는 행태를 보였고, 남북관계는 급속하게 냉각 되고 말았다.

우리나라 정치사에서 처음으로 수평적 정권교체를 통해 출범한 김대중 정부는 이른바 '햇볕정책'을 추진하며 북한에 대한 인도적 지원을 확대하고, 금강산 관광을 활성화 했으며, 정상회담을 성사했다. 하지만 이른바 '퍼주기 논란'을 거치며 지나치게 대북 우호적 정책이라는 비판을 이기지 못하고 퇴임 이후 '대북송금특검'을 받아야 했다. 노무현 정부는 김대중 정부의 통일정책을 계승하는 입장을 밝히며 2000년 1차 남북정상회담의 성과인 '6.15 남북공동선언'에 따라 개성공단을 가동시켰고, 2차 정상회담을 통해 '남북관계발전과 평화번영을 위한 선언(10.4 선언)'을 발표하기도 했다.

한편, 이명박 정부와 박근혜 정부시기 '5.24조치', '개성공단 폐쇄'는 취임 시 대통령 선서에서 밝힌 바[3]와는 정반대의 조치들을 취했으며 이에 따라 남북관계는 거의 모든 교류가 중단되고 심각한 수준의 적대적 냉전관계를 맞게 되었다.

본 고에서는 이 같은 상황에서 국내 정치영역에서 통일에 대한 개념과 논의가 큰 줄기에서 어떻게 이루어져 왔는지를 개괄적으로 살펴보고, 개별 정치인들은 통일에 대하여 어떠한 개념과 인식을 갖고 있는지 구술내용을 통해 분석해 보고자 한다. 특히나 개별 구술자들의 표현과 발언의 수위에 주목할 것이다. 이를 통해 민족개념을 근거로 1민족 1국가를 지

---

3) 헌법 제69조에서 "대통령은 취임에 즈음하여 다음의 선서를 한다. 나는 헌법을 준수하고 국가를 보위하며 조국의 평화적 통일과 국민의 자유와 복리의 증진 및 민족문화의 창달에 노력하여 대통령으로서의 직책을 성실히 수행할 것을 국민앞에 엄숙히 선서합니다."고 규정하고 있다.

향하는 당위적인 통일 인식, 한반도 분단원인의 모순을 분석하고 한반도의 통일이 우리가 안고 있는 모순을 극복하는 것이라는 인식, 분단으로 인한 이념적 경제적 교육적 폐해 등에 천착하여 현재적 폐해를 극복하는 방안으로서의 통일인식 등 다양한 통일인식을 살펴보고자 한다. 이를 위해 사례로 삼을 구술자를 권위주의 정권 시기 집권여당 측 인사와 보수야당 인사 및 재야인사를 고루 안배하였다.

2. 정부의 통일방안과 정치권의 제 입장

1) 7.4 남북공동성명의 배경과 내용

북한은 1960년 이후 현재의 체제를 상호 인정하는 것을 전제로 한 1국가 2체제의 연방제 통일 방안을 주장해 오고 있고, 우리 정부는 1국가 1체제 통일을 지향해 왔다. 이승만 정부는 한국전쟁 과정에서부터 일관되게 북진통일을 주장했고, 전쟁 이후에는 무력도 불사하는 입장을 고수하였다. 대한민국정부에서 농림부장관까지 지낸 인물임에도 불구하고 평화통일을 주장했다는 이유로 조봉암 진보당 당수를 간첩죄로 몰아 사형에 처하기도 하였다.

1960년 4·19민주 혁명으로 수립된 민주당 정부와 장면내각은 중립화 통일론을 제안하였으나, 1961년 박정희에 의한 5·16 쿠데타가 발발하면서 실현되지 못했다. 1963년 대통령으로 당선된 박정희는 집권 초기 '선건설 후통일'을 표방하면서 이렇다 할 만한 통일방안을 제시하지 않고 경제건설에 집중했다. 그러나 1970년대를 넘어오면서 미국과 중국의 화해가 서서히 실현되고 공식수교가 이루어지는 등 국제정세가 변화했고, 1969년 장기집권을 위한 '3선 개헌'에 대한 국민적 반대여론이 들끓자 이를 잠재울 구실이 필요해진 박정희 정부는 1970년 8월 15일 광복절 기념식에서 '평화통일구상선언'을 발표하였다.

박정희 정부는 1971년 대통령선거에서 온갖 금권, 관권을 동원했음에도 야당의 김대중 후보가 괄목할만한 득표를 하자 더 강력한 통제구조를 추진하게 되었고, 급기야 1972년 이른바 '10월 유신'을 통해 헌정질서를 무시하고 기형적인 독재구조를 탄생시켰는데, 그 직전에 이후락을 대북 밀사로 파견하고 '7·4남북공동성명'을 발표하였다. 이 발표를 통해 합의했던 주요 내용인 자주·평화·민족대단결의 3대 원칙은 내용적으로 현재에도 유효하다. 그 후 남북 정부간의 '남북조절회의'와 민간차원의 '남북적십자회담'이 서울과 평양을 상호 방문하면서 이루어졌고, 박정희는 1974년 8월 15일 광복절 기념식에서 '한반도 평화정착 → 상호 문호개방과 신뢰회복 → 남북한 자유총선거'라는 '평화통일 3단계 기본원칙'을 발표하였다. 그러나 박정희 정부는 통일에 대한 정책과 논의를 소수의 특정 인사들에 의해 독점적으로 추진했고, 야당 또는 시민사회의 논의는 철저하게 봉쇄하고 탄압했으며 실제로 1975년 3월 이후 남북대화는 일절 중단되고 말았다. 이는 당시의 남북대화가 한반도의 평화적 통일과는 무관하게 박정희 독재정권을 유지하기 위한 목적으로 이용되었다는 것을 설명해 준다.

2) 정부의 통일방안에 대한 정치권의 제인식

1972년 당시 처음으로 통일방안이 구체화 되는데 대해서 김낙중의 경우 본인과 진보적 지식인들은 7.4 남북공동성명을 선의로 해석하고 상당한 기대감을 가졌던 것도 사실이지만, 경계심도 함께 갖고 있었다고 밝히고 있다.

구술자: 7.4 공동성명이 나오면서 나는 "아유, 그래도, 그래도 역사는 제 방향으로 가는구나." 그렇게 생각을 했지. 응? "제 방향으로 가는구나. 내가 비록 이

러저러한 곡절을 거쳤지마는 내가 생각했던 역사의 방향, 삶의 방향은 틀린 게 아니구나. 아 역시 남북은 합의해서 자 서로 같이 살면서 길을 찾겠구나." 이렇게 생각을 했는데, 나중에 이러저러한 평론들을 보니까 북은 북대로 자기 체제를 위해서 남은 남대로 공모해서 만들어냈다 이제 이렇게 나옵디다마는 나는 순진하니까. 순진하니까 좌우간 "남과 북이 이제는 과거의 타도정책은 이제 끝내나 보다." 그렇게 생각 했고, 응? 그것이 92년 남북기본합의서 될 적에 "아, 이젠 법적으로까지 남과 북이 내가 얘기한대로 서로 인정 존중하고 불간섭하면서 교류와 협력을 통해서 점차적으로 통일할라고 그러는구나." 그래 나는 1992년에 노태우(盧泰愚)정부가 그걸 발표하는 걸 보고 "그래 나는 이제 죽어도 좋아. 이제 괜찮아. 안심할 수 있어." 그래 생각을 했거든. 응? 했는데, 그런 입장에서 볼 적에 칠, 7.4공동선언이 나왔을 적에 "그래. 인젠 정신 좀 차리고 에 남과 북이 같이 가야 되겠구나 이렇게 이제 좀 깨달아간다." 이렇게 생각을 했지. 이렇게 생각을 했는데 나중에 나오는걸 보면은 뭐 저기는 저 짝대로 체제를 어쩌고 여긴 여 짝대로 체제를 어쩌고서 한대.

면담자: 예. 그럼 당시에 다소 이 그 원칙주의적인 맑스(Marx)주의자였던, 또 그런 길을 걸으셨던 박현채(朴玄埰) 선생님이라든가 이런 분들은 그 당시 국면에 대해서 어떻게 판단하고 있었습니까? 그분들도 낙관하고 계셨습니까?

구술자: 아니에요. 나하고는 좀 달라요. 달른 것은 어 인제 전선을 밀고 나와서 남반도가 해방이 되는 것은 인제 틀렸다. 그러니까 전선은 그대로 놔둔 채 남조선 혁명을 도와주는 것이 길이다. 이렇게. 남조선 혁명을 포기했다고는 절대로 생각을 안하고 남조선 혁명은 계속 되는 거고 다만 방법이 응? 말하자면 남조선 내부의 에 그걸 위해서 그런다. 그런 입장이었지요. 그러니까 남조선 내부의 혁명 분위기를 도와주는 역할을 하는 것이 이게 혁명의 길이라고 혁명전략 노선을 이제 바꾼 것이다. 이렇게 생각을 했고.

...(중략)...

면담자: 선생님을 비롯한 진보적인 지식인들, 또 혹은 혁신계에서는 어떻게 평가를 하셨습니까? 당시에 그 이 일부 사람들은 박정희(朴正熙) 씨의 그 좌익 경력을 고려해서 우호적인 평가라든가 기대가 잠시 있었는데요.

구술자: 음 기대를 가졌지. 기대를 가졌어. 기대를 가졌던 것은 어 그러니까 꼭 북한에서, 북한에서 혹시나 하고 기대를 가졌던 거하고 비슷하게 남쪽에서도 왜냐하면 그때당시에 저 에집트(Egypt), 에집트 짝에서 나세르(Gamal Abdel Nasser)가 나오면서 먼저 진보적인 어? 진보적인 군사혁명가라고 진보 쪽으로 갔거든요. 그니까 우리도 이렇게 진보적인 박정희(朴正熙)가 나와 가지고 진보 쪽으로 가는 거 아닌가 하는 기대를 가지고 있었죠. 기대를 가지고 있었는데 북한에서 그랬듯이, 그랬듯이 어? 그걸 가지고 뭐 로비를 해가지고 황태성 씨가 내려왔듯이 남한쪽 안에서도 혹시나, 혹시나 하고 어? 어. 그런데 오일육(5.16)이 나니까 나는 어떻게 됐는냐? 나는 일단 민자통에 관련을 하고 뭐 그랬었기 때문에 도망을 갔어요. 집을 나왔어요.

(김낙중 구술 https://mkoha.aks.ac.kr/IndexMain.do)

갑작스럽게 발표된 7.4 남북공동성명에 대한 당황스러움과 한편으로 사회 일각에서는 기대감이 있었던 당시의 정황은 기자로서 당시 상황을 맞았던 임재경의 증언에서 확인해 볼 수 있다. 다만, 임재경의 경우에는 박정희가 10월유신을 앞두고 국민들의 관심을 돌리려는 정치적인 공작의 일환으로 취했다고 판단하여 부정적으로 인식하고 있었다는 것이다.

면담자: 선생님께서는 1972년 봄에 프랑스에서 귀국을 하셨습니다. 귀국 후 얼마 지나지 않아서 칠사(7.4)남북공동성명이 발표가 되었는데요. 어떻게 이 남북공동성명에 대해서 사전에 인지를 하고 계셨습니까 아니면은.

구술자: 전혀 저로서는 인지를 못했고, 그게 내 기억이 정확하다면 오후 여섯시

방송인가 일곱 시 방송에 나왔어요. 근데 그때 내가 명색이 국회 캡이고 정치부차장이었는데, 전혀 몰랐어요. 그러니까 낌새도 못 차렸고 주돈식 기자가 당시에 야당 출입을 했는데 비교적 유능한 기자죠. 정치인들 많이 알고 취재도 부지런히 하던 사람인데, 이 사람이 딱 들어와서 하는 말이 '오늘을 기해서 정부에서 삼(3)정을 개혁하는 조치를 취한답니다.' 이렇게 표현을. '아 그게 무슨 얘기야.' 그랬더니, 유신이란 말은 또 안하고 또 쿠데타라는 말도 물론 없었고 입법, 사법, 행정, 3부를 전부 개혁을 한다. 그런 표현을 합디다. 7.4 남북공동성명 직전이죠. 지금 유신이죠? 아 고 이후, 직후로군요. 10월 며칠이니까.

면담자: 유신 때가 아니구요. 유신 이전에 7.4남북공동성명.

구술자: 아 7월 4일이구만. [이마에 손을 얹고 웃으며] 아 그때는 그, 미안합니다.

면담자: 이후락 씨가 평양 방문하고 난 다음

구술자: 네네. 그때 그게 인제 3정을 개혁하겠다는 그거는 인제 유신이고. 그것도 전혀 사전에 난 인지를 못했어요. 근데 그건 청와대 출입하는 기자는 알고 있었는지 몰라도 나는 전혀 몰랐습니다. 청와대 출입기자는 당시에 이종구라고 나하고 아주 대학시절부터도 굉장히 친했던 사람인데, 이종구라고 똑똑한 사람이죠. 근데 대학 댕길 때는 상당히 개혁적인 그런 입장을 취했는데, 청와대 출입하면서 이제 좀 나하고 상당히 생각이 잘 안 맞고, 내 프랑스 갔다 오더니 너는 사람이 달라졌다 이런 식으로도 표현을 하고. 그리고 이 사람이 내 그 신문에도 썼지마는 그 이런 걸 한번 다툰 적 있어요. 전화를 인제 청와대에서 전화를 한 적이 있어요. '나야.' '응 그래. 언제 올 거야.' 그랬더니 '내가 한 삼십(30)분 내로 내려갈 거야.' 이렇게 한단 말이죠. 순간적으로 내려 간대는 게 뭐냐? 회사에 들어갈 거야, 이렇게 얘기를 해야죠. 들어온 다음에 '야 너 말투가 왜 그러냐.' '아니 말투가… 내 잘못한 게 뭐야.' 그래서 '야 인마 청와대가 무슨 뭐 저 임금이 계신 왕궁이냐? 올라오고 내려가고 하게. 나 그 너 그러잖아도 여러 가지 기

분이 언짢은 게 있는데 그런 식으로 말하지 마라. 너하고 나 사이에도 말이야 올라가고 내려가고 하니 말이야, 그 전화가 도청이 돼서 그런지 몰라도 그러면 안 돼. 아니 신문사에 들어 간대는 게 뭐 이렇게 청와대 무슨 내려깎는 얘기도 아니고 너 생각이 어떻게 된 거야.' 그랬더니 이 친구가 '에에 관두자, 관두자.' 그런 적이 있어요. 그러니까 자연히 두 사람의 뜻이 있는, 좀 깊이 있는 대화는 안됐다고 봐야죠. 근데 그 사람이 알고 있었는지 잘 모르겠는데 나한테는 얘길 안 했어요. 그러니까 얘기해 줄 유일한 사람이 청와대 출입기잔데 칠사(7.4)공동성명은 전혀 귀띔을 못했어요. 그러고 그야말로 나로선 청천벽력으로 받아들였죠. 그러니까 정홍진이라고 이후락을 수행해서 평양에 왔다 갔다 했던 중앙정보부 실장인가 하는 사람 있어요. 정홍진이. 그 사람이 조금 뭐 냄새를 풍겼다는 얘기도 있는데, 난 그거 뭐 당시로서는 상당히 금기사항이었고. 그리고 내 느낌은 미군한테는 난 얘기 해놨는가 이렇게 봅니다. 그런데 안 사람이 조금 있었다고 봐야죠. 그런데 내가 조선일보 정치부 차장으로서 상당히 무능한 편에 속합니다. 전혀 몰랐기 때문에. 그러니까 박정희 정권이 보안을 철저히 하고 보안에 성공했다는 면이 되지마는, 그 과정에서 내가 조선일보의 정치부 차장으로서 전혀 몰랐다는 건 나는. 그러니까 아까 예를 들어서 얘길 해줄만한 사람하고 막 서로 다투고 말이죠. 야 너 말투가 뭘 그래 그러니까. 이거는 글쎄 내가 뭐 잘못했다고 할 수는 없지마는 조금 어리석은 태도였지 않았나 이렇게 봐요.

면담자: 그럼 그 발표하고 난 직후에 자주평화민족대단결 굉장히 그 전향적인 조치라고 볼 수가 있는데요. 그에 대한 정부 측이라든가 정보부 측에서 가이드라인이라든가 이런 어떤 지침들이 있었습니까?

구술자: 가이드라인이라는 건 그때나 지금이나 정부에서 발표하는 건 부정적으로 보지 마라는 게 기본이겠죠. 근데 내 기억이 잘 나는 게 없고. 나는 그때 굉장히 당황했는데 나는 애초에 이 인터뷰 시간 때 전번에 얘기했지마는

군인들이 집권을 해서 무슨 뭐 통일을 한다 민주주의를 한다는 것에 대해서 불신이 굉장한 사람입니다. 그래서 박정희가 남북통일을 위해서 이렇게 과감한 행동을 하는 것에 대해서 한쪽으로 놀랐지만 또 한쪽으로도 속셈이 있지 않겠는가. 흑심이 뭐가 있지 않겠는가. 그랬는데 겉으로는 지금 내건 자주, 평화 또 뭐죠? 민족대단결 이 3대원칙은 그건 어떠한 걸 가지고도 아니다고 얘기할 수 없단 말이죠. 다만 놀라고, 이것이 거짓말이 아니길 바란다. 뭔가 성공하길 바란다 하는 것이 솔직한 심정입니다. 그러면서도 마음 한 구석에는 박정희가 다른 꿍심이 있지, 이렇게 생각을 한 거죠.

면담자: 근데 이 7.4남북공동성명에 대해서는 당시에 장준하씨도 민족통일에 긍정적인 여건이 마련됐다라고 긍정적으로 반응할 정도로 좀 전향적인 내용이었다고 볼 수가 있습니다. 당시 신민당을 비롯해서 재야라든가 지식인들의 실제적인 반응과 느낌은 방금 선생님과 같은 비슷한 느낌이었습니까 아니면.

구술자: 모르겠어요. 근데 그래가지고 뭐. 그때 공식적인 반응으로 보면은 전부 환영일색이었을 겁니다. 정신이 없었고. 바로 정신을 없애게 만드는 것을 박정희가 노린 거죠. 미국사람들하곤 사전에 협의가 된 거고. 그렇다고 박정희가 말하자면 그, 이기심을 품고 반미로 돌아선다던지 친중을 한다든지 이건 뭐 말하자면 자기들이 보기에는 그럴 가능성이 없으니까, 뭔가 북한을 관리한다는 차원에서 대담한 조치다 이렇게 난 미군 쪽에서 이렇게 하지 않았는가 봐요. 근데 국내서는 장준하 선생도 얘기했지마는 의식이 있는 지식분자들은 여기에 대해서 공개적으로 의심스럽다 왜, 요새 식으로 말하면 투명한 외교를 안 하냐 이런 얘기 하는 사람이 아무도 없었어요. 또 투명한 외교를 할 수가 없는 것이 북에 왔다 갔다 하는 것이 공개적으로 해서 성사가 됐겠느냐. 박정희의 말하자면 아주 비밀주의로 극비에 붙여가지고 왔다 갔다 하는 상황이어서 가능했겠지 하는 정도의 이

해는 했어요. 그러나 하여튼 지금 생각하면은 하여튼 기자로서는 좀, 그래도 이게 아니지, 뭐가 이상한 구석이 있지 않는가. 근데 그래가지고 인제 그렇게 하면서 석 달 후에 유신으로 들어간 거죠.

...(중략)...

구술자: 저는 굉장히 부정적으로 봤어요. 아 이게 올 게 왔다. 이게 칠사(7.4)공동성명이고 팔삼(8.3)이고 뭐고 박정희 영구집권을 위한 말하자면 사전에 그 사전 플레이다. 전 그렇게 봤어요. 순간적으로. 아! 야 이렇게. 혼자 생각에 이건 나폴레옹 삼(3)세가 공화정에서 제정으로 갔잖아요. 천구백사십팔(1948)년에 대통령 돼가지고, 오십이(52)년에. 똑같은 거다. 그러니까 완전히 차더드 쿠데타(chartered coup.)구나. 애초에 완전히 차터드한 쿠데타구나. 근데 뭐 그런 얘기 회사에서 한 적이 없어요. 한 적이 없는데, 당시에 내 개인적인 좁은 태도 하나로 그, 밖에 있는 사람으로서는 노재봉이라고 이후에 완전히 돌아서가지고 노태우 시절에 장관 국무총리까지 한 사람 있잖아요. 그런데 이 사람이 육십(60)년대에는 굉장히 반 박정희입니다. 세상이 참 이상해. 그래가지고 뭐 자주는 안 만났지만 한 두어 달에 한번씩 만나서, 그때 그 사람 만나고 아 이게 계획된 쿠데타다. 쿠데타에 대한 반발을 사전에 차단하기 위해서 남북, 말하자면 민족의 염원인 남북을 팔아먹고, 그 다음에 사회정의를 팔아먹고, 그 다음에 쿠데타 하지 않았느냐 그랬더니. 이 사람이 나보고 아이고 임 형 참 잘 봤소. 자기도 그렇게 생각 한다 그래서, 아 노재봉이가 괜찮구나. 전 그렇게 생각했는데, 그 후에 노재봉이가 바뀌었으니까 뭐. 요새 어떻게 생각하는지 모르겠어요.

(임재경 구술 https://mkoha.aks.ac.kr/IndexMain.do)

한편, 김정남은 '기대감'이라는 것이 어떠한 정도인지를 구체적으로 설명하면서 재야 및 민주화운동진영의 전반적인 인식은 아니었다는 점을 밝히고 있다.

면담자: 7.4공동성명의 사례를 들면 당시 그, 장준하(張俊河) 씨도 그, 이, 굉장히 긍정적으로 평가하고 지지를 했다고 알고 있습니다. 재야에서 전반적인 분위기는 어떠했습니까?

구술자: 재야에서 전반적인 분위기는 그렇지 아니했죠. 그러니까 말하자면 이거는 그, 뭔가 속임수가 있다, 첨에는 이런 걸로 봤고 인제 나중에는 저, 말하자면 남쪽에선 유신헌법으로 나오고 북에서도 헌법 개정을 하고 이러니까 이거는 무슨 인제 또 하나의 꼼수, 말하자면 독재화로 가는 또 하나의 지름길이었지. 그래서 민족통일이라는 거룩한 민족성업과 관련된 그런 조치는 아니었다라는 걸 나중에 확인했죠.

면담자: 당시에는 어땠습니까?

구술자: 당시에는 그렇죠, 당시에는 지금 이게 무슨 무슨 뭐 무슨 순가 그래가지고 어안이 벙벙했지만 이내 그렇게 알았고. 인제 장준하(張俊河) 씨 같은 사람은 그 사람이 인제 민족주의자의 길 같은데서 모인, "모든 통일은 다 좋은가, 그렇다. 모든 통일은 다 좋다." 인제 그 사람은 인제 통일이라는 게 우리가 이, 허리가 반쪽 났다는 것이 단순히 지리적으로 이렇게 갈라섰다는 의미가 아니라 한 인간이, 말하자면 그, 반쪽 나가지고는 독립된 인간으로 설 수 없다, 인간이 되기 위해선 합쳐야 된다라는 이런 거에 철저히 그, 익숙해져있는 사람이었기 때문에. 그 사람은 모든 사람들이 그, 7.4남북공동성명에 대해서 의아해하거나 이건 또 무슨 술수일 것이다라고 생각을 했음에도 불구하고 그, 그, 자기는 찬성을 했죠. 아주 그건 바람직한 일이다. 특히 1, 2, 3항 이런 거에 대해서. 근데 그게 인제 며칠 뒤에 그, 유신이 되면서부터는 아, 모든 사람들이 인제, 대부분의 재야는 그, 재야 모든 사람들은 아, 이게 이걸 위한 전초기지로서 술수였구나라는 걸 깨닫게 되고 뭐 이렇지만, 인제 장준하(張俊河) 씨는 그래도 그, 7.4남북

공동성명은 없는 거보다 낫, 나았다라는 입장이었죠.

면담자: 근데 민수협은 그, 어떤 과정을 통해서 유명무실화 또는 해체되는 과정을 겪게 됩니까?

구술자: 에, 조직체가 아니고 그러니까 조직능력이 있었던 것도 아니고 하니까 그리고 유신이 되면서부터 이, 박정희(朴正熙)정권의 탄압이 아주 혹심해집니다. 예를 들면 가령 인제 천관우(千寬宇) 선생 집 같은 데, 천관우(千寬宇) 선생이 말하자면 민수협에 마지막 남은 보루 같은 건데 철저하게 그 집을 봉쇄를 하면 천관우(千寬宇) 선생이 나올 수가 없고, 어디가면 따라가고. 그, 그걸 동행이라 그럴 수 있겠죠. 그리고 안 그런 경우에는 최하, 가장 낮은 게 미행이고. 뭐 이러니까 활동, 가령 활동의 영역이 자꾸 좁아질 수밖에 없고, 천관우(千寬宇) 씨 집에 드나드는 사람이 있으면 조사를 가서 왜갔냐, 무슨 얘기 했냐 뭐 이러니까 자꾸 멀어질 수밖에 없고. 그 뭐, 그 이병린(李丙璘) 선생도 마찬가지고 다른 사람도 다 마찬가지죠. 그러니까 철저히, 그러니까 개별단위로 흩어져있는데다가 그, 그런 식으로 박해가 아주 조여 오니까 더 이상 견디기가 어려웠던 거죠. 그러니까 개별단위로 나중에는. 그 원래 73년 11월 15일 날도 민수, 그러니까 그렇게 해서 개체화 돼가는 과정에서 안 되니까 민수협 이름으로 하지 아니하고 11월 15일 날 몰래 사람들끼리 연락을 해서, 뭐 김지하(金芝河) 누구, 누구, 누구 뭐 이래서 15명인가가 모여서 그, 성명을 발표하죠. 인제 그, 김대중(金大中)납치사건과 이제 뭐 그, 지금 일련에 그, 박정권에 탄압정책에 대해서 항의하는 지식인공동성명을 발표하는데. 그러니까 그, 이렇게 자꾸 인제 그렇게 돼서 전부 개체화돼 나가는 과정을 겪죠. 그래서 칠십사(74)년 긴급조치가 될 무렵 돼가지고는 거의 이제 형해(形骸)만 남아있고 유명무실화되는….

(김정남 구술 https://mkoha.aks.ac.kr/IndexMain.do)

한편 7.4남북공동성명을 발표한 것은 창구단일화 논리의 일환으로 규정하고 이에 대응하는 양상을 취한 경우도 있다. 위의 두 견해와는 사뭇 다르게 불신과 강경한 입장을 보였던 경우로서 박영록의 증언이다.

구술자: 정도고 뭐고 없어. 아주 제일 못된 짓 하는 놈들이여(놈들이야). 그러니까 이게 이렇게 돼서 그렇게 되는 거고. 그럼 이제 박정희는 말이야 내가 그런 관계가 있기 때문에 내가 김대중이 김영삼이는 정치적으로 뭘 하지만은 이놈은 말이지 에 민족사적 입장에서 이거 자기 아픈 데가 있고 이거이 사람이 뭘 하면 난 죽는다 그러니 이놈을 때려잡아야 되겠다, 그것이 이제 나치 사태부터 혁명 그거 쳐들어 올라온 다는 거 다 들어서 그놈도 안단 말이야. 반미 특위 했던 거. 그래서 난 이제 국회의원이 되면서 첫(1)째 뭘 했는고 하면 자, 우리가 하나의 국가를 형성하려면 민족과 영토와 그 다음에 주권 세(3) 가지가 다 구비해야 돼. 그런데 일본 시대의 민족, 영토는 있었고 주권 하나가 없었단 말이야 그런데 해방됐다는 것이 영토도 갈려 없어졌지 민족도 갈려서 없어졌지 주권은 있느냐. 주권도 뭐 하나가 돼야 되는데 주권이 두(2)개니깐 주권도 없고 그 우리 민족사적 입장에서 볼 때 일제 때 보다 나은 게 뭐가 있냐, 여기서 만족하고 살 거냐. 그러니까 그 당시에 이인을 비롯해가지고 내가 6대 때 국회의원 되면서 이인 법무장관하고 뭐 이런 거 있잖아. 그 애국지사들을 전부 모았어. 6대 때. 전부 모아가지고 민족 통일 촉진회를 맨들어(만들어). 여러분들 독립운동에서 해방된 조국이 일제 치하 나은 것 보다, 뭐 더 나쁘지 않소. 그런데 여러분들이 임기가 끝났다고 이렇게 태평천하 할 거요? 그러니까 이제 독립하던 운동 기분으로 다시 남북통일 작업에 앞장서 다오. 그것이 이제 민족통일 촉진회. 촉진 시키자. 그래서 내가 그 선언문을 다 썼어. 그 당시에 이 평화 통일을 하자고 하게 되면 이 정치인 중에서는 말이야 조봉암이나 뭐 이 사람같이 취급 할 때야. 그 내가 평화통일을 얘기를 하고 말

이야. 나가니까 박정희가 말이지. 7.4 공동 성명이 나오는 거야. 칠사7.4 공동 성명이라는 건 민족통일 촉진회를 만들고 이틀 후에 내가 국회에서 통일 문제, 남북, 같은 핏줄 같은 민족으로서의 민족의 동질성 회복 통일로 가자 이거를 주장하니까는 말이지 이게 안 되겠단 말이야 박정희가. 그러니까 남북 회담을 이후락이로 하여금 하는 거여. 그런데 아이러니(irony)하게 이북은 김일성이는 뭐냐. 자기는 평생을 집권을 해 나가는데 남쪽에서 자꾸 4년마다 대통령 선거 어쩌고 저쩌고 해서 바뀌고 이러면 자기 집권해 나, 종신 집권에 지장이 있어. 그니까 남쪽에서도 어느 똑똑한 놈이 하나 나와 가지고 말이야 자기와 함께 에 이걸 오래 가지가는 게 있으면 서로 좋겠는데 도움이 되겠는데 그러던 차에 박정희가 군사혁명 해가지고 이게 됐다 이 말이야. 아 이거 받아놔야겠다. 그럼 7.4 공동 성명이라는 건 뭐냐. 민간 중에서는 통일 문제를 논의하지 못하게 하자. 남북 당국자 간만 하자. 너하고 나하고만. 어? 동시에 너는 나를 침략하는 게 아니라 너는 나를 인정하고 어? 너는 나를 인정하고 그래서 우리가 말이야 불안 상태에 있지 말고 둘을 갈라서 유엔(UN)에다가 합의 이혼을 해서 두(2) 나라를 해 놓고 그리고 상호 어 지원하면서 말이야 서로 평화를 되려면 나는 너를 위하고 너는 나를 위하고 서로 잡아먹으려고 하지 말고 같이 이끌어 나가자 이게 이렇게 된 거야. 그래서 말이지 그러니까 민간단체에서 내가 통일 주장하고 나갔는데 조봉암이 이상으로 하고 나가니까 전혀 국회의원이 하고 나가니까 박정희, 이후락이란 놈이 말이야 이거 큰일 났거든? 그니까 민족통일 촉진회를 어떻게 했는고 하면은 애국지사들을 얘기를 해서 우리가 너희를 도와 줄 테니 박영록이는 국회의원이니까 국회에서 활동이나 하라고 하고 여기는 손을 떼게 하는 게 어떻겠느냐. 그래가 내가 돈을 만들어서 그걸 만들었지만 또 내가 해 나가려니 돈도 뭘 하고 말이야, 사무실 빌리고 뭘 하고. 내 딴에는 말이지 에라이 어머니가 자식을 낳아가지고 젖이 부족하면 다른 어미 젖을 먹여서 자식을 기르는 법인데 내가 만들어 놓은 민족통일 촉진회 어느 놈의 젖을 먹더라도 뭐 괜찮겠지. 그래가지고 내가 이제 국회에서 하면서 보게 하고 딴 사람한테다가 이거를 넘겨 준거여.

면담자: 처음에 민족통일 촉진회 만드셨을 때 의원, 국민단체가 아니라 의원단체로 만드신 거죠?

구술자: 그니까 내가 이제 이인이다 무슨 뭐 김재호다 뭐 애국자 사람들을 전부 모아가지고 내가 사무총장을 하고 그 사람들을 이제 이거를 이제 한 거지.

면담자: 많이 모이셨었어요?

구술자: 그때도 뭐 한 100, 전부 애국단체 사람들 거의 다 모였어. 입각 안하고 이런 사람들 말이야. 그니까 애국 하는 사람들이 뭐 장준하니 뭐니 이런 사람들이 당시에는 국회의원도 아니고 하니까 전부 이제 내가 이제 6대 때 지사하다가 됐으니까 그때에는 이제 강원도 사람들은 뭘 했지만 야 저기 강원도 저 사람이 뭐 케네디하고 뭐 이래가지고 됐는데 강원도 사람들은 누구 하나 나를 갖다가 지원해주는 놈도 없고 김대중, 김영삼이는 이제 정부에서도 그렇지만은 그 사람들이다.

(박영록 구술 https://mkoha.aks.ac.kr/IndexMain.do)

장기표의 경우는 내용적으로 천착한 경우인데, 박정희 정권의 속성과 북한정권의 성격에 대한 분석을 토대로 칠사남북공동성명과 성명에 포함된 통일의 3대원칙 특히 '민족대단결'원칙에 대한 비판적 인식을 갖고 있었다.

구술자: 나는 난 7·4공동성명에 대해서요. 내가 참 특이한 사람이에요. 정말 이거는 난 7·4공동성명 박정희가 한다 그럴 때 별로 감동이 전혀 없었어요. 근데 내가 만약 정치를 했다면 어쨌든지 환영은 해야죠. 그거는 환영해야 됩니다. 믿지 않아도 어떻게 남북 간의 대화하고 한다는데 그걸 좀 말해야죠. 근데 전혀 믿을 수 없는게. 나는 사실 아까도 내가 박정희 어떻게 박

정희라 하면 박정희지 뭐 씨자를 붙였더라고요, 내 말 속에 저절로. 그래서 내가 박정희면 박정희지 뭐 또 씨자는 무슨 역사적인 얘기하는데. 내가 그런 생각을 했는데. 왜 그렇냐하면 나는 박정희를요, 박정희 대통령이라고 호칭해 본 일은 진짜 내가 정치권에 나와서 민주화 다 된 다음에 특별히 사무적으로 어디 가서 참 박정희 대통령이라고 말하지 않으면 곤란할 때가 좀 있거든요. 내 판단입니다마는 그래서 내가 박정희 대통령이라고 말하는 경우가 있지, 나는 박정희를 대통령이라고 불러본 일이 없는 사람입니다, 박정권 때. 그냥 박정희지. 그럴 정도로 나는 굉장히 싫어했어요. 나는 거짓말하는 거를 굉장히 싫어합니다. 거짓말하는 거를. 나는 사실은 5·16이 처음에 일어났을 때 대환영한 사람입니다. 왜? 내가 진영이라는 데 조그만 소도읍에 살았는데 깡패가 다 없어져버린 거예요. 만날 학교 다닐 때 깡패 때문에 굉장히 겁을 내고 그랬는데 그때 또 못 살 때 시급한 민생고를 해결하고 해싸키도 하고, 나는 또 군인은 정치하면 안 된다 이런 생각도 별로 없었어요. 뭐 나쎄르(Nasser) 같은 사람들도 다 군인이고. 그래서 나는 5·16을 크게 반대한 사람이 아니에요. 그러나 어릴 때 5·16)을 반대 안 했으니까, 멍청해서 그런 것도 아닙니다. 어떤 점에서는 겉똑똑이지만 겉똑똑이라도 있어서 찬성한 거예요. 근데 이걸 또 번복하는 거예요. 번복을 하고 특히 또 내 아니면 안 된다 해 가지고 3선개헌도 하고 등등. 또 부정선거하고. 이런 거를 보면서 이 박 정권은 박정희는 안 된다 이런 생각이 굉장히 강했던 사람이죠.

면담자: 예. 선생님께서 나중에 다시 한 번 질문을 드리겠습니다만, 그 이 '박정희 대통령 사망 이후에 국장(國葬)으로 되는 걸 보고 민주화의 행로가 순탄치 않겠구나'라는 걸 예측을 하셨다는 글을 본 적 있습니다. 아주 남다른 정치적 감각과 판단을 갖고 계신 걸로 좀 느꼈는데요. 이 당시에 지금은 뭐 많은 사람들이 이제 동의를 합니다만 사실상 유신체제로 가기 위한 징검다리로써 7·4공동성명이 활용됐던 측면들이 강했고, 지금은 알지만 당

시에도 그런 어떤 이게 진위가 아니고 다른 어떤 정치적 목적이 있을 거라 고 이렇게 판단을 하시거나 그렇게 하셨다면 근거가 뭐였습니까?

구술자: 그 생각을 해보세요. 이거 판단해보고 자시고 할 게 없어요. 왜냐하면 72년도에 유신헌법 만들었지 않습니까? 아니 그 전에 3선개헌 했잖아요. 아니 3선개헌 해 가지고 71년도에 말하자면 3선째 대통령이 됐지 않습니까, 박정희가. 3선째 대통령이 됐는데 이게 그때 아 3선개헌 했으니까 삼(3)선만 하면 물러날 거다 이렇게 생각한 사람 아무도 없습니다. 사실 민주인사 몇몇이만 그렇게 생각한 게 아니에요. 또 김대중 씨 같이 박정희의 정적, 당시에 상대후보였던 사람이 아 이번 선거는 마지막입니다 앞으로 총통제로 갈 가능성이 있습니다. 김대중 씨만 그런 게 아니에요. 누구나 다 이 박 정권이 계속 갈라고(가려고) 하는 거다 이렇게 생각하고 있었거든요. 그런 때에 무슨 뭐 7·4공동성명 하나 나왔다고 해서 환영할 일이 아니지. 또 아니 할 말로 통일운동을 계속 한다 하더라도 우리 민주세력 입장에서 민주화는 안 하고 통일을 위해서 남북 간에 논의 계속 하는 거 솔직히 좀 기분 좋겠습니까? 이거야 말로 떫은 일입니다. 인간은 그런 겁니다. 내가 반대하는 세력이 좀 더 좋은 일을 자꾸 하잖아요? 그럼 미운 거예요. 이거는 옳지 않다고 말은 할 수는 있을지 모르지만 이게 인지상정입니다. 그래서 나는 그걸 좋아하지 않았어요. 그 다음에 중요한 건 이건데 실제로 결과적으로는 그거 칠사(7·4)공동성명 이용해 가지고, 남과 북이 똑같습니다. 남쪽은 통일주체국민회의를 만들어 가지고, 말하자면 체육관에서 아이구 저 통일주체국민회의대의원들만 모아놓고, 혼자 나가 가(나가서) 투표하는데 뭐 선거하나 마나죠. 북한도 또 사회주의 헌법을 해 가지고 또 김일성 우상화를 저 저 일인 유일사상을 제도화하고 이랬는데. 그랬으면 7·4공동성명은 야 이거 기만적이다. 즉 박정희가 장기집권, 장기집권이 아니야 영구집권이죠. 영구집권을 못 핸(한), 죽을 때까지 했지. 진짜 종신집권이네. 하기 위한 수단이라고 지적해야 되는 거 아닙니

까? 그런데 그 지적이 없지 않아요? 7·4공동성명이 마치 굉장한 것처럼 말해요. 나 이 사실 하나 공개를 하면 내가 87년 6월항쟁 이후에 6.29선언이 나왔으면 민주인사는 다 석방돼야 되지 않습니까? 그런데 나는 6.29선언이 나오고도 1년 반을 더 살았어요, 징역을. 그런데 어느 날 백기완 선생이 면회를 오신다 그래요. 딴 분들도 뭐 그때 면회 많이 왔어요. 내가 왜 오랫동안 다른 사람 다 나오는데, 아니 안 나온 사람도 좀 있지만 거의 다 나오는데 못 나오고 있으니 면회를 많이 왔죠. 그런데 이러시더라고요. 어제 7·4공동성명 행사한다고 어제 올라 했는데 못 오고 오늘 오게 됐다고. 내가 그래서 아 백 선생님 7·4공동성명 뭐가 잘 됐다고 좋은 거라고 그걸 기념을 한다는 겁니까? 내 이래 말한 사람입니다. 이거는요 두 가지가 아주 내용적으로 굉장히 잘못된 게 있어요. 하나는 박정희가 자기 종신집권 하려고 남북 간에 짜고 그냥 통일을 이용한 겁니다. 그게 하나고. 다른 하나는 뭐냐면 7·4공동성명에 민주, 평화 아니 자주, 평화, 민주(족)대단결주의는 김일성의 통일 3대 원칙입니다. 김일성의. 나는 '김일성의 통일원칙이니까 나쁘다' 이렇게는 생각하지 않습니다. 누군가는 아이디어가 한 사람한테서 나오는 거지. 좋으면 그냥 해야지. 그런데 이것을 가지고 이게 김일성이가 통일하기 위해서만 이걸 하는 것이 아니라 하는 게 아니라, 이것 가지고 통일을 내세워서 계속 남쪽의 통일지향 세력들을 포섭해서 주사파나 만들어내고 이런 데가 문제가 있는 거예요. 또 하나 얘기요. 적어도 사회과학을 하는 사람은 이 김일성 통일 3대 원칙 가운데 민족대단결주의 안 있습니까? 이것은 잘못되었음을 인식해야 됩니다.

면담자: 어떤 측면에서 그렇습니까?

구술자: 왜 그렇냐 하면 민족대단결주의라는 건 뭐냐면 우리가 남북 간의 통일을 할라 그러면 하나의 이념, 하나의 체제, 하나의 국가, 하나의 정부로는 안 된다. 어떻게 해야 되느냐? 연방제 해야 된다. 연방제는 뭐냐면 이념과 체제가 현존, 남한은 자본주의 체제를 그대로 유지하고 북한은 사회주의 체

제를 그대로 유지하면서도 통일국가를 만들어야 된다. 이게 민족대단결주의거든요. 그래서 민족대단결주의 내용이 사상과 이념, 뭐 제도를 초월하고 뭐 민족을 통일해야 된다 이렇게 돼 있습니다. 사상과 이념, 제도를 초월하고 어떻게 통일이 됩니까? 통일 안됩니다. 우리는요, 이 통일이 무언지를 알아야 돼요. 통일은요 민족이 분단되어 있으니까 남은 남대로 비인간적인 사회가 되고 북은 북대로 비인간적인 사회가 되기 때문에, 통일의 과정을 통해서 남한도 북한도 변화시켜야 되는 거예요. 남한도 변화 안 시키고 북한도 변화 안 시키는 통일 그따위 통일 하면 뭐할 겁니까? 어? 우리가 통일을 주장하는 것은 통일이 안 되고는 남한은 남한대로 독재로 되기가 쉽고 여러 가지 잘못이 많을 수밖에 없고, 북한은 북한대로, 즉 통일의 과정을 통해서 남한도 북한도 변화시켜야 됩니다. 그런데 이 민족대단결주의는 변화 안 되는 거를 말하는 거예요. 그래서 이런 책이 있습니다. 하도 오래돼서 책 이름은 모르겠는데 조진경인가? 그런 사람이 쓴 책이 있어요. 어 뭐 『민족통일』인가 하는 책이 있습니다. 이게 말하자면 주사파들이, 내가 주사파라 그럴 게요. 하여튼 엔엘(NL)진영 통일주장자들이 보는 가장 정리된 책입니다. 이게 상·하권으로 있습니다. 거기 보면 뭐라고 써 놨나 하면 남한의 체제를 북한의 체제를 조금이라도 변화시키려고 한다면 통일은 안 된다. 왜? 남한사람들이 남한체제 변화시켜가면서 통일할라 하겠느냐? 남한정권이 또 할라 하겠느냐? 그러면 남한 정권이 통일 안 할라 하고 남한 정권이 통일 안 할라하면 통일 안되는 거 아니냐? 또 북한 사람도 북한의 체제를 변화시킨다면 북한 사람들 통일 하겠느냐? 안 한다. 북한도 반대한다. 그럼 통일이 안 된다. 이렇게 써놨고 이 주장을 나는 여기 말하자면 엔엘(NL)진영의 사상적 경향을 갖고 있는 후배들하고 많이 징역을 많이 살았지 않습니까? 대표적으로는 김영환이라고 있어요. 강철 김영환이. 말하자면 우리나라에 이 주사파 원조죠. 김영환이하고 직접 홍성교도소에서 같이 징역 살았어요. 그래서 뭐 밤에는 각

자기 방에 가서 잠 자지만 낮에는 뭐 만날 점심 묵고 뭐 이야기 만날 하고. 이것도요 박시종이라고 있어요. 박시종이라고 광주 친군데. 문리대 정치과 나왔어요. 얘는 반제동맹에 상당히 또 주모급입니다. 아주 똑똑합니다. 정말 나는 박시종이만큼 똑똑한 애 잘 못 봤는데, 특히 글을 잘 씁니다. 근데 이 교도소 안에서도 쪽지 같은 글 쓰거든요. 글을 아주 잘 써. 그래서 내가 우리 집에도 박시종이가 나한테 보낸 쪽지가 아직도 있어요. 내가 그걸 갖고 있는데. 그런 애들 만나보면 어떠느냐? 딱 조진경이지 아마. 조진경이가 쓴 통일론에 대해서 즉 남한체제를 조금이라도 변화시킨다거나 북한체제를 변화시키고 하자는 통일론, 이건 통일 안 하자는 거다. 안 된다. 나는 그렇게 생각하지 않습니다. 그런 점에서 7·4공동성명에 나와 있는 민족대단결주의는 굉장히 그럴 듯하지만 그거는 사실에 부합하지 않는다 이거야. 나는 통일의 과정을 통해서 남한도 북한도 변화시켜야 통일이 의미가 있다고 보는 사람이에요. 그것도 변화할라고 통일해야 되고, 사기치면 안 됩니다.

(장기표 구술 https://mkoha.aks.ac.kr/IndexMain.do)

7.4 남북공동성명에서 남북이 천명한 통일의 기본 원칙 즉, 자주, 평화, 민족대단결이라는 내용은 지금까지도 그 기조에 변화는 없다고 할 수 있다. 2000년 6.15 정상회담과 이후 노무현 정부, 문재인 정부에서 이어진 남북정상회담 과정에서도 내용적으로 이어지고 있는 것을 확인할 수 있다.

그럼에도 불구하고, 7.4 남북공동성명이 발표되던 시기에 대한민국 정치세력은 개인별, 진영별로 다양한 입장과 태도를 취하고 있었던 것이다. 즉, 기본원칙의 내용에 대체로 공감하면서 기대를 보였거나, 정치적 의도가 있을 것이라고 분석하며 신중한 태도를 보였거나, 내용적 허구성을 파악하고 반대의 입장을 보이는 등 각기 인식에 따른 대응을 보였다.

3. 관과 민의 통일인식 변화

1) 통일 논의의 대립과 심화

제5공화국 출범 후 대통령 전두환은 1982년 1월 22일 제109회 임시 국회에 참석해서 국정연설을 통해 '민족화합민주통일방안'을 제시하였다. 이 방안은 남북간 민족적 화합에 기반하여 통일헌법을 제정한 후 통일국회와 단일정부를 수립함으로써 통일민주공화국을 완성시키자는 것을 주요 내용으로 하며 기본적으로는 1민족 1체제를 지향하는 체제통일론이었다.

한편, 1984년 11월부터 다섯 번에 걸쳐 남북경제회담이 열렸고, 민간 차원으로는 1985년 5월 남북적십자회담이 재개되었다. 이에 따라 1985년 9월 20일 분단 후 처음으로 이산가족 고향방문과 예술공연단 교환방문이라는 민간교류의 성과가 있었으나, 남북 정부차원에서는 별다른 성과를 이루지 못했다.

이렇게 표면적으로는 남북관계의 개선을 지향하는 듯 했으나, 통일논의와 남북교류는 민관을 막론하고 정부가 강하게 통제하는 가운데 이루어졌고, 민간차원의 통일논의는 금기와 탄압의 대상이 되었다. 당시 국회에서 통일을 국시로 해야한다는 국회의원 유성환의 발언은 돌출적으로 나온 것이 아니라 정부의 위선적 행태를 폭로하고자 준비된 것이었다는 유성환의 구술은 당시의 상황을 입체적으로 조망하게 해주는 단서가 된다. 또한 유성환 의원을 발언을 둘러싸고 정권에서 보인 모습과 이를 방어하려는 당시 야당의 행보도 많은 시사점을 담고 있다.

유성환 의원은 본인이 국회에서 통일을 국시로 삼아야 한다는 발언을 하게 된 배경에 대하여 다음과 같이 회고하였다.

면담자: 이른바 통일국시 사건. 86년 10월 14날 국회 본회의에서 통일이 국시여야

한다는 요지로 주장을 하셔서 대단한 고초를 겪으셨는데요, 이 대목은 꼼꼼히 여쭤보겠습니다. 이런 발언을 하신 배경을 의원님 인생에 비추어서 좀 소개해 주신다고 말씀 들었는데요, 준비해 오신 거 좀 함께 말씀하시면서 소개해 주셨으면 고맙겠습니다.

구술자: 이 통일국시라는 그 용어 자체만 의미를 따지면은, 저는 우리나라의 국시가 박정희(朴正熙) 장군이 혁명 초기에 말한 반공이 우리나라의 국시다 하는 말씀은 그때 제가 어리지만은 어려서 그때도, 저것은 아니다. 반공이 국시라, 반공 정책을 우리가 강력하게 밀고 나가야 되고, 어떠한 경우에도 양보할 수 없는 우리의 정책인 그것은 사실이지만은. 그것이 우리나라의 국시라고는 할 수 없다. 전현 저 생각하고 박정희(朴正熙) 장군 생각하고 달랐습니다. 국시라는 것은 국민이 이것이 옳다, 그거 옳은 거다. 돈으로서 삶아서 그런 게 아니고 권력으로서 위협해서 그런 게 아니고, 그런 게 아니면서 옳은 거, 그것이 국시다. 그래서 그때도 제 맘에 언젠가 제가 국회에 들어가면 내가 국회의원이 되면은 국회에서 내가 이 말을 해야 되겠다. 시장에서나 거리에서 말하면은 그게 흘러가는 노래에 지나지 않고, 국회의원 신분을 가지고 국회에서 우리나라의 국시를 논해 진정으로 논의가 되는 문제다. 그런 결심을 철이 들고는 해마다 그런 생각을 제가 마음 속 깊이깊이 제가 갖고 있었습니다. 그래서 12대에 당선되자 85년, 86년 됐을 때, 마침 제게 우리 정치에 관한 분야에 대한 질문을 저한테 하라고 했어요, 김영삼(金泳三) 총재가. 그래서 제가 그 참, 문을 자물쇠로 잠그고 아무도 면회를 안 하고. 또 원고 됐는 걸 대외로 비밀로 하고, 그렇게 해서 원고를 작성해가지고 국회에서 제가 이 나라의 국시는 반공이 아니라 통일이다, 그것을 주장을 했습니다. 국회의원이 국회에서 뭘로 우선적으로 발언을 하고 또 제안을 하고 입법을 해야 되느냐, 우리 북한 사람들로 하고 우리는 피와 언어와 그 관습과 역사를 볼 때, 우리는 한 형젭니다. 다만 형제인 이 나라가 분단될 때 지금까지 역사책을 보면, 어떠한

사람도 내가 분단시켰다는 사람이 없습니다. 그것이 2차대전 후에 강대국들의 소행인지, 또는 누구가 소행인지 아무도 기록이 없습니다. 다만 미국, 영국, 소련이 삼상회의에서 1차 신탁통치를 권유해보고 실패한 후에는, 그 사람들이 두 번째는 그러면은 남과 북이 하나가 되는 선거를 해라. 그라니까 이승만 박사는 우리 대한민국, 아니 대한민국이 아니라 우리 남한도 북한과 같이 우리가 한 국가 건설을 위한 준비를 해야 된다. 1946년 6월 사4일날 호남에 가가지고, 정읍에 가가지고 그런 발언을 했습니다. 근데 김일성은 남한 단독, 북한 단독 선거를 해야 된다 안해야 된다 일체 말을 없이 침묵을 지켰습니다. 그 대신에 북한은 1946년 2월 15일 날짜로 토지개혁을 하게 됩니다. 북한이. 이 토지개혁이라는 것은 어떠한 나라던지 그 국가, 그 정부가 아니라면 할 수 없는 정책입니다. 어떤 사단법인이나 어떤 조합이나 어떤 위원회에서 토지개혁을 할 수 없습니다. 국가만이 할 수 있습니다. 근데 1945년 해방되고 만 1년도 안 돼가지고 토지개혁을 했습니다. 그래서 그때 이승만 박사가 정읍에 가가지고 우리도, 우리도 하는 말은 북한에 대고 하는 말입니다. 우리도 정부나 또는 위원회 같은 걸 만들어야겠다. 이 두 지도자가 분단방향으로 갑니다. 분단방향으로. 그 때 그분들이 해야 될 일은 둘이 만내자, 우리 둘이가 헤어지면 안 된다. 남북이 갈라지면 안 된다. 지금 우리가 중요할 때다. 만내자. 이승만, 나이 많지만 내가 너한테 가겠다. 김일성이 같으면 내가 선배님 찾아가겠습니다. 나라가 갈라지면 안 됩니다. 그런 회담을 해야 될 사람들이 한쪽으로 토지개혁을 미리 국가가 할 일을 하고, 그 다음에 이승만은 니가 하니까 우리도 뭘 만들어야겠다. 감정적으로 가가지고 분단이 된 겁니다. 그래가지고 그러면 남한과 북한이 선거에 대한 투표를 하는데, 유엔(UN)에서 투표를 하는데, 유엔(UN)의 정치소위원회에서 이렇게 나가면 남한은 남한대로, 북한은 북한대로 두 개의 나라가 섭니다. 이것은 안 됩니다, 고 하는 사람이 캐나다 대사하고 호주 대사가 이것은 안 됩니다. 덜레스(Dulles) 장관님, 이것은 안 됩니다. 왜? 유엔(UN)이라 하는 것은 분단된 나라를 하나로 만드는 거, 여러 나라로 갈라진 나라를 하나로 만드는 것, 그것이 유엔(UN)의 역할이지. 하나의 나라가 지금은 주권은 없지만 사실 상 하나의 분단을 시키는 역할을 유엔(UN)이 주도해야 한다는 것은 말이 아닙니다. 그래서 덜레스가 1차에서 부결되고 두 번째 투표를 해가지고, 남한, 남한만의 총선거. 그게 가결이 된 겁니다. 그렇기 때문에. 한국 국회에 드가는 국회의원은 국민도 그렇지만, 국회의원은 맨 먼저 해야 될 일이 우리 분단 극복입니다. 제가 그 고려대학 대학원 논문에 글을 썼는데, 그 교수가 하는 말이, 평화를 주장하면서 왜 무장을 국방에 대한 힘을 이렇게 많이 기울여야 됩니까? 하는 충고를 받았는데, 저는 이 모든 것을 말을 하고 이 모든 것을 말씀을 드리면서도, 우리 국방은 강력한 국방을 이어 나가면서 통일 문제를 이야기하고, 통일 방법을 연구해야 되고, 또 북한 하고도 대화도 요구하고, 통일을 위해서 다해야 되지만은 항시, 항시 국방에 대한 어떤 경우라도 북한보다 우리가 국방의 힘이 약해져서는 안 된다는 그것을 제가 지금도 말씀드리지만은, 그 대학교수한테 제가 말하자면 당신 무식해서 그렇다. 왜 평화를 이야기하면서 국방을 자꾸 이야기하느냐고. 그 모순된 이야기를 왜 하느냐고. 그래 나는, 나는 내 마음 그렇습니다. 항상 국방을 강화해야 됩니다, 그런 말 했는데. 그런 뜻으로 볼 때 우리가 국회의원이 국회 가서 통일국시를 주장하는 것, 그것은 마치 정신없이 북한에 팔려갔거나, 마음이 북한에 있거나 그런 자세가 아니고, 우리가 기본을, 기본을 이야기하는 겁니다. 우리 기본자세는 국방을 강화하면서 통일해야 됩니다. 반드시 통일해야 됩니다. 그런 뜻으로 제가 이 나라의 국시는 반공이 아니라 통일이라야 합니다, 그 말을 한 겁니다.

(유성환 구술 https://mkoha.aks.ac.kr/IndexMain.do)

또한, 이 발언 이후에 겪어야 했던 고초에 대해서도 구체적으로 술회하였다. 결과적으로는 1992년 대법원에서 면책특권 취지로 공소기각이 확정된 사건임에도 불구하고 당대에는 이념공세에 휘말려 국가보안법 사범으로 수감생활을 했던 것이다.

구술자: 처음에는 경찰이고, 나중에는 상이군인들이 빨갱이 죽이라 이래가지고 몽둥이 뭐 낫 뭐 이런 걸, 집이 3층이니까 긴 짝대기에다 매가지고 쳐들어오는데, 경찰은 또 경찰 본연의 그, 의무가 있더라고. 상이군인들 적극적으로 막는, 막아주는 거라, 경, 경찰이. 그러니까 상이군인하고 경찰하고 막 싸움이 대단하더라고 위에서 내려 보니까. 그래서 경찰의 그, 근본 그, 임무가 저런 것이구나, 감명 깊게 제가 봤어요. 그리고 이제 국회에서는 그, 여당의원들이 경찰이 인제 야당의원들을 짓누르는 사이에, 어떤 신문은 5분만에야, 어떤 신문은 뭐 5분 저, 2-3분만에 날치기로 통과시킨 거지, 저를, 체포동의안을. 그, 그리고 또 집에, 우리 집에 그, 수사관들이 와가지고. 우리 집에 와가지고 구두, 신도 안 벗고 그냥 올라와가지고, 내 그, 책장에 있는 책을 그냥 책을 몇 개씩 막 가지고 내려가 땅바닥에다가, 땅바닥에 던지는 거예요. 그리고 그 중에 인제 책 몇, 몇 개를 한 스물 여, 여권을 압수해가 가고, 압수했다카는 그, 증명도 안 주고 그냥 가져갔다고. 그리고 나중에 저를 그, 체포할 때도 간단하게 말씀드리자면, 이, 딸하고 손녀하고 사위 또 비서 네 사람이 있었는데, 더구나 내 식구, 내 와이프(wife) 보는 앞에서 수갑을 거기 채우더라고. 내가 아주 파렴치한 범인처럼 그렇게 취급하는 거예요. 내가 살, 살인강도라도, 강도라 할지라도 그, 부인이나 딸이나 손녀, 가족들 보는 앞에서는 수갑을 안 채운다 그라거든예. 약간 돌리 놓고 하든지 또는 바깥에 나와서 인제 체포하든지 해야 되는데, 나는 뭐 빨갱이라고 마, 마, 마구 일방적으로 빨갱이라고 규정해놓고는 사람을 그렇게 욕을 보이는 거예요. 그래서 그, 비록 그 당시의 제도언론, 정부의 영향을 많이 받는 제도언론이 상당히 있었지만은, 정도

를 걷는 신문에서는 아주 그, 잘못된 그, 처사라고 충고를 신문에서 많이 하더라고예.

...(중략)...

구술자: 교도소에 가니까, 제가 저, 누워 자는 방이 교도소 정문에서부터 내 방까지 그, 열쇠로가 열어야 되는 문이 일곱 개라예. 그래, 왜 이렇게 오지에 구석에 제일 조용하고 제일 좋은 방에 날 옇느냐고, 그걸 좋은 방이라고 표현을 했어요. 그러니까 이 방은 그, 뭐 옛날에는, 옛날에는, 옛날에는 그, 여성, 여성 그, 피고, 피의자들, 피의자들만 여기 감금을 하기 때문에 그, 열쇠로 가지고 열어야 될 문이 많습니다. 설명을 그래해 주더라고. 저는 인제 말하자면 사상범으로 취급을 했으니까, 그러니까 외부 접촉이나 외부, 외부의 정보를 차단하기 위해서 오지에, 아주 교도소 안의 오지에 다 갖다 옇는 거지요. 검찰에 나와서 조사를 받을 때 조사기간이 23일간 입니다, 조사만. 그런데 정민수(鄭敏洙) 검사가 저한테는 아주 예의를 갖추고 친절하게 고급공무원처럼 하더라고예. 하는데 어떤 그, 지면을 내놓고 뭐에서 뭐까지를 글을 써라 그럽니다. 글로 표현하라 그럽니다. 그럼 그걸 제가 인제 양심대로 다 써가지고 인제 드렸는데, 그런 것을 일곱 번인가 열 번인가 그거 반복을 하는 거예요. 인제 내용을 내가 쓰기에 따라 달라지겠지. 거의 비슷한 거와 거의, 완전히 같지 않는 것과 합해가지고 여덟 번을 글을 썼습니다, 제가. 한번 쓰기 시작하면은 보통 한 20페이지나 15페이지나 된다고, 글을 쓰니까. 그런데 23일간 다 인제 조사를 하고 난 뒤에, 그 사람이 서울대학을 나오고 또 검사도 인제 초보 검사가 아니니까 내가 물었어요. “그래, 검사께서 이거 다 읽어보고 조사를 해보니까 내가 어떤 사람으로 비칩니까? 요즘 말하자면 내가 빨갱입니까, 아닙니까?” 인제 그래 물었지요. 물으니까 그 사람이 아주 제게는 듣기 좋은 대답을 하더라고. “유 의원은.” 그, 호칭도 의원이라고 부르고 “유 의원은 이것을 읽어보니까, 이것 내용이 다 사실이라 그러면은 고급 반공주의자입

니다." 이래요. "고급 하이클라스(high-class)의" 그 수준의 오히려 반공주의자다라는 말의 뜻은 제가 그, 기소된 기소장 안에 인제 어떤 글이 있나 하면 10대의 소녀들이 월 십만(100,000)원 봉급을 받고 저렇게 중노동을 시키면은 저 소녀들 가슴에 뭐가 움트겠느냐? 결국 조국에 대한, 국가에 대한 실망과 반항심 그리고 미래에 대한 설계를 할 수, 할 수가 없다. 밑에 옷, 위에 옷, 장갑 하고 나면 십만(100,000)원 다 써버리는데 책을 사 볼 수 있나, 고향에 선물을 보낼 수 있나. 인간으로서 자기 조국에 대한 반감만 가, 가지게 될 거 아니냐. 그래서 하루빨리 십만(100,000)원을 폐지하고, 봉급을 올려야 된다. 그런 걸 내 써놨거든요. 그래서 인제 "고급 반공주의자다."고 그런 말 했는 거 아닌가 싶어요. 그리고 교도소 안의 인제 이야기를 하나 더 하자면은, 사람이 급하면 다 그렇지만은 나는 십이(12)대 당선되고부터 교회에 나갔습니다. 당선되고부터 나갔는데 교도소에서 "교도소 안에 있는 교회에 내 나가겠다." 그러니까 "그러면 상부에 알아봐야 되겠다."고. 알아보더니만 안 된다 그래요. 자기들이 볼 때는 나, 나를 빨갱이로 보니까 빨갱이하고 예수님하고는 만날 필요가 없지. 자기들이 정답을 냈는데 그 정답은 정답이 아니지. 왜냐 하면은 내가 3심 재판을 받아봐야 빨갱이인지 아닌지 알지. 그런데 검찰에 조사를 나갈 때 인제 젊은 학생들하고 한 7-8)이 같이 차를 탔는데, 나는 보니까 빨간 줄로 전부 묶여있어요, 손 하고 이, 몸이. 학생들 보니 푸르더라고. 그래, 내가 "나는 와 색깔이 이래 빨가냐?"고 물으니까, 그래, 고개를 돌리면서 어, "보안법이라서 그렇습니다." 그래. 빨갱이라서 그렇다 이 말이라. 그래, 내가 크게 내가 고함을 질렀어요. "빨갱인지 아닌지는 하나님만이 아시지만은 하나님이 아니면은 검찰총장이, 검사가 알 거다, 조사를 해보면. 그러면 조사를 해보고 난 뒤에 빨갱인지 아닌지 내 몸에다가 푸른 걸 바르든지 빨간 걸 바르든지 하지 조사도 안 해보고, 판결도 안 해보고 빨갱이로, 당신 무슨 근거로 날 빨갱이로 정했느냐? 나 재판 못 받겠다." 그래가 내가 그, 버스 안에 의자 앞에 내 발로 내가 기대가지고 잠시, 잠시 데모를 했지. 그러니까 나가가 검찰에다가 인제 연락을 해봤어요. 보고 들어오더니마는 "딴 것은 다 푸른 밧줄로 하고 여기에 번호, 이 번호만 빨간 걸로 하겠다." 그래, 내가 그랬어. "아이고 뻘건 색깔하고 푸른 색깔 하면 조화가 된다."고. "좋다."고 "그래, 그래 가자."고 그랬어요. 그래가 저, 저, 검찰에 조사를 받고 다 했다고.

면담자: 그, 구속되실 때랑 또 조사받고 수감되셨을 때랑, 동료 의원들이나 또 동료분들이 많이 도움을 주시긴 했죠?

구술자: 국가보안법의 인제 그, 피의자가 되면은 면회가 첫째 없습니다, 가족 말고는. 그러고 협조라든지 이런 거 일체 없고 또 본인들이 자기들을 그, 신분을 보호해야 되니까 그, 보안법 피의자를 면회를 안 갑니다. 아주 자기 가까운 아주 집안이나 또 허가도 안 되고. 더구나 제일 고통스러운 거는 펜하고 종이를 안 주고, 책은 제가 요청을 하면 자기들이 보고 이 책은 괜찮다, 이거는 아니다, 오케이(okay) 카는 책은 들어오고. 그게 뭐 뭘, 무슨 일기를 쓸 수가 없어요, 아무 것도 못 쓰고. 그냥 비니루(vinyl) 종이하고 나무 작대기 하나 줍니다, 얇은 작대기를. 그, 비니루(vinyl) 위에 인제 글을 써보라든지 무슨 뭐.

(유성환 구술 https://mkoha.aks.ac.kr/IndexMain.do)

당시 같은 당 소속이었던 신순범의 유성환 통일국시 발언과 정부의 탄압에 대한 구체적인 증언을 들어보자. 이러한 상황은 당시 같은 당 소속 의원들은 거의 대동소이하게 기억을 하고 있다.

구술자: 어, 거성은 반공이 국시가 아니다, 통일이 국시다. 이거 해가지고, 공산당 빨갱이로 몰려가지고 국회에서 그걸 처, 별실에서 그, 체포동의안을 결의하는데, 별실에 있는데, 문이 안으로 잠겨 있어. 경찰이. 한 1,000여명이

와 갖고 스크럼을 짜갖고 막고 들어가는데. 벽에 불나면 뿌리는 소화기를 뜯어갖고 그거 빼가지고 그 경찰, 이렇게 막 뿌리는데, 결국 안에서 방망이를 쳐서 통과시켜요. 통과시키는데, 우면산 밑에 거기가 유성환 의원의 집이 있는데, 국회에서 그 난리가 나서 통과됐다 하니까 거기서 체포해갖고 바로 그냥, 그, 저, 교도소로 가는데. 그때 체포를 안 당할려고 인자, 거서 막고 경찰하고 싸우는 순간에, 그 순간에 수석, 내가 총무단이 그리로 달려요. 달리는데, 목숨을 걸죠, 뭐. 근데. 거기 가 갖고 결국 유성환 의원이 끌려나와 갖고 가는데, 내가 차가 옆으로 타는데, 그때 참, 그게 또, 3개 텔레비전 방송국이 달리는 차에 100키로 이상 달리는데 앞문으로 이렇게 빠져 나오더라구요, 저걸 메고. 안에서 누가 잡겠지마는. 옆으로 요래 메고. 저 달리는 차에 유성환이를 찍는 거예요. 거, 가다 뒤집히면 즉사하죠, 그냥. 그래 가지고 영등포교도소까지 내가 인자, 따라가 가지고 결국은 재판을 받는데, 그것을 그 대목을 누가 썼느냐, 라고 내가 그걸 물었는데 그것이 이재오 의원이야, 지금. 그분의 원고를 이재오 의원이 해줬어. 그래서 내가 이재오 의원이, 그러고 난 충분히 이해를 하죠. 이 역사적으로, 이재오 의원이 박근혜를, 대통령을 해서는 안 된다는 그 깊은 뜻이 나는, 그 이재오 의원에게서 들은 얘기가 있어. 자기가 그 아버님 박정희 대통령에게 그런 곤욕을, 자기한테 하고, 그 고생을 허고, 그 곤욕을 치르고 형무소를 갔다 오고 그랬는데, 그 딸을 손을 잡고 운동을 한다는 것은 자기 양심상 안 된다, 그래서 자기 고민이 거기 있었던 건데. 그 통일이 국시라고 하는 것을 그때 얘기해서.

면담자: 유성환 의원의 그 국회 발언의 원고가 이재오 의원이 썼던 거라는 게.

구술자: 그거를 이재오 의원이 정리를 해줬다라고 얘기를 들었어요.

면담자: 그리고, 그 사건은 참 중요한 사건이라고 저도 생각하는데, 유성환 의원이, 그니까, 뭐, 그, 북한하고 어떤 관계가 있어서가 아니고. 순수한 발언이었다, 우리도 통일을 해야 된다, 누군가 이 막을 찢어야 되요, 그 역사적

인 발언을 유성환 의원이 한 거지. 아, 나도 남북회담 대표까지 했고 그러니까, 반드시 통일은 해야 되요. 성경에 보면 땅 끝까지 전도하라는 말이 있는데, 나는 교회를 자주 안 나가지만은, 북한을 마지막 전도를 해야 되요, 우리 인류가. 즉 공산주의하고 민주주의하고 마지막 불이 안 꺼지고 있는 데가 우리나라거든요. 요것이 마지막 사상의 대결이 남북한에 지금 변질돼 가지고.

면담자: 그러면, 구속을 막지 못하신 거에 대해서 당시엔 굉장히 안타까우셨겠습니다.

구술자: 그렇죠. 전두환이 지시니까 그 당시에는 군사정권의 지시니까, 그, 막을 방법이, 그, 경찰 딱 해 갖고 소회의실을 완전히 저지하고 안에서 방망이를 치는데, 그걸 뚫으려고 하다가 안 되서, 지금 그, 가면 복도에 있어요, 소방호수 나오는데 그게 길더라구요. 한 30미터 될 거야. 확, 하고 경찰을, 그, 저 전경, 내가 인자 국회에서 에, 대학생 신분의 20대 청년들과 기동경찰경 신분의 20대 청년들이 국회, 학교 정문에서 서로 대치하고 있는 이 가슴 아픈 조국의 현실을 어떻게 풀어야 됩니까. 이런 발언을 했던 일이 있어요. 전부 대학생들이야. 막는 학생들도 거의 전경에 대학생들이고.

(신순범 구술 https://mkoha.aks.ac.kr/IndexMain.do)

당시 이른바 여당의 실력자 중의 한 사람이었던 최영철의 증언으로 당시 정부와 여당의 곤혹스러움을 짐작해 볼 수 있다. 유성환 의원의 발언 내용을 사전에 파악하고 검, 경의 예민한 반응에 발언수위를 완화하려고 대응했던 바와 발언 이후 체포동의안을 처리하는 과정의 곤란함을 술회하였고, 유성환 의원에 대한 인간적이 미안함도 표현하였다.

면담자: 그, 인제 계수조정소위에선 이미 다 통과를 했고 마지막 인제 그, 예결위에서 통과 절차만 남은 상태였다는 말씀이시죠?

구술자: 예. 그렇, 그렇지요. 형식적인 절차만 남았어요. 그런데 그때는 그것도 예산은 일종의 민생, 민생 사항이기 때문에 에, 강행 처리를 해도 별로 그렇게 국민들도 말이지 그, 못된 짓이라곤 안 본단 말이야. 그러니까 그때 그건 좀 가벼운 마음으로 했는데, 유성환(兪成煥) 씨의 경우는 말이지요, 나는 내가 국회의원 하면서 같은 동료 의원을 말이지 체포동의안에 의원들이 그, 무조건 하고 말이야 그, 찬성하는 거는 바람직스럽지 않다고 생각했습니다. 꼭 할라면은 회기 아닐 때 비회기 때에 하면 되지. 왜 회, 하필회, 회기 때에 체포를 할라고 체포동의안을 국회에 내놓느냐. 그래서 난 회기 내에는 올릴 수 있다 하는 그거를 없애는 한이 있더래도 그런 그, 저, 이, 회기가지고 장난치는 일은 없으면 좋겠다고 평소에 내 그렇게 생각을 하긴 했지마는 그, 의원의 구속에 대해서 체포영장이 나왔을 때에 체포영장에 동의하는 그거는 그냥 해주는 건 옳지 않다고 생각을 했어요. 실무자 때부터 그랬다고. 그때 그, 유성환 씨 관계로는 참 고민을 많이 했습니다, 개인적으로. 그래서 나는 될 수 있으면 말이지, 내 눈에 보여. 이거는 유성환 씨가 말이지 왜 무슨 문제가 돼서 그랬냐면 말이지요, 유성환 씨, 국회에서는 여당은요. 국회에서 발언을 하지 않으면은 국회 발언 원고를 미리 내주는 법이 없습니다. 국회에서의 발언은 면책특권이 있다 그래가지고 하는데 면책특권을 가지고 장난을 할 수가 없다 그래가지고 절대로 원고를 미리 안 내줘. 근데 야당은 야당이란 게 조직보다는 선전가지고 그, 당선되고 그러기 때문에 신문에 꼭 자기 이름이 나는 거, 실리는 걸 좋아하거든요. 그런데 어, 국회에서 발언을 해가지고 내는 거는 그날 한 사람만 하는 게 아니라 여러 사람이 하거든. 국회에 질문하거나 할 때에. 그러면은 자기가 조그맣게 난단 말이야. 그러니까 국회에서 발언하기 전에 미리 신문기자들한테 말이지 "내가 이러이런 앞으로 발언한다." 그러면서 원고를 보내줘요. 근데 그거는 국회에서 발언을 하지 않은 거 아니에요? 국회 발언이 아니라고. 그래 그게 면책특권에 해당이 안 돼요. 면책

특권이 되느냐 안 되느냐 가지고 법률 시비가 있습니다. 어떤 사람은 면책 특권이 거기에도 적용된다 하는 학자도 있고 안 된다는 학자 있고 그래요. 어떤 것이 맞는지는 모르지마는 그러나 면책특권이 없다고 하더래도 야당은 그, 원고를 미리 내놓는 경향이 있는데, 야당에서는 면책특권이 있다 이렇게 생각을 하고, 그거는 자의적으로 그리 생각한 거예요. 그래서 원고를 미리 내놔버리는 거야. 그 원고에 그때 당시의 정부로는 받아들일 수 없는 내용이 있단 말이야. 그게 뭐냐면은 그때까지만 해도 우리가 그, 반공 이데올로기(ideology) 논리에 아주 철저했거든. 그렇는데 대한민국의 국시는 말이지 어, 통일이지 반공이 아니다. 대한민국의 국시는 반공이 아니라 통일이 국시다. 그러기 때문에 통일을 위해서 말이야, 자주를 위해서 외국군 철수라든지, 자주권 주장을 주장하는 것은 그, 국시 위반이 아니다. 그래 이게 어떻게 국시 위반이냐? 그런 내용의 그, 원고를 내놨다 말이야. 그런데 아이, 뭐, 경찰 검찰에서 난리가 났어요. 이거 안 된다. 우리가 어떻게 해서 국시에, 그, 국시까지는 괜찮다 이거야. 그다음에, 쉽게 얘기하면은 반정부적인 것도 그, 용공이라 할 수 없다. 이런 투의 발언을 했어요. 에, 그런 거를 원고에 나왔다 말이야. 그래서 인제 밖에서부터 문제가 된 겁니다, 원내에서가 아니라. 그래가지고 이거는 분명히 반공법 위반이기 때문에 체포를 하겠다. 그렇게 정부에서 통고가 왔어요. 그래서 그거를 어떻게든지 잘 해결을 시켜야 되겠는데, 그래, 그때부터 인제 그, 그거를 만일에 체포동의안을 내가지고 구속시키는 방법밖에 없다. 그때는 그, 회기 중이니까. 정기국회 때입니다. 정부에서는 당장에 체포를 해야 되겠다는 거고. 그래서 나는 만일 그거를, 체포동의안을 내놓으면은 그거 누가 두들겨요? 아, 저, 편한 일도 잘 안 하실라고 그러는데. 그러면 그거 뭐, 내 몫이 될 게 틀림없는데. 그러기 때문에 이걸 어떻게든지 풀어야 되겠다. 그런 일이 안 일어나도록 하는 게 제일 좋은 방법이 아니겠나. 그래가지고 평소 때도 여야 간에 말이야 의견이 대립이 되면은 그, 원내총무들이 해결이 안 되면 말이지 내가 막 뛰어다녔어요. 부의장이 말이야. 뭐, 그때 저, 야당 당수를 비롯해서 우리 민정당은 노태우(盧泰愚) 씨고 그, 민주당은 이민우(李敏雨) 씨에요. 이민우 씨 그 양반도 내가 야당 취재할 때 그 양반 뭐, 아주 친하게 지낸 사이고 친해요. 또 국민당 당수가 이만섭(李萬燮)입니다. 그, 이만섭 씨는 나랑 동아일보에서 같이 근무를 했고 내가 그 양반 따라다니면서 내가 견습, 동아일보로 가가지고 처음으로 정치부에서 국회 나오면서 그 양반 따라다니면서 지낸, 아이구 참 저, 선배고. 그러니까 말은 하기가 좋다 말입니다. 그래서 저, 이만섭 총재, 이 총재 그냥 발에 땀나듯이 말이지 가서 상의를 하고, 원내총무들하고도 또 친해요. 김동영 씨 야당 저, 이, 원내총무가 김동영(金東英) 씨가 저, 이, 김영삼(金泳三) 대통령이 당 대변인 할 때 그때에 민정당 옛날 민정당 대변인 할 때 내가 민정당 출입기자여서 어, 김영삼 그, 대변인하고 아주 친했습니다. 그래 그때에 김영삼 대통령의 그, 수행비서야, 김동영 씨가. 그런데 내가 저, 나보다 한 살 밑이거든? 그러니깐 저, 한일회담 에, 그때 한일회담 반대하고 그럴 때에 그, 내가 야당 출입할 때에 김동영 씨가 우리 기자들 대변인실에 에, 김영삼 대변인의 수행비서니까, 난 출입기자 하고 그러니깐 둘이 뭐 자주 만난단 말이야. 그래, 한 살 차이니까 "어이, 우리 서로 벗하자." 그래가지고 그 사람이 국회의원 되기 전에 내가 신문기자 때 "야자"하고 지낸, 김동영 씨 하고는. 그 양반이 인제 그때 야당의 원내총무라. 그러니까 내 국회부의장이고. 그러니까 내가 인제 김동영(金東英)이를 찾아가서 말이지 "제발 좀 말이야 나 좀 살려 달라." 말이야. 우리 김동영 씨한테 내가 무슨 말을 못 해나. 김동영씨하고 아주 친했어요. 그래서 "나 좀 살려다오 말이야. 내가 말이야 이 악역을 내가, 내가 한다면 말이야 내가 해야 되는데 나 좀 살려 달라." 말이야. 그렇게 졸라대고. 국민당에 누가 또 원내총무냐면 김용채(金鎔采) 씨, 나중에 건설장관 뭐 잠깐 하다가 이상한 사건에 연루돼가지고 결국은 정계은퇴 했습니다마는 김용채가 그, 포철 출신이지요. 그 김용채 씨가 그, 원내총무야. 그 양반은 원래 공화당이야. 공화당이고 5·16 혁명 주체였다고요. 그러니께 그 양반하고 또 친해. 잘 알아. 신문기자 때부터. 그래, 그 양반한테 가서 졸르고. 그래 하여튼 뭔 일이만 터지면 말이지 원내총무들이 만날 자기들 입장만 성명을 하고 말이지 아무 것도 저기, 해결이 안 될라 그러면 내가 다니면서 말이지 만들어내고 만들어내고 그랬다고.

면담자: 그러면 그 당시에 인제 원내총무는 인제 교도, 교섭단체를 이끌면서 협상을 인제 하는 주체 아니겠습니까? 근데 인제 당삼(3)역 중에서 원내총무의 위상이 그렇게 높진 않았었습니다. 결국은 그, 이, 부의장님으로서 각 정당의 총재들을 만나서 최종 안 되는 부분들은 인제 총재들을 만나서 설득하고 또 이, 합의를 이끌어내셨다고 말씀하셨는데요. 당시에 그, 원내총무들의 그, 원내 의사결정이라든가 정책결정에 어떤 자율성과 결정 권한은 좀 어느 정도였다고 보십니까?

구술자: 그때까지는 그래도 좀 꽤 있었습니다. 저, 야당은 비교적 말이지요. 원내총무의 의견을 많이 들어주는 편이었습니다. 그러니까, 그러나 그, 이견이 서로 있으면 말이지 안 되니까. 그래 그, 꼭 두 분을 그렇게 졸라댔는데, 그것만 해도, 그래서 그렇게 사정하는 한편 그, 여당한테는 어, "지금 이렇게 돌렸지만 말이야. 그, 본회의 발언을 할 때 발언하면서 만일 그 부분을 삭제를 하고 안 할 경우에는 봐줄 수 있겠느냐, 그거를 그렇게 해가지고 어떻게든지 그, 피해서 가보자." 그렇게 했는데 처음에는 그거 안 된다고 그러다가 내가 하도 말이지 졸라대고 그랬더니 나중에 "꼭 말이지 원내에서 발언을 그렇게 하지 않으면은 에, 그냥 넘어가겠다." 그런 것까지 약속을 받아냈다고요. 그래가지고 내가 이, 김동영(金東英)이한테 또 뛰어갔지. "야 내가 우리 지금 민정당한테는 이런 약속까지 받아냈으니까 어떻게든지 말이야 유성환(兪成煥)이한테 니가 어, 설득을 시켜가지고 그, 원고에 나갔으니까 본회의에서 그것 좀 빼먹고 말이야 해도 되는 거 아니

냐. 그러면 말이지 괜찮지 않겠어? 그러니까 제발 좀 그, 어떻게 설득을 해 봐." 그랬더니 "알았어. 알았어." 그러더라고. 그래 난 잘 될 줄 알았어요. 될 줄 알았는데 아이구, 이거는 나중에 보니까 그거 소용없어. 그래가지고 나중에는 인자 민정당에서 말을 안 들어주네. "그것, 그거는 만일에 본회의장에서 발언을 하면 절대로 그건 용서 못 한다. 아니 당신이 하도 얘기하니까 말이지 외부에 누출한 말이지 원고는 그렇게 했더래도 본회의에서 발언을 안 하면은 뭐, 괜찮겠는데, 그렇게라도 하면은, 아이, 뭐, 저, 이, 정부에서 뭐라도 그러더라도 어떻게 해보겠는데 아니, 저, 그것도 안 해주고 이, 이것도 하고 또 하겠다 그러면 그거는 우리가 들어줄 수 없다." 아, 그런데 그거 뭐 완전히 의사당을 다 점령해가지고 말이지 뭐 들어갈 수 없어요. 저, 몽둥이를 들고 서 있는데 그 무슨 수로 되겠소. 그래, 회기는 다 그, 가까워지지. 어, 그래 인제 그때 원내총무가 저, 이, 우리 민정당 원내총무가 이한동(李漢東) 씨야. 나중에 국무총리 된. 이한동 씨가 총리인데 그, 이한동 씨가 와서 인제 졸라대는 거요. "저, 이, 경호권을 발동을 해가지고 말이지 그러지 않으면은 어떻게 이걸 해결하겠냐."고. 그래서 내가 "경호권 발동을 할라면 의장한테 허가를 받아야 되는데 내, 내 마음대로, 맘대로 못 하지 않냐." 그래서 국회의장한테 인제 전화를 했어. 랬, 했는데 어, 국회의장이 내내 앉아 있었어요, 저, 이, 그, 내가 뛰어다니면서 하면서 어느 정도로 진, 진행이 되어가는 것 같으니까. 그러더니 야, 야당도 그렇, 아, 여, 여당에선 그러지 않으면 안 된다 그러고 야당에서는 아무런 말이 없고. 나는 "그쪽에서 아무 말이 없어도 김동영(金東英)이한테 그렇게 얘기했으니까 김동영이가 얘기를 했을 거다, 유성환(兪成煥)이한테. 그러면 발언을 안 할 수도 있다. 그래, 발언을 안 하면은 말이지 좀 봐 달라." 그렇게 얘기했는데 그것도 못 봐주겠다야 지금 당장에. [웃음] 그래, 그렇게 됐는데 그래서 인제 내가 그, "좀 합의가 안 된다." 그랬더니 "아이고" 그래, 그, 그냥 이러면서 또 "들어, 들어가야지 안 되겠다."는 거예요.

그래, 들어갔어요. 그래서 뭐, 하다 하다 안 돼서 이젠 뭐, 이한동이 와서 졸라대지. 그래, 댁으로 말이지 전화해서 이, 얘기를 해서 받아야 될 거 아닙니까? 근데 그때에 들어가면서 "아이구 난 모르겠어요. 나는 그냥 들어갈 테니까 우리 부의장이 알아서 다, 위임할 테니 알아서 하라."고 그렇게 말을 했지마는 내가 말이야 딴 것도 아니고 의원체포동의안인데 그, 내, 내 맘대로 또 어? 했다가 무슨 봉변을 당할 지도 모르고. 그래, 일단 내가 의장한테 다시 또 얘기를 해봐야 되겠다. 의장한테 전화를 했더니 전화를 안 받아요. 그러고 비서가 "아이고 지금 뭐, 저, 이, 주무시, 부시, 주무시느라고 아무도 못 깨우게 하라 그랬다."고 전화를 받아주지를 않네. 근데 열두(12) 시는 다 넘어갈, 넘어가지 말이야. 근데 이한동이 막 뛰어 들어와요. 와서 "아 지금 경찰관들이 완전히 국회에 병력이 말이지 엄청나게 많은 병력이 말이야 들어와 점거, 점거하고 있다." 이거야. "경호권 발동하지 않으면 난 무슨 일이 일어날지 모르겠다." 그래, 경호권을 발동을 핸 겁니다. 이, 경호권 발동을 해가지고 그, 강행처리를 하는데 그게 발언을 그, 할 때에 나는 사실 안 할 줄 알았다고. 그런데 발언할 때 그 소릴 하네? 아이구 그래서 이거 큰일 났구나. 그렇게 발언, 발언을 하고 그러고 난, 그 인제 그거 발언을 했으니까 그때부터 정부에서도 그, 구속동의안을 내고 어쩌고 하다 보면 시간이 걸렸을 거 아닙니까? 그래가지고 인제 상정을 할라고 그러는데 그런 사태가 일어나가지고, 경호권 발동을 해가지고 그, 체포동의안을 받아들였지요. 받아들여가지고 그다음 날 바로 체, 체포가 됐습, 구금이 됐지요. 그래 어, 그런, 그런 일을 하면서도 나로서는 뭐, 개인적으로 또 유성환(兪成煥) 씨하고 참 아주 가까워요. 그런 처지인데 그, 우리 같은 동료를 그런다는 게 참 마음 아픈 일이고 그래서 참 기가 맥히더구만. 그래 에, 결국은 구속이 됐어. 그런데 저, 이, 그다음 날 국회 가서 뭐, 야당이 전부 다 출석 안 하지요. 출석 안 하는데, 김동영(金東英)이한테 전화해서 "야. 너 말이야 내 말을 왜 그렇게. 아, 그, 저이."

그러, 그러니깐 “야. 난 니가 말이야 부라삥[bluffing(속임수, 허풍)] 치는 줄 알았어.” 이게 뭐냐면 그냥 그렇게 발언을 해도 괜찮은데 말이지. 그런 거 아닐까? 괜찮하지 않을까? 이렇게 생각했다는 거예요. 그래 결국은 저, 구속 돼가지고 유성환 씨가 좀 고생 좀 했지요. 고생 하, 하고 그 양반이 인제 또 그.

면담자: 당시에 그, 정가의 초미의 관심사였는데요. 에, 청와대라든가 뭐, 정무팀 요런 쪽에서 별도의 연락이라든가 뭐, 이, 의중을 전달해 오거나 이런 건 없었습니까?

구술자: 직접은 없었어요. 직접은 없고 원내총무가 메쎈저(messenger) 역할을 했지. 그러니깐 어, 그러고 그게, 그게 어떻게 생각하면 저, 어디까지 공공연하, 공정, 공공연했고 그, 유성환(兪成煥) 씨가 그 뒤로 인제 국회의원도 나오, 나왔지 않았어요? 그래 내가 그, 사, 그, 사무실에 내가 찾아갔지. 찾아가서 “유 의원, 참 미안하다.” 그랬더니 “무슨 부의장님 내게 미안할 게 뭐 있소. 내 얘기 들어 다 잘 알고 있어요. 정말 고맙습니다.” 음? 자기로서는 만일 그때 발언 안 하면 정치적으로 자기가 죽는데 어? 처음부터 그, 원고에 안 넣었으면 모를까 말이지 그거 했, 했다가 발언을 안 하면은 그러고는 국민이 볼 때 말이지 자기를 뭐라 그러겠느냐. “차라리 체포 당하더래도 어, 그대로 이, 하는 것이 옳다고 판단해서 그런 거니까.”, “그러니까 그, 이상하게 생각하지 말자.”고 오히려 나를 위로해 주더구만. 그런 사건이 있었어요.

(최영철 구술 https://mkoha.aks.ac.kr/IndexMain.do)

1987년 직선제로 실시 된 대통령선거를 통해 당선된 노태우는 1988년 ‘7·7선언’을 발표한데 이어 1989년 9월 11일 정기국회 연설에서 ‘한민족공동체 통일방안’을 제안하였다. 이 방안에서는 자주·평화·민주의 3대 원칙을 대원칙으로 하고 ‘공존공영 → 남북연합 → 단일민족국가’라는 단계를 거쳐 통일을 하자는 3단계 통일방안을 제시하였다.

노태우 정부가 추진했던 북방정책과 궤를 같이하며 추진된 이 방안은 점진적 교류를 중시하는 기능주의적 통일방안으로 해석되며, 전두환 정부의 통일방안과 마찬가지로 궁극적으로 1국가 1체제를 지향 하지만, '남북연합'이라는 과도체제를 설정한 점에서 다소 진전된 내용을 담고 있다.

그 후 1990년 9월 4일 서울에서 제1차 남북고위급회담이 개최된 이래 1년 반 가량의 기간 동안 수차례의 회담을 거쳐 1991년 12월 13일 서울에서 열린 제5차 회담에서 '남북사이의 화해와 불가침 및 교류·협력에 관한 합의서'(기본합의서)에 합의하게 되었다. 이 과정에서 남과 북은 UN에 동시가입 함으로써 독립된 국가 자격으로 유엔국 회원이 되기도 했다.

이어서 1992년 2월 18~21일 평양에서 개최된 제6차 남북고위급회담에서 기본합의서에 양측 수석대표가 서명함으로써 남북기본합의서는 공식적으로 발효되었는데, 이를 위해 우리 정부는 핵포기정책 선언(1991년 11월 초), 남한배치 미군 핵무기 완전철수 선언(1991년 12월 중순), '팀스피리트' 한미합동군사훈련 중단 발표(1992년 1월 초) 등을 하는 전향적 모습을 보이기도 했다.

남북기본합의서는 남과 북이 서로의 존재를 어떻게 규정하는 지에 대하여 이전과는 완전히 다른 형국을 만들었고, 국제적 지위 또한 바꾸어 놓게 되었다.

이에 대해 김낙중은 독일의 사례와 비교하여 그 성격을 설명하였는데, "동서독 기본조약이 뭐냐? 동독과 서독이 서로 잡아먹지 않기다. 내정간섭 안한다. 그리고 서로 도와주자. 우리나라가 1991년서부터 1992년 사이에 채택한 남북기본합의서가 똑같이 서독의 동서독기본합의서하고 똑 틀을 받아서 만들어졌다구요. 그러니까 그렇게 해서 인제 동독을 관계된 상황을 하면서 서독에 오는 사람한텐 돈 좀 줘 보내라. 동독에서 돈 좀 써라. 국가에서 그렇게 장려했다고. 게 왔다갔다, 왔다갔다가 늘어졌죠. 늘어나니 20년을 그렇게 해요. 1970년부터 1990년까지. 20년 동안 그렇게 하니까 서독 사람이 동독 맘대로 왔다갔다 하고, 동독 사람이 서독 왔다갔다 하잖아요? 그러는 동안에 동독사람이 보니까 서독은 계급이 어딨어? 그냥 뭐 돈 없는 사람 국가에서 다 교육 다 시켜주고, 돈 없는 사람 사회보장, 의료보장 다 시켜주고 하는데 뭔 뭐이 있어. 그 노사 간에 같이 협의해서 같이 결정을 하는데 뭐 이 계급투쟁이야. 어? 공산주의 하라 그래도 할 건덕지가 없고. 그런데 비해서 동독사회에서는 오히려 관료주의가 행패를 해가지고 제대로 안되고 국민소득이 낮으니까, 서독에 왔다갔다 하는 양이 많아지니까 동독사람들의 민심이 돌아간 거야. 민심이 돌아가서 동독 사람들의 대부분이 거 따로 살 게 뭐있냐, 서독은 통일 말 꺼내지도 않았어. 근데 동독사람들이 뭐 따로 살 게 뭐있냐 같이 살자 그래가지고 말하자면 통일의 과정으로 가지요. 그런데 그거는 20년 동안에 서독에 비해서 국민소득이 3분지1 정도 밖에 안 되던 그렇게 가난하게 살던 동독이, 20년 동안에 2분의 1 수준으로 올라와. 어? 2분의 1 수준으로 올라오니까 얘기가 달라지는 거야. 서독, 동독 사람들의 민심이 아니다. 그러니까 동독사람들의 압도적 다수가 지지를 해서 말하자면 통일 과정으로 갔거든요?"(김낙중 구술 https://mkoha.aks.ac.kr/IndexMain.do)

라고 통일을 향한 과정으로 규정하며 긍정적으로 평가 하였다. 또한, 남북기본합의서는 큰 진보였다고 평가하면서, 이후 이행과정을 강조하였다. 김낙중은 남북기본합의서를 중심으로 향후 바람도 전했다.

구술자: 지금 80인데 내가 이대로 눈을 감을 수가 없어. 7.4공동성명서 나오고 남북기본합의서 채택이 되면서, (박수를 치며)아 이거다 바로 내가 주장한 것이 이거다. 그리고 6·15 공동선언이 나오는걸 보면서 그 6·15공동선언의 내용은, 김대중(金大中)이가 했든지 누가 했든지가 문제가 아니야, 그 내용은 199)년 남북기본합의서를 실천하기 위한 구체적인 방도야. 그리고 노무현(盧武鉉) 대통령이 한 10.4선언이라는 것도 남북기본합의서에서 어그러진 게 없어. 그러니까 난 이명박(李明博) 대통령도 남북기본합의서를 존

중하는 입장에 섰다면 6·15 공동선언, 10.4 선언에 대해서 아무런 거부감 없이 그대로 다 받아서 남북이 합의하에 점차적인 통일을 이루고 갈 것이 아니냐는 생각을 할 수밖에 없는데, 아이구 이건 뭐 전부 끊어져가지고 온통 난리나니까 아 이건 뭐. 그래서 무슨 생각을 하느냐면은, 왜 입춘대길(立春大吉) 써 붙이고 입춘에 물독 터진다, 집안에서 물독 터진다는 소리가 나와요. 바깥에 대기는 봄으로 오고 있는데, 아직 봄을 느끼지 못하는 집안에서는 물독이 터진다고. 그런 모양을 보믄서(보면서) "내가 죽기 전에 봄이 와야 되는데". 그게 무슨 말이냐면은 현재 한반도로 얘기하자면 한반도에는 외기는 봄을 안 올 수가 없는 상황에 가고 있어. 근데 집안에서는 아직도 옛날에 형성된 냉전시대의 대결의식 그게 남아 있어. 그래서 봄은 오고 있는데 물독이 터지는 현상 같애. 이대로는 내가 죽기가 억울하다. 그러니까 "하나님 봄이 오는 것을 보고 죽게 하시든지 만약 내가 뭐 1,2년 안에 어떻게 죽을는지 어쩔는지 모르지만" 좌우간 한다면, 나는 어떤 유언을 유서를 쓸판이냐 하면은 만약 내가 이런 상태에서 죽는다면, 유서에다가, 내 눈깔을 〔무릎을 치며〕빼서 저 남대문에 걸었다가 남북의 싸움질이 끝나거든, 그때 갖다가 묻어라 라고 하는 말을 하고 싶으다. 뭐 옛날 고서에 그런 얘기가 있잖아요. 자기 눈을 빼서 뭐 딴 데 걸었다 그 얘기를 유서에다가 쓰고 싶은 심정으로 지금 81세를 살고 있습니다.

(김낙중 구술 https://mkoha.aks.ac.kr/IndexMain.do)

1970년대 학생운동, 1980년대 이후로는 통일운동에 매진한 조성우의 경우에도 기본합의서의 배경과 내용에 대하여 긍정적인 평가를 하고 있다.

구술자: 실제 그, 포용정책의 출발은 노태우(盧泰愚)정부 때 시작되는 겁니다. 그, 노태우(盧泰愚)정부가 적이 아니라 그, 동반자다라는 얘기를 인제 시작하

고 그, 남북기본합의서가 내용이 아주 훌륭하죠. 오랜 분단기간을 이렇게 겪고 이렇게 내놓은 저, 참, 아주 훌륭한 결과물인데 내용이 아주 뛰어나죠. 그리고 박철언(朴哲彦) 씨도 보면 그, 아주 이렇게 단단한 자기 논리와 철학이 있더라구요. 북방정책을 실제로 그, 초기 인제 상임의장 중에 한 분인데 그때 인제 개별적으로 개인적으로 좀 자주 보고 뭐 이런저런 얘기들 할 때도 있고. 그걸 하기 위해서는 북한이나 민족문제에 대해서고, 고민이 없을 수 없었겠죠. 저는 그 점에서는 사실 상당히 평가합니다. 노태우(盧泰愚)대통령의 정치 치적으로 하여튼 남북관계에 포용정책에 큰 기초를 그때 마련해갖고 추진했고 아, 그 점에서는 평가를 합니다.

면담자: 근데 그 뒤에 인제 김영삼(金泳三)정부에서는 그만 못했다라고….

구술자: 아유, 훨씬 못했죠. 아, 그러니깐 초기 뭐 정상회담을 추진하고 하면서는 인제 거기서 또 진일보할 수, 충분히 할 수 있었는데 인제 김일성(金日成) 그, 사망을 기점으로 해서 대단한 후퇴를 하게 되죠. 네.

(조성우 구술 https://mkoha.aks.ac.kr/IndexMain.do)

2) 민간 통일 행보 확대

이렇게 정부차원에서는 공식적인 통일논의가 진전되는 것과는 별개로 야당과 재야진영에서는 다양한 입장의 독자적인 통일행보가 진행되었다. 통일 방안에 대해서는 야당에서는 김대중의 국가연합을 거치는 단계적 통일방안이 논의되었고, 재야진영에서는 1국가 2체제의 연방제 통일방안이 논의 되었다. 이는 2000년 6.15 남북회담에서 공식적으로 반영되기도 하였다.

1989년은 대한민국 인사들의 방북이 집중되었던 시기로 문익환 목사가 방북했고, 이어 1988년 방북했던 서경원 의원의 방북사실이 알려지게 되었다. 문익환 목사와 서경원 의원은 모두 구속되었으며, 특히 당시 제13대 국회의 현직 의원이었던 서경원의 방북은 정권에게 공안탄압의

빌미를 제공하여 야당에 심각한 피해를 초래하고 말았다. 이에 대해서 당사자인 서경원 의원의 구술[4]과 김원기 등의 구술은 당시의 실체적 상황을 보여주는 중요한 근거가 된다. 서경원 의원 스스로 본인의 방북사실을 공개하였고, 수사기관과 사전 접촉을 통해 불구속 수사를 약속받고 자진출두 형식으로 조사에 임했으나, 갑작스런 정부의 입장변화로 구속과 실형을 피할 수 없었고, 대대적인 공안탄압이 시작되었으며 평화민주당 총재인 김대중에 대한 정치공세도 이어졌다는 것이다.

한편, 1988년부터 학생운동진영에서는 이른바 '조국통일촉진투쟁'이라는 이름으로 통일운동이 급속하게 전개되기 시작하면서 남북학생교류 및 공동올림픽 개최를 주장했고, 1989년에는 북한에서 개최된 세계청년학생축전에 전국대학생대표자협의회의 대표로 임수경을 참가시켰고, 학생회 조직을 통해 다양한 통일지향 활동을 벌이는 한편 특별조직으로 '조국통일위원회'를 만들었다. 이러한 통일운동은 국내 뿐만 아니라 해외동포 및 북측 인사들과 교류하며 '조국통일범민족연합(범민련)' 및 '조국통일범민족청년학생연합(범청학련)'을 결성하기에 이른다.

그러나 야당과 재야의 통일지향 행보에 대하여 정부에서는 '창구단일화'논리를 고수하며 국가보안법등 실정법을 동원하여 철저하게 탄압으로 일관했기 때문에 민관의 통일논의는 평행선을 달리거나 충돌하는 극단적인 양상을 보였다.

문민정부를 내걸고 출범한 김영삼 정부는 1993년 7월 6일 평화통일정책자문회의 제6기 개회식 연설문에서 '3단계 통일방안'을 제시했는데, 민주적 절차의 존중, 공존공영의 정신, 민족 전체의 복리라는 3가지를

---

4) 특히 농민운동가 출신으로 함평을 지역구로 제13대 국회의원에 당선되었던 서경원의 경우 방북의 동기, 방북 경로와 조력자, 김일성 주석과 독대에서 나눈 대화 내용 및 에피소드, 통일운동을 위한 활동비 명목으로 달러화를 수령한 내용 등에 대하여 상세하게 구술하였다.

개념을 기초로 해서 '화해·협력의 단계 → 남북연합의 단계 → 1개 국가' 라는 3단계 통일을 이루자는 것이다. 이 방안은 한민족공동체통일방안과 크게 다르지 않으며 남북연합이라는 과도기를 거쳐 1민족 1국가 1체제의 완전통일을 지향한다는 내용을 담고 있다.

이와 함께 김영삼 정부에서는 한완상을 통일원 장관 및 부총리로 임명하면서 전향적인 대북정책을 추진하는 듯 보였고, 비전향 장기수였던 이인모 씨를 북한으로 송환하는 한편, 1994년에는 남북정상회담을 추진하기도 했다. 하지만 정상회담을 앞두고 북한의 김일성 주석이 돌연 사망하였는데, 대한민국 정부에서는 조문을 하지 않기로 결정한 것은 물론이고 조문의 필요성을 주장하는 인사들에 대해서 탄압을 하기도 했다.[5]

남북관계의 진전은 김대중 정부, 노무현 정부, 현 문재인 정부 시기에 있었던 남북정상회담을 통해 가시적인 성과를 낸 것은 분명하지만, 6.15 회담에서 통일방안에 대한 언급이 있었던 것 이후에는 통일의 원칙이나 방안의 문제보다는 남북화해, 경제협력 등의 구체적인 의제를 다루었다. 권위주의 정권 시절의 창구단일화 논의도 약화되어 정부가 남북관계를 주관하고 통제하지만 민간교류와 인도적 지원이 상대적으로 활발해 졌다. 또한 남북 모두 '민족화해협력범국민협의회'라는 민간 대화창구를 공식화 하는 성과도 있었다.

그런데, 정부에서 통일논의를 독점하면서 야당 정치인과 민간진영의 통일 논의를 금기시하던 권위주의 정권시절에는 야권과 재야진영에서 저마다 남북관계에 대한 입장을 견지하면서 정부의 통일정책에 대하여 분석과 행위를 보여왔으나, 민주화이후 남북관계의 진전이 가시화 되는 상황에서는 정치권의 특별한 인식과 행위가 나타나지 않고 있다.

---

5) 당시 야당인 민주당 소속 이부영 의원은 국회 대정부 질문을 통해 북한에 조문단을 보낼 의사를 타진 했는데, 여당의 강한 반발로 인해 논란이 일어 이른바 '조문파동'으로 비화되었다.

민주화시기 이전의 민간 통일논의는 정권에 대한 저항적 성격이 강한 편이었던 바, 탄압의 대상이었다. 민주화 이행과정에서 야당과 민간진영의 통일 논의와 행보가 표출되기 시작하면서 국민적 공감대도 넓어지고, 조직적 성과도 이룬 측면이 있다. 그러나 이러한 논의는 남북정상회담을 통해 남북관계가 진전되면서 심화되거나 발전되지 못한 양상을 보이고 있다.

4. 소결

대체로 대한민국 정부는 하나의 체제로 통일할 것을 기본입장으로 하고 있다. 이러한 큰 틀에서 일부에서 연방제 방안도 논의의 대상이 되고 있으나, 통일국가의 상에 대한 공론화가 본격적으로 이루어진 바는 없다. 정당정치분야에서도 간혹 1회적인 토론회 정도는 있었지만, 지속적이고 깊이 있는 통일국가의 상에 대한 논의는 이루어지지 않은 채 그때 그때 이슈에 대하여 입장별로 대립해 온 것이 사실이다. 이러한 결과 각 정부마다 나름의 방식으로 남북교류를 추진했지만, 그 성과를 축적하며 발전시키지 못했다.

통일방안의 핵심적 문제는 남과 북에 현존하는 체제를 어떻게 인정할 것인가에 대한 문제라고 볼 수 있는데, 북한이 주장하는 연방제 방안과 우리 정부의 방안 또한 입장을 달리한 채 평행선을 유지하고 있다.

그런데 지금까지 정당정치분야의 통일인식과 행위는 대체로 정부의 통일정책에 대한 찬반의사를 표현하는데 지나지 않았다고 볼 수 있다. 한반도의 분단을 극복하고 항구적인 평화체계를 이룩하고 남북의 자유로운 교류와 공존공영을 위한 방안을 근본적으로 접근하지는 못했다. 분단된 지 70년을 넘으면서 통일에 대한 국민적 인식도 달라진 것이 사실이다. 당위적인 통일론을 넘어서 공존, 공영을 위한 현실적인 대안이 필요한 시기이다. 남북관계 개선과 교류, 협력의 확대를 통해 실질적으로 통일논의를 활성화 시키고 통일국가의 상에 대한 구체적인 논의로 발전하려면 정치권의 심도 깊은 논의와 국민적 공감대 형성이 필요하다. 이를 위한 제 정당마다의 구체적인 입장 마련, 정당간의 논의 구조, 당정 논의구조 등이 활성화 되는 것이 필요하다.

제03장

구술자의 정서와 구술 내용의 상호관계

김 택 호

1. 구술면담 과정과 구술자의 정서

구술은 기본적으로 대화이다. 이 장에서는 구술이라는 의사소통 과정을 통해서 확인할 수 있는 구술자의 고백과 주장을 살펴본다. 이는 구술의 핵심 내용인 구술자의 고백과 주장의 중요 맥락 중 하나인 구술자의 정서를 이해하려는 데에 목적이 있다. 이를 위해서 구술이 의사소통 과정이라는 점에 주목한다.

구술은 면담자(interviewer)와 구술자(interviewee)가 대화하는 상황이다. 면담자는 구술자에 관한 정보를 폭넓게 수집한 후, 구술을 요청한다. 구술자는 면담자의 제안을 수용한 사람이며, 발언 의지가 있는 인물이다. 구술이 시작되면 면담자는 질문자라는 역할에 충실하면서 대화에 참여하고, 구술자는 거의 방해 없이 질문에 대해 대답할 수 있다. 그러나 실제 구술에서는 이러한 역할 구분이 다소 복잡한 상황을 동반하여 정해지고, 대화의 국면에 따라 역할이 뒤바뀌기도 한다. 구술 상황을 잘게 분절해 보면, 질문자와 답변자의 역할이 뒤바뀌기도 하고, 면담자와 구술자 모두 상대방보다는 언젠가 이 구술 상황을 열람하게 될 미지의 열람자를 의식하는 태도를 보이기도 한다. 그런 점에서 구술자료를 살펴보는 데에, 개별 상황과 무관하게 정의된 면담자와 구술자라는 역할 구분보다는 화자(narrater)와 청자(narratee)라는 개념을 염두에 두는 것이 더 유용할 것이다. 이런 관점을 유지한다면 국면에 따라 전환되는 역동성에 주목하여 구술자료를 분석할 수 있다.

정치 엘리트 대상 구술에서 구술자와 면담자의 접촉은 경험과 이론의 만남이자, 세대 간의 만남이기도 하다. 이는 양측 모두에게 긴장감을 조성하기도 하는데, 구술된 내용이 대중에게 공개된다는 사실이 전제될 경우, 이 긴장감은 더욱 강화된다. 이럴 경우, 구술자는 단지 눈앞의 면담자에게만 메시지를 전달하는 것이 아니다. 자신의 발언을 보게 될 미지의 누군가 역시 구술자의 마음속에서는 고려될 수밖에 없는 것이다.

내포독자라는 개념이 있다. 작가가 자신의 작품에 구성해 놓은 장치들을 독서를 통해 효과적으로 이해하고 수용할 수 있는 가상의 독자를 의미하는 용어이다.[1] 물론 이 개념을 구술자료 분석에 그대로 활용하기는 어렵다. 다만 작가가 내포독자를 상정하고 작품을 쓰듯이, 구술자의 마음속에도 내포청자가 존재할 수 있다는 것은 무리 없는 추측이다. 구술자의 마음에 있는 내포청자를 추측할 수 있다면, 구술 내용과 구술자

1) 내포독자 개념은 볼프강 이저(Wolfgang Iser)가 제시한 개념이다. 수용미학, 혹은 독자반응비평이라고 불리는 문학연구방법론에 강력하게 영향을 준 개념이기도 하다. 이저는 "작품은 독자의 독서행위를 통해서 완성된다."는 견해를 제시하고 있다. 그는 작가가 창작해 놓은 인쇄물인 창작작품을 '텍스트'라 부르고 이것을 독자가 읽고 이해하여 그의 머릿속에 존재하게 된 인식을 '작품(works)'이라고 한다. 이 견해에 따르면 문학작품은 작가에 의해서 생산된 예술적인 것과 독자에 의해서 이루어지는 심미적인 것이라는 양극을 지니고 있는 셈이다. 따라서 독자를 통해 탄생한 작품은 작가의 생산물인 텍스트 그이상의 것으로 곧 텍스트가 독자의 의식 속에서 재정비되어 다시 구성된 것이다. 그렇다면 한 작가의 한편의 문학텍스트는 수많은 독자수용자에 의해서 상이한 여러 작품들로 탄생하게 되는 것이다.(차봉희 편저, 『수용미학』, 문학과지성사, 1985, 18면.)

의 내면을 추측할 수도 있을 것이다. 이는 면담자에게도 마찬가지로 적용될 수 있다.

작가가 독자를 고려한다는 것은 실체를 증명하기 쉽지 않다. 일테면 검열당국의 눈을 고려한다든가, 특정 이해당자자를 고려하는 행위를 구체적으로 생각하고, 내용을 통해 확인할 수는 있으나, 내포독자라는 특정한 존재가 작품의 담화에 영향을 준다거나, 이야기에 영향을 준다는 점을 거론하기에는 어려운 점이 많다. 그러나 구술은 그렇지 않다. 상당한 분석력과 판단력을 지닌 면담자는 구술자가 담화를 구성하는 데에 중요한 고려사항이 될 수밖에 없기 때문이다. 이 둘 간의 관계를 분석하는 것은 구술자료의 중요한 분석 포인트가 될 수 있다. 여기에 정치 엘리트 구술이 민중구술과 비교하여 볼 때 대화성이 보다 강화된 구술이라는 점이 고려되어야 할 필요가 있다. 정치 엘리트 대상 생애사 구술은 전문지식을 지닌 면담자와 자기표현 욕구를 지닌 구술자 간 대화이기 때문이다. 이는 이론과 사례를 학습한 전문가와 일반적이지 않은 경험의 소유자 간의 대화이다.

구술은 인지언어학계에서 규정한 대화 분류에 따르면 제도담화(institutional talk)에 속한다.[2] 의사-환자 간 대화, 뉴스 앵커-초대 손님

2) 대화분석(Conversation Analysis) 분야에서는 1960-70년대 연구 초창기에는 일상대화를 중심으로 연구가 진행되어 왔었고, 1970년대 이후에는 제도적 환경(institutional settings)에서 발생하는 다양한 제도담화까지 연구의 범위를 확대하였다. 제도담화에서는 참여자의 공식이고 형식적인 의무와 역할 등이 지정되어 있다. 대표적인 예로 들 수 있는 제도담화는 법정대화, 교실에서의 대화, 뉴스 인터뷰 대화 등이다.(유여란, 「인터뷰 대화에서 나타나는 관계범주 조정에 기반을 둔 칭찬전략 연구」, 『담화와 인지』 25(2), 담화인지언어학회, 2018.5, 참조.) 최근 대화분석(conversation analysis) 분야에서는, 화자들이 상호자용에 참여하면서 서로간의 지식권리를 어떻게 교섭하고 조율해 나가는지를 미시적으로 조명하고자 하는 지식권리 운영원리(epistemics) 연구에 대한 관심이 커지고 있다. 대표적인 대화분석 학자인 UCLA 사회학과의 John Heritage 교수를 중심으로 2000년대 중반부터

간 인터뷰, 교사-학생 간의 면담 등 일정하게 규정된 역할과 형식에 지배를 받는 대화인 제도담화에서는 대화 참여자 간의 지식과 경험의 차이가 두드러질 수밖에 없는 비대칭성(epistemological asymmetry)이 나타난다.[3] 이는 대부분의 제도담화가 궁금한 사람이 묻고, 이에 대한 정보와 경험을 지닌 사람이 답하는 방식으로 이루어지기 때문에 발생하는 현상이다. 그러므로 최종적으로 질문자와 답변자가 동등한 정보와 지식을 공유하게 된다면 완벽하게 성공한 대화라고 평가할 수 있을 것이다.

이 장에서는 3선 국회의원 출신으로 대통령비서실 정무수석비서관, 대통령비서실장, 집권당 대표 등을 역임했던 김중권[4] 전 의원과 정치학

최근에 이르기까지, 지식접근성(epistemic access), 지식우월성(epistemic primacy), 지식책임(epistemic responsibility) 등과 같은 개념에 주목하면서 대화를 분석하려는 시도가 활발히 이루어져 오고 있다. 그런데 이와 같은 대화분석 연구 상당수는 제도담화(institutional talk) 연구에 그 토대를 두고 있다.(김규현, 「대화분석 분야의 연구동향: 언어, 사회적 행위, 지식권리의 운영, 그리고 도덕성」, 『담화와 인지』 21(3), 담화인지언어학회, 2014.12, 참조.)

3) 김규현, 위 논문, 311-312면.

4) 1939년 경북 울진에서 출생한 김중권은 1962년에 고려대 법대를 졸업한 뒤 고등고시 사법과에 합격하여 서울고등법원 판사로 재임 중이던 1981년 민정당에 입당하여 11,12, 13대 국회의원에 당선된 인물이다. 노태우 정부에서 청와대 정무수석을 역임했다. 김영삼 정부 당시 집권당이었던 민자당에서 제명된 그는 1997년 제15대 대선에서 김대중 후보를 돕는다. 이후 김대중 정부의 초대 대통령비서실장과 새천년민주당 대표최고위원에 임명되었다. 김대중 전 대통령의 신임을 바탕으로 영남후보론을 내세우며 새천년민주당 대통령 후보 경선에 출마하나 지역 기반이 비슷한 노무현 후보에게 밀려 경선 과정에서 사퇴한다. 2003년 말 다수의 당내 의원들이 열린우리당의 창당에 참여하며 분당 사태가 발생하였는데, 김중권은 새천년민주당을 탈당하고 제17대 총선에 무소속으로 출마하였으나 낙선하였다. 이후 제18대 총선에서도 무소속으로, 제19대 총선에도 무소속으로 출마하였으나 연달아 낙선하자 정계를 은퇴하였다. 김중권에 대한 구술은 2012년 10월 22일과 11월 14일 이틀에 걸쳐 총 7시간 30분 간 진행되었다. 정치학자인 조영재 명지대 국제한

자 조영재 박사[5] 간의 구술대화를 살펴보려고 한다. 이를 통해서 확인해 보고자 하는 점은 다음과 같다.

첫째, 활동 영역, 정치 행위를 바라보는 관점, 세대, 이념, 관련 분야에 대한 정보량 등에서 각기 분명한 차이를 지니고 있는 구술자와 면담자의 정보격차가 드러나는 지점을 찾아보려고 한다. 구술자는 자신이 지닌 정보를 면담자에게 전달하려고 한다. 면담자 역시 같은 목표로 구술면담에 임하고 있다. 이 두 사람의 공동목표를 가능하게 하는 중요한 도구는 질문이다. 구술 질문은 애초 시나리오처럼 구술자에게 전달되었고, 면담자 역시 질문지 내용을 충실하게 따르면서 인터뷰를 진행한다. 그러나 실제 대화는 질문지의 범위를 벗어나거나, 어떤 질문은 생략하면서 진행된다. 이런 현상 역시 정보격차로 인해 발생하는 일이다. 이 문제는 단지 구술자와 면담자 간의 문제만은 아니다. 구술면담은 궁극적으로 정보를 기록으로 남기는 작업이다. 면담자가 구술자와의 정보격차를 좁히면 좁힐수록, 이후 그 기록의 열람자들은 보다 충실한 기록을 접할 가능성이 높아질 것이라는 점을 전제로 이 문제를 살펴볼 것이다. 이를 통해서 구술자의 자기해명방식, 성찰을 통한 자기객관화 노력 등 구술자의 태도와 정서 일단을 확인하려는 것이다.

둘째, 면담자가 구술자와의 정보격차를 줄이려는 노력은 인터뷰 현장에서만 발생하는 것이 아니다. 앞서 언급한 질문지를 작성하는 주체는 면담자이다. 질문지는 인터뷰 이전에 면담자가 구술자와의 정보격차를

국학연구소 연구교수가 면담했으며, 촬영자 외에 배석자는 없이 진행되었다. 출생으로부터 성장과정, 학업과정, 군법무관 시기를 포함한 판사시절의 활동, 11대부터 13대까지의 의정활동, 노태우 정부 대통령비서실 정무수석비서관 활동, 김대중 정부 대통령 비서실장과 집권 여당 당 대표 활동과 2001년 당 대통령후보 경선 참여과정까지 그의 생애사 거의 전체에 대한 구술이 진행되었다.

5) 명지대학교 국제한국학연구소 연구교수

최대한 줄이려고 노력한 결과물이다. 결과적으로 정보격차가 줄어든 질문지가 작성될수록 구술자는 면담자에 대한 신뢰도가 상승할 뿐만 아니라, 인터뷰에 대한 긴장도를 높이고, 허언을 절제할 가능성이 높아질 것이다. 이 문제 역시 엘리트 대상 구술에서 나타나는 특성이라고 할 것이다. 이 문제를 앞서 언급한 내포화자와 내포청자 개념을 중심으로 살펴보려고 한다. 이를 통해서 구술자가 이해하고 있는 대화상대에 대한 태도와 정서를 추측하려는 것이다.

셋째, 그밖에 남는 문제들을 살펴볼 것이다. 구술자의 정보제공방식과 양상, 구술자와 면담자 간 대화과정에서 드러나는 특징 등을 통해 분석대상이 된 구술면담이 열람자에게 전달하는 정보의 성격을 살펴보고자 한다.

2. 정보격차 해소과정에서 나타나는 구술자의 정서

1) 정보격차가 작은 경우: 노태우 정부의 중립내각 구성배경에 대한 구술

구술면담이 진행되기 전에 면담자가 구술자 김중권에 대한 정보를 얼마나 가지고 있었는지 확인하기 위해 필자는 면담자와 간략한 면담을 진행했고, 그가 면담 직전까지 작성하여 구술자에게 보낸 질문지를 분석했다. 면담자는 김중권을 구술 대상자로 선정한 이유를 다음과 같이 설명했다.

① 정당정치 엘리트의 중요 충원 통로인 법조계 출신 중량급 정치인의 구술이 필요했다.

② 김중권은 법조계 출신 정치인 중 눈에 띄게 풍부한 정치 경험을 지

닌 인물이다.

③ 판사 재직 시 중요 판결을 남기는 등 법조인으로서도 경력이 건실한 전문인 출신이었다.

④ 노태우 정부 당시 대통령비서실 정무수석비서관으로 활동하면서 청와대 권력과 정당정치를 매개하는 중요 역할을 수행했다. 그 과정에서 통치자금을 중요 야당 주자였던 김대중 당시 대선후보에게 전달하는 등 이례적인 상황을 경험한 인물이다.

⑤ 민주화 과정에서 발생한 정당 엘리트 변화에서 진영이동을 한 인물이다. 보수진영에서 중도진영으로의 정치진영 이동 후 대통령비서실장을 지내고, 집권 중도정당에서 당 대표, 대통령후보경선 참여 등 중요역할을 했다.

⑥ 이념진영뿐만 아니라, 지역기반이 상이한 정치진영으로의 이동 후, 지역갈등 완화를 모색하는 정치활동의 매개로 역할을 했던 정치인이다. 이 문제는 당시 한국사회에서는 매우 중요한 정치적 이슈였다. 김중권은 정책보다 인물을 통해 지역주의를 돌파하려는 당시 정치적 현상의 중심인물이었다.

면담자가 밝힌 구술자 선정 이유는 김중권 개인보다는 정치사적인 문제의식과 관심사가 반영된 것이다. 이렇게 구술자 선정이 이루어진 이후에는 구술자 김중권에 대한 관심으로 이동할 수밖에 없었을 텐데, 질문지 작성 당시 면담자가 김중권에 대해 알고 있었던 정보를 질문지를 통해 분석해 보면 다음과 같다.

① 1939년 11월 경북 울진 출생 / ② 설립된 지 얼마 되지 않은 후포고등학교 졸업 / ③ 1959년 고려대 법대 진학 / ④ 법무관으로 법관생활 시작 / ⑤1980년 11대 총선을 통해 정계 입문 / ⑥ 11대 국회 건설위, 법사위, 문광위에서 활동 / ⑦ 당내 윤

리위원회 소속 활동 / ⑧ 12대 총선 당시 안교덕 전국구 의원과 공천경쟁을 벌였음 / ⑨ 12대 총선 당시 국민당 오준식 후보와 갈등이 있었음 / ⑩ 12대 국회 내무위 간사 역할 수행 / ⑪ 1987년 1월 3일 전두환 대통령과 단독 조찬 / ⑫ 1987년 민정당 직업공무원제도발전특별위원회 위원장 / ⑬ 1988년 13대 총선 선거법협상 민정당 대표 / ⑭ 13대 총선에서 과반수를 넘는 지지 확보 / ⑮ 13대 국회 민정당 사무차장 / ⑯ 13대 국회 법사위원장 / ⑰ 14대 총선 낙선(울진원자력발전소 및 핵폐기물처리장 문제가 결정적이었다는 평) / ⑱ 대통령비서실 정무수석비서관 / ⑲ 5년여 간 대학교수 생활 / ⑳ 1987년 대선과정에서 정치현장에 복귀 / ㉑ 김대중 당선자 시절부터 비서실장 역할 / ㉒ 1년 10개월 동안 비서실장을 마친 후 새천년 민주당 창당 작업에 합류 / ㉓ 16대 총선 출마(19표 차이로 낙선) / ㉔ 낙선에도 불구하고 4개월 만에 새천년 민주당 최고위원으로 선출 / ㉕ 2001년 11월 대권후보 경선 참여

(김중권 구술 https://mkoha.aks.ac.kr/IndexMain.do)

예비질문지를 통해서 김중권에 대한 약 25개 정도의 중요 이력 정보를 면담자가 가지고 있었다는 점을 알 수 있다. 물론 이것이 다는 아니다. 대학시절에 대한 질문 중에 포함되어 있는 “의원님께서는 당시 고시 공부보다 법과 종교에 관한 철학적 질문에 몰두하셨던 듯합니다. 중심적인 화두나 질문은 무엇이었습니까?”라든가, “당시 함께 수학했던 분들 중에서 이후 사회적·정치적 교분을 이어오신 분들이 있습니까?—청심회(靑心會)[6] 등”과 같은 질문은 공적인 활동에 대한 질문은 아니지만, 구

6) 청심회는 구술자의 고려대 법대 동기 8명과 함께 만든 친목조직이다. 청심회 회원들은 구술자가 11대 국회의원으로 정계에 진출할 때부터 오랫동안 물심양면으로 구술자들을 도왔다고 한다. 잘 알려진 모임은 아니지만, 2002년 구술자가 민주당 대선후보 경선에 출마할 당시 언론에 소개된 바 있다. 면담자는 구술자에게 청심회에 대한 질문을 했는데, 이에 대해 구술자는 다음과 같이 답변했다. “청심회라고 하는 분들은 저희가 대학에 다니면서 호연지기

술에 구체성을 더하고, 구술자에 대한 면담자의 집중도를 보여줄 수 있는 내용이라고 할 수 있다.[7] 그러나 실제 예비질문지 구성에 김중권 개인에 대한 정보가 뼈대 역할을 했다고 볼 수는 없다. 이 정보들은 취득이 어렵지도 않은 것들이고, 면담자가 실제로 묻고 싶은 질문에 맥락과 구체성을 제공하는 내용에 가깝다. 노태우 대통령 재임기 대통령비서실 정무수석비서관을 지냈다는 개인 정보와 관련된 다음 질문들을 보자.

① 김영삼 후보 선출 이후에도 당·청관계가 순탄치 않았습니다. 결국 노태우 대통령이 탈당을 하고, 중립내각을 구성하였습니다. 의원님께서는 정무수석으로서 어떤 역할을 수행하셨습니까?

② 당시 김영삼 후보 측에서 여러 경로를 통해 대선자금을 요청했던 것으로 보입니다. 또 이 시기에 소위 김대중 후보에게 격려금을 전달했던 데 대해 훗날 '20억+@'설이 대두되기도 했습니다. 이들에 대한 설명을 부탁드립니다.

①의 질문에는 김영삼 후보 선출 이후 집권 민자당의 당내상황에 대한 정보, 청와대와 김영삼 후보와의 관계, 이에 대한 노태우 대통령의 행보, 정무수석비서관의 역할과 직무 범위, 당시 대통령비서실의 상황 등에 대한 정보가 면담자에게 있음을 보여주고 있다. ②의 질문도 마찬

서로 마음을 터놓고 말할 수도 있고, 이렇게 하는 그런 친구들. 영역별로는 어딜 가고 이런 걸 떠나서, 젊은 대학생으로서 서로 마음이 통하는 사람끼리 한번 청심회를 조직했어요. 대학시절에 해서 그게 지속적으로 되었죠. 해가 지고 여러 분야로 많이 이렇게 산재가 되니까 서로 간에 협력하면서 많은 도움이 된 것 같습니다."

7) 1차 면담의 면담일지를 보면, 구술자가 질문지에 대해 만족감을 표시했다는 것이 특이사항에 기록되어 있다. 이로 미루어볼 때, 구술자는 질문지를 살펴봤으며, 면담자에 대한 신뢰를 어느 정도 지닌 상태에서 면담에 임했으리라 추측할 수 있다.

가지이다. 이 질문이 작성되기 위해서는 다양한 당시 상황에 대한 기반 정보와 이해가 필요하다. 여기에 질문지를 작성한 인물이 중견 정치학자라는 점은 구술자가 이 질문지를 통해 얻을 수 있는 정보에 일정한 한계를 설정할 수도 있다. 일테면 '당시 한국의 정치상황에 대한 면담자의 사적 평가는 어떨까?', '정당정치와 대통령제에서의 정치활동에 대한 가치 판단은 어떨까?' 등의 궁금증을 지닐 수도 있을 것이다. 아무튼 이 두 사람 간의 대화는 의사-환자, 교사-학생의 대화 등과는 달리 정보의 비대칭성이 약하거나, 경험과 이론이라는 서로 다른 영역에서 상반되는 정보비대칭이 이루어지고 있는 상황으로 볼 수 있다. 이때 구술자의 태도는 어떨까? ①의 질문이 실제 대답으로 연결되는 상황을 직접 확인해 보자.

면담자: 김영삼 후보가 후보로 선출되고 난 이후에도 당·청관계가 순탄치 않았습니다. 결국은 노태우 대통령이 탈당을 하고 중립내각을 구성하게 되는데요. 의원님께서 정무수석으로서 그 과정에서 적지 않은 역할을 하셨던 걸로 알려져 있습니다. 구체적인 내용들에 대해서 설명을 부탁드리겠습니다.

구술자: 네, 이거 참 중요한 대목인데요. 물러갈 세력과 새로 등장하는 세력의 갈등입니다. 저 책에도 좀 언급한 일이 있습니다마는 대통령 후보로 확정이 되고나서 김영삼 대통령후보가 청와대 주례회동을 합니다. 매주 한 번씩 와서 회동을 합니다. …(중략)… 김영삼 대통령 후보가 어느 사이에 청와대와 차별화 정책을 쓰더라구요. 그러니까 노태우 대통령의 정책 일반에 대해서 건건사사 비판하고, 제 느낌에는 청와대와 차별화 정책을 통해서 어떤 국민들한테 다가드는, 국민들 지지를 받으려고 하는, 이제 노태우 대통령은 이제 물러가는 대통령이잖아요? 차별화를 의식적으로 하더라구요. 근데 그것이 청와대를 많이 자극을 했죠. 그게 대통령을 자극을 했죠. …(중략)… 이런 일이 있었습니다. 그래서 한 번 그 이동통신문제 SK, 이

동통신문제가 있었는데 그땐 몇 개, 그 쪽에서 서로 경합을 했죠. 정통부에서 그걸 심사를 하면서 점수로 이제 매기지 않겠습니까? 매기는데 SK가 단연 여러 부문에서 점수를 높게 받았나 봐요. 그래서 SK로 이동통신이 결정이 되는 것입니다. 근데 아시다시피 SK는 최종현 회장이 노태우 대통령과 사돈지간이에요. 사돈지간이기 때문에 또 이런 것에 대해서 언론, 일부 언론을 통해서 이제 모든 국민들이 어떤 이 공정력 시비가 자꾸만 제기되고 있었습니다. 그때 제 판단에는 선거를 치르려고 하는 당의 입장에서는 '총재인 대통령이 자기 사돈한테 이동통신을 준다하는 것은 득표에 도움이 안 된다.' 이렇게 판단한 것 같아요. 그러니까 당 쪽에서 계속 볼멘소리가 나오기 시작하는 것입니다. 그래서 어느 날 대통령이 주례회동에서 김영삼 후보와 대화를 하면서 이동통신 결정에 대해서 아마 충분한 설명을 했어, 했을 겁니다. 하신다 그러더라구요. 회동하실 때, 저는 옆방에 있었으니까요. 나중에 끝나고 나서 정무수석인 저를 부르시더라구요. 그 제가 그 방에 들어갔더니 두 분이 아주 분위기가 아주 좋으시더라구요. 그 이동통신 문제에 대해서는 충분한 납득이 간 거예요. 대통령이 그래 판단을 한 것이죠.

면담자: 그 당시 현장 분위기는요.

구술자: 그럼요. 그래서 내가 청와대 내려와서 홍보관에 가서 기자들한테도 이동통신문제 충분히 후보에게 설명했고 충분히 납득했다하는 식으로 브리핑을 해줍니다.

면담자: 예, 공감대가 형성됐다.

구술자: 그럼요. 그런데 이런 일이 있기 전에 김영삼 대통령 후보가 제가 정무수석이니까 자주 만나게 되죠. 어느 날 저보고 그래요. 김영삼 대통령 후보가 "이동통신 절대 그쪽가면 안된다고 SK 가면 안 된다고 이게 국민의 민심을 자극하게 되는 거"라고 아주 걱정을 많이 하시더라구요. 이제 그런 상황 밑에서 대통령을 만난 거죠. 그런데 생각 밖으로 저를 만난 자리에서

는 충분한 대화가 되었는지 저한테 그 설명을 해주시더라구요. 그래 제가 발표를 한 거예요.

면담자: 이제 대통령께서 말씀을 해주신 겁니까? 아니면 그때….

구술자: 대통령께서 주로 말씀하시고 김영삼 의원이 옆에서 듣고 같이 웃으시면서 아주 좋은 분위기죠.

면담자: 이의를 제기하시거나 이러지 않구요?

구술자: ⓐ전혀 없죠. 그래 발표를 한다고, 제가 발표를 했다니까요.

면담자: 동의를 얻구요?

구술자: 예, 그럼요. 제가 내일 발표한다고 했다구요. 그런데 그 다음날입니다. 그 다음날인데, 강릉에 지구당 위원장 선출인가 하는 그런 지구당 대회가 있었어요. 대회가 있었는데 최돈웅 의원이라고 있었습니다. 그 분이 아마 지구당 대회를 하는데 당 대표최고위원이 축사를 하러 가시게 되어 있었나 봐요. …(중략)… 그래서 김영삼 대통령 후보가 자기 자동차로 가시게 된 거예요. 강릉으로 가시는 동안에 라디오를 틀었는지 라디오에서 이 SK 그 쪽으로 결정된 것에 대해서 굉장히 비판적인 얘기를 많이 했나 봐요. 논평에서. 그래 거기 가서요. 축사시간에 그냥 난타를 한 거예요. "이건 적절치 않은 그런 조치"라고, ⓑ청와대가 발칵 뒤집혀 졌습니다.

면담자: ⓒ사전에 조율은 없었습니까?

구술자: ⓓ아무 조율도 없었죠. 방송에 막 터져 나오는 거죠. 방송이 막 터져 나오면서 청와대가 아예 긴장하기 시작한 것이죠. 청와대에서는 진짜 심한 표현 같으면 난리가 난 것이죠. 이럴 수가 있느냐는 것이죠. 어? 그래 두 분이 말이야 그렇게 정답게 얘기를 하고 설명을 했고 또 나를 불러서 브리핑하기까지 했고 하는데, 그 다음날 느닷없이 SK 결정은 적절치 않다는 이런 멘트를 시작하니까 청와대가 놀랄 수밖에 없는 것이죠. 그때 여튼 시끄러웠습니다. ⓔ설명 다 할 수는 없지만 그래서 이제 불신의 폭이 깊어지는 것이죠.

면담자: ⓕ그런 것들 계속 쌓여 나가는 과정이 있었다는 말씀이시죠?

구술자: 예, 그러니까 차별화 정책을 계속 하죠. 또 이게 당면한 문제 SK 이 문제에 대해서 저렇게 비판적인 목소리를, 합의했던 것을 그냥 하루아침에 뒤집어 버리죠. 이렇게 되니까 청와대가 이제 아연 긴장하기 시작했고 그래서 이제 청와대에서 수석회의를 비롯한 이 고위회의, 회담에서 대통령이 다음 선거에는 이제 불편부당하게 선거를 중립적으로 집행하는 입장에서 보자. …(중략)… 그래서 이번에는 이 집권여당 총재가 이젠 공정한 이 선거를 중립적인 입장에서 이제 당정을 정리하자. 하고 결정이 된 거죠. 저도 강력히 주장을 했구요.

면담자: ⓖ이 중립내각 얘기는….

구술자: ⓗ이제 바로 그 얘기를 하는 겁니다. 그래서 대통령이 이 중립내각, 탈당을 하고 중립내각 구성을 통해서 선거를 치르겠다는 결단을 내린 것이죠. 그것이 이른바 9.18 결단이라는 것입니다. 92년 9.18 결단이라고 해서 대통령이 민정당 총재를 버리고 탈당을 하죠. 그리고 내각 구성을 중립내각으로 바꾸죠. …(중략)… 큰 결단이었습니다.

면담자: ⓘ근데 그 9.18 결단인가요? 그 전에 야당이나 혹은 김영삼 대통령 측에서 중립내각 혹은 선거관리 내각에 대한 얘기들은 어떤 방식으로 얘기가 됐었습니까?

구술자: 그 설명을 더 해야 돼요. 그래 이제 대통령이 당정을 정리하고 중립선거관리내각을 이제 결심을 했기 때문에, 이건 먼저 당과 조율을 해야 돼요. 당 후보하고 조율을 해야 된다구요. 대통령이 김영삼 대표를 불렀죠. 불러서 저간의 상황을 다 설명을 했죠. "중립선거관리내각을 구성해서 선거를 치르는 것이 공정성시비에 휘말리지 않고 당신이 대통령 되었을 때도 정체성에 문제가 없지 않냐." 이렇게 설득을 했죠. That's OK. OK한 겁니다.

면담자: ⓙ아, 그 자리에서요?

구술자: 그럼요. OK 해가지구요. 고때 저는 바로 옆에 있었죠. 옆방에. …(중략)…

그 당시는 민자당 일선 지구당 조직도 중앙당 쪽에서 관리하는 부분이 많았기 때문에 당 연수원에 기간조직요원들을 끊임없이 연수를 시킵니다. 사무국장뿐만 아니라 활동장까지. 당 대표최고위원인 김영삼 대통령 후보가 그날 청와대에서 그 협의가 끝났습니다. 끝나고 나서요. 연수원에 축사를 하러, 축사인가 그 시간이 있었어요. 거기서도 대통령이 중립, 탈당을 해서 중립선거관리내각을 해서 선거를 치른다 명분이 있잖아요. 그거를 설명을 한 거예요.

면담자: ⓚ그럼 제 일성이 중앙당 연수원에 가서 한 겁니까?

구술자: 그렇죠. 그런데 당에서 난리가 난 거죠. 당에서. 아니 도대체 선거가 임박해져 있는데 여당의 힘이 막강하잖아요. 대통령의 힘은 막강한데 그 힘을 빌리지 않고 지금 대통령에 당선되겠다고 하니까 당으로서는 선거 치를 당의 입장에서는 난리 법석이 난거죠.

면담자: 그럼 당시 선거대책 그 조직이나 또 당 그 핵심 당직자들과 전혀 그것도 공감이 안 이뤄지거나 공유가 된 바가 없이….

구술자: 그러니까요. 덥석 받….

면담자: ⓛ그 연수원에 가서 그냥 공표를 한 건가요?

구술자: 그래서 당에서 난리가 났어요. 당에서 어떻게 선거를 치르려고 하느냐, 뭐 대통령의 꼼수가 아니냐, 대통령이 선거에 손을 뗀다고 하는 거냐. 뭐 대통령이, 총재가 지금 당에 선거자금을 지원하지 않겠다는 이런 것이 아니냐. 뭐 이래가지고 당이 뭐 그 충분히 예상될 수 있는 것이죠. 예상된 것이죠. 그래서 당에서 이제 막 시끄러워지니까 또 돌변했어요. 김영삼 대통령 후보, 또 돌변해가지고 청와대를 또 공격하는 거예요.

면담자: ⓜ허허.

구술자: 허허허. 참 그게 참 설명이 어렵습니다. 그래서 그런 갈등 구조 속에서 대통령 선거를 치른 겁니다.

면담자: 다시 처음으로 돌아가서 탈당과 중립내각에 대한 그 생각과 아이디어는

어디서부터 오신 겁니까?

구술자: 청와대 참모진들이 많이 연구를 했죠.

면담자: 사전에요?

구술자: 제가 좀 더 깊숙이 관여했구요. 정무수석이니까.

면담자: 예. 그 9.18 결단하기 전에도 사실 여러 가지 그 이 시나리오와 과정 중에 하나가 탈당과 중립내각에 대한 고려가 있으셨단 말씀이신 거죠.

구술자: 그렇죠. 예.

(김중권 구술 https://mkoha.aks.ac.kr/IndexMain.do)

길게 인용된 이 대화는 구술자가 제공하는 정보로 인해서 면담자와의 정보 비대칭이 어느 정도 해소되면서, 일종의 이해가 형성되는 과정을 잘 보여주고 있다. 그런데 이 과정이 일방적이지만은 않다. 면담자는 구술자가 제공하는 정보에 대해 의구심을 드러내면서 재확인을 요청하기도 하고, 발언의 맥락을 확인하기도 한다.

구술자는 김영삼 대선후보 선출 이후 정례화되었던 현직 대통령과 대선후보 간의 주례회동에서 당시 중요 현안이었던 이동통신 사업자 선정 문제에 대한 상호이해와 의견일치가 있었다고 설명한다. 이는 이후 김영삼 후보가 대외적으로 보였던 입장과 일치하지 않는 상황이다. 이에 대해 면담자는 구술자에게 재확인을 요청한다. 이에 구술자는 본인이 직접 현장에서 의견일치상황을 확인했다는 점을 ⓐ와 같이 재확인한다. 그러나 이후 상황이 돌변했고, 이로 인해 ⓑ와 같이 "청와대가 발칵 뒤집혀 졌"다고 말한다. 그러자 면담자는 ⓒ와 같이 "사전에 조율은 없었습니까?"라고 재차 묻는다. 선뜻 받아들이기 어려운 상황이라는 면담자의 판단이 작동한 질문이다. 이에 대한 구술자의 ⓓ와 ⓔ의 발언은 상호 인과관계를 형성하면서 김영삼 후보에 대한 청와대의 불신 이유를 설명한다. 그런 발언에 대해 면담자는 ⓕ처럼 "그런 것들 계속 쌓여 나가는 과정이 있었다는 말씀이시죠?”라고 발언의 의미를 확인한다. 이는 대통령의 탈당과 중립내각 구성이라는 중요한 정치적 결정이 구술자가 얘기하는 이동통신사업자 선정 문제 하나만으로 결정되었겠느냐는 생각을 반영하는 것으로 읽힌다. 또한 상황을 충분히 납득할 만한 추가정보를 요청하는 의도가 담겨있다. 그러나 구술자는 이동통신사업자 선정과 관련된 당청간의 갈등을 추가로 설명한다. 그러자 면담자는 대통령의 탈당과 중립내각구성 과정이라는 질문의 핵심취지를 다시 상기시킨다. 이에 구술자는 자신이 길게 설명하는 내용이 바로 그 정보의 핵심이라는 점을 확인한다.

면담자: ⓖ이 중립내각 얘기는….

구술자: ⓗ이제 바로 그 얘기를 하는 겁니다.

(김중권 구술 https://mkoha.aks.ac.kr/IndexMain.do)

“바로 그 얘기를 하는 겁니다.”라는 발언 이후, 구술자는 대통령의 탈당과 중립내각 구성과정에 대해 빠른 속도로 결론에 다다른다. 이에 면담자는 ⓕ와 같이 중립내각 구성에 대해 당정협의, 또는 야당 측과의 정보교환 등이라는 중간과정이 있었는지 묻는다. 이는 묵직한 정치적 결정에는 다양한 관계의 변화나 재조정이 필요하다는 일반적인 관점이 반영된 것이면서, 추가적인 정보를 요구하는 것이다. 이에 구술자는 노태우 대통령과 김영삼 후보 간에 협의가 있었으며, 그 자리에서 후보 측이 상황을 수용했다는 점, 그리고 그 상황 역시 자신이 현장에서 확인했다는 사실정보를 추가로 소개한다. 면담자의 추가 질문이 이끌어낸 정보이다. 그 이후에 구술자가 전달한 상황은 결정된 사안을 민자당 중앙연수원에서 김영삼 후보가 발표하는 과정, 이에 대한 당내상황이다. ⓙ, ⓚ, ⓛ, ⓜ는 구술자가 전달한 상황을 면담자가 받아들이는 반응이다.

이 과정을 통해서 면담자는 노태우 대통령의 임기말 탈당과 중립내각 구성의 맥락을 어느 정도 이해하게 된다. 물론 이는 구술자의 입장에서 전달된 정보이다. 김중권은 노태우 대통령 재임기에 대통령비서실 정무수석비서관을 지낸 인물이고, 이후 민자당 내 민주계에 의해 정치일선에서 물러나게 되었는데, 그런 상황을 감안할 필요가 있다. 객관성 여부를 떠나서 이 대화는 적어도 구술자가 서 있었던 정치진영과 입지에서 이해하는 당시 상황을 면담자가 이해하는 과정이고, 그런 점에서 두 사람 간의 정보의 비대칭성은 어느 정도 해소가 되고 있는 것이다. 이때 '어느 정도의 정보 비대칭성 해소'라는 말은 무엇보다도 김중권이라는 중량급 정치인의 이후 정치적 행보에 대한 정서적 이해를 포함하는 것이다. 이 이해의 주체는 면담자를 넘어 당시 현장에 없었던 독자(열람자)를 포함한다.

위의 대화는 1992년 대통령선거를 앞두고 벌어진 현재권력과 미래권력 간의 갈등이다. 현재권력의 입장에 서 있는 구술자의 입장에서, 미래권력자는 자기중심적이고, 이중적인 모습으로 묘사된다. 구술자는 '정치라는 게 그런 것이다.'라는 냉소적이고, 회의적인 태도를 보일 수도 있었다. 이는 큰 틀에서 중립내각구성이라는 당시 정치행위의 불가피성과 중도 진영으로 정치기반을 이동시키는 이후 구술자의 정치행보에 대한 해명이지만, 동시에 정계에서 은퇴할 때까지도 다시 보수진영으로 복귀하지 않았던 구술자의 정서적 기반의 출발점을 보여주는 부분이기도 하다.

2) 정보격차가 큰 상황의 경우: 김대중 전 대통령과의 만남에 대한 구술

정무수석비서관 재임경험을 전제한 두 번째 질문과 관련된 상황은 앞의 경우보다 상대적으로 큰 정보비대칭 상황이 해소되는 모습이 더 뚜렷하게 드러난다.

면담자: 이 시기에 소위 김대중 후보에게 격려금을 전달하기도 했고 나중에 이십억 플러스 알파설도 이제 나오게 되는 배경이 되는데요. 그때 수석님의 역할은 어떤 것이었습니까?

구술자: ⓐ여튼 이 설명은 잘 들으셔야 됩니다. 이유는 저밖에 설명할 사람이 없구요. 제가 당사자니까요. 이제 대통령께서 당적 이탈을 결심을 하고 중립선거관리내각을 통해서 공정선거를 치르겠다고 하는 복심이 발표되지 않았습니까? 그래서 대통령이 대통령 후보들을 청와대에 초치했습니다. 김영삼 대통령 후보, 김대중 대통령 후보, 정주영 대통령 후보. 세 분을 청와대에 초청했습니다. 초청했습니다. 초치해서 식사를 하시면서 대통령이 그 자리에서 선거관리, 중립선거구관리내각의 필요성, 당위성 이 설명을 하시는 거예요. ⓑ뭐 저는 옆에서 배석하고 있었으니까요. 김영삼 대통령 후보는 이미 설명을 들어 알잖아요. 자기도 이미 동의한 것 아닙니까? 김영삼, 김대중 대통령 후보나 정주영 대통령 후보의 경우에는 왜 이것이 이루어졌는지 구체적인 설명을 당사자한테 처음 듣는 거거든요. 그러니까 그렇게 중요한 자리였습니다. 그때 우리가 이제 뭐 깨놓고 말해서 야당 대통령 후보야 이만큼 좋은 호재가 없잖아요. …(중략)… 김대중 대통령 후보가 쌍수를 들어서 환영하는 거예요. 대통령 결단에 대해서 높이 평가하고 민주주의 역사에 오래 남는 하나의 결단이라고 …(중략)… 김대중 대통령이 이걸 탁 잡아 쥐면서 확실하게 대통령.

면담자: 못을 박는.

구술자: 못을 박으면서 대통령 높이 평가를 하더라구요. 대통령도 기분이 좋은 거예요. 제1야당 대통령 후보가 지금 이걸 지지하고 나섰잖아요. 그런 일이 있었습니다. 그래 그 이후에 대통령이 김대중 대통령 후보에 대한 어떤 좋은 생각, 이 생각을 계속 갖고 계시는 거예요. …(중략)… 그 어느 날입니다. 대통령이 저를 부르시더라구요. 본관에 올라오라 그래서 본관에 올라갔더니 “김 수석, 김대중 총재를 한번 만나면 좋겠다.”고 그래요. “그렇게

하겠습니다." 그래 이제 제가 내려와 있었습니다. 제가 사무실에 있다 보니까 그로부터 몇 시간이 지난 거 같은데, 어느 사람이 내방에 노크를 하고 들어왔어요. 모르는 사람이에요. 나는. 경호실 직원이래요. 조그만 거 뭐 하나 들고 왔어요. 가방 같은 걸 들고 왔어. 대통령께서 오늘 저녁에 김 총재를 만나실 때 드릴 선물이라고 이렇게 전달해 주라고 해 왔습니다. …(중략)… 이게 돈이거든요. 근데 이렇게 보니까 와이셔츠 곽 있죠. 와이셔츠 하나 들어가는.

면담자: 케이스요?

구술자: 케이스. 그 케이스에 딱 포장을 해가지고 리본을 하나 딱 달아 놨더라구요. 선물이에요. 내용물은 모르는 거예요. 이건 대통령이 주시는 선물이고 이거는 금전적인, 금전이구나. 이렇게 이제 느끼고 그래 이제 야당을 담당하는 비서관, 윤 비서관이라고 있습니다. 윤 비서관을 대동시켜서 이제 김대중 총재를 제가 자택으로 방문을 하죠. 그 소문, 수소문을 해보니까 동교동에 안계시고 저기.

면담자: 목동.

구술자: 목동에. 목동에 있는 자기 처제 댁에 거기에 인제 기거하신다고, 이렇게 소재파악이 되었습니다. 그 연락을 제가 사전에 드리고 그래 갔죠. 갔는데 기다리지 않고 막바로 총재를 만났어요. 만났는데, 김 총재님하고 저하고는 뭐 가까운 사이가 별로 아니잖아요. 저가 이제 정무수석이니까 필요한 여야관계를 넘나들면서 조율해야 될 그런 상황이기 때문에, 뭐 그럴 때 몇 번 만날 일이 있고 별로 만난 일이 없어요.

면담자: 그 어떤 현안을 놓고 단독회동하거나 이런 것은?

구술자: 없습니다. 없습니다.

면담자: <u>ⓒ없으셨단 말씀이신가요?</u>

구술자: 없습니다. 이런 일이 있었죠. 제가 정무수석이 되어가지고 인사를 갔죠. 동교동에 인사를 갔는데요. 약속한 시간에, <u>ⓓ이건 다른 얘기로 갔다 오</u>

네요. 이제 정무수석 취임 인사를 갔더니, 총재가 안 계시더라구요. 기다리다 보니까 비서가 오더니 "총재님, 외부에서 조금 시간이 안 맞아 늦는다."고 "조금 더 기다리십쇼. 미안합니다." 양해를 구하더라구요. 그래서 저를 서재로 안내를 하더라구요. 서재에 가면서 제가 놀라는 것이죠. 책들을 보면서요. '아, 이렇게 많은 책을, 장서를 갖고 있구나.' 하면서 제가 몇 권의 책을, 제가 또 헌법 전공이기 때문에 헌법 책을 몇 권 보니까, 거기에 막 줄을 그어놓고 있어요. 이 손때가 묻은 책이에요.

면담자: 장식용이 아니구요?

구술자: 장식용이 아니에요. 그래서 이분의 독서량을 제가 거기서 느낍니다. 거기 깨알같이 써놓고 이렇게도 하고 말이야. 그래서 거기서부터 제가 김대중 총재에 대한 어떤 좋은 생각을 가져보죠. 그 이후에 총재가 오셔서 이제 얘기 좀 인사하고 수인사하고 ⓔ단독회담 그 한번밖에 없습니다. 그래 두 번째 만나러 가는 것이죠. 들어갔더니 9.18 결단에 대해서 또 한참 얘기를 하시더라구요. 엄청난 훌륭한 결단을 했다고 하더라구요. 그 제가 이제 어렵게 설명을 한 거죠. "총재님, 사실 대통령께서 저를 보내셨는데 바로 그 점에 대해서 대통령께서 너무 고마워하십니다. 그래서 제가 이제 이 내용은 모릅니다. 그래서 이거 전달하러 와서 전달합니다." 했더니 "그게 뭐냐." 고 그러시더라구요. "저는 잘 모르겠습니다." 그랬더니 처음에는 가지고 가라고 그랬지 아마. 안 받겠다고 사양을 하시더라구요. 그거 제가 들고 나올 수 있습니까? 대통령이 지금 저한테 심부름을 시킨 건데요. 그래 제가 또 설명을 했죠. 이 대통령께서 9.18 결단에 대해서 총재께서 그렇게 지지를 해주시고 좋은 말씀 해주셔서 대통령이 여러 가지 고마운 생각을 했다. 뭐 전 자세히는 모르지만, 정치하시는데 도움을 주기 위해서 드리는 거다. 이렇게 설명을 했습니다. 했더니 그걸 그 자리에서 풀라고 그래요. 허허허. 아이고 얼마나 힘듭니까 그거. 그래 풀어보니까요 그 와이셔츠 케이스에 백만 원짜리 수표가 스무 다발이 딱 있는 거예요. 함 넣어보

세요. 딱 맞을 겁니다. 백만 원짜리 한 다발이면 일억이잖아요. 그거 딱 스무개가 놓여있는 거예요. 이십억이에요. 그래서 총재께서 이렇게 말씀하시더라구요. "어 대통령 뜻이 그렇다면 내가 받겠습니다. 당에 적절하게 사용하겠습니다." 이렇게 말씀 하시더라구요. 멘트는 그거였어요. 저는 전달하고 그 말씀 듣고 왔는데요. 이것이 그 이십억 플러스알파로 지금 계속 둔갑하는 겁니다. 아까도 얘기했지만 뭐 여당에서 몇 천억이 왔다 갔다 하는데, 지금 대통령은 이십억만 줄 수 있겠냐? 이건 막연한 이제 플러스알파 개념이죠. 고거만 줬겠느냐. 알파가 있지 않겠느냐. 이러면서 이회창 그쪽 진영에서 계속 그거가지고 이제 터트리기 시작하는 거죠. 그러니 일반 국민 뇌리 속에는 어느 사이에 이십억 플러스알파, 이렇게 이제 막 되는 거죠. 그리고 이런 일이 있었어요. 전달하고 나서 며칠 후에 제가 하얏트호텔 사우나에 목욕을 하러 갔어요. 거기서 권노갑 의원을 우연히 만났어요. 만났더니 권노갑 의원이 제 귀에 대놓고 "아이고 김 수석님 아까 총재님한테 제가 잘 받았습니다." 그러더라구요. 그래서 내가 '아 이 돈이 당으로 내려갔구나.' 그 이제 보통 왜 보면 뭐 총재가 받으면 뭐 자기가 다 써버리고 뭐 이렇게 마는 사람 많잖아요.

면담자: 개인적인 통치자금으로 키핑을 하고 계신 게 아니고 당으로 이제 절차를 통해서 내려갔다는 얘기를 확인하신 셈이네요.

구술자: 당으로 내려왔어요. 권노갑 씨가 나한테 얘기를 하는 거예요. 그래 난 또 총재하고 나만 아는 거지 권노갑 씨가 아는 것이 좀 불편하더라구요. 근데 시인도 부인도 하지 않고 그냥 뭐 웃고 넘어가버렸던 겁니다. ⓕ그런 일이 있었습니다. 그런데 ⓖ이십억 플러스알파라고 하는 용어는 그 당시 한나라당이 만든 용어입니다. 플러스알파는, 그거는 근거도 없이 막연하게 그냥 알파가 있을 것이다. 알파가 뭐냐 이렇게 물으면 아무 말도 못 하고 알파가 얼마냐? 아무도 모르는 것이죠. ⓗ이 문제가 생기니까 대검의 중수부에서도 여기서 관심을 가지지 않을 수 없잖아요. 중수부장이 나하고

고시 동기예요. 중수부장이 안강민, 동기인데 어느 날 나하고 전화가 연락이 되어서 어 김 수석 나하고 한번 보자고 그래서 함지박에서 만났을 겁니다. 아마 둘이 만나가지고 이 문제에 대해서 의논을 많이 했어요. 내가 설명을 다 해줬어요. 와이셔츠 케이스다 뭐다. 다 설명해서 검찰은 충분히 납득을 했습니다. 그게 종결이 돼버린 거예요.

(김중권 구술 https://mkoha.aks.ac.kr/IndexMain.do)

이른바 '20억 플러스 알파설'에 대한 질문과 답변과정이다. 이 대화상황에서는 앞선 대화와는 달리 면담자의 개입이 최소화되고 있다. 완벽하게 정보가 비대칭 된 상황이기 때문이다.

구술자의 발언 ⓐ와 ⓑ는 정보의 독점성과 신뢰성을 면담자에게 강조하는 표현이다. 이것은 분명한 사실이기도 하다. 상황이 발생했던 현장에 있었던 사람은 구술자와 두 명의 전직 대통령밖에 없었기 때문이다. 경호실 처장 1명과 윤 비서관이라는 정무수석실 인사가 등장하지만, 그들은 전모를 알기 힘든 위치에 있었던 사람들이다. 적어도 이 문제에 관해서는 구술자가 유일하게 상황 전체를 아는 사람이다.

면담자는 ⓒ발언에서 자신이 지닌 일반적인 지식과 일치하지 않는 상황에 대해 의구심을 표한다. 그 의구심은 정무수석과 야당 총재라는 역할상 접촉이 많고, 비교적 대화가 많았을 거라는 일반적인 예상에서 빗나가는 정보를 받자 보인 반응으로 해석된다. 이 면담자의 의구심 역시 정보의 비대칭성을 보여주는 반응이다. 그러자 구술자는 그의 의구심에 반응하며 부가정보를 제공한다. ⓓ에서 "이건 다른 얘기로 갔다 오네요."라고 발언한 이유는 김대중 총재와 가까운 사이가 아니라는 점을 사례를 통해 설명하겠다는 뜻이고, ⓔ에서 "단독회담 그 한 번밖에 없습니다."라고 발언하는 이유는 다른 얘기로 간 이유를 설명하는 것이면서, 김대중 총재와 가까운 사이가 아니라고 자신이 제공한 정보에 대해 신뢰를 확보하려는 발언이다.

그 외에는 면담자가 구술자의 발언에 끼어들지 않는다. 이는 앞서 소개한 대화와는 달리 구술자의 경험에 관해 면담자가 전혀 정보를 지니고 있지 않음을 보여준다. ⓕ에서 "그런 일이 있었습니다."라고 구술자가 발언함으로써 구술자와 면담자 간의 정보 비대칭은 상당 부분 해소된다.

이야기가 다 끝난 후 구술자가 제공하는 추가정보 ⓖ와 ⓗ는 자신 경험의 정당성을 면담자에게 알려주려는 의도가 내포되어 있다. 사실 ⓖ의 발언은 굳이 면담자에게 전할 필요가 없는 말이다. 앞서 본인이 전달한 20억 전달과정과 이후 김대중 총재의 자금 처리과정에 대한 정보를 통해서 이른바 20억 플러스알파설의 허구성은 확인이 되었고, 선거정국에서 그것이 정치적 공격 소재로 활용된 사실에 대한 해석력을 면담자는 충분히 가지고 있고, 구술자 역시 이를 잘 알고 있다. 그러나 그 발언은 ⓗ에서 제공하는 새로운 정보의 맥락과 관련이 되면서, 비자금을 전달한 자신보다, 오래전 "종결된" 사안을 분명한 근거도 없이 활용한 상대 후보 측에 대한 정당성 우위를 주장할 수 있는 근거가 되기 때문이다.

이러한 정보비대칭성은 여기에서 소개하고 있는 에피소드에 국한되지 않는다. 1997년 대선 승리를 통해, 헌정사상 최초로 선거에 의한 수평적 정권교체가 이루어진 후, 첫 번째 대통령비서실장으로 민정당 출신 김중권 전의원이 임명된 것은 의외의 인사로 평가받았다.[8] 이 인사의 배경에 대한 정보는 앞서 소개한 중립내각구성과 비교하면 상대적으로 부족하다. 전문성과 동서화합의 필요성, 이전 정부와의 화합이 중요 배경으로

8) 김중권 비서실장 임명에 대한 당시 언론은 '전문성 중시에 따른 당정분리 원칙, 경북 출신인 김 비서실장 발탁을 통한 동서지역 화해 모색, 과거 정권과의 화해 모색'을 그 배경으로 해석했다. 여기에 이른바 20억 플러스 알파설을 부정하는 증언을 했던 점도 신뢰의 기반이 되었다는 평가도 덧붙여졌다.(「김중권 비서실장 발탁배경-'과거는 불문' 선언」, 『한겨레신문』, 1997.12.27. 참조)

작동했다는 것이 인수위원회의 공식적인 답변이었으나, 이는 그 적임자가 왜 김중권인가에 대한 필요조건이지 충분조건이 되지 못한다. 김중권 전 의원이 이른바 '20억 플러스 알파설' 해소에 결정적인 역할을 한 인물이라는 점을 강조했던 당시 언론의 해석은 이 충분조건에 대한 해석이었다. 그런데 구술자는 이러한 해석이 근거 없다는 점을 강조한다.

구술자: 이십억 플러스알파가 이제, 이제 진실을 저는 규명했다고 보고 있구요. 그것이 이제 두고두고 이제 그 저한테 따라다니는 하나의 그 뭐였는 것인데, 이건 뭐 다음 설명에 있는지는 잘 모르겠습니다마는, 미리 설명을 해 주면 좋겠습니다. 김대중 대통령이 저를 비서실장으로 픽업을 할 때 '이 족쇄 때문에 저를 픽업했다.'는 말을 하는 사람이 있습니다. 그 교수님 보세요. 그 전혀 설명이 되지 않는 것이, 만일 이것이 비밀로 남아있으면요. 제가 무슨 말 할지 모릅니다. 그거는 은연중에 압력일 수 있습니다. 근데 이것은 비밀이 아니에요. 공공연한 사실로 드러났어요. 본인이 이미 고백을 했어요. 그러면 저한테 아무 부담이 없어요. 그렇지 않아요?

면담자: 예. 족쇄의 기능이 없죠.

구술자: 족쇄의 기능이 없다구요. 고마우면 노태우 대통령한테 고마워해야지 나한테 고마워할 사항이 아니라니까요. 그거는. 그래서 제가 그런 설명을 가끔 해줍니다.

(김중권 구술 https://mkoha.aks.ac.kr/IndexMain.do)

구술자가 김대중 전 대통령과 본인 사이에 있었던 신뢰형성과정을 본인의 관점에서 구체적으로 구술하고 있는 것은 자신과 김대중 전 대통령과의 신뢰관계가 단지 표면적으로 드러나 있었던 20억 원 전달자와 수혜자의 관계를 넘어선다는 점을 드러내고 싶은 욕구를 반영한다. 이후로도 구술자는 대선과정에서 김대중 후보를 외곽에서 지원했던 사실,

동서화합의 대의명분에 따라 새정치국민회의에 입당했던 과정, 대통령선거 선거전략자문회의에서 활동했던 배경, 대선승리 직후 비서실장직을 요청받는 과정을 상세하게 설명한다. 이는 구술자가 정치진영을 이동한 배경이 정치적 이해관계에 따른 것이 아니라, 보다 추상적인 가치를 지향하는 과정에서 선택한 결정이라는 점을 드러내려는 구술자의 정서를 반영한다고 해석할 수 있다.

3. 구술자와 면담자의 태도와 정서 교환

1) 면담자 마음속의 구술자

김중권과의 구술은 면담자가 조사연구를 통해 작성한 생애 시기별 12개 영역의 총 61개항의 질문을 시기별로 나열한 질문지를 토대로 이루어졌다.[9)]

구술이 이루어지기까지의 과정을 추적해보면 다음과 같다. 앞서 소개한 구술자 선정 이유에 근거하여 김중권 전 의원이 예비구술자로 선정되었다. 그리고 전화와 전자우편을 통해 인터뷰 승낙 의사를 타진했다. 김중권이 구술을 수락한 후 면담자는 사전 연구·조사에 기초하고, 추가 연구·조사를 더해 질문지를 작성하여 구술자에게 전달했고, 일정을 조율하여 면담일정을 정하게 된 것이다. 면담자는 예비질문지를 작성하면서 구술자에 대해 예상한다.

판사 출신이며 민정당 공천으로 3선을 한 경북지역 출신 정치인. 노태

9) 질문 영역은 다음과 같다. 1. 근황, 2. 가족사적 배경 및 성장, 3. 중고등 학창 시기, 4. 고려대 시기, 5. 법관시기, 6. 11대 국회 시기, 7. 12대 국회시기, 8. 13대 국회 시기, 9. 14대 총선과 정무수석 시기, 10. 김대중 정부 시기-청와대, 11. 김대중 정부 시기 새천년민주당, 12. 총평

우 정부 대통령비서실에서 정무수석비서관을 지낸 인물이지만, 김대중 대통령에 의해 재발탁되어 대통령비서실장을 지낸 인물. 이후에도 다시 보수진영으로 정치적 입지를 변동시키지 않고 중도 진영 대통령 후보를 공개적으로 지지한 인물. 김중권이라는 구술자를 선정한 이유는 그의 이처럼 묵직하면서도 다채로운 이력과 관련이 있겠지만, 이 묵직하고 다채로운 이력은 개인 김중권, 정치인 김중권이 어떤 사람인지 예상하기 어려운 지점이다. 익히 예상할 수 있는 전형이 없다는 것이다. 이럴 경우 면담자에게 그려지는 예상되는 구술자의 내면은 복합적일 것이다.

일단 면담자가 구술자에게 제공한 예비질문지와 실제 구술과정에서 면담자가 질문한 내용, 그리고 이에 대한 구술자의 답변과 면담자의 반응 등을 토대로 면담자의 마음에 그려진 구술자의 모습을 추측해보자. 우선 예비질문지에 철학, 원칙, 가치를 묻는 질문이 상대적으로 많다는 점에 눈길이 간다.[10] 이런 질문은 구술자 생각의 기반을 묻는 것이면서, 그의 정치적 행위에 대해 해석기준을 마련하려는 면담자의 입장이 반영된 것일 수도 있고, 면담자가 구술자를 철학과 가치에 대한 고민과 이에 기초한 행위원칙 등을 지닌 인물로 이해했다는 점을 반영한 것일 수도 있다. 인터뷰 초반에 배치된 대학시절의 경험 관련 예비질문 항목은 이 문제에 대한 실마리를 준다.

"의원님께서는 당시 고시공부보다 법과 종교에 관한 철학적 질문에 몰두하셨던

10) 이는 같은 시기 동일한 면담자가 작성한 다른 구술자들의 예비질문지와 비교하면 두드러진다. 일테면 권정달 전의원, 하순봉 전의원 등 정치적 입장과 가치판단 기준이 비교적 분명한 인물들에게 제공한 예비질문지에는 정치적 철학, 기본방침 등에 대한 질문이 없다. 대신 사건과 사안의 맥락과 실체를 드러내기 위한 사실 확인이 질문지의 중요 내용이 되고 있다. 반면에 정치학자 출신이며, 4.19혁명 당시 고려대 학생회의 주축이었으나 이후 5공화국 정부에 참여했고, 민정당 국회의원을 지낸 이세기 전 의원에게 제공한 예비질문지에는 기본방침과 철학을 묻는 질문이 포함되어 있다.

듯합니다. 중심적인 화두나 질문은 무엇이었습니까?"

(김중권 구술 https://mkoha.aks.ac.kr/IndexMain.do)

그런데 이 질문은 실제 구술현장에서 자연스러운 흐름 속에서 활용된다. 구술자가 자신의 대학생활에 대해 이야기하는 중에 관련된 내용이 언급되고, 그런 언급이 예비질문 내용과 관련되어 있다는 것을 구술자도 인식하고 있다. 면담자는 법학을 전공한 계기가 무엇이었느냐고 묻는데, 구술자는 자신은 법학과가 아니라, 법과대학 행정학과에 입학했었다고 답한다. 그 답이 자연스럽게 위의 예비질문과 연결된다.

구술자: 그때는 커리큘럼이 같았어요. 이름만 법학과, 행정학과지. 법학대학에 같이 소속되어 똑같았습니다. 행정학과 간 이유는 난 법조인을 꿈꾸는 건 아니었어요. 저는 행정관리가 되고 싶었어요. 왜 그러냐면 '법조인은 어딘지 모르게 어떤 틀 속에 갇혀서 어떤 일을 조망하는 것 같았고, 행정관리는 그 더 넓은 시야로 행정을 한다.'[11]는 이런 생각을 가졌기 때문에. 어린 생각이었죠. 저는 행정가가 되고 싶었어요. 그래서 이제 제가 그걸 선택한 거예요. 그래서 들어가 보니까 법학과 행정학과가 똑같은 것이죠. 그런데 아마 그 질문사항에도 있는 거 같습니다마는, …(중략)… 고시공부를 해야 하냐는 당위성에 대해서도 별로 느낌이 없었어요. …(중략)… 자유열람실 다니면서 일반교양을 넓히는 책을 읽기 시작했습니다. 그래서 고전에 접해볼 때가 그때였습니다. 그래서 어느 사람보다도 저는 독서량이 많다는 자신을 가지고 있습니다. 그건 뭐 아까 말씀하시데요. 뭐 칸트의 순수이성비판이라든가 이런 여러 부분에 내 나름대로 어떤 눈을 뜨고 싶어서

11) 행정에 관심이 더 많았다는 구술자의 말은 전체 인터뷰 과정에서 구술자의 정치입문, 정치활동을 해명하고, 동기의 일관성을 드러내는 데 중요한 근거가 된다.

그쪽에 이제 제가 많이 기댔죠. …(중략)… 뭐 그렇게 하면서 이제 중앙도서관에서 거의 대학생활을 보냈다고 보시면 됩니다.

면담자: 누구, 교수님이라든가 혹은 또 영향을 받은 사상가들 있으셨습니까?

구술자: 뭐 특별히 그런 분들은 안계셨는데요. 그때 이제 저희 법과대학의 학장으로 이항녕 교수라고 있었어요. 그분이 훌륭한 법철학자입니다. 법철학을 거기서 배웠으니까요. 그래서 그분의 영향을 제가 좀 많이 받았다고 보면 되겠습니다.

면담자: 당시 그렇게 인문학적 그 소양을 닦고 그러실 때, 주로 그 고민했던 질문이라든가 화두 같은 게 있었을 법 한데요. 어떤 고민들을 주로 하셨습니까?

구술자: 뭐 특별한 화두는 있다곤 생각나지 않는데, 어떻든 내가 대학생활을 하면서, 고려대학에 다니면서 뭐 술이나 마시고 뭐 무슨 뭐 이렇게 대학생활을 하고 싶지 않았어요. 좀 알차게 좀 대학생다운 대학생 이런 모토로 제가 공부를 하지 않았나 생각을 합니다.

(김중권 구술 https://mkoha.aks.ac.kr/IndexMain.do)

초반에 이루어진 이 대화는 예비질문지에 기초하여 진행된 것이다. 이외에도 예비질문지에는 철학과 기본방침, 가치실현방식 등 가치관과 실제행위의 연관성을 묻는 질문이 아래와 같이 제시되고 있다.

① 의원님께서는 10년 남짓 법관생활을 이어오셨습니다. 의원님께서 참여했던 재판과 판결 중에서, 의원님의 법철학을 드러내거나 의원님의 생각과 삶의 전환점이 될 만한 것이 있었습니까?
② 의원님께서는 국회 법사위원장을 역임하시기도 했습니다. 당시 갈등적인 사안이 적지 않았는데, 의원님의 상임위 운영방침이나 철학은 어떤 것이었습니까?
③ 이 시기(김대중 정부 초기-필자)에 의원님의 주도로 청와대 비서실

이 조직되었습니다. 이 후 당이 구주류의 근거지라는 평가에 대비되어, 청와대가 신주류의 기반이라는 평가를 낳습니다. 이 당시 의원님께서 염두에 두셨던 청와대 비서실의 조직원칙과 운영방식은 무엇이었습니까? 당·정·청 관계에서 비서실의 역할은 무엇이라고 생각하셨습니까?

④ 당시 김대중정부는 경제위기 극복과 함께 지역화합, 민족화합을 핵심적 가치로 삼았습니다. 당시 비서실장을 비롯한 비서실은 이러한 정책가치를 위해 구체적으로 어떤 노력을 하셨습니까?

실제 구술현상에서는 위의 질문들이 구술자에게 전해졌을 뿐만 아니라, 애초 예비질문지에는 포함되지 않았던 내용의 관련 질문이 추가되기도 했다. 그 사례는 다음과 같다.

① 내무위에 간사로서 그 책임과 역할이 막중했을 것 같습니다. 그 당시에 최초로 책임 있는 지위의 역할을 맡아보셨는데요. 어떤 운영의 원칙과 또 나름대로 기준과 또 철학이 있었습니까?

② 그 이후에 그런 경험들 때문에 요런 어떤 지역구에서의 어떤 님비현상에 대한 그 의원님의 생각이라든가 철학이 좀 있으실 텐데요.

③ 이제 큰 그 모토는 그런데 그 세부적인 지침이라든가, 운영철학, 밑그림은 무엇이었습니까?

④ 어쨌든 당시에 언론이나 세간의 평가가 신주류, 구주류 이런 표현을 쓰기 시작했습니다. 당은 구주류의 근거지라고 평가가 되고, 거기 대비해서 대표님이 계신 청와대는 신주류 이런 평가를 낳게 되는데요. 어쨌든 신구주류의 표현이 뭐 적합한지는 모르겠습니다마는 오랫동안 같이 정치를 같이 해왔던 가신들 혹은 측근들 그룹과 새롭게 정치와 정권과 정국 운영에 결합하신 분들 간의 갭이 있었었는데요. 그게 아마 청와대를 중심으로 해서 많이 조율이 될 수

밖에 없는 상황이었고, 그 문제에 관련해서는 대표님께서는 어떤 운영과 원칙, 철학을 갖고 계셨습니까?

⑤ 그 당시에 정치인들이라든가 언론에서 공통적으로 증언한 게, 뭐 대통령의 의중이 실리기도 했습니다마는, 국정에 대한 급속한 장악능력에 대해서 한편으로는 주변에서 두려움까지 표현할 정도로 힘을 좀 발휘하셨던 것 같습니다. 그러다보니까 당시에 가신들 그룹이라든가 또 새롭게 들어왔던 젊은 그룹들 특히 박지원 씨라든가 이런 분들 같은 경우도 처음에 상당한 역할을 기대하다가, 청와대 내에서는 대표님의 운영철학과 의사결정에 전적으로 따르게 되는 일련의 증언들이 많이 있었는데요.

⑥ 어쨌든 한 2년 가까이 대통령을 지근거리에서 모셨는데요. 많은 부분들, 권력도 이양받기도 했지만 생각도 공유를 많이 하셨을 법합니다. 비서실장 업무를 시작하기 전과 마치고 난 이후에 어떤 정치 철학이라든가 정치적 관점들에 큰 변화가 있으셨습니까?

운영원칙과 방침에 대한 질문이 예비질문지 내용 외에도 다수 추가된 점은 면담자가 구술자를 원칙을 지닌 합리적인 인물로 이해하고, 받아들이고 있었던 것을 반영하는 것이 아닐까 싶다. 이런 질문이 구술과정에 계속 추가되고 있는 것은 그런 이미지가 강화된 것으로 해석된다. 이처럼 면담자가 미리 상정한 구술자에 대한 이미지는 질문지와 질문과정 내에서의 추가질문 등에도 반영되어 구술의 주제와 소재에 영향을 미치고 있다. 사실 확인과 함께 구술자의 판단기준, 행동방침을 밝히는 내용이 구술자료에 상대적으로 비중 있게 반영되는 데에는 구술자의 마음에 내포된 화자, 즉 구술자에 대한 평가와 규정이 강하게 작용하고 있는 것이다.

2) 구술자 마음속의 면담자

면담자의 마음에 내포된 화자인 구술자의 이미지가 인터뷰 내용에 영향을 미치는 것과 마찬가지로 구술자의 마음에 내포된 청자인 면담자에 대한 이미지 역시 인터뷰에 영향을 미치는 요인이 될 수 있다. 사실 이를 감지하는 일은 매우 어렵다. 사전에 구술자가 확보했던 면담자에 대한 정보와, 그 정보에 기초하여 이루어진 대화, 또 인터뷰과정에서 구술자가 면담자가 공감이나, 이해 등을 구하는 발언 등을 통해 이를 추정해 볼 수 있다.

면담자에 의하면, 인터뷰 진행 이전에 구술자는 면담자가 자신보다 20여세 젊은 정치학자라는 점, 자신과 대학 동문이라는 점, 정치인 대상 인터뷰 경험이 적지 않다는 점 등을 인지하고 있었다. 이 정보는 단편적이지만, 구술자의 마음에 어느 정도 면담자에 대한 이미지를 형성시켰을 것이다. 이런 정보는 구술자가 자신의 경험과 판단을 제시하는 과정에 작용할 것이다. 그런데 구술자에게 청자는 단지 면담자뿐만이 아니다. 구술자는 자신의 인터뷰 장면이 녹화되고 있으며, 이후 열람될 것이라는 점을 알고 있으며, 이에 동의한 상태에서 발언하고 있다. 불특정한 청자가 있다는 것을 염두에 두고 발언하고 있다는 뜻이다. 당연히 구술자는 면담자뿐만 아니라, 그 불특정한 다수로부터도 공감과 긍정적인 평가를 받기 원할 것이다. 이런 상황은 구술자가 경험에 있어서의 사실성과 평가와 분석에 있어서 합리성을 유지해야 한다는 판단을 어느 정도 강제한다. 그런 점에서 구술자가 면담자에게 발언할 때에는 면담자와 불특정한 청자를 동시에 고려한다고 볼 수 있다.

구술자가 사전에 인지한 면담자에 대한 정보에 기초한 대화는 주로 대학생활과정에서 이루어진다. 구술자가 공부했던 도서관에 대한 설명과정이나, 행정학과가 소속된 단과대학에 대한 설명 등이 그 사례이다. 구술자는 4.19혁명을 4.18혁명으로 생각한다는 발언도 하는데, 이 역시 면담자에 대한 사전 정보가 어느 정도 작동한 것으로 보인다. 구술자가 면담자에게 동의를 구하거나, 주의를 환기시키는 대목에도 이런 사전 정보는 작동한다.

앞서도 인용한 바 있었던 아래 대화내용을 살펴보면, 구술자가 면담자에게 공감을 구하고, 면담자가 공감을 표하는 장면이 포함되어 있는 점이 눈에 띈다.

> 구술자: 교수님 보세요. 그 전혀 설명이 되지 않는 것이, 만일 이것이 비밀로 남아 있으면요. 제가 무슨 말 할지 모릅니다. 그거는 은연중에 압력일 수 있습니다. 근데 이것은 비밀이 아니에요. 공공연한 사실로 드러났어요. 본인이 이미 고백을 했어요. 그러면 저한테 아무 부담이 없어요. 그렇지 않아요?
>
> 면담자: 족쇄의 기능이 없죠.
>
> 구술자: 족쇄의 기능이 없다구요. 고마우면 노태우 대통령한테 고마워해야지, 나한테 고마워할 사항이 아니라니까요, 그거는. 그래서 제가 그런 설명을 가끔 해줍니다.
>
> (김중권 구술 https://mkoha.aks.ac.kr/IndexMain.do)

동의를 구하고, 재확인하고, 동의하고, 그 동의에 화답하는 대화가 진행되는 과정은 구술자 입장에서는 논리적인 방식으로 설명하고, 그 논리의 타당성을 인정받는 과정이다. 이 과정을 거치면 구술자 역시 면담자를 합리적 의사소통이 가능한 대상으로 받아들일 것이다. 이는 심리적인 친밀감을 느끼는 과정이다. 이처럼 구술자가 면담자에게 동의나 공감을 구하는 장면은 인터뷰에서 자주 반복되는데, 이는 구술자의 대화습관과 면담자에 대한 신뢰가 동시에 작동한 것이다. 이런 과정에서 구술자는 눈앞에서 질문하는 구체적인 대상인 면담자와 눈앞에 없는 불특정한 미래 청자와의 간극을 좁히게 되면서, 점차 면담자의 눈높이에서 발언을 전개하는 효과를 유발한다.

구술자: 그 호텔에서 이제 그 딱 둘이 이제 하는 거죠. 그래 이제 저는 왜 저를 조찬에 참여하라고 하는지 저는 알죠. 김덕룡 의원이 그 당시에 그 김영삼 총재의 총재비서실장이었습니다. 비서실장이기 때문에 총재를 변호해 주는 거예요, 나한테 와서. 총재 본뜻은 아니고 주변에서 이러이러한 일들이 있어서 계속 브레이크를 걸었다. 이 설명을 이제 변호조로 설명을 해주는 거예요. 그 자기 주군에 대해서 좋은 설명을 하러 온 거죠, 김덕룡이. 그래 이제 둘이 만났는데 나보고 그러더라구요. 자기가 조금 잘못 파악했다는 듯이. 근데 조 교수님, 이 아셔야 되는데요. 박철언 의원하고 저는 고시 동기입니다. 동기인데 저는 3선 의원이에요. 그것도 지역구 3선 의원이구요. 박철언 의원은 초선 전국구로 들어왔어요. 제가 그 밑에 가서 월계수회 거기 관여할 사람이에요? 그러니까 나를 그렇게 씹어버린 거죠. 그니까 김영삼 대표를 가장 놀라게 하고 아주 격분시키는 이런, 박철언 의원하고 가깝단 얘길 하면 그건 격분하는 거죠. 그걸 이용한 거죠. …(중략)… 김윤환 의원은 노태우 대통령과 전두환 대통령과 경북고등학교 동기동창이다 이거야. 그런 우연적인 사실이 오늘 저렇게 비중 높은 국회의원을 만들었지만, 저는 아닙니다. 저는 정치에 입문해서 오로지 저의 실력으로, 공부하고 노력해서 오늘 이 자리에 왔는데 김윤환 씨는 쓰러져가는 세대이고 저는 피어나는 세대입니다. 하하하.

(김중권 구술 https://mkoha.aks.ac.kr/IndexMain.do)

구술자를 월계수회 맴버이고, 박철언 전 의원과 가까운 사이라고 규정하면서 김영삼 당시 민자당 총재에게 보고한 상황이 현실과 맞지 않았다는 점을 강조하는 과정에서 구술자는 면담자의 동의를 구한다. 그 근거는 정치적 경륜의 차이였다. 이런 공감기대 발언은 앞서 인터뷰 과정에서 본인의 정치이력에 대한 면담자의 질문과 자신의 답변 과정에 설득력이 있었다는 점을 전제한다.

구술자: 역할을 크게 했죠. 제가 고백하겠습니다. 아주 크게 역할을 했습니다. 그건 교수님께서도 지난날을 회상해 보시면 아시겠습니다마는 14대 국회가 여소야대가 되지 않았습니까? 여소야대가 되었습니다. 정권은 이제 야당으로 넘어갔습니다. 김대중 대통령이 정권을 장악하게 되었다 이거예요. 그런데 이제 행정부의 수장이 대통령이 되고 국정의 최고책임자가 대통령인데 국회는 여전히 여소야대가 되어있는 상황이기 때문에 지금 이 국회의 협력 없이 대통령이 정치를 풀어갈 수 있는 것은 나는 아무것도 없다고 봅니다. 그런데요. 요즘 세간에 분권형 대통령제? 이런 논의에 대해서는 저는 굉장히 실망한 사람 중에 하나입니다. 분권형 대통령제를 하려고 하며는 내각책임제로 바꿔야 됩니다. 분권형 대통령제? 대통령 중심제는 그 말 자체에서 대통령이 중심에 서있고 그 임기가 보장이 되고 대통령의 권한이 집중되어 있는 겁니다. 대통령이 자기 책임 하에 정치를 5년 동안 하는 거예요. 분권형으로 했으면 왜 대통령 중심제로 합니까? 내각책임제로 가서 민의를 존중하는 그런 걸로 가버리죠. 나는 분권형 대통령 중심제는 그거 말이 안 된다고 봅니다. 그런데요. 지금 이제 대통령 우리나라 헌법상의 대통령 권한이 일반 국민들이 볼 때는 그냥 무슨 모든 것도 다 할 수 있는 것처럼 이렇게 생각을 한다구요.

(김중권 구술 https://mkoha.aks.ac.kr/IndexMain.do)

고백의 내용은 권력구조에 대한 자신의 소신이고, 면담자에게 “회상해 보면 알 것이”라고 말하는 것은 이와 같은 본인의 소신의 근거를 굳이 상세하게 설명하지 않아도 정치학자인 면담자는 이해할 것이라는 점을 전제하는 태도로 읽힌다. 면담자에 대한 신뢰와 친밀감이 구술자가 전달하는 정보의 양을 제어하는 양상으로 나타나고 있다.

4. 남는 문제들

김중권 전 의원과 정치학자 조영재와의 구술면담이 상호신뢰를 조성했고, 이것이 정보의 성격에 영향을 미쳤다는 이 장 내용의 판단이 실제 구술 전체의 성격을 규정할 수 있는 것은 아니다. 발췌하여 제시하고 있는 단편적인 상황이 구술 전체의 의미를 포괄할 수 있는 것도 아니고, 실제 구술 내용 중에는 구술자와 면담자가 서로 다른 관점을 표출하거나, 면담자가 던지는 질문의 전제를 구술자가 교정하는 경우도 있기 때문이다. 사실 면담자와 구술자의 관계는 질문 하나하나, 사안 하나하나마다 변화될 가능성도 있다. 면담자에 대한 구술자의 신뢰문제도 구술자가 발언한 내용 범위 내에서의 문제이지, 그가 발언하지 않는 내용이 적잖을 수 있다는 점을 감안하면, 그 신뢰성도 한계가 있을 수밖에 없다. 물론 이것은 면담자에 대한 신뢰의 문제라기보다는 시공간적으로 인터뷰 현장 밖에 있는 미래의 자료 열람자들을 의식한 정보제어일 가능성이 높을 것이다. 자신에게 유리하지 않은 정보를 제공해야 할 의무가 구술자에게는 없기 때문이다.

실제로 구술자는 11대 국회에서 최초의 의원입법을 자신이 했다는 정보를 제공하는데, 최초의 의원입법이 왜 자신에게 왔는지 그 맥락에 대한 설명은 없다. 구술자는 자신과 자신의 주변에서 일어난 일들에 대해 비교적 소상하게 그 맥락을 설명하고 있었는데, 정치 입문과정과 초기 의정활동을 언급하는 부분에 있어서는 맥락정보를 거의 주지 않는다. 일테면 자신이 정치입문을 하려고 했을 때, 그간 검찰이 아닌 사법부로 가라는 뜻을 강력하게 밝혔던 법조인이자 후견인이었던 장인이 정계에 입문하는 것이 좋겠다고 판단했고, 또 상당한 지원까지 했다는 점은 매우 의미심장하다. 그것은 큰 변화였고, 정치인 김중권이 탄생하는 중요 상황이다. 그러나 면담자는 그런 장인의 변화와 결정배경에 대해서 전혀 언급하지 않았다. 장인의 마음을 읽기위해 노력했다든가, 적어도 나의 입장에서는 이렇게 해석한다는 정도의 언급도 없다. 이런 탈맥락화는 초기 정치활동을 설명하는 과정에서 자주 드러난다. 답변은 늘 바람직하고 교과서적인 상황이해와 판단, 그리고 행동이다.

11대 국회에서 이른바 관제 야당으로 평가받았던 민주한국당에 대한 인식도 일반적인 평가에서 어긋난다. 구술자는 그들이 일반적인 야당의 기능을 문제없이 수행했다고 평가하는데, 이런 구술자의 입장은 일반적인 견해가 오해라는 메시지이거나, 실제 그와 같은 상황이 있었을 수 있으나, 당시 자신은 그런 문제와 무관하게 의정활동을 했다는 뜻이 된다. 이런 태도는 면담자와의 대화에서도 드러난다.

면담자: 5공화국 초기에는 신군부의 소장세력인 허화평 씨라던가, 허삼수 씨, 권정달 씨 이런 분들이 당과 청와대 이런 쪽에서 힘을 발휘하고 있을 때가 아니었습니까? 그리고 당시까지만 하더라도 그분들이 당을 만들고 주조를 했기 때문에 이 민정당이 당정이라든가 당정청 관계에서 하위 파트너쯤으로 생각을 하고 있던 걸로 알고 있습니다.

구술자: 어떻게?

면담자: 하위 파트너. 중심이 아니고. 그렇게 좀 소장파의 입김이 좀 셌을 땐데요. 그 당시에 신군부의 영향력이 당내 활동이라든가 이런 데 어느 정도 발휘되고 있었습니까? 경험적 사례가 있으십니까?

구술자: 그것이 무슨 저쪽의 고위층, 당 고위층하고 어떤 관계가 있었는지 몰라도 우리 소장그룹이나 이런 데 대해서 별로 느낌이 없었습니다. 허화평 씨가 뭐 어떻다 그 정무수석 했죠? 정무수석. 뭐 했다, 그래도 전 별로 거들떠

보지도 않았어요. 또 민정수석을 했던 이학봉, 허삼수, 사정수석 했던 그 사람들은 몰라. 우린 소장의원이 되어서 접촉할 기회도 없었지마는 그렇게 뭐 영향을 주는 건 아니었습니다.

면담자: 혹시 그런 건 의원님께서 파벌에 속하지 않았기 때문에 모르셨던 건가요? 아니면 소장파 전체들은 좀 더 민정당 내에서도 자유스러운 분위기 속에서 자체 내의 동력을 가지고 움직이셨던 건가요.

구술자: 자체 내 동력으로 움직였다 보시면 될 거예요.

(김중권 구술 https://mkoha.aks.ac.kr/IndexMain.do)

8시간 가까이 진행된 구술면담을 대화성에 초점을 맞추어 분석하는 일이 자료 전체에 대한 포괄적인 이해를 도모하는 데에 상당한 효과를 발휘할 것이라고 생각하지는 않는다. 다만 구술이 대화라는 점, 구술자와 면담자의 정서와 여기에서 비롯된 태도가 구술면담을 진행하는 데에 중요하다는 점 등이 구술자료 생산자들에게 자주 강조되지만, 그 문제에 대해 구체적으로 접근하는 예가 거의 없었다는 점에서 이 글과 같은 시도가 필요하지 않을까 기대해 본다.

다만, 구술자료를 통해서 읽을 수 있는 구술자와 면담자 간의 상호관계, 특히 구술자의 정서적 욕구와 구술내용의 상관관계 역시 구술자료를 이해하는 정보로 이해될 필요가 있다는 이 장의 주제에 많은 사람들의 공감이 있었으면 한다.

제04장

생애경험·세계해석 방식과 정치인의 정책판단

김 택 호

1. 정치적 선택과 정치인의 정서

정치인의 정치행위에 영향을 미치는 요인은 다양할 것이다. 소속 정당의 상황, 소속 정당 내에서의 위상과 입지, 자신의 행위에 대한 여론, 지역구의 상황, 차기 총선 출마 여부, 소속 상임위원회의 상황, 정치권 내·외의 인적 네트워크, 미디어 환경 등 1차적인 고려 상황만 해도 대단히 복합적이다. 이런 구조와 상황 요인 외에도 해당 정치인의 기질과 성격을 포함한 정서적인 환경 역시 정치적 선택과 행동의 중요한 동인이 될 수 있다. 어떤 경우에는 이런 정서적 동인이 합리적인 분석을 넘어서는 원인이 될 수도 있다. 다음과 같은 경우도 있다.

그러다가 이제 가장 결정적인 게 뭐냐면 저는 그 당시에 밤에 11시쯤인가 보면 MBC에서 「이제는 말할 수 있다」라고 하는 프로그램이, 그때 과거에 용공조작하고 그리고 조작의 피해자들이 증언을 하는 걸 보면서 눈물을 많이 흘렸죠. 그래서 '아, 내가 이런 당에 계속 있어야 되나.' 그리고 지역구 생각하면 한나라당으로 있기에는 인천의 남구을만큼 좋은 지역구가 없어요. 여기는 당 지도부에만 잘 보이면 그냥 계속 국회의원을 소위 말해서 해먹을 수 있는 그런 지역구인데, 그래서 고민을 하다가 '에이, 국회의원 한 번 하면 끝내자'라고 결심을 했죠. 내가 이렇게 슬픈 운명으로 살아가기면 안 된다 해서. 제 처하고도 상의하니까 제 처가 당연히 오케이하고. 제 처는 어떤 점이 있었냐면 한나라당 국회의원들 부인들하고 모임이 있습니다, 나가면 희로애락의 포인트가 틀리다고 해요. 슬픈 거. 예를 들어서 요즘 얘기하는 게 장애인학교를 어느 지역에 신설하게 되면 주민들이 반대를 하고 그러잖아요. 그리고 어제도 보니까 동해시에다가 나오고 그러는데, 그런 거는 함께 사는 인간의 의미에서 당연히 그런 거 새롭게 학교 설립하거나 그런 거에 대해서 지역 쪽에서는 간섭하는 게 아니라 오히려 도와줘야 될 입장인데, 그런 거에 대해서 오히려 이제 저기 뭐야 소위 말해서 장애인이나, 없는 사람을 아예 깔보는 분위기. 그런 비슷한 것 때문에 부인들 만나보면 너무 귀족적이고 소위 희로애락의 포인트가 완전히 틀린, 그래서 자기도 어울리기 어렵다고. 그래서 이제 여기에서 내가 슬프게 살아가서는 안 되겠구나 해서 결심을 했죠.

(안영근 구술 https://mkoha.aks.ac.kr/IndexMain.do)

안영근 전 의원은 대학시절부터 인천에서 학생운동과 지역운동 활동을 시작했고, 1987년 백기완 후보를 위해 활동했던 인물이다. 이후 그는 민중당 창당에 참여해 진보정당의 의회 진출을 모색하다가 꼬마민주당과 신한국당의 통합과정에서 한나라당 구성원이 되어, 국회에 진출했다. 위에 인용한 부분은 그가 한나라당을 탈당하여, 열린우리당에 입당할 것을 결심하는 계기를 고백하는 장면이다. 이른바 독수리5형제 중 1인이었던 안영근 전 의원은 무엇보다도 정서적 불편함이 탈당을 결심하게 된 계기였다고 말하고 있다. 본인의 정치적 선택에 아내가 찬성했던 것 역시 정서적인 이유였다고 말하고 있다.

그가 왜 위와 같은 정서적 불편함을 느꼈는지 이해하기 위해서는 구술 당시까지 그의 삶 전체에 대한 이해가 필요하다. 유신시기부터 전두환 정부까지 민주화운동에 헌신했던 이력, 민주화운동 과정에서 만난 아내, 발달장애를 지닌 아들 등 그의 삶을 구성하고 있는 조건들에 대한 스스로의 진술이 이런 정서적이면서 정치적인 결정에 대한 이해를 가능하게 한다.

이 장에서는 구술자료를 통해 의료보험재정통합이라는 동일한 정책에 대해서 동일한 정당에서 활동했던 김홍신, 전재희 두 전직 국회의원이 상반된 입장을 보였던 문제를 살펴보고자 한다. 일반적으로 생각해볼 때, 특정한 정책과 법안에 가장 큰 영향을 미치는 것은 소속 정당의 정치적·정책적 입장이다. 한 사람의 정치인이 정당을 선택한다는 것 자체에 해당 정당의 입장에 대한 동의가 전제되어 있으므로 이는 자연스러운 태도라고 할 것이다. 그러나 김홍신, 전재희 두 정치인은 동일한 정책에 대해 상반된 입장을 일관되게 보였다. 그렇다면 거기에는 소속 정당이 아닌, 개인적인 경험과 세계해석이 변수로 개입되었을 것이라는 가설을 제시하는 것도 가능하다. 추상적으로 기질이라고 부를 수도 있는 이 개인적인 변수가 무엇이었는지를 두 정치인의 생애사 구술 내용을 중심으로 살펴보려는 것이다.

사실 두 전직 국회의원의 성장 과정에는 유사점이 많다. 두 인물은 모두 맏이였으며, 경제적으로 수완이 없었던 부친과 상대적으로 생활력이 강했던 어머니 슬하에서 성장했다. 이 두 인물에게 모친의 영향력은 대단했다. 삶의 기본적인 지침을 어머니로부터 받았고, 어머니가 현재의 자신을 있게 했다는 인식을 가지고 있다. 그러나 이 두 구술자의 정계 입문 이전 활동과 입문과정은 대조적이다. 흥미로운 것은 이 두 구술자가 본인의 삶이 전개되는 과정을 이야기하는 방식 역시 대조적이라는 것이다. 무엇이 그런 대조점을 만들었는지 완벽하게 이해하는 것은 불가능할 것이다.

이 장에서는 김홍신, 전재희 두 전직 국회의원의 구술자료를 기반으로 그들의 정서적 특성과 기질을 가늠해보고, 그것이 그들의 정책활동, 정치적 선택에 어떻게 작용했는지 살펴보는 데에 목표가 있다. 이를 위해서 그들이 각기 어떤 방식으로 본인의 삶과 활동을 설명하는지 분석할 것이다.

2. 의료보험재정통합 정책과 두 정치인의 입장

1) 김홍신의 입장

1999년 10월 15대 국회는 다음 총선을 6개월 정도 앞둔 상황에서 마지막 국정감사를 벌이고 있었다. 당시 중요 이슈 중 하나는 의료보험재정통합 문제였다. 16대 총선을 앞두고 직장가입자들의 불만, 초기시행과정에서 발생할지도 모를 시행착오 등이 선거에 영향을 미칠 가능성이 있었기 때문에 각 정당과 정부는 이 문제에 대해 촉각을 곤두세우고 있었다. 표면적으로 당시 의료보험재정통합 문제는 실행 시기가 문제였을 뿐, 실행 자체는 합의된 것으로 보였다. 그러나 한국노총을 중심으로 통합 자체를 반대하는 움직임은 여전했다.[1)]

1999년 10월 18일 당시 야당이었던 한나라당 소속 국회 보건복지위원회 위원 정의화와 김홍신 두 국회의원은 보건복지부 보험정책과에서 작성한 「국민건강보험법 개정 연기에 따른 대응방안 검토」라는 제목의 내부문서를 공개하면서, 2000년 1월 1일 시행하기로 한 의료보험통합안이 6개월 연기된 것은 2000년 4월 16대 총선을 의식한 정치적 배경 때문이라면서 차흥봉 보건복지부 장관을 다그쳤다. 실제로 해당 문서에는 통합안이 정기국회 초기인 1999년 10월 국회를 통과한다고 해도 하위법령

---

1) 당시 재정통합 자체를 반대했던 사회보험개혁 범국민대책회의는 한국노총 산하 기구였다.

등 제정기간이 촉박하고, 전산시스템 변경시간이 부족하여 업무혼란을 초래할 수 있고, 총선에 직접적인 영행을 미치게 되므로 여권의 부담으로 작용할 가능성이 크다는 내용이 포함되어 있었다.[2)]

표면적으로 이 상황은 야당 소속이었던 두 의원이 당시 정부와 여당의 정치적 꼼수를 비판하면서 보건복지부의 선거법 위반가능성을 제기하는 모습이지만, 문제를 제기하는 두 국회의원의 배경에는 차이가 있다. 정의화가 정부와 여당을 비판하는 것 그 자체에 의미를 두고 있다면, 김홍신은 의료보험재정통합 정책의 순항여부에 대한 의구심을 배경으로 삼고 있었기 때문이었다.[3)]

약 한 달 후, 역시 보건복지위원회에서 김홍신은 또 다른 의혹을 제기한다. 이때 파트너는 한나라당이 아닌, 당시 여당이었던 새정치국민회의 소속 이성재 의원이었다.

> 1999년 11월 16일 국회보건복지위원회에서 김홍신 의원(한나라당)과 이성재 의원(국민회의)은 직장과 지역 의료보험의 통합을 반대하는 '사회보험개혁 범국민대책회의'가 국회에 제출한 「의보통합반대 범국민 서명」의 서명자 수가 실제보다 두 배 가량 부풀려졌다는 주장을 제기했다. 이들 두 의원은 같은 해 9월 범국민대책회의가 국회에 제출한 「의보통합 반대 서명지」를 세어본 결과 "대책회의가 514만 명에 이른다고 주장한 서명자 수가 실제로는 290만여 명에 불과한 것으로 확인됐다."고 주장했다.[4)]

---

2) 「"의보 통합 총선의식 연기했다" 정의화-김홍신 의원 문건공개」, 『동아일보』 1999.10.19., 26면 참조.

3) 당시 한나라당의 당론은 실행연기였다. 정의화는 당론에 따르고 있었고, 김홍신은 이러한 당론에 반대했던 유일한 당내 의원이었다.

4) 「"의보통합반대 서명 숫자 '부풀리기' 의혹" 김홍신·이성재 의원 주장」, 『동아일보』 1999.11.17, 29면 참조.

한나라당 소속 국회의원이었던 김홍신은 일관되게 의료보험재정통합을 강력하게 지지하는 입장이었다. 문제는 이것이 본인 소속 정당의 당론과 정반대의 입장이었다는 점이다. 그는 왜 당론에 반하는 활동을 했던 것일까? 그에게 의료보험 재정통합과 의약분업이 어떤 의미가 있었기에 이후 사보임을 당하기까지 하면서도 뜻을 꺾지 않았던 것일까? 길지만 그의 말을 들어보자.

제가 이제 계속 소수였고 그다음에 계속 당의 정책과 계속 맞서는 경우가 많아가지고 제 법안을 통과시키기가 쉽지 않았어요. 근데 가장 법안 제출이 많고 가장 많이 통과시킨 법안 순위가 거의 1위를 유지했고, 그다음에 출석은 당연히 100% 가깝게 한 사람인데, 특별한 경우가 아니면. 그러니까 이제 미움을 받아요. 왜? 계속 의정평가에서 1등을 계속 8년 연속으로 하니까 예쁠 일이 없어요. 거기다 국정감사든 뭐를 하면 끝까지 제가 물고늘어져가지고 회의가 길어져버려요, 저 때문에. 그러니까 예쁠 수가 없죠, 당장은. 그러니까 제 법을 통과시키는 게 쉽질 않아요. 그래서 전략이 뭐냐면 예를 들어서 이런 거예요. 의약 분업 때도 마찬가지인데 다국적 제약사가 한국에서 약을 어떻게 파느냐면 미국 FDA 승인이 나도 미국에서 판매를 안 해요. 이유가 뭐냐? 거기서 만약 그러다가 투약을 했다가 사건사고가 나면 그 회사에 엄청난 데미지가 생겨요. 그러니까 이것을 어디서 인체실험을 하냐면 공인을 받느냐면 한국에서 해요. 그래서 한국이 인체실험국가였어요. 지금 대한민국도요, 제약실험을 한국에서 안 합니다. 약소국가에서 해요, 지금도. 이건 세계 공통사예요. 근데 한국이 왜 그러면 세계제약사에서 한국이 유명한, 말하자면 실험국가냐면, 약을 좋아해요. 둘째 주민등록제도가 너무 잘되어 있어요. 셋째 의학이 뛰어나요. 그다음에 의료인들이 성실성과 통계치와 그다음에 연구수치가 세계적으로 뛰어나요. 그다음에 컴퓨터를 비롯해서 전자기기를 너무 잘 다뤄가지고 데이터를 뽑으면 세계가 공유를 하게 돼요. 이런 특징을 갖고 있어요. 근데 한국에서 "제약실험에서 좋다." 라고 판정이 나면 재판을 해도 유리해요. 그러니까 한국에서 하는데, 또 유리한 게 뭐냐, 어느 대학 소아과에서요, 미국 다국적 제약사의 아이들 백신 실험을 할 때 독감백신인가 실험할 때 어떻게 하는지 아세요? 아이들을 실험하기가 정말 어렵죠. 그러면 시설, 말하자면 고아원에서 하면 고아원장은 너무 좋아요. 애들을 3년간 케어를 해 줘요, 다. 뭐 예방주사도 놔주고 관리도 해 주고 학용품도 사주고 다 관리를 하니까 애들을 데리고 병원 갈 일이 없어요. 그 병원에서 다 해 주니까. 그죠? 그러면 얼마나 편리해요. 그리고 이건 불법이에요. 그러면 여기서 실험을 하는 거 얼마나 쉬워요. 데이터가 정확하죠? 그걸 제가 잡아서 법을 만들어요. 그러면 법을 만들 때 이걸 공개해버려요. 그죠? 자, 한국에서 어린이들을 상대로 인체실험을 심각하게 한다. 그러면 인체, 말하자면 실험하는 그 방법을 법을 바꿔야 된다. 그러면 이거가 언론에 대서특필이 되니까 제 법안이 통과가 되죠. 이런 작업을 무수히 안 할 수가 없어요. 쉽게 통과 안 시켜주니까. 그다음에 이제 의약 분업도요, 제가 이제 강력히 주장을 하니까 "의약 분업은 연기하자." 자꾸 이렇게 나오는 거 아니에요? 그러면 연기하자는 것은 정당에서는 표가 걸려 있는 거예요. 근데 표가 우리 당에서는 이걸 연기하는 게 유리하니까 자꾸 말하자면 압력단체에서 연기해 달라고 그러니까 연기를 하려고 그럴 때 제가 반대하는 이유가 뭐냐? 우리가 지금 2000 몇 년도인가는요, 미국에서 본래 처음에요, 약을 우리나라에 제공할 때 싼값에 제공을 해요. 그래서 이제 우리나라에서 2, 3년 지나가서 막 이제 이 약이 전 국민에게 보급이 되면 갑자기 가격을 올려요. 근데 가격을 올릴 때는 우리나라가 말하자면 일정한 승인제도가 있지 않습니까? 왜냐면 연금, 아니, 국민건강보험 때문에. 건강보험료 때문에 승인할 수밖에 없잖아요. 근데 이걸 안 올려주면 1년에 미국 정부가요, 스물 몇 번. 지금 숫자를 까먹었는데 20 몇 번을 압력을 넣어요. 어느 정도 넣느냐? 미국 대사관에서 넣죠, 그다음에 상무부에서 넣죠, 그다음에 우리로 얘기하면 보건복지 쪽에서 넣죠, 그다음에 어, 그, 말하자면 국무부에서도 집어넣어요. 다 쓰는 거예요. 심지어는 이거까지 잡아냈어요. 제가 이걸 통과시킬 때. 뭐냐? 여자, 우리로 얘기하면 국장 밑에 급 여자예요, 미국에. 아마 상무부였을 거예요. 이 여자가 우리 복지부에 와서 차관 책상을 걷어찼어요. 근데 생각해 보세요. 차관이면 1급 공직이라면 또 몰라도 차관이라면 이미 격이 다른 건데. 정무직이예요. 차관은 대통령도 대신하는 자리예요. 그죠? 명이 주어지면. 거기 와서 책상을 걷어차고 소리를 질렀어요. 아무도 몰라요. 왜? 차관은 자기 입으로 얘기하면 이런 창피가 어디 있어요. 말을 못 하죠. 제가 제보를 받았어요. 그래서 "자, 국회에서 이 차관실에 들어가서 감히 대한민국 복지부 차관 방에 들어가서 건방지게 이따위 짓을 하는 사람을 그냥 뒀냐?" 말을 못 해요. "그럼 좋다. 와서 행패를 부렸냐? 안 부렸냐?" 말을 못 해요. "그럼 좋다. 행패를 안 부렸다면 안 부렸다고 대답을 하고 부렸으면 침묵을 지켜라." 침묵을 지켜요. "그럼 됐다." 무슨 얘기인지 아시겠죠? 이런 굴욕적인, 우리가 힘이 없기 때문에 이걸 당하고 있기 때문에 대한민국이 계속 인체실험국가에서 벗어나려면 의약 분업이 빨리 돼야 돼요. 왜? 대한민국은요, 여러분이나 저나 모두 지금 몸속에 항생제에 문제가 다 생기고 있는 거예요. 그럼 이게 이제 나중에 수퍼항생제뿐만이 아니고 온갖 질병에 노출되면 치료하기가 어려워져요. 그러니까 우리 지금 우리나라에서 노인들의 건강상태를 보면요, 이 항생제가 말을 잘 안 듣기 때문에 질병코드에 너무 노출이 되어 있어요. 그러니까 대한민국은 지금요, 평균수명이 늘어나서 죽기 전에 한 십 수 년 간 병자로 살아요. 근데 치료가 잘 안 돼요. 그게 뭐냐면 우리가 수십 년 간 말하자면 인체실험국가 노릇을 했기 때문에 그런 겁니다. 그러니까 이거를 뒤집으려면 그 방법밖에 없었던 거죠. 그래서 제가 미국 정부하고 싸우면 이길 수가 없잖아요. 그렇기 때문에 그걸 다 공개해버린 거예요.

(김홍신 구술 https://mkoha.aks.ac.kr/IndexMain.do)

의약분업과 관련된 약사법개정을 추진했던 이유를 설명하는 구술내용 중 일부이다. 일반적으로 의약분업을 실시해야 하는 이유로 제시되는 것은 경제적 이익을 위해 병의원과 약국에서 의약품을 과다투약하거나 처방하는 문제이다. 이것은 시민들의 의약품 남용을 초래하는 문제와 함께 의료보험 재정에 악영향을 끼치는 요인이 되기도 한다.

김홍신은 이런 일반적인 문제의식과 함께 제약회사의 부도덕한 임상실험 문제와 미 행정부에 대한 반감을 중요한 정책추진 배경으로 들고 있다. "우리가 힘이 없기 때문에 이걸 당하고 있"으며, "대한민국이 인체실험국가에서 벗어나려면 의약분업이 빨리 돼야"한다는 것이다. 적절성 여부를 떠나 특별한 문제의식인 것은 사실이다. 국회의원이 의약분업과 의료보험재정통합을 찬성하거나 반대하는 이유는 다양할 것이다. 김홍신의 경우도 이런 다양성의 일부분일 수도 있다.

김홍신의 이러한 입장은 앞서 언급한 1999년 10월 이후의 상황을 묻는 면담자의 질문에 대한 답변과정에서도 반복된다. 면담자는 "의약분업보다는 재정통합문제가 당시 의보통합의 핵심 사안인데, 당시 한나라당이 실시 연기를 주장했던 이유가 무엇이었냐?"고 묻는다. 이에 대해 김홍신은 다음과 같이 답한다.

그게 한국노총인가요? 이쪽에 제가 기억하기로는 요청이었고, 그다음에 많은 이익집단의 요청이었어요. 그러니까 이제 선거 준비를 해야 되니까 표를 의식해야 되지 않습니까? 그러니까 그거를 연장을 하자. 이미 법이 통과된 거예요. 그럼 시행도 안 해보고 또 연기를 하자는 거거든요. 그게 이제 당론으로 결정이 됐어요. 그래서 당론 할 때 제가 반대를 했어요. 반대했는데 저는 한 표밖에 없잖아요. 그래갖고 이게 통과가 됐어요, 당론이. 통과가 돼서 저는 안 된다. 왜냐면 국민 건강의 문제, 그다음에 우리가 외국 다국적 기업에 문제가 되면 어떻게 되느냐면요, 지금 우리 아시아권을 보면요, 다국적 기업에서 이렇게 나와요. 그 나라 가서 약을 싸게 공급을 해갖고 거기 있는 제약회사들이 약해져요. 그래서 제약회사들이 무너지고 나면 그다음부터 이 약값이 확 올라가지고 아시아 지역은요, 거의 다국적 기업이 약가를 쥐고 흔들고 있어요. 한국이 지금 그걸 겨우 벗어나 있거든요. 그렇죠? 그런 상태예요. 그것만 해도. 그다음에 약가 조정을 말씀드렸듯이 미국

권력이 한국을 말하자면 찍어 누르는 형태, 이거 세상에 차관 방에 와서 일개 여 과장급 직원이 책상을 발로 걷어찬다는 거 이거는, 이거 말이 안 되는 짓들 하고 있거든요. 그러니까 그런 상태를 우리가 벗어나서 우리가 이제 의료사각도 벗어나야 되지만 국민 건강, 그리고 국제관계에 있어서 이게 우리가 이런 문제를 해결을 못 하면 외교적으로는 나약해져요. 그리고 이제 아시아 권역에서 이 제약 산업이 무너지기 시작하면요, 어떤 문제가 있느냐면 앞으로 생명공학, 이것도 길을 펴기가 굉장히 어려워져요. 그다음에 우리 의학 발전도 제약을 받을 수가 있고. 그러니까 이런 제도를 정치적 표만을 의식해서 연장하거나 미루면 이건 문제가 생길 수가 있는 거거든요. 그래서 제가 그걸 반대를 하기 시작했고, 그래서 저를 결국 당 총재가 저를 사보임이라 그래서 저를 보건복지위원회에서 내쫓아버렸어요. 어디로 보냈느냐면 환경노동위로 저를 내쫓아버렸어요. 그래서 제가 바로 농성에, 국회 302호 사무실에서 농성에 들어가고 참여연대에서 저를 위해서 헌법소원을 시작했죠.

(김홍신 구술 https://mkoha.aks.ac.kr/IndexMain.do)

구술자료에 따르면 국제관계 정상화 문제와 다국적 제약기업의 횡포, 그리고 앞서 언급한 비인간적인 의약품 임상실험 등이 정치적 소신의 배경이었다. 의약분업이 의료보험재정통합에 중요한 이슈가 된 것은 한국 의약품계의 왜곡된 구조와 관련이 깊다. 의사들의 강력했던 반발은 그러한 구조가 의사들에게 제공했던 이익을 사수하려는 면도 강했다. 김홍신은 이러한 문제에 대해 언급하지는 않았다.

2) 전재희의 입장

당시 상황에 대해 또 다른 전직 국회의원인 전재희는 김홍신과 전혀 다른 차원에서 이 문제에 대해 답한다. 면담자는 '의료보험재정통합 문제를 둘러싸고 당시 한국사회의 진보와 보수 진영은 분명히 각기 다른 목소리를 냈다. 그 이유가 무엇이라고 생각하느냐'는 취지로 질문했다.

> 그게 조합주의로 시작한 배경에는 우선 할 수 있는 사람부터라도 시작을 하자, 이렇게 되어 있어요. 우리나라 보험이 다 역사를 보면 산재보험도 실제로 보호 받아야 될 사람들은 더 영세 근로자들인데, 기업주가 돈을 못 내니까 처음에 큰 기업부터 해서 지금은 모든 근로자가 다 적용받는 것처럼, 건강보험도 처음에는 모든 사람을 다 하려니까 국가가 재정을 감당을 못하니까, 할 수 있는 사람들이 조합을 만들어가지고 먼저 하는 식으로 해서 조합주의로 출발한 것은 시작의 편의성 때문에 그렇게 된 거예요. 그리고 그때 재정통합에 문제가 생긴 것은 그때만 하더라도 자영업자의 소득은 파악이 잘 안 됐어요. 탈루소득이 많고. 그다음에 근로자의 소득은 유리지갑이라고 그래서 파악이 잘됐어요. 그래서 통합을 반대하는 사람들의 입장은 뭐냐면 "그러면 소득이 분명하게 파악되는 사람이 손해 아니냐?" 그런 것을 걱정을 해서 이 형평성의 원칙에 어긋나기 때문에 반대한다는 것이 있었고, 반대도 근본적인 반대라기보다는 시기의 조정의 문제가 더 컸다고 봐야 될 겁니다. 그러니까 예를 들어 반대하는 사람도 나는 절대로 조합주의에서 한 발도 더 다가갈 수 없다는 이런 반대가 아니고 급격하게 통합을 한다면 자영업자라든지 이런 분들의 소득이 제때 파악될 수 있느냐? 그러니까 하더라도 신중하게 하고 단계적으로 하자고 하는 게 그때 제가 속했던 당과 보수 측의 입장이었고, 그다음에 영세조합이나 이런 쪽으로 하는 분들은 국가가 주도하는 통합을 하자고 하는데, 제가 생각할 때 지금 우리가 돌이켜보면 통합 자체는 해야 되는 일이었어요. 그리고 저는 그때 입장이 어땠냐면 저는 신중론이었습니다. 그래서 급격하게 통합하는 거를 조금 막고 늦추려고 하는 입장이었는데요. 우리 당에 누가 있었냐면 김홍신 의원이 있었어요. 김홍신 의원님은 적극적으로 재정통합론자예요.
>
> (전재희 구술 https://mkoha.aks.ac.kr/IndexMain.do)

전재희는 이 문제를 직장인 가입자와 자영업자 간의 갈등으로 설명하고 있다. 그는 당시 자신을 포함한 "당과 보수측"의 입장을 자영업자의 소득파악이 부정확하므로 신중하게 실시하자는 쪽으로 설명하면서 "신중론"이라고 표현한다. 그러나 1999년 이후에도 의사들은 의료보험재정통합 문제에 대해 헌법소원을 제기하고, 한나라당은 재정통합 자체에 반대하는 구체적인 행동과 입장을 발표하는 등 신중론과는 다른 강경한 행보를 보였다.[5)]

한나라당이 재정통합 자체를 반대하던 시점인 16대 국회 당시에도 한나라당 제3정책조정위원장을 맡고 있었던 전재희의 입장에서 당시 당의 입장을 온건한 것으로 기억하고 발언하는 것은 김홍신의 경우와 분명한 대조를 보인다. 김홍신은 당시 자신의 활동을 강경론으로 설명하면서 그 이유를 보다 거시적인 문제의식을 통해 설명하고 있다. 이에 반해 전재희는 당시 자신의 입장을 신중론으로 규정하면서, 현실적이고 구체적인 차원에서 그 근거를 제시하고 있다. 김홍신이 당론에 대해 전혀 개의치 않는 모습을 보이는 반면 전재희는 당론에 공감하거나 수용하고 있을

---

5) 2001년 한나라당 심재철 의원 등은 「건강보험법개정법률안」을 발의했는데, 이 법안의 핵심내용은 2002년 1월로 예정되어 있었던 지역과 직장건강보험 재정통합을 백지화하는 것이었다. 심재철 의원은 당시 제안설명을 통해 "98년 의료보험 통합논의가 시작된 이래 직장의보는2조8천억원, 지역의보는 1조원 가량 적립금이 소진됐다"면서 "자영업자의 소득파악률이 낮아 재정통합에 대한 위헌 논란이 제기되는 등의 문제점을 개선하기 위해 의보재정을 분리 운영해야 한다."고 주장했다. 이는 신중론이 아니라, 통합 자체에 대한 반대안이었다. 오히려 신중론은 집권당이었던 민주당에서 제기되었다. 민주당은 당시 시점에서는 양대 재정의 불균형상 2001년 통합이 어렵다고 보고 2007년 이후로 통합시기를 유보키로 하는 법안을 조만간 제출키로 하고 있었다.(「건강보험 재정통합 백지화 논란(종합)」, 『연합뉴스』, 2001.10.29.) 이러한 상황은 2002년 대통령선거정국에서도 지속되었다. 2002년 10월 13일 대한의사협회 정책연구소가 개최한 새정부에 바라는 보건의료정책포럼에서는 의료보험재정통합이 '무리'라는 한나라당 이회창 대통령선거 후보 측 서면답변서가 발표되었다. 의약분업정책에 대해서도 이회창 후보는 "의약분업 재평가위원회 구성해 문제점 개선 보완"이라는 답변을 보냈다.

뿐만 아니라, 긍정적으로 해석하려고 노력하고 있다.

좀 더 자세하게 들여다보면, 이 두 사람이 정치권에 대해 서로 다른 관점을 지니고 있음을 알 수 있다. 김홍신은 한나라당의 판단이 정치공학적 계산에 따른 것이라고 규정한다. 이는 정부여당에 대해서도 마찬가지이다. 그는 '정치권 대 김홍신'이라는 구도로 당시 상황을 인식하고 있다. 본인의 명분은 국격과 인간에 대한 예의에서 나온다.

전재희는 분명히 진보와 보수 사이에 갈등전선이 있었음을 인정한다. 거기에는 각 정파의 이해관계가 결합되어 있기도 하고, 정책 실현과정에서 부딪치게 될 현실적인 어려움에 대한 고려도 있다. 그러나 그 차이는 그리 크지 않다. 뿐만 아니라, 현재의 시점에서 당시의 문제를 평가하고 있기도 하다. 그에게 당시 의료보험재정통합 문제는 그리 거대한 문제는 아니다. 합리적으로 따져봐야 할 정책적인 문제일 뿐이다.

3. 생애구술 내러티브의 핵심가치, 휴머니티 – 김홍신의 경우

1) 정치인 김홍신

잘 알려진 바대로 김홍신은 베스트셀러 「인간시장」의 작가이다. 적잖은 작가들이 그랬듯이 그 역시 5공화국 시기 민주화활동에 부분적으로 가담했던 인물이다. 구술에서도 확인할 수 있듯이 안기부에 구금되어 조사와 협박을 받기도 했으며, 지속적으로 권위주의 정부로부터 견제를 당했던 인물이다. 그런 사정은 간접적으로 가정에 불행을 조성하기도 했다. 제도권 밖에서 활동했던 그가 초창기 경실련에 참여하고, 이를 계기로 정치활동을 시작하는 과정, 또 뜻하지 않게 보수정당의 비례대표 국회의원이 되는 과정은 한국정치의 특수성을 잘 보여주기도 한다. 비례대표로만 재선을 했다는 것은 여타의 문화계 인사들과는 달랐던 그의 당내 위상을 보여주는 점이기도 하다. 그의 당내 위상은 애초부터 그의 정치적 자산이었던 대중적 지명도와 시민단체로부터의 지지에서 비롯된 것이었다.

실제로 김홍신은 보건복지위원회 위원으로서 성실한 활동을 전개했다. 그는 약사법, 의료법, 식품위생법, 전염병예방접종, 검역법 등과 같은 보건 관련 법률안과 노인복지법, 아동복지법, 공공의료강화, 영유아보육법 등과 같은 복지관련 법률안 다수를 대표 발의한 바 있다. 「성전환자의성별변경에관한특례법안」과 같은 진보적인 법안을 대표 발의하고, 국가보안법폐지를 찬성하는 등 소속 정당의 입장과는 다른 입법 활동을 전개하기도 했다. 이런 활동의 배경이 무엇이었을지 판단하는 것은 단순하지 않다. 물론 애초에 그가 꼬마민주당 출신이고, 이른바 독수리5형제 의원들과 함께 탈당했어야 하는데, 비례대표였기 때문에 당적을 유지하고 있었을 뿐이라는 분석이 가해질 수도 있다. 만일 그것이 사실이라고 해도, 그것을 기반으로 정치인 김홍신의 의정활동과 정당활동 전반을 이해하는 것은 어렵다. 기본적으로 그는 직업적인 정치인이 아니었다. 그는 정치권 밖에 분명한 자기영역을 가지고 있었던 인물이다. 그가 정치인으로서 활동한 것으로 인해 본인에게 대단히 유리한 사회적 입지를 새롭게 제공받았다고 보기도 어렵다. 보수정당에서 활동한 이력이 작가 김홍신에게 이롭게 작용했을 가능성은 그리 높지 않기 때문이다.

그가 정치활동을 한 것이 그의 성향과는 상반되는 활동으로 보기는 어렵다. 그는 대학시절부터 학생회와 동아리 활동에 대단히 주도적으로 참여했다. ROTC장교 출신이라는, 작가로서는 이례적인 군 생활 경험을 지니고 있기도 하다. 시민단체 활동뿐만 아니라, 정당 활동을 완전히 정리한 이후에도 중앙선관위 관련 활동을 적극적으로 진행하는 등 여전히 그는 정치에 대한 관심을 유지하고 있다. 그에게 이런 활동의 계기와 배경이 무엇이었을까? 비록 면담자가 마련한 질문에 대답하는 방식이지만, 그가 본인의 입을 통해서 전하는 본인이 살아 온 이야기를 통해 이를 추측하는 것은 구술자료를 이해하는 좀 색다른 방법이면서, 유효한 방법이 될 수도 있을 것이다.

2) 구술 내러티브의 의의

구술은 각종 기록물을 통해 확인할 수 있는 과거의 사건과 상황들, 그 사건과 상황을 설명하기 위한 이론과 경험, 그리고 그것들을 제시하기 위한 내러티브가 결합한 형태이다. 이 결합은 순간적이지만 순차적으로 진행된다. 면담자와 구술자료를 열람하는 사람들은 구술을 통해서 사건과 상황을 이해할 수 있게 된다고 생각한다. 흔히 하는 말로 '맥락'을 이해할 수 있게 된다고 생각한다. 물론 이것은 맞는 말이다. 그러나 엄밀하게 말해서 화자가 아닌 청자의 입장에 선 면담자와 열람자들은 구술자의 내러티브를 듣고 있는 것이다. 물론 그 내러티브는 해체되어 분석되고, 각자의 방식으로 재조립될 것이다. 청자가 지니고 있는 정보량과 분석능력이 재조립된 새로운 내러티브의 신뢰도를 결정할 것이다. 재조립된 내러티브와 구술자의 내러티브 사이의 간격과 구술의 신뢰도가 반비례하는 것은 물론이다.

20세기 초 모스크바대와 페테르스부르크대에 재학중이던 언어학과 문학 전공 대학생 일군이 각각 조직한 모스크바언어학서클과 시어연구회(Opoyaz) 구성원들의 새로운 연구태도에서 비롯된 구조주의 문학이론과 문학이론가들은 이야기, 즉 내러티브를 작동시키는 보편적인 법칙을 찾아내는 데에 관심을 기울였다. 그들은 그 법칙을 통해 인간의 심층적 구조를 이해할 수 있다고 믿었다. 그것은 인간의 보편적 마음을 읽는 열쇠가 될 수 있다고 생각했기 때문이다. 인간은 특별한 방식으로 이야기를 구성하며, 그렇게 구성된 이야기는 그 심층 구조에 있어서 일정한 패턴을 반복한다는 것이 이들의 전제였다. 그러므로 이들은 개별 작품, 개별적 내러티브의 특수성을 넘어서서 내러티브 일반의 보편성을 확립

하는 데에 목표를 두고 있었다. 보다 구체적으로 그들은 “이야기를 구성하는 데에 반드시 필요한 요소들이 있을까?”, “있다면 그것은 무엇인가?”라는 질문을 던졌다.[6)]

그들이 제안한 이론을 구술자료 분석에 활용하겠다는 뜻은 아니다. 이들의 활동이 우리에게 제공하는 탁월한 견해에 귀를 기울여보겠다는 뜻이다. 앞서 언급했던 내러티브에 관한 논의를 좀 더 진전시켜보자. 문학연구자들에게는 매우 기초적인 개념 중에 이런 것이 있다. 말로든 글로든, 우리가 누군가의 이야기를 듣는다고 할 때, 그것은 이야기 자체를 듣는 것이 아니라, 내러티브(담화, 표현, 매체)를 듣는 것이다. 내러티브는 이야기를 이끌지만 이야기 그 자체는 아니다. 화자의 머릿속에 있는 것이 내러티브를 통해 청자에게 전달되고, 청자는 내러티브를 통해 이야기의 실제 내용을 저장한다. 그러므로 하나의 서사물은 표현으로서의 내러티브(담화)와 내용으로서의 이야기로 구성되어 있다.

---

6) 이러한 질문에 대해 답을 구하는 방식은 다양했다. 페테르스부르크대 시어연구회 출신이었던 민속학자 블라디미르 프로프(Vladimir Propp)는 1928년 출판된 저서 『민담형태론 (Morphology of the Folktale)』에서 러시아 민담 대부분이 부재(absentation), 금지(interdiction), 모략(trickery) 등과 같은 총 31개의 기능(motive)과 주인공 (hero), 악당(villain), 후원자(doner), 조력자(helper) 등과 같은 7개의 행동영역으로 분해가 가능하다고 분석했다. 이러한 관점은 1960년대 파리의 구조주의 문학론의 성력에 기여했다. 대표적인 프랑스 기호학자인 그레마스(Algirdas Julien Greimas)가 제시한 행동자 모델과 서사도식은 프로프의 연구에 힘입은 바가 크다.

〈서사텍스트의 구조〉

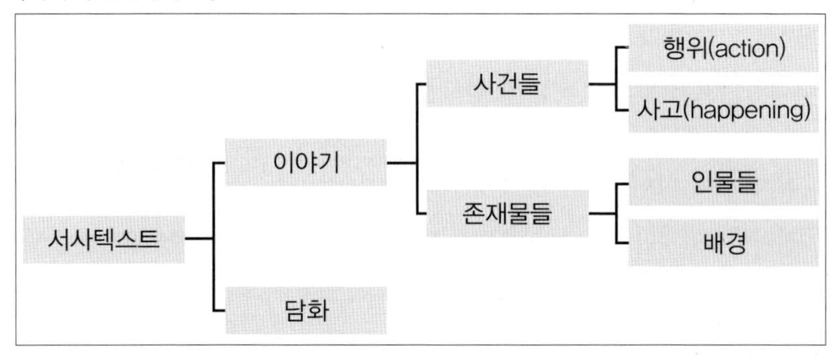

내러티브의 기본요소는 순서(order)와 조합(selection)이다. 조합은 서사를 추진시키는 정보들(정보단위)과 서사에 일관성과 통일성을 부여하여, 종국에는 주제를 형성시키는 요소(징조단위)를 결정한다. 어디에서부터 말하기 시작해서, 어디까지 말할 것인가 등을 결정하는 것이 조합의 영역이 되는 것이다. 구술에서는 이것을 결정하는 데에 질문자의 질문내용이 큰 역할을 한다. 그러나 질문 내에서 어디서부터 어디까지 말할 것인가 등을 결정하는 것은 구술자의 조합에 의해 결정될 것이다.

문제는 구술자가 이야기의 요소들을 조합하여 구성하는 내러티브가 대체 무엇을 재현하는 것인가이다. 여기에서 마주하는 것은 다시 그것은 사실이냐 하는 문제이다. 구술자가 본인의 목소리를 통해 재현하는 과거 내가 겪었던 일들, 또 그러한 일들이 일어날 수밖에 없었던 사정들은 사실이냐는 것이다. 일단 그것이 사실이냐의 문제는 차치하기로 한다. 이 글에서 관심을 가지는 것은 구술자가 재현하는 내가 살아왔던 일들에 대한 내러티브는 과거 자신의 일들에 대한 해석이고, 평가이고, 항변이며, 변명이다. 이 모든 것들은 사실 여부를 떠나 구술자를 잘 보여주는 것은 사실이다. 자전적인 이야기의 주인공과 그가 겪었던 사실들은 단지

언어적인 것일 뿐 실제와는 관계없다는 견해가 제기되기도 하는데,[7] 극단적으로 그가 자신의 이야기를 날조했다고 하더라도 그 날조된 이야기의 내용마저도 날조한 사람의 면모를 보여줄 수 있기 때문이다.

3) 경험의 시작과 끝, 휴머니티

정치인이었지만, 소설가이므로 김홍신은 이야기를 구성하는 데에 탁월한 감각을 지니고 있는 인물이다. 물론 그의 이야기 구성능력은 구술을 통한 생애사 재현에서 마음껏 발휘되기는 어렵다. 면담자가 제공한 질문지가 있기 때문이다.[8] 그러나 그는 본인의 삶, 개인적, 정치적 활동의 계기와 과정 등에 대해 일관된 주제 아래 구술했다.

그의 구술 내용을 기능적으로 분석하기 위해 다음과 같은 기준을 세웠다. 사건을 핵심사건과 부가사건으로 구분하는 것이다. 핵심사건은 생략이 불가능한 사건이다. 만약 생략이 된다면 내러티브의 흐름과 논리가 파괴되는 것으로, 화자의 핵심 선택과 판단으로 구성된다. 부가사건은 내러티브의 기반을 파괴하지 않고, 생략될 수 있는 것들, 미학적인 것, 채워 넣거나 정교하게 하는 것들을 말한다.

---

7) 자서전 형식에 관한 연구에서 박승현·최인순은 탈구성주의자 폴 드 만(Paul de Man)의 견해를 인용하면서 다음과 같이 주장한다. “우리의 삶을 보여주는 과정에서 드러나는 언어의 객관적 의사소통 기능의 한계로 인해 언어로 구성되고 의미 지어지는 삶은 작가의 사실적인 삶이라기보다 언어에 의해 만들어지는 삶에 가까우며 이는 진정한 자아의 모습과는 거리가 멀다고 할 수 있겠다.(「자서전적 글쓰기의 문화, 나보코프의 『말하라, 기억이여』와 세바스천 기사의 『참 인생』을 중심으로」, 『한국과학예술융합학』19, 한국전시산업융합연구원, 2015.03, 348면.)

8) 김홍신 전 의원과의 면담은 2016년 1월8일. 13일, 16일 3회에 걸쳐 총 7시간 26분간 진행했다. 질문지는 면담 1주일 전 제공되었으며, 질문지 내용을 수정해달라는 요구는 없었다. 면담장소는 서울시 서초구 소재 김홍신 전 의원 자택이었다. 그는 성실한 구술자였다. 기억이 정확하지 않은 것들은 당시 보좌진들에게 전화로 확인하기도 했다.

김홍신의 구술에서는 서사에 일관성과 통일성을 부여하여, 종국에는 주제를 형성시키는 요소를 뚜렷하게 찾을 수 있다. 구술 초반 면담자는 구술자의 근황을 묻는다. 몇 가지 근황을 소개하던 중 구술 당시 출판된 지 얼마 되지 않은 신작 소설에 관한 이야기를 나눈다. 면담자가 "『단 한 번의 사랑』이라는 소설을 출판하셨습니다. 상당히 오랜만에 대중들하고 작품으로 만나게 되셨는데, 사랑이야기입니다. 이게 어떤 의미이실지 좀 궁금합니다."라고 질문하자 구술자는 다음과 같이 답한다.

> 다른 글은 쓰겠는데 어디서 소설 청탁이 오면 겁이 나요. '이거 쓰다가 나 또 그렇게 되거나 혹시라도 문제가 생기면 어떻게 하지?' 막 이런 트라우마가 와 가지고 소설을 못 쓰다가 이대로 가면 죽을 때까지 못 쓸 것 같아요. 그러면 제가 쓰고 싶은 글을 못 쓸 것 같아요. 그래서 '무조건 시작을 해보자.' 그런데 제가 젊은 시절부터 사랑에 관한 소설을 정말 쓰고 싶었거든요. 그런데 제가 그동안 사회비판적 역사, 그다음에 사회공론화 된 이야기들 자꾸 이런 쪽으로 가다 보니까 이런 따뜻한 소설을 쓰기가 참 어려웠어요, 그동안은. 그래서 '이번에 한번 정말 써보자. 그래야 트라우마를 벗고 다음 소설도 쓸 수 있다.' 이런 생각이 들었어요. 그래서 굉장히, 보통 제가 소설, 장편소설 하나 쓰면 그전에는 일 년에 서너 권씩도 썼거든요. 그런데 이게 거의 3년 걸렸어요.
>
> (김홍신 구술 https://mkoha.aks.ac.kr/IndexMain.do)

이 말에 대한 이해도를 높이기 위해 구술자가 오랫동안 만년필로 글을 써왔고, 지금도 그렇게 하고 있다는 점, 그래서 장시간 집필을 하다보면 신체에 무리가 생겨 일종의 마비증상이 생긴다는 정보를 점을 밝혀둔다.

그러니까 위의 내용을 요약하면 이렇다. 역사대하소설『대발해』를 쓰면서 그런 마비증상을 겪었는데, 그 이후로 글쓰기가 겁이 났다. 그것이 일종의 트라우마가 되었는데, 하여 그것을 극복하기 위해서 사랑이야기를 쓰기로 작정하고 쓴 작품이 『단 한 번의 사랑』이라는 것이다. 이 진술은 전체 구술의 내러티브를 전개하는 데에 필수적인 내용은 아니다. 그러나 사회적인 문제를 떠나 아름다운 사람의 감정을 다룬 작품을 쓰고 싶었다는 구술자의 말은 이후 그가 중요한 개인적·사회적 선택을 하고, 입장을 취하는 기준을 이해하는 데에 중요한 길잡이가 된다.

사실 「인간시장」의 작가로 잘 알려져 있으나, 김홍신은 등단 초기부터 사회적인 문제를 다소 풍자적인 톤으로 그려내는 작품들을 많이 발표했다. 그가 사랑이야기를 쓰고 싶었다는 말은 그가 그동안 발표해왔던 작품들과는 다른 소재와 주제를 다룬 작품을 쓰고 싶었다는 말이다. 그런데 그것이 사랑이야기였다는 점은 시사하는 바가 꽤 있다. 아래 진술과 연결해서 살펴보자.

군에서 제가 소대장 딱 되고 3일째 되는 날 철책선 소대장이 됐는데 대간첩작전을 해가지고 제가 전군에서 그냥, 그날이 71년 7월 1일이면 박정희 대통령 취임식 날이에요. 새벽 0시 25분에 작전을 성공해가지고 적 침투장교를 우리가. …(중략)… 적 장교의 시신을 옮기려면 군 의무, 군대 의무병과에서 와서 검진인가 뭐를 해서 확인을 해야 돼요. 둘째, 군 검찰에서 그걸 이송하는 무슨 서명을 확인을 해줘야 옮겨요. 그러니까 시신 처리 절차가 있어요. 그러니까 이제 작전이 끝났으니까 우리 부대 바로 옆에 야산이에요. 약간 호수 옆에 야산인데, 거기다가 시신을 놓고 가마니를 하나 덮고 흙을 몇 삽 던져 놓고 그냥 가버렸어요. …(중략)… 그렇죠. 왜냐하면 그걸 조사를 다 해야만 움직이니까. 그래서 그걸 이렇게 쳐다보고 있으니까 마음이 그래요. 내가 직접 총 쏜 것은 아니지만. 내가 지휘를 한 건데. 그래서 나무를 가지고 십자가를 만들었어요, 깎아서. 그래서 끝에 이렇게 대검으로 이렇게 치면 삐쭉해지잖아요. 그걸 갖다 꽂아놓고 제가 기도를 했어요. 그때 뭐 서너 명을 데리고 갔을 거예요. "가만 있어봐. 누가 성당이나 교회나 절에 다니는 애가 누구 있지?" 이렇게 해서 근방에 있는 애를 불러가지고 갖다 꽂고 기도를 한 거예요. "이 불쌍한 영혼을 좋은 곳으로 가서 편안하게 저걸 하게 해 주십시오." 기도를 한 거예요, 그냥. 무슨 뭐 특별히 무슨 걔를 떠받들려고 한 건 아니고 그냥 한 거예요. 그런데 이게 이제 말하자면 옛날 보안대죠. 보고가 된 거예요. 방첩대라고 그랬나, 그때? 보고가 된 거예요. 그래갖고 제가 이제 빨갱이 장교가 된 거야. …(중략)… 넘어갈 사안은 아니야. 71년에 적 장교를 위해서 기도했다? 그럼 이건 진짜 용서하기 어려운 거였더라고요, 내가 보안대장이라도. 내가 군 책임자라도 이거 용서 못할 일이더라고요.

(김홍신 구술 https://mkoha.aks.ac.kr/IndexMain.do)

학군단을 거쳐 전방 보병소대 소대장으로 복무할 당시 대간첩작전에서 본인 소대가 사실한 적 장교에 대한 진혼의식을 진행했고, 이로 인해 방첩대로부터 고초를 당했던 경험을 구술하는 내용이다. 소대장으로 부임한지 3일된 새내기 장교가 사살한 적군을 위한 진혼의식을 진행하는 것은 여러모로 이례적이다. 이러한 행동을 실행하기 위해서는 세 가지 요소가 필요하다. 첫째 사람의 삶과 죽음에 대한 강한 경외감, 인간에 대한 보편적인 애정과 같은 가치관이 필요할 것이다. 둘째 본인이 속한 조직의 특성과 조직 내에서 본인이 처한 사정과 위상보다 본인의 가치관을 실현하는 것을 더 중요한 가치로 인식하는 태도가 필요할 것이다. 그리고 셋째, 그러한 인식을 행동으로 옮기는 실천력이다.

이념과 체제를 넘어 인간에 대한 보편적인 애정을 실천에 옮겼던 젊은 날 구술자의 행동은 현실보다 상위에 보편윤리가 있다는 구술자의 인식을 보여준다. 이런 모습은 사회인으로서의 삶을 살아가는 과정에서도 발현되었다.

구술자는 대학 졸업 후 새빛사에 취업한다. 새빛사는 당시 월간 『새빛』을 출간하는 곳이었다. 그런데 이 매체는 한센인 지원단체에서 운영하는 곳이었다. 그래서 구술자는 자매기관인 선명회 특수피부진료소라는 한센인 치료 및 지원 조직에도 깊게 관련된 활동을 했다. 그런데 대학은사의 추천으로 취업했던 그곳에서 퇴직하는 과정 역시 그가 강조하고 있는 '인간적인 것'과 관련이 깊다.

이게 뭐냐면 한센 환자들을 돕는 거잖아요. 돕기 위한 조직이잖아요. 그러니까 월드비전 정신이라는 게 그런 거 아니에요? 그런 아주 큰 뜻으로 돕는 건데 이게 늘 부딪쳐요. 왜? 사람이 같잖아요. 대상이 같잖아요. 방법만 다르잖아요. 그죠? 사업하고 치료하고. 대상은 같고 그러니까 이런 전반적인 갈등이 뭐 제가 더 깊이 뭐 모르는 것들이 더 많았겠지만 갈등이 심했어요. …(중략)… 그러니까 이제 제가 양쪽 갈등에 있다가 인간적으로 제가 못 견디면 지금도 정을 끊는 경우가 지금도 있거든요. 그게 뭐냐면 아, 한센병 환자들은 얼마나 절박한데 이 사람들은 이용하는구나 하는 것. 이용해서 자기들 명성을 삼는다는 것. 그다음에 두 번째 말하자면 인간에 대한 문제. 그걸 너무 구체적으로 얘기하면 참 가슴 아픈 거예요. 인간에 대한 어떤 내가 못 견디는 문제 이런 것들 때문에 제가 책상을 걷어차고 엎어놓고 그냥 대책 없이 만 2년 채우고서 나왔는데.

(김홍신 구술 https://mkoha.aks.ac.kr/IndexMain.do)

이와 같은 가치관은 이후 정치인으로서 정치적인 판단을 할 경우에도, 유사하게 적용된다. 1980년 신군부는 당시 베스트셀러였던 구술자의 꽁트집 『도둑놈과 도둑님』을 판매 금지했다. 풍자적인 내용이 문제가 되었다. 판매 금지 후 구술자는 보안사로 연행되었다. 그때 구술자를 심문하는 인물은 민정당 창당 중요인물이자 훗날 국회의원이 된 당시 보안사 준위 이상재였다. 당시의 상황에 대해 구술자는 다음과 같이 회고한다.

내가 처음에 갔을 때 이 사람이 엄청 높은 사람으로 알았어요. 왜냐면 육군 대령이 모자를 놓고 전투복을 입고 딱 앉아 있는데 그 앞에 책상 위에 다리를 딱 얹어

놓고 담배를 피우고 있더라고요, 사복에. 그래서 나는 당연히 대령 앞에 잡혀간 줄 알았단 말이에요. 그러더니 앞에 딱 가더니 헌병이 나를 딱 돌리더니 그 사람 앞에 앉힌 거예요. …(중략)… 이상재 의원이에요. …(중략)… 무조건 저는 "모른다. 제가 왜 왔는지 알려주시면 제가 조심하겠다." 겁나니까요. 그랬더니 "국가 원수 모독". 내가 짐작은 할 수 있는 얘기예요, 거기에 그런 글이 있으니까. "체제 비방". 이건 이제 빨갱이라는 얘기죠. "이거까지는 내가 용서할 수 있는데, 이건 용서 못 해." 딱 거의 반말. 아주 반말이 아니고 "못해." 이런 식으로. "군 모독" 그러는 거예요. …(중략)… 그런데 야전침대를 그쪽에 있는 데서 딱 앉더니, 나보고 앉으라고 그래서 딱 앉는데 내가 잘못 앉은 거예요. 너무 겁을 먹은 거야. 그 받침 거기다가 엉덩이를 여기다 대야 되잖아요. 그죠? 이렇게 서 있어야 되는데 앉다 보니까 겁 먹어가지고 푹 앉아가지고 쏙 들어간 데 앉은 거예요. 이렇게 될 거 아니에요? 근데 이게 안 펴지는 거 있죠? 그런데 머릿속은 막 자존심이 상하는 거예요. '내가 왜 이게 안 펴지지?' 피려고 그러는데 안 펴지는 거예요, 이게. 이야, 이게 겁먹으니까, 그러니까 이제 그러면 일어나서 이렇게라도 해야 될 거 아니에요. 근데 이것이 잘 안 되는 거예요, 그 순간에. 이제 그렇게 문초를 받는 거예요.

(김홍신 구술 https://mkoha.aks.ac.kr/IndexMain.do)

두고두고 잊히지 않을 경험이다. 이처럼 그는 고초를 당하기는 했으나 신체적인 위해를 당하지는 않았는데, 당시 국보위 위원이었던 김행자 이화여대 교수의 도움 때문이었다. 그런데 김행자 교수의 후견에 대해 구술자는 "충격을 받았"다고 고백한다. 이유는 이렇다.[9]

그때 내가 김행자 교수하고 사이가 나쁠 때거든요. 왜 나빴느냐? 우리 평민사에서 김행자 교수의 책을 우리가 만들고 있었어요. 근데 그전에 뭐가 나왔냐면 『여

9) 1980년 당시 김홍신은 출판사 평민사의 편집주간으로 재직 중이었다.

성의 신비』, 베티 프리단(Betty Friedan)의 『여성의 신비(The Feminine Mystique)』니 이런 거 그 양반이 번역해서 하고 그 양반 책도 몇 개 나왔는데, 그 책이 뭐더라? 그 책을 그 양반이 썼어요.[10] 써서 우리 출판사에서 책을 이제 O.K교를 보냈는데, 그 양반이 국보위 멤버가 된 거야. 내가 "이 책 나 안 만든다. 나는 내 손으로 이 책 못 만든다." 그래서 내가 거절을 했어요. 근데 언니가 계세요. 본인이 안 오고 언니가 찾아왔어요. 교정지를 가져온 거를 내가, 정말 내가 세월이 지나서 미안하기는 해요. 내가 그걸 던져버렸어요. "이 책 안 만듭니다." 언니 앞에서. 그러니까 이제 우리 출판사는 당황해가지고 저를 막 설득하는 거예요. "형, 그러지 말고 그냥 합시다. 뭐 어때?", "난 내 손으로 못 만든다." 그러고 났는데 며칠 뒤에 김행자 교수가 왔어요. 왜 우리가 그때는요, 송기원 뭐 이런 친구들이 우리 방에 와서 몰래 있다가, 왜? 쫓기는 몸이니까 수건을 걸어놔요. 노란 수건을 걸으면 형사가 누가 와 있다 오지 말라고. 그다음에 이제 흰 수건을 걸어놓으면 올라와도 좋다, 이걸 우리가 신호를 했거든요. 그럴 때인데, 그러니까 가끔 밑을 내려다보는데 지프차가 하나 딱 서는 거예요, 군용 지프차가. 그러더니 딱 내리는데 김행자 교수예요. 찾아온 거예요. 그러더니 나보고 얘기 좀 하자, 이거예요. 그런데 그 전에 얼마나 친하게 지냈냐면 우리 사무실이 마포 이화여대 길을 건너면, 이화여대에서 이렇게 와서 육교를 건너면 우리 사무실이거든요. 그러니까 우리는 마포예요. 저쪽은 서대문이고. 그러니까 점심때나 이런 때는 가끔 자기도 오지만 나도 가요. 가서 교정에서 둘이 손잡고 팔짱 끼고 막 장난하면서 …(중략)… 그래가지고 계속 이렇게 했던 사람인데 왔어요. 그러더니 나보고 "왜 나하고, 이러면 안 돼. 우리 인연이 이렇게 맺으면 안 되지 않느냐?" 그래서 "나는 이제 인연 그만두겠다. 국보위에서 나오면 내가 책을 만들든가 인연을 쌓지만 거기 있는 한 나는 못 한다." 막 이제 난리가 난 거예요. 그래갖고 그날 이제 수습을 못 하고 갔어요. 가서 내가 출판사보고 그랬어요. 이건 책은 전부 내 손을 거쳐야 만들잖아요. 내가

10) 『인격과 발전의 정치문화』를 말한다.

주간이니까. "이거는 나는 못 만드니까 책을 낼라면 니들끼리 내라." 그래갖고 내가 손을 떼고 그들끼리 낸 거예요, 그 책만은. 평민사 책 중에서 내가 안 만든 책이에요, 그게. 그러니까 나하고 사이가 안 좋잖아요. …(중략)… 그때 충격을 받았어요.[11]

(김홍신 구술 https://mkoha.aks.ac.kr/IndexMain.do)

정치적 견해와 무관하게 인간적인 감정으로 자신을 후견했던 김행자 교수와의 관계는 이후 그의 판단과 행동에도 영향을 미친다. 앞서 잊고 싶은 기억을 제공했던 가해자 이상재에 대한 얘기가 구술자의 입에서 다시 언급된다.

훗날. 청문회 할 때 방송에 나와서 잡아떼고 "언론 통폐합 안 했고 그런 거 없다." 막 그러니까 제가 그때 그 감정이 쌓여가지고, 제가 담배를 많이 폈잖아요. 그 왜 큰 재떨이 있죠? 그, 저, 유리재떨이 큰 거. 그거 놓고 담배를 정말 여기서 많이 피웠거든요. 제가요, 순간적으로 보다가 이걸 확 들었어요. "저 이씨!" 하고 막. 그때 아내 살아 있을 때잖아요. 아내가 저를 달라 들더니 왜 이러느냐고. 애들도 있는데 왜 이러느냐고. "저런 새끼는 죽여야 돼." 내가 막 그랬어요. 그러니까 이게 오래갈 거 아니에요. 그러고 났는데 세월이 어느 정도 지났는데 비가 엄청 오는 날이었어요, 그날. 근데 이상재 의원이 김영삼 대통령 때 유세반장을 했어요. 유세반장을 하다가 영동인가 옥천에 충북, 그쪽 국도길 어디에서 교통사고가 굉장히 큰

---

11) 김행자의 국보위 참여과정에 대해 간접적으로 참고가 될 만한 증언이 있다 숙명여대 총장을 지냈던 이경숙은 2006년 언론 매체와의 인터뷰에서 국보위 참여과정에 대해 다음과 같이 말한다. "구색을 갖추기 위해 숙대와 이대에서 한 명씩 정치학박사를 데려간 거죠. 이대에선 김행자 교수였어요. 두 학교 동문회에 추천해달라고 요청이 왔는데 여자 정치학박사가 뻔하니까 추천된 거죠."(「황호택 기자가 만난 사람 – 부드러운 힘 이경숙 숙명여대 총장 "100년 숙대, '섬김 리더십'으로 세상을 바꿉니다"」, 『신동아』 559, 2006.4.1., 283면.)

사고가 났어요. 그래갖고 위독하다는 게 뉴스에 딱 떴어요. 그 순간에 내가 애 엄마를 불렀어요. 이리 와 보라고. 왜 그러냐고. "지금 저 양반이 내가 너무 미워해서 사고가 난 거일 수 있어." 아니, 근데 정말로 나는 그 뒤에 대놓고 내가 욕도 못 해봤는데, 그래서 내가 "기도하자. 저거 살려달라고. 왜? 살려주면 내가 용서할 테니 하나님 살려주십시오. 우리 기도하자." 그래갖고 둘이 여기서 무릎을 꿇고, 2층에서요. 그때 우리가 살림집이 2층이었어요. 아, 여기였어요. 근데 이게 이제 전면, 그러니까 이 3면 전체가 통유리였어요, 집이. 그러고 이제 너와집이었어요. 그래갖고 우리가 여기서 발판이 이만한 게 쭉 있었거든요. 그 위에 올라가서 기도를 했어요. 내가 소리 내면서 기도를 해 줬어요. "살려 달라. 잊어버리겠습니다. 정말 저를 믿어주십시오. 살려주십시오." 그렇게 했어요. 그리고 나는 용서했다고 생각을 했는데, 세월이 더 지났어요. 내가 16대 전국구를 받았잖아요. …(중략)… 근데 이회창 총재가 그 당시에 전국을 카바하는 유세, 유세를 전국을 커버해 주는 게 이회창 총재, 홍사덕 의원, 나 셋이었어요. 나는 막 여기저기 바삐 돌아다는데 이회창 총재께서 전화가 와서 공주를 가래요. "못 갑니다.", "당신 안 가면 안 돼. 충청도 잖아.", "총재님이 가십시오." 그랬더니 "이 사람이 정신없어. 나는 지금 바빠 죽겠는데 말이야.", "저는 못 갑니다." 왜 그러냐고 해 "저 말씀 못 드립니다." 그리고 3일 뒤에 제가 선거 TV 유세 연설이 있어요. 그러면 목을 보호해야 돼요. "나 못 갑니다." 세 번이나 전화를 했는데 세 번 다 못 간다고 했어요. 못 간다고 막 버티고 나니까 그분이 약간 막 화가 난 것 같아요. 그런데도 나 못 간다, 그러다가 내가 스스로 전화했어요, 이 총재한테요. "가겠습니다." 그랬더니 막 웃으면서 "왜? 웬일이니?" 그래서 "가겠습니다." 근데 이회창 총재께서 내막을 조금 알거든요. 그러니까 나를 누구를 딸려 보냈느냐면, 혼자 가서 혹시라도 사고 칠까봐 누구를 딸려 보냈느냐면 김영선 의원이라고 있어요, 여성 의원. 김영선 의원을 딸려 보냈어요. 내 차를 같이 타고 가는데 김영선 의원이 "의원님, 왜 나를 따라가라고 하는지 이해가 안 돼요." 그래. 왜? 혼자 가야지. 그래서 내가 얘기를 했어요. "나 지금도 나는 용서한 줄 알았는데 용서를 안 했더라. 내가 사기 쳤더라. 그러니까 내가 가서 목이 터져라고 유세를 하면 용서한 거고 대충 하면 나는 아직도 용서 안 한 거다. 내가 보니까 이중인격을 보였더라. 그래서 내가 지금 자발적으로 간다." 가가지고요, 진짜 목이 터져라고 했어요. 왜? 내가 이걸 안 하면 내가 엉터리구나. 그때 비오는 날 한 건 이건 내가 사기구나. 그렇게 하고 와서 약간 목 쉬어가지고 내가 TV 유세를 했어요. 그런데 그 양반 물론 떨어졌지만. 그런 일이 있었어요. …(중략)… 순간적으로 사람이 죽는데, 죽으면 흙인데, 내가 왜 아까 군대에 있을 때 내 잡혀갔을 때 뭐라고 했냐면 왜 거기다 기도했냐? 그래서 첫마디가 "사람 죽으면 흙이 아닙니까? 두 번째, 영화나 소설을 보면 적장이 죽었을 때 모자를 벗고 경례를 합니다." 내가 이게 뭔가, "그리고 저는 글을 쓰는데, 소설을 쓰는데 소설의 가장 중요한 모티브가 휴머니즘입니다." 이따위 소리를 한 거예요. 그 자리에서는 안 할 소리예요, 이게. 근데 그냥 생각 없이 해가지고 줘어터지고 혼난 건데, 그러니까 그때도 순간 그걸 떠올린 거예요. '죽으면 흙인데, 그럼 진짜 용서를 해야지 그걸 내가 품고 가면 어떻게 하지?' 그래갖고 내가 그렇게 했던 거예요. 그런데 이제 그 전에 내가 미안한 점은 하나 있어요. 뭐냐면 그 양반이 그전에 출마, 나 이제 글쟁이일 때 출마를 한번 했는데, 공주서 출마했을 때 제가 조선일보에서 객원기자를 해 달래요, 선거 충청도. 충청도 판을 내가 취재를 해가지고 쓸 때 아주 내가 무섭게 '이런 인간은 국회의원 되면 안 된다'고 써가지고 공주에 출마한 그 상대, 상대가 그걸 전부 복사해가지고 공주 일대를 전부 깔다시피 했어요, 복사해가지고. 그때 야쿠르트 회장님이 저를 보자 그래서 갔더니 "아이고, 이 사람아. 자네를 그렇게 봐준 거야, 손 안 대고. 그렇게 풀어주고 그렇게 한 사람이야." 그래서 왜 그 양반이 그 얘기를 하나 봤더니 인척간이더라고요, 나중에 보니까. 그렇게 그런 인연들이 막 엉켜 있어요, 인생사에서. 근데 지금은 정말로 용서, 아주 편안해요. '아, 그거 용서한 게 잘한 거다.' 이 생각이 들어요.

(김홍신 구술 https://mkoha.aks.ac.kr/IndexMain.do)

길고 복잡한 이야기이다. 그러나 내용은 정치적 이념이나 정당성보다 상위에 있는 휴머니즘을 가장 중요한 가치로 설정하고, 그것에 다가가는 방법으로 화해와 용서를 얘기하는 것이라 요약할 수 있다.

이런 관점을 따를 때 정당기반의 정치, 의회정치가 할 수 있는 것이 무엇일까? 이런 관점에 기대어 보면, 정치에 임하는 정당 간의 차이보다는 공통점이 훨씬 강하게 부각될 것이다. 한국이 신약 실험실이 되고, 다국적 제약기업에 의해 우리 제약기업의 존립 기반이 흔들리고, 외교역량이 부족한 정부는 이를 방어할 힘을 지니지 못하고 있다. 이를 막기 위해서는 의약분업이 이루어져야 하고, 또한 이를 위해서는 의료보험재정이 통합되어야 한다는 것이 구술자의 의료보험 통합정책과 관련된 정책적 판단의 과정인 것이다.

그런데 이 화해와 포용이 마이너리티에 대한 애정에 기초한다는 것이 특이하다. 사망한 적군 장교, 한센인, 다국적 제약회사의 실험 대상이 된 보육원 원아들, 한국인들, 한국의 보사부 차관, 이상재 전 의원 등은 구술자가 포용해야 할 대상이면서 자신의 노력에 따라 대변하고 포용할 수 있는 대상이다. 이러한 정서는 결국 한나라당에서 탈당하는 것을 결심하는 순간에도 작동한다.

김두관 그 사람이 행자부 장관 했잖아요. 근데 행자부 장관을 했는데, "부정선거를 할 가능성 있다." 이걸로 해임결의안을 내는 거예요. 그래서 제가 "나 반대다. 아니, 부정선거를 하면 내가 맨 앞에 서서 해임결의안을 내가 내겠다. 근데 아직 지금 선거도 안 했는데 부정선거를 할 거라고 해임결의를 내면 이게 무슨 놈의 국회냐? 나 반대다." 그랬더니 저보고요, 투표하는 날 출석을 하지 말아 달래요. "무슨 소리냐? 나 출석해서 반대한다." 그래갖고 그때 저 당은 한 명도 안 나왔어요. 우리 당만 모였어요. 숫자가 많잖아요. 모였는데, 반대표 딱 한 표 나왔어요. 그거 김홍신 반대표예요. "말이 안 된다. 이런 법이 어디 있느냐? 부정선거를 했다, 그러면 물러나야 돼. 부정선거 하면 나라가 뒤집혀." 그래서 제가 반대를 했어요. 그러니까 이제 이런 거부터 시작을 해갖고 제가 뭐를 당했느냐면 당원 자격정지를 당한 거예요. 징계위원회에서. 그러니까 징계위원회 출두를 하라 이거예요. 징계위원회 와서 자기변명을 하라 그래요. "나 안 간다. 징계해라. 왜? 내가 나쁜 짓을 해서 징계 받았으면 변명이라도 하겠는데, 이거는 내 잘못이 아니고 한국 정치사에서 숫자가 많다고 폭력을 쓴 거다. 아무리 미워도." 근데 그때 내가 가장 분노했던 게 이거예요. 나 누구라고 말씀 못 드려요. 이장한 것이. 그래서 제가 뭐라고 그랬냐면 그 자리에서 소리를 지른 게 뭐냐면 "이장을 한 사람이 장관됐으면 얼마나 훌륭한 거냐? 왜 젊은 사람 칭찬 못하고 이장한 것이 장관했다고 그 무슨 상관이냐?" 내가 막 우리 당 모임에서 막 언성을 높였어요. 그 이장이 군수하고 장관됐으면 칭찬을 해야지, 그게 대한민국의 미래지, 어떻게 그걸 가지고 그따위 소리를 하냐고 막 소리를 질렀거든요. 결국 미움을 받을 수밖에 없는 것이죠. 그러니까 그거를 포함해서 종합적으로 제가 징계위원회 출두를 안 하고 내가 거기다 한 얘기가 뭐냐면 연락이 와서 "나를 잘라내는 것이 내가 영광스러운 것이다. 왜? 그것이 내가 옳은 짓을 했다는 것이 역사에 기록된다." 그렇게 하고 제가 "징계를 해라." 그랬어요.

(김홍신 구술 https://mkoha.aks.ac.kr/IndexMain.do)

탈당의 결정적인 계기로 구술자가 김두관 당시 행정자치부 장관에 대한 해임건의안 제출을 들고 있다.[12] 이장 출신 장관을 경시하는 태도가

12) 김두관 장관은 해임건의안이 한나라당의 표결로 통과한 것은 2003년 9월 3일의 일이다. 이에 김두관 장관은 사임하면서, 장관직에서 스스로 물러났다. 그런데 당시 한나라당이 해의건의를 했던 핵심 사유는 "대학생들이 미군 장갑차를 막아서는 시위를 막지 못했다"는 것이었다. 그러나 김홍신의 주장에는 상당한 근거가 있다. 당시 행정자치부 장관 해임건의안 제출 배경에 대해 언론은 다음과 같은 분석을 내놓고 있다. 첫째 노무현 정부에 대한 중간평가론을 내세워 전통적인 한나라당 지지자들의 결속을 도모하고 있다는 분석, 둘째 이른바 60대 용퇴론으로 불거진 한나라당내 세대교체 관련 움직임을 사전에 차단시키자는 목적이라는 판단, 마지막이 2004년 4월

본인을 가장 분노하게 했고, 행동하게 했다는 것이다. 여기에는 본인 역시 마이너리티 출신이라는 인식, 그런 자기 삶의 기반을 부정하거나 외면하지 않고 받아들이고, 이를 자부심으로 연결하는 용기에 대한 스스로의 자부심도 작동하고 있다.

> 예. 제가 보니까 이른바 사회적 빽이 없어요. 말하자면 충청도 시골 출신이죠, 말하자면 망한 집안이죠, 그다음에 말만 양반이지 내세울 게 없었죠. 그다음에 이른바 그 시절 말로 해서 일류대학 아니죠, 그다음에 일류학과도 아니었죠, 그다음에 제가 개인적으로 다른 뭐 외국어 실력이나 무슨 뛰어난 무슨 실력을 가지고 있었던 거 아니죠. 그러니까 모든 게 부족하고 못 갖고 그랬는데, 빼앗긴 건 아니지만 그 젊은 시절 의식은 빼앗겼다고, 놓쳤다고 자꾸 이런 생각을 했지 싶어요. 그리고 사회를 보는 시각도 굉장히 비판적 시각으로 봐서 가진 자와 빼앗은 자보다는 빼앗긴 자와 말하자면 못 가진 사람들, 그 사람들이 가진 억울하고 시대가 주는 어떤 차별 이런 것들에 관한 관심이 많아가지고 어떤 동료 의식을 포함했겠죠. 그렇게 해서 매섭게 그런 거 이제 질타하고 그걸 뒤집어보고 싶어 하는 그런 사회 비평의식이 강한 작가 이걸로 평가를 받고 싶었어요. 근데 세월이 지나서 보니까 '아, 꼭 그 의식이었으면 얼마나 제가 명료하고 더 좋은 글을 썼을까? 거기에 저도 모르게 질투라고 하는 것들이 스며들어 있구나.' 이 생각도 그 뒷날 하게 됐어요. 그럼에도 불구하고 이제 그런 쪽 소설의 어떤 주류를 잡기 위해서 취재나 뭐를 해도 다른 이야기보다는 그런 쪽 얘기에 관심이 많고 메모를 하고 자료를 찾고 하는 과정을 겪게 됐죠.
>
> (김홍신 구술 https://mkoha.aks.ac.kr/IndexMain.do)

로 예정된 17대 총선 분위기를 한나라당에 유리하게 전개시키기 위한 나름대로의 전략이라는 판단이다. 그 전략적 판단의 배경이 바로 김홍신이 언급한 내용이다. 선거주무부처 장관이 일선 행정단위에서 막강한 영향력을 발휘하고 있는 일선 경찰조직에 대해 영향력이 강하고, 이런 움직임에 발목을 묶고자 결의안을 제출했다는 것이다.

저는 우스갯말로 건국대학 나왔다는 걸 이해를 안 해요. 적어도 무슨 뭐 연고대 무슨 뭐 이 정도는 나왔으려니 사람들은 생각했다는 거예요. 건국대학교 출신이라는 거. 그러니까 그렇게 이게 하는 사람도 있었어요. 그러니까 저는 지나고 보니까, 그런데 소중한 게 뭐냐면 그분, 고향, 그다음에 중고등학교, 대학 이것이 저한테 굉장히 폭넓은 뿌리줄기 노릇을 해 주더라고요. 왜? 저는 제가 잘나서 혼자 된 줄 알았거든요. 아니에요. 이분들이 어디 가서든지 "우리 학교의 자랑이야. 우리 시골의 영웅이야. 우리 고장의, 우리 고장을 이 사람이 살렸어. 이 사람이 없으면 어떻게 할 뻔 했어?" 이 사람들이 돌아다니며 전부 그렇게 하고 있는 걸 뒤늦게 알게 된 거예요. 우리 학교 어디 가면 전혀 모르는 사람인데, 손잡고 "나 건대 출신입니다." 그러면서 "당신 같은 후배가 있어서 어디 가도, 텔레비전으로 나오거나 신문에 당신 이름 보면 우리 집에서도 자랑을 내가 합니다." 이렇게. 그러니까 '아, 이게 기반이었구나.'

(김홍신 구술 https://mkoha.aks.ac.kr/IndexMain.do)

자기이해 과정의 기반에 마이너리티 출신이라는 자신을 긍정하는 태도가 있음을 알 수 있다. 그러한 상황에서 자존감을 지키면서 살아가는 길은 자신생각과 판단에 대한 신뢰와 비타협적인 태도라고 김홍신은 생각한다. 그는 그런 방식으로 자신의 삶을 추동시킨 중요한 요인으로 어머니로부터 물려받은 '기질'을 들고 있다.

1970-1980년대 그는 풍자톤으로 사회를 비판하는 글을 많이 발표했다. 사실 「인간시장」도 그런 그의 소설과 관련이 있다.[13] 이로 인해서 자신과 가족을 협박하는 발신자 불명의 전화가 자주 걸려왔다. 그런 상황이 아내의 신경쇄약을 유발시켰다. 어두운 그늘이 집안에 드리워진 것이

13) 김홍신 문학의 특성의 하나는 양심의 실천이다. 「인간시장」과 「무죄증명」과 같은 작품이 이런 면을 잘 보여준다. 「무죄증명」은 위에서 소개한 새빛사 근무 당시의 경험을 바탕으로 창작된 작품이다.

다. 당시 상황에 대한 진술이다.

> 소파에, 소파에 막 엎드려갖고 이렇게 웅크리고 이렇게 막 부들부들 떨고 이러는 거 있죠? 참 정말 지나고 나도 제가 지금도 그 얘기하면 눈물이 나요. 그렇게 그 고통스러운 장면을. 아, 정말 그거는 견디기가 어려워요. 근데 '애 엄마가 그래서 나 때문에 일찍 죽은 게 아닌가?' 이런 생각을 하게 돼요. 안 할 수도 없죠. 그런데 그때 이제 그렇게 우리 식구들이 고난을 받고 하니까 어머니가 올라오셔가지고 "왜 자꾸 그런 글을 쓰냐? 그만 쓰면 안 되겠냐? 그렇게 해서 좋은 게 뭐가 있냐?" 뭐 이렇게 이야기를 하면서 그래서 내가, 어머니가 아주 열렬한 성당을 다니는 신자였기 때문에 "어머니, 원주교구의 주교님도 그다음에 김수환 추기경님도, 그다음에 어떤 신부님도." 이렇게 이야기를 하면서 "그분들은 왜 그럼 그런데도 불구하고 사시겠냐? 왜 바른 말을 하겠느냐?" 그러니까, 어머님이 저한테 가르쳐준 게 뭡니까? 바르게 살라고 안 가르쳤습니까? 그러니까 제가 하는 게 이게 바른 짓입니다." 이렇게 얘기를 했어요. 그랬더니 어머니가 대꾸를 안 하고 가만히 있더니 나를 앉혀놓고 이제 며느리 앉혀놓고 얘기하다가 갑자기 고개를 딱 돌리더니 나를 쳐다보지도 않아요. 며느리한테 "내가 쟤를 저렇게 길렀다. 그러니까 니가 이해하고 살아라." 그러고 그냥 흐적흐적 가버리더라고요.
>
> (김홍신 구술 https://mkoha.aks.ac.kr/IndexMain.do)

구술자는 몰락한 가문의 외아들로 출생했다. 부친은 본적지인 공주를 떠나 논산에 터전을 잡았다. 농지를 잃은 처지에서 생업을 위해 목수일을 시작하기 위해 지인이 없는 곳으로 생활근거지를 옮긴 것이었다. 부친은 술을 좋아하고, 말수가 없는 분이었지만, 모친은 옛 가치를 중시하면서, 아들에 대한 집착이 대단한 분이었다. 구술자는 어린 시절 아들이 없는 백부에게 본인을 양자로 보내라는 집안의 명에 모친이 저항했던 일, 그리고 그 저항의 명분으로 훌륭하게 양육하겠다고 다짐했던 일, 그 결과로 돌아온 외아들에 대한 모친의 집착이 자기긍정의 기초가 되었다는 점을 고백한다.

4. 소극적 소명완수 의지와 신중론 – 전재희의 경우

1) 정치적 판단의 기준

전재희는 1973년 여성 최초의 행정고시 합격자이다. 당시 언론에서 화재의 인물로 비중 있게 다룰 만큼 특별한 경우였다. 경북 영천에서 출생하여 대구에서 성장하고, 대구에서 대학을 졸업한 후 관료가 된 그는 1995년 제1회 전국동시지방선거에서 민주자유당 후보로, 자신이 관선 시장으로 재임했던 경기도 광명시장 선거에 출마하여 당선되면서 국내 최초 여성 민선 자치단체장이 되었다. 이것이 사실상 그의 정계진출이었다. 그의 정계진출은 김홍신의 사례와는 달리 수동적으로 이루어진 것으로 보인다. 이는 그의 구술에서도 확인할 수 있는데, 그는 집권당의 필요에 의해서 '차출'된 관료출신 정치인이라고 볼 수 있다. 1998년 손학규가 지방선거에 한나라당 후보로 경기도지사에 출마하기 위해 국회의 원직을 사퇴하여 치러진 재보궐선거에서 한나라당 후보로 경기도 광명시 을 선거구에 출마했으나 낙선하였다.

그는 2000년 제16대 국회의원 선거에서 한나라당 전국구 국회의원이 되면서 국회에 진출한다. 2002년 손학규가 다시 지방선거에 한나라당 후보로 경기도지사에 출마하기 위해 국회의원직을 사퇴하여 치러진 재보궐선거에서 현직 전국구 의원인 그가 후보로 공천되어 광명시 선거구에 출마하여 당선되었다. 이후 광명시는 그의 단단한 지역기반이 되었다.

노동청과 노동부에서 잔뼈가 굵었던 그는 의정활동기간 대부분을 환경노동위원회에서 상임위원회 활동을 했다. 그는 초선의원 시기부터 당

내에서 정책전문가로 인정받았다. 정책위 의장을 거쳐 당 최고위원에 오르기까지 정책전문가로서의 당내 위상은 중요한 정치적 자산이었다. 국회활동기간이었던 16,17,18대 국회가 노동문제와 의료보험 재정통합 문제, 방송법 등 중요 정책을 둘러싸고 정당간의 대결구도가 강력했던 것도 그의 당내, 국회 내 위상을 강화시킨 중요 원인이기도 했다.

강경하지는 않았으나, 그가 정책결정과정에서 보인 입장은 다소 보수적이었다. 함께 논의할 김홍신이 찬성했던 의료보험재정통합 문제에 대해서 당론과 마찬가지로 반대의견을 보였다. 그는 구술 내내 본인의 입장을 보수적인 것이라기보다는 신중론이라고 표현했다. 전재희 역시 당론에 반하는 개인의견을 제시하는 경우가 적지 않았다. 그러나 개인의견을 고수하는 태도는 김홍신처럼 완강하거나 비타협적이지는 않았다. 그 대표적인 사례가 노무현 대통령탄핵안 발의과정과 그 이후의 태도이다. 그는 탄핵안 서명에 불참하는 등[14] 탄핵안 발의에 대해 반대 혹은 신중론을 내내 유지하고 있었다. 일단 당시 상황에 대한 전재희의 말을 직접 들어보자

> 제가 정당 활동을 하면서 무슨 당직을 맡거나 의원 총회에서 발언하거나 이런 거는 잘 나서지 않는 편이에요. 당직이나 뭐 이런 거는 아, 이런 일을 하면 좋겠다고 발령이 나면 그 일을 하는 편이고, 의총에서도 주로 듣는 편이지 제가 잘 나서서 발언하는 편은 아니에요. 그런데 노무현 대통령 탄핵할 때는 저도 정치적인 감이 있잖아요. 막 당의 분위기는 금방 해야 된다는 분위기였어요. 그런데 나는 생각하니까 이거 아니다. 국민이 뽑은 대통령을 이렇게 급하게 이렇게 하면 안 된다고 생각을 해서 제가 그렇게 소수자로 나갈 때는 제 나름대로의 어떤 말하지 않으면 안 된다는 소명 의식이라든지 위기감이라든지 이런 걸 갖고 발언을 했는데요. 말씀하

---

14) 「한나라·민주 탄핵안 발의」, 『경향신문』, 2004.3.10., 참조.

신 대로 제가 소수론이었어요. 그래서 그걸 관철시키지를 못했죠. …(중략)… 그 때 노무현 대통령이 당선되시고 좀 여러 가지로 정치라든지 우리나라 정국이 제대로 안 풀려가서 좋아하시는 분은 그분을 지지했겠지만 반대하시는 분은 이분이 그만하면 좋겠다고 하는 게 많은 이제 뭐라고 할까요? 여론 형성이 민간에서 있었다고 봅니다. 또 거기에 정치집단들이 그 얘기를 듣고 그렇게 판단을 한 게 있었고 뭐 이렇게 해서 된 거 같은데, 제가 볼 때는 안 했어야 될 일이었죠. 근데 어쨌든 뭐 저도 같은 당에 몸을 담고 있었고, 제가 반대했다는 이유로 관철시키지 못했다고 해서 책임을 면할 수 있는 건 아니죠.

(전재희 구술 https://mkoha.aks.ac.kr/IndexMain.do)

구술 내용과 당시 그의 발언과 행동을 연결해서 살펴보면, 정치인 전재희 활동방식의 특성 일부가 잘 드러난다. 전재희는 탄핵안 발의 과정에서 발의 자체를 반대했고, 탄핵안 서명에도 불참했다. 그러나 당론에 따라 탄핵안 표결에 참석했다. 그러나 탄핵안 가결 이후에는 다시 소장파 의원들과 함께 탄핵안 철회를 주장한다. 그는 2004년 3월 22일 당 상임운영위원회에서 “진정으로 지켜야 할 가치는 자유·인권·부패와의 단절, 투명한 사회”라며 “(이를) 지키기 위한 방법론을 택하는 데 민의를 충분히 고려하지 못했다는 것을 인식했을 때, 그것을 바꾸는 것도 원칙을 버리지 않는 것”이라면서 탄핵안 철회를 주장했다. 이런 주장은 같은 회의석상에 있었던 최병렬 당시 당대표와 분명하게 대립하는 모습이었다.[15)]

이런 태도는 본인의 판단·신념과 소속 정당의 당론과 입장이 상호 일치되지 않을 경우, 그가 어떤 입장과 태도를 유지하고, 행동하는지를 잘 보여준다. 그가 정책활동에 대한 견해를 말하는 부분이 이러한 방식의

---

15) 「한·민 탄핵철회론 내홍 증폭」, 『한겨레신문』, 2004.3.22., 참조.

논리적 근거를 보여준다. 법안을 연계 처리하는 협상방식에 대한 견해를 묻는 면담자의 질문에 대해 그는 다음과 같이 답한다.

> 그것도 하나의 협상의 과정이고 기술이라고 생각을 하는데요. 연계할 건 연계하고 안 할 건 안 하고 하는 것은 좀 구분을 하는 게 좋고, 사실 정책은 0과 100의 정책을 놓고 경쟁하는 게 아니고, 어떨 때는 50과 50을 놓고 경쟁하는 거고, 어떨 때는 40과 60을 놓고 경쟁하는 거고요. 그 시점에서는 그것이 60%가 옳고 40%가 틀렸던 것이 역사적으로 보면 나중에 가면 60이 30이 되는 경우도 있지 않습니까? 그래서 저는 원칙적으로는 정책에 대해서는 반대하는 사람 의견을 귀 기울여 들어야 됩니다. 모든 정책이 다 허점이 있기 때문에 반대하는 사람 의견을 귀 기울여 듣고 그것을 점진적으로 해나가는 게 좋은데, 우리나라 국회라든지 이런 데는 다 이기려고 하는 그런 좀 습관이 있지 않아요? 그러니까 사실은 협상하고 타협해야죠.
>
> (전재희 구술 https://mkoha.aks.ac.kr/IndexMain.do)

김홍신과의 차이가 분명하다. 전재희에게 절대적인 가치판단의 기준은 잘 보이지 않는다. 그의 가치판단 기준은 현재의 상황과 보편적인 원칙의 중간 어딘가의 지점이라고 해야 할 것이다.

2) “본전장사”, 혹은 신중론

이와 같은 입장과 태도는 그가 정당정치를 수행하는 과정에서도 잘 드러난다. 그의 정치입문과정은 김홍신의 경우와는 달리 매우 수동적이었다. 전재희는 여성 최초의 관선 시장이었다. 관선 시장 임기를 마치고, 노동부로 복귀하기를 원하고 있던 그에게 민선 광명시장 선거 출마 요청이 있었다.

그때는 청와대까지 얘기가 있었던 것 같습니다. 왜냐하면 제가 보고서를 썼어요. 제가 출마할 수 없는 이유. …(중략)… 그래서 저는 시장으로 출마하고 싶지 않으니까 저를 출마 안 하게만 해달라고 이렇게 부탁하러 갔더니 그분(김명윤 의원을 말함)이 “공천 달라고 오는 사람은 있는데, 공천 안 받을라고 오는 사람은 처음이다.” 이러면서 걱정 말고 가라고 내가 하겠다고. 그러더니 갔다 오시더니 이거는 안 된다고 “그냥 출마해라.” 이러시는 거예요. 그리고 그때 대통령 비서실장이 한승수 실장님이셨어요. 총리하시던 분. 거기도 가서 저는 못 한다고 얘기하고 막 이랬었어요. 저는 그래서 그때 제가 못 한다는 걸 여러 경로로 얘기했지만 아마 그때는 그게 전략적인 공천을 하기 때문에 위에까지 얘기가 있었다고 저는 그렇게 판단하고 있습니다. 왜냐하면 김명윤 의원님이 얘기하신 데가 위에거든요. 그래서 뭐 직접 대통령한테 얘기하신지는 모르지만 이거는 어쨌든 간에 뜻이기 때문에 안 된다고 이렇게 해가지고 했는데, 그래도 답을 못 하고 있었죠. 있다가 제가 성당에 다니니까 절두산 성당에 자주 가요. 절두산 성당에 가서 기도를 하고 있는데 갑자기 저한테 생각이든 게 ‘내가 너무 편하고 살고 싶어서 이러는가? 이건 너무 이기적이지 않은가?’ 갑자기 저를 납득시키지 못한 거예요, 제가 안 하려고 하는 걸. 그래갖고 좀 제가 너무 제 중심으로 하는 것에 대해서 미안함이 생긴 거예요. 그게 또 사순절 기간이었거든요.

(전재희 구술 https://mkoha.aks.ac.kr/IndexMain.do)

인사발령을 받듯 전략공천을 받고 입문한 정치영역에서 그는 관선시장 시절과 민선시장의 위상과 역할, 정치적 의의에 대해 거의 의미부여를 하지 않는다. 관선시장 시기와 민선시장 시기의 근본적인 차이점이 무엇이었느냐는 면담자의 질문에 전재희는 기초적인 여건변화에 대한 분석과 의미부여 없이 업무여건상의 변화상만을 중심으로 당시 상황을 전달하고 있다.

그런 건 별로 없었던 것 같고요. 아까 얘기하는 뭐 관할구역을 벗어나면 도지사 허가를 받아라, 이런 거는 좀 없어졌던 것 같고요. 중앙부처가 가지고 있거나 도가 가지고 있는 이양이 크게 이루어지지는 않았었습니다. 광명시에서도 제가 재정 업무 전산화해가지고 그때 아마 재임 시에 부평인가 어디서 세금 사기해가지고 대서특필되고 했는데, 광명이 한 건도 그런 게 없었어요. …(중략)… 저는 별로 못 느꼈어요. 왜냐하면, 그리고 시장의 업무라는 게 민원으로 시작돼서 민원으로 끝나는 거예요. "시장님 우리 골목이 너무 좁아요. 좀 넓혀주세요. 또 여기 일방통행이 불편하니까 양방통행으로 해 주세요." 뭐 등등 있잖아요. 그런데 그거를 저는 공적으로 파악을 했고

(전재희 구술 https://mkoha.aks.ac.kr/IndexMain.do)

사상·이념으로 표현할 수 있는 추상적인 가치를 전재희의 정치행위 과정에서 찾기는 쉽지 않다. 행정고시를 통해 공직에 들어가 구체적인 정책을 시행하고, 특히 민원인들과의 접촉면이 많은 업무를 담당했던 그는 정치입문 당시 정치를 통해 자아를 실현하려는 강렬한 욕구를 지니지 않고 있었다. 그에게 민선 지방자치단체장의 역할이나 국회의원으로서의 역할은 전문적이면서도 다분히 실무적인 영역이었다. 그렇다고 그의 마음속에 좋은 정부, 좋은 사회의 모델이 없었던 것은 아니다. 7시간이 넘는 구술과정 속에서 그는 자신의 정치적 지향점을 단 한 번 언급한다. 그것은 주관적인 것도, 상상된 것도, 추상적인 것도 아니다.

그런데 이제 그게 제 개인적으로는 송호근 교수님이 쓰신 '스웨덴식 사민주의'(『시장과 복지정치: 사민주의 스웨덴 연구』를 말함)라는 것에 대해서 굉장한 호감을 갖고 있습니다. 저번에도 한번 말씀드렸잖아요. 제가 이념지향을, 의원들 평가하니까, 저도 모르게 민주당 의원보다 더 왼쪽으로 가 있다고 누가 신문사에서 그런 얘기를 한 것처럼 저 개인적으로는 스웨덴식 사민주의라고 하는 것이 국가의 역할

로서는 참 중요하지 않은가 이렇게 생각하거든요. 그게 뭐냐면 제가 소망하는 사회는 누구든지 가난할 수 있고 아플 수 있고 어려울 수 있지만 그것이 대물림 되지 않는 사회. …(중략)… 그런 것처럼, 그러면 이제 이 사회에서 주류가 안 된 계층들이 주류사회로 진입할 수 있는 가장 큰 사닥다리가 뭐냐면 교육입니다. 교육이 없이는 이걸 가기가 힘들지 않습니까? 다른 길이 있기는 있지만 그래도 보편적인 길로 갈 수 있는 거는 교육이라고 생각하거든요. 그런데 만약에 교육이 이것이 공공재의 역할을 못하고 그냥 사적 소비재로 돼가지고 돈 있는 사람은 받을 수가 있고 없는 사람은 못 받는다, 그러면 이거는 뭐냐 하면 이 계층이 고착화가 되고, 가난이 대물림되는 사회가 되잖아요.

(전재희 구술 https://mkoha.aks.ac.kr/IndexMain.do)

전재희가 몸담고 있었던 정당은 사민주의 노선과는 다소 먼 거리에 있는 정당으로 평가받는 곳이다. 그런 정당에서 3선 국회의의원이 되고, 정책위 의장직을 수행하고, 최고위원까지 지낸 것은 다소 모순적으로 보인다. 그러나 그의 말은 장식적이거나, 허언은 아닐 것이다. 그가 그런 가치를 지향하거나 관철시키려는 노력이 전혀 없이 말로만 그런 얘기를 한 것은 아닐 것이다. 그렇다면 어떤 방식이었을까? 최초의 행정고시 여성합격자인 그는 관료생활 내내 남성과 동등한 처우를 받지 못했다. 대체로 부녀자, 아동, 산재보험, 교육 관련 업무만을 담당했다. 노동부 지방청장으로 일을 해보고 싶은 의욕이 강했으나, 여성에게 지방청장을 맡기는 것을 받아들이는 장관은 없었다. 그런 차별구조는 사실 용용 초기부터 내내 있어왔던 일이었다. 그런 상황에 대해 전재희는 흥미로운 발언을 한다.

처음 보직 받을 때부터 시작을 해서, 총무처 장관 면담을 한다든지 이런 많은 우여곡절을 겪었기 때문에 '아, 이게 보직에 대한 차별이 엄청나구나.' 하는 걸 느껴서 그때부터 제 마음 속에 자리 잡은 생각이 뭐냐면 '나는 어디 가도 본전 장사는 해야 된다.' 그 본전 장사가 뭐냐 하면 지금까지 여성이 해보지 않던 일을 제가 가서 하는데, 제가 잘못하면 사실은 전재희가 잘못하는 거죠. 그러나 그건 그렇게 보지 않고 '여자니까 잘 못한다.' 이래가지고 후배가 가는 데 걸림돌이 되잖아요. 나는 후배가 가는 데 걸림돌이 되지 않겠다고 하는 게, 제 본전 장사의 개념이에요. 그리고 제가 어떤 생각을 했냐면 '나는 사무관으로 들어왔지만, 나 사무관으로 정년퇴직하겠다. 차라리 남자들만 한다는 자리를 다 가면 나는 내 공직 생활에 50%는 성공이다.' 이래가지고 제 생각이 확고했어요. 그래갖고 보내달라고 해서 가는 게, 재해보상과 요양 담당이었었어요. 재해보상과 요양 담당을 그때는 청국 때였어요. 청장님이 발령장을 딱 주시면서 저보고 이런 거예요. "이거 굉장히 파격적인 인사야." 이러셨어요. 근데 문제는 뭐냐면 저하고 같이 합격한 사람이 남자 두 분이 먼저 갔어요. 저는 1년 뒤에 갔잖아요. 이분은 가자마자 거기 갔었어요. 나는 몇 년 있다가 거기 가는데 청장님이 이거 발령장을 주면서 "이거 굉장히 파격적인 인사야." 그리고 청장님도 그렇게 생각하신 거예요. 근데 저한테는 충격이죠. 그래 이제 재해보상과 가서 하는데, 재해보상과는 휠체어 환자도 많고 민원도 많고 그게 산재 받은 사람들이 치료하는 과정을 다루는 데잖아요. 그래 갔는데, 보내만 주면 그다음부터는 거기 가서는 일하는 데는 어려움이 없었어요.

(전재희 구술 https://mkoha.aks.ac.kr/IndexMain.do)

이런 발언에는 갈등요소를 우회하면서, 현실적으로 자기신념과 정체성을 지키는 방식이 드러난다. 여성에 대한 공직사회의 뿌리 깊은 차별구조와 그 앞에 선 능력 있는 여성 엘리트 관료 사이에는 갈등이 필연적이다. 사실 남녀차별은 남성과 여성의 문제이기에 앞서, 마이너리티에 대한 차별과 억압이라는 사회적인 문제이다. 그런데 전재희는 이런 젠더로서의 여성의식은 거의 없다. 그는 여성도 남성 못지않다는 점을 보여주는 것이 본인이 할 수 있는 일이거나, 해야 할 일이라고 판단한다. "본전

장사"라는 다소 수세적인 이름붙이기는 모순된 상태를 유지하고 있는 조직이나, 그로 인해서 차별당하고 있는 여성들 양쪽에 모두 피해를 주지 않겠다는 소극적인 모습이다. 물론 이것을 그의 말에 따르면 '신중론'이라고 표현할 수 있을 것이다.

이런 태도는 이후 그가 보건복지부 장관 임무를 수행하는 과정에까지 유지된다. 전재희는 이명박 정부 때인 2008년 8월부터 2010년 8월까지 보건복지부 장관으로 재임했다. 당시 그는 영리병원 허가를 적극적으로 반대한다. 그런데 그가 퇴임한 직후부터 영리병원 허가를 추진하는 방향으로 보건복지부의 정책방향이 전환되기 시작한다. 면담자는 "동일한 정부 내에서 장관에 따라서 이런 정책 변화가 가능한 것인가? 이 부분이 궁금하"다고 질문한다. 이때의 답변 내용이다.

> 제가 장관 취임하기 전에 기자들로부터 제일 많이 받은 질문 중의 하나가 뭐냐 하면 모든 의료기관이 강제 지정입니다. 우리나라 의료기관은 그 의료기관이 무슨 불법행위를 저질러서 정부로부터 제재를 받지 않는 한은 건강보험 진료를 거부할 수가 없게 되어 있습니다. 그러면, 그래서 강제 지정을 폐지하고 하고 싶은 사람만 하게 할 것인가. 그다음에 또 영리병원을 도입할 것인가, 뭐 이런 질문이었는데요. 저는 우리나라 건강보험제도의 근간을 건드리면 안 된다고 생각을 하거든요. 그래서 영리병원을 도입하자, 도입할 수 없다, 하는 거를 놓고 제가 재임하는 기간이 25개월이었는데요. 25개월 내내 날마다 첨예하게 해서, 아마 그때 당시에 기사를 보면 기재부 장관님하고 저하고 이렇게 막 이렇게 둘이 마주보는 사진도 있고 뭐 이렇게 있었는데, 저는 장관이 어떤 사람이 오느냐에 따라서 막을 수 있다고 생각합니다. 그때 만약에 보건복지부 장관이 저처럼 영리병원 지정이 안 된다고 하는 확고한 그게 없으면 대통령은 다 아시는 거 아니잖아요. 두 장관이 다 좋다 그러고 그게 어느 정책이 100% 다 순도가 있고, 100% 순도가 없는 건 아니잖아요. 다 장단점을 갖고 있는 정책이기 때문에 그렇게 했다 그러면 그래도 비교적 시장경제

주의를 존중하는 이명박 정부에서는 도입되었을 수도 있을 수 있겠죠. 그런데 이제 주무부처 장관이 완강하게 얘기하니까, 대통령도 주무부처 장관 얘기에 귀를 기울이시는 거거든요. 저는 그 부분은 적어도 어느 부처의 정책은 그 해당부처 장관이 얼마만큼 소신과 전문성을 가지고 하느냐에 따라서 정책의 방향을 바꿀 수 있다고 생각합니다.

(전재희 구술 https://mkoha.aks.ac.kr/IndexMain.do)

소극적인 자기관철이다. 유신시기 노동청 사무관으로 본인이 전혀 원하지 않았던 소년과에 근무하던 그는, 여성이라는 이유로 부녀, 여성 관련 업무만 맡기는 문제에 대한 불만을 제기하기보다는 본인이 할 수 있는 일에 최선을 다 한다.

제가 그토록 처음부터 갇히지 않으려고 하는 부녀소년과에 소년 담당을 했어요. 그런데 그 소년 담당이 뭐냐 하면 근로청소년 담당이에요. 그때가 어떤 시절이었냐면 70년대. 74년이니까요. 구로공단에 제조업이 한창 우리나라의 경제를 부흥시킬 때였잖아요. 그다음 그때 버스 차장이 있을 때예요. 저기 녹화하시는 분은 버스 차장을 모를 걸요? 버스 차장이 있는데 버스 차장이 주로 하는 일이 뭐냐면 버스가 너무 만원이니까 승객을 밀어 넣는 일 하잖아요. 그런데 그 버스 차장하는 우리 여자 근로자들이 삥땅이라 그래갖고 돈을 이제 수입에서 일부를 자기가 챙긴다고 이래가지고 몸수색하고, 또 근무하는 기숙사가 너무 형편없었어요. 그다음에 구로공단에도 가보면 기숙사가 어떤 데는 놀랄 정도예요. 제가 모피공장을 한 번 기숙사를 방문 했었어요. 너무 어지러운 거예요. 그래서 제가 기숙사 관리하는 분한테 "회사에서 치워 주든지 아니면 거기 자는 사람보고 치우라 그러면 안 됩니까?" 이렇게 물었더니 그분 대답이 너무 충격적이었어요. 이렇게 대답한 거예요. "회사에서 치워줄 여력은 안 되고, 치우라 그러면 아이들이 다른 회사로 가 버리기 때문에 치우라고 못 한다"는 거예요. 그러니까 완전히 근로자를 뭐냐 하면 생산의 수단으로 본 거지, 사람으로 보지를 않는 거예요. 그리고 그때 당시에 구로 공단에 있는 청소년들은 전부 중학교도 못 가고 온 아이들이었어요. 초등학교 졸업 맞고 오고 이래서, 오매불망 소원하는 것이 공부하는 거였어요. 그래갖고 구로 공단에 근로여성교실이라고 해서 야학을 열었어요. 야학을 열어서 저는 거기서 영어 가르치고.

(전재희 구술 https://mkoha.aks.ac.kr/IndexMain.do)

전재희 역시 본인이 여성이라는 이유로 조직에서 일종의 마이너리티에 속한다는 인식은 있다. 그러나 이에 대한 해결책으로서의 마이너리티 포용 등과 같은 관점은 없다. 경쟁과 능력위주라는 태도가 기본적으로 깔려있는 것이다.[16] 이런 여러 관점과 활동방식은 의보통합을 기본적으로 휴머니즘이라는 거대하고 추상적인 가치에 기초한 마이너리티 보호 차원의 문제로 바라본 김홍신과 분명한 대비를 보인다.

본인의 정치활동을 종합적으로 평가하는 질문 중 면담자는 한국의 의회 권력이 행정부 권력에 비해서 약하다는 주장에 대해 어떻게 생각하느냐는 질문을 한다. 이에 대한 전재희의 답변 역시 이전과 마찬가지로 조금도 추상적인 내용이 없다.

권력이 적어서 일을 못하는 게 아니고. 저는 뭐 의회 권력이 약하다 이런 거 생각은 별로 해본 적은 없고요. 다만 이제 감사원을 정부 소속으로 둘 거냐, 의회 소속으로 둘 거냐 하는 얘기는 있는데, 그건 다시 앞

16) 16대 국회에서 있었던 상임위원장 여성 몫 배정에 관한 국회 내 논의에 대해 그는 다음과 같이 답한다. "아마 그런 게 있었겠는데, 제가 볼 때는 뭐 선수 비례로 하든지. 요즘은 어떻게 하느냐면 선수 비례로만 안 하고 또 이제 당내 경선을 해요. 단수로 나오면 그냥 하고 복수로 나오면 의원 총회에서 경선을 하기도 하거든요. 그러니까 그거는 뭐 그때그때 결정해서 하는데, 저는 기본적으로 남녀의 차이가 없기 때문에 적합한 인물이 그 자리에 가야 되는 거지, 여성 몫으로 따로 배정해야 된다든가 이런 생각은 별로 갖고 있지 않습니다."

으로 검토해 나가야 될 과제라고 생각이 되고요. 제 개인적으로는 제도도 중요하지만 제도보다는 한 사람 한 사람의 공직관과 한 사람의 한 사람의 전문성과 열정이 중요하다고 생각을 하거든요. 그런데 이제 그런 측면에서 우리가 이제 공직에 있는 사람들이 다 바람직한 사람들이 일하고 있느냐 하는 거에 대해서는 저부터 반성을 해봐야죠.

5. 맺는말

구술자료는 중간 매개 없이 정치인들과 연구자, 시민이 직접 대면할 수 있는 이례적인 자료이다. 다른 엘리트 구술 역시 그런 측면이 다분히 있다. 이를 통해서 우리는 정치인들의 활동에는 다양한 원인이 있다는 점을 확인할 수 있다. 두 명의 정치인이 특정 법안에 대해 보이는 이견에는 여러 원인이 있을 수 있다. 정서적이고 기질적인 면 역시 여기에 관여될 수 있다. 이러한 다소 추상적이고, 포괄적인 접근이 필요한 문제를 확인하고, 의미를 추적하는 데에 정치인 생애 구술이 기여하는 바가 충분히 있으리라는 가설을 전제로 살펴본 김홍신, 전재희 두 전직 국회의원에 대한 구술사례가 한국정치사에 대한 이해도를 높이고, 인간에 대한 이해도를 높이는 데에 기여하기를 바란다. 구술이라는 학술적인 행위가 지닌 의미를 보다 확장적으로 재고하는 데에도 기여하기를 바라는 마음이다.

제 III 부

정치공간에서의 구조와 행위

제01장

언론인 출신과 법조인 출신 '직업정치인'의 등장

조 영 재

1. 직업정치인의 등장

사회에서 정치체제를 구성하고 운영하는 직업정치인의 등장과정과 특징에 대해 다룰 것이다. 근대사회체제는 수많은 직업세계를 새로 창출했다. 그리고 새로운 직업세계는 다시 사회체제를 작동시키는 일부가 되었다. 새롭게 등장한 노동관련 직업과 소유·관리직업은 자본주의 시장경제체제를 구성하였다. 정치관련 직업 또한 마찬가지다. 정치를 직업으로 하는 '직업정치인'은 대의민주주의 정치체제의 구성원임과 동시에 동력의 일부를 제공했기 때문이다. 정치를 직업으로 하는 '직업정치인'이 등장하지 않았다고 한다면, 유권자 또는 시민을 대리하는 대표가 집합적 결정을 내리고 집행하는 대의민주주의는 등장하지도 존속하지도 못했을 것이다. 하지만 근대사회의 다양성 만큼이나 직업정치인의 구성과 특성은 각 나라와 시대마다 상이했다. 이장에서는 한국사회에서 정치체제를 구성하고 운영하는 직업정치인의 등장과정과 특징에 대해 다룰 것이다.

직업정치인이란 표현이 생소할 수 있다. 하지만 정치학을 비롯한 사회과학에서는 핵심적인 연구대상이다. 일찍이 베버는 '정치를 위해 사는 사람이 아니라, 정치에 의존해서 사는 사람'으로서 전문정치인 또는 직업정치인(professional politician)을 분석한 바 있다.[1] 이들은 이따금 자신의 정치적 의사를 표현하는 '임시직 정치인'이나 특정한 시기에만 한시적으로 정치에 관여하는 '부업정치인'과는 다르다. 정치를 유일한 직업으로 삼고 있으며, 이 직업으로부터 수입, 경력개발, 연금 등 삶에 필요한 자원을 얻는다. 또한 고전적인 엘리트이론을 발전시킨 모스카(Mosca)에 따르면, 직업정치인들은 '정치계급'(political class)라 불리울 만큼 자신들의 공통된 이해를 갖고 집합행동을 할 수 있는 직업적 동일성을 지닌 집단이다. 현대 사회에서 직업정치인에 걸 맞는 대표적인 직종은 국회의원이다.

물론 직업정치인에 대한 관심은 학문적 세계에 국한되어 있지 않다. 한국 사회에서 입법부를 채우고 있는 직업정치인(국회의원)은 누구인가? 총선을 치를 때 마다 언론을 장식하는 질문이다. 제 20대 총선을 기준으로 그들의 답변을 간단히 요약하면 다음과 같다. '소위 SKY를 졸업한(48%) 부유한(평균 41억) 50대(평균 56세) 남성(83%)'이다. 조금 더 구체적으로 들어가면, 관료(20.3%), 정치인(16.3%), 법조인(15.3%), 학계(15%), 사회활동가(10%), 언론인(9.3%)로 구성되어 있다고 할 수 있다. 자산, 성별, 교육, 직업적 편중성이 눈에 띈다.

이처럼 직업정치인은 누구인가라는 질문에 대한 답변은 간단한 것처럼 보이지만, 그 답변이 주는 함의는 결코 단순하거나 가볍지 않다.

현대 사회는 인구학적으로나 사회학적으로 매우 다양하게 구성되어 있으며, 따라서 특정 성별, 상위 소득, 소수의 출신학교 등으로 편중되어 있는 직업정치인들이 유권자를 대리하고 대표하는데는 한계가 있다. 현대 민주주의 사회에서 직업정치인이 편중되어 있는 대표적인 사례로

---

1) 박상훈 옮김, 『막스베버, 소명으로서의 정치』, 후마니타스. 2013.

일본을 들 수 있다. 2017년 중의원선거에서 '세습의원'은 전체 당선자 중에서 23.4%에 이르며, 집권자민당 의원 중에서 31.7%, 전체 각료 중에서는 65%가 세습의원들로 채워지고 있다.[2] 1991년 이후 15명의 총리 중에서 11명이 '세습총리'에 해당한다. 이러한 직업정치인의 신분제적 지배는 정치적 경쟁을 후퇴시키고 유권자에 대한 정치엘리트의 반응성을 약화시킨다는 점에서 민주주의를 퇴행시키는 요인임에 틀림없다. 다시 말해 특정 사회에서 직업정치인은 어떤 사람들로 구성되어 있는가하는 것은 그 사회의 정치적 삶과 민주주의의 질을 결정하는 중요한 요소라 할 수 있다.

그렇다면 한국사회에서는 어떠한가? 이에 대한 연구는 풍족스럽지 않지만, 다음과 같은 요약은 가능하다. 제헌의회에서 20대국회에 이르기까지 관료, 정당·정치인, 법조인, 언론인, 기업인, 사회활동가 등이 주류를 이뤄왔고, 농업인, 군인 등은 부침했다. 이글에서는 언론인과 법조인을 중심으로 하여 몇 가지 사례를 통해 특정 직업경력인들이 어떻게 직업정치인으로 등장하게 되었는가를 살펴 볼 것이다.

2. 몇 가지 변수들

한국사회에서 직업정치인의 등장과 부침에는 거시적인 환경변수와 미시적인 정치적 기회변수가 복합적으로 작용한 것으로 보인다.

먼저 거시적인 환경변수를 보자. 서구사회에서 직업정치인은 봉건적인 구체제의 귀족이 장악하고 있던 행정수단을 군주가 빼앗아 오는 과정에서 출현하였다. 즉 군주는 봉건신분귀족과의 갈등 속에서 군주 자신에

2) 이유진, 「일본의 의원직 세습에 대한 연구」, 『비교일본학』, 27집, 2012. 219-255면.

게 전적으로 헌신하며 보좌하는 인력을 필요로 했으며, 이를 계기로하여 직업정치인이 발전하였다. 정당이 출현하기 전에는 성직자, 교육받은 문인층, 궁정귀족, 법률가, 정치평론가나 저널리스트 등이 직업정치인으로 역할을 하였으나, 이후 정당이 발전함에 따라 이들 '과거 직업정치인들'은 정당지도자, 추종자 및 정당관료(당료)들로 대체되거나 이들에 의해 포섭되었다.

이처럼 서구사회에서는 장기간에 걸친 근대화과정에서 직업정치인이 출현하였으나, 한국사회의 경우는 달랐다. 일제의 식민지 지배로 인해 직업정치인이 등장할 수 없었기 때문이다. 기껏해야 독립운동가들이 직업정치인과 유사한 기능을 수행하고 있었을 뿐이다. 한국사회에서 직업정치인이 등장한 것은 해방이후의 일이다. 해방과 함께 급속히 팽창한 정치사회와 함께 등장하였으며, 이후 급속히 진행된 근대화과정에서 압축적으로 성장하였다.

먼저 냉전구도 속에서 단독정부수립, 제헌의회구성, 한국전쟁 같은 역사적 경험 속에서 근대국가가 형성되던 시기(1945-1960)에 새롭게 형성된 '정치 공간'을 차지하려는 사람들이 직업정치인으로 등장하였다. 제헌국회의 국회의원들 중에서 무소속 의원이 압도적인 비율을 차지하고 있다는 데서도 알 수 있듯이, 이 당시 직업정치인인 국회의원은 특정 정파나 조직에 소속되어 있지 않으며 단순히 개인적 행위자들의 집합이었다.[3] 그들의 직업배경은 농업인, 관료, 군인, 교수, 언론인, 법조인, 의사, 종교인, 사회운동가(독립운동) 등으로 다양하게 구성되었다.[4] 이들

3) 제헌국회에서 무소속은 총 200석 중에서 103석(51.5%)을 차지하며, '대한독립촉성국민회의'(독촉) 48석(24%), 한국민주당 22석(11%)를 압도하였다.

4) 한승조, 「한국정치엘리트의 충원유형(1)」, 『아세아연구』, Vol. MI. No.2. 1975.; 김두식, 「한국의 사회운동과 정치엘리트: 역대국회의원들 중 사회운동참여 경험자를 중심으로」, 『한국사회』, 제12집 1호. 2011.

중에서 농업인 출신 직업정치인은 국가형성기에 다수를 점했으나, 이후 산업화시기(1961-1987)를 거치면서 사라졌다. 군사쿠데타와 산업화 시기를 거치면서 새롭게 등장했던 군인 출신 직업정치가 역시 민주화시기(1988-현재)에 직업정치 세계에서 사라졌다. 산업화시기에 군부권위주의에 저항하는 과정에서 등장한 사회운동가(민주화운동, 노동운동, 신사회운동 등)는 민주화 시기에 직업정치인을 충원하는 중요한 통로였다.[5)]

이처럼 한국사회에서 직업정치인은 근대화라는 거시사회적 변동과정에서 등장하여 발전과 변화를 지속하고 있다. 즉 농업노동기반에서 산업노동기반으로의 직업기반의 변화, 군인들의 급작스러운 등장과 퇴조, 새로운 사회운동가들의 등장과 같은 변화는 근대화과정에서 산업사회로의 이행, 군부쿠데타와 권위주의, 민주주의 사회 및 탈산업사회로의 이행과 맞물려 있었다. 하지만 이러한 거시적 변동에 기초한 설명은 각 직업인들이 어떤 조건에서, 그리고 어떤 과정을 통하여 직업정치인으로 변모하였는지를 보여주지 못한다. 이것은 다음과 같은 정치적 기회구조라는 변수와 함께 개인들의 미시적인 선택을 살펴봄으로써 가능하다.

정치적 기회구조는 통상 '권력에의 접근가능성'으로 정의된다. Tarrow(1994)에 따르면, 1) 새로운 행위자가 참여할 수 있는 접근경로의 개방, 2) 정치체제 내부에서 정치적 동맹관계의 변화, 3) 영향력있는 엘리트의 지지 가능성, 4) 엘리트 내부의 균열 등이 정치적 기회구조를 제공한다.[6)]

물론 정치적 기회구조라는 개념은 사회운동과 같은 집단현상이 등장하여 정치권력으로 접근하는 상황에 적용하기 위한 것이다. 하지만 정치

---

5) 김기동 외, 「민주화 이후 초선의원의 사회경제적 배경에 관한 연구」, 『한국정당학회보』, 제17권 제1호, 2018.

6) Tarrow, Sidny, *Power in Movement: Social Movement, CollectiveAction and Politics*, Cambridge University Press 1994.

적 기회구조에 대한 논의는 집단차원을 넘어서, 집단에 속한 개인 차원에서도 적용할 수 있다. 특정 직업인들이 직업정치인, 즉 국회의원으로 전환하기 위해서는 기존 권력에 균열이 생기고(정치권력에의 접근가능성이 생기고), 이 균열 속에서 자신이 지니고 있는 자원에 기초하여 권력에 접근할 수 있어야 하기 때문이다. 즉 정치적 기회구조 속에서 행위자들이 자신의 지니고 있는 자원과 이해에 기초하여 어떠한 선택을 하였으며, 그 것이 어떻게 집합적 결과를 만들어 냈는가를 살펴 보아야 한다.

정치적 기회구조라는 측면에서 살펴 볼 때, 한국사회에서 권위주의 시기와 민주화 시기는 매수 달랐다. 대부분의 직업정치인이 등장했던 권위주의 시기에 정치적 기회구조는 매우 협소했으며, 따라서 개인의 선택영역 또한 매우 제한되어 있었다. 반면 1987년 시작된 민주화 시기는 정치공간이 급속히 확대되고 정치적 기회구조 또한 확장되었다. 따라서 개인들이 열려진 기회구조 속에서 자신의 이익과 이해에 따라 적극적인 선택이 가능했다.

아래에서는 한국 뿐 아니라 서구사회에서 중요한 직업정치인 배출구였던 언론인과 법조인의 사례를 살펴 볼 것이다. 지면 상 직업정치인이 등장했던 권위주의 시기를 대상으로 대상으로 한다. 그리고 권위주의 하에서 정치적 기회구조와 개인의 선택들이 이후 민주화시기에 직업정치인의 변화에 주는 함의를 살펴 볼 것이다.

3. 언론계 직업정치인의 등장과 충원

동서양을 막론하고 언론인은 근대사회에서 가장 중요한 직업정치인의 배출구 중에 하나이다. 그 이유는 간단하다. 직업정치인 즉 국회의원으로 선출(선거에서 승리)되기 위해서는 말과 글에 능숙해야하며, 이후 국회의원으로서 활동하는 과정에서도 말과 글의 중요성은 조금도 줄어들지 않기 때문이다. 신문기자나 방송기자는 이 분야에 관한한 전문가이다.[7)]

한국사회에서 언론인 출신의 직업정치인이 차지하는 중요성은 서구사회와 크게 다르지 않다. 아니 오히려 서구사회를 크게 웃돈다. 서구사회의 경우, 언론인 출신이 12.4%(2009년)를 차지하는 이탈리아를 제외하면, 미국(3%, 2015년), 영국(5.4%, 2015년), 프랑스(1.2%, 2016년), 독일(2.7%, 2014녀), 호주(2.2%, 2008년) 등으로 1~6%에 불과하다(김세은, 2017). 같은 동아시아국가인 일본의 경우에도 2.0%(2009년) 정도이다. 반면 한국의 경우 제헌국회에서 현재 제20대 국회에 이르기까지 언론인 출신의 국회의원은 모두 740석으로 전체 5,061석 중에서 14.6%를 차지하고 있다. 한국사회에서 언론인 출신은 지배적인 직업정치인 유형 중에 하나임을 알 수 있다.

이처럼 한국사회에서 언론인 출신들이 타국에 비해 압도적인 비율을 차지하고 있는 이유는 무엇인가? 여기에는 여러 가지 설명이 있다. 먼저 정치권력이 작용하였기 때문이라는 것이다. 즉 정치권력은 언론인을 정치적으로 충원하여 정치적 출세를 보장함으로써 언론을 유인하고자 하였으며, 동시에 언론인 출신의 직업정치인을 통하여 언론을 통제하고자 하였다는 것이다.[8)] 다른 설명으로는 언론이 스스로 권력기구화되었기 때문이라는 것이다. 언론인은 언론관련 권력층으로 이동하였고, 그 결과 상호 감시하고 견제 해야 할 언론과 정치권력이 동반자로 되었으며, 언론

7) 직업정치인의 유형별 특징을 분석한 베버에 따르면, 입헌국가가 성립된 이래, 더욱이 민주주의가 도래한 이래 정치평론가와 기자들은 '데마고그'형 직업정치인의 유형을 대표하는 사람들이다. 대중선동 연설과 글이 무엇보다 중요해졌기 때문이다.(Weber, 앞의 책)

8) 김주언, 『한국의 언론통제』, 리북. 2009. 218면.

인 집단자체가 권력기구화되었다는 것이다(김지운 1989, 67쪽). 이러한 주장들을 검토하는 것은 이글의 목적이 아니다. 이글의 목적은 이러한 정치적 결과에 이르까지, 즉 언론인이 어떠한 조건에서 직업정치인으로 변화하였으며, 구체적인 미시적 과정은 어떠했는가를 살펴보는 것이다.

먼저 한국 언론인출신이 직업정치인으로 등장하고 지속적으로 충원되는 과정은 정치적 변동이 만들어낸 정치적 기회구조와 밀접한 관련이 있었다. 아래 도표는 역대선거에서 언론인출신이 차지하는 의석비율과 변동양상을 보여준다.

〈표〉 역대 국회에서 언론인출신 의석비율추이[9)]

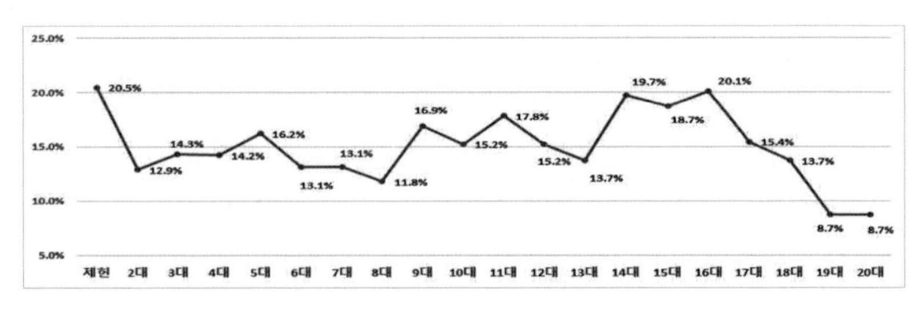

언론인 출신 직업정치가의 비율은 몇 차례에 걸쳐 급격히 변화하였다. 그 중에서 제헌국회, 제5대국회, 제9대국회, 제11대국회, 제14대국회에서 큰 폭으로 상승하였다. 각각 해방정국, 4.19혁명, 유신체제선포, 5.18군부쿠데타, 3당 합당과 민주적 경쟁의 격화가 일어난 시기이다.

먼저 제헌국회는 해방 이후 단독정부 수립과정에서 노동자, 농민 같은 주요 사회세력이 자리잡지 못하였고, 이념적으로 좌파나 진보세력이 정치공간에서 배제된 상황에서 열려진 기회공간을 언론인들이 차지한 결과로 추정된다. 실제로 제헌국회에서 언론인 출신들은 41명으로 전체

9) 김세은, 「한국 '폴리널리스트'의 특성과 변화」, 『한국언론학보』, 제61권 제3호. 2017.

의석의 20.5%를 차지하였다. 이후 정치적 격변기 모두 언론인들에게 새로운 정치적 기회공간을 열어 주었던 것으로 보인다.

제헌국회에서 창출되었던 기회구조와 그 이후 정치과정으로 인해, 언론과 권력의 경계는 모호하게 되거나 심지어 상호 융합되는 상황이 연출되기도 했다. 이러한 사정은 4.19혁명과 5.16쿠테타가 발생했던 1960년대 이전까지 지속되었다. 이승만 정부 말기부터 언론계에 몸담았다가 1970년대 박정희 정부에 참여했으며 국회부의장까지 역임했던 최영철씨[10]에 따르면,

> "그때(5.16쿠데타 이전)는 요. 국회 본회의장에 신문기자들이 다들어 갔어요. 신문기자들이 본회의장 주위에 다 앉아(있어). 세계 어느 곳에서도 그런 건 없어요. (다른 나라에서는) 보통 2층에 있다 던지, 유리로 막아서 딴데 있다 던지(했어요)…(중략)… 그래가지고 긴급정회를 해서 (국회의원이) 나가면, 기자들도 그냥 같이 따라나가고 그런 때에요. 그러니까 그때 사실 기자들하고 정치인들하고 거의 같았어요. 기자들도 국회출입을 하면 자기가 마치 국회의원인 것처럼 착각할 정도로 밀착해요."
>
> (최영철[11] 구술 https://mkoha.aks.ac.kr/IndexMain.do.)

하지만 1960년대 이후 권위주의적인 정치 환경은 전혀 다른 정치적 기회구조를 제공하였다. 그 기회구조는 권위주의적 정부와 이에 반대하는 반대당(opposition party)에 따라 매우 상이하였다. 1961년 5.16쿠

10) 한국일보 기자 및 동아일보 정치부장 출신으로 1970년대 유신관련 정치관계법 개정작업에 참여하였으며, 유정회 1기로 원내진출하여, 4선의 국회의원과 민주공화당 및 민주정의당 대변인, 제12대 국회부의장과 부총리(겸 통일원장관)을 역임하였다.

11) 3선 의원 및 국회부의장 역임

데타, 1972년 유신체제, 그리고 1980년 신군부 쿠데타에 의해 군부가 권력을 장악하는 과정에서 언론인에게는 또 다른 정치적 기회구조가 열렸다. 유권자에게 군부권위주의의 정당성을 기능적으로 보완하고, 말과 글로써 정당화시켜줄 전문가집단이 필요해 진 것이다. 언론인 출신의 대표적인 정치인이었던 김원기[12]에 따르면,

> 나 이전에는 대체로 비례대표(전국구)로 선택되어 갔지. 지역구에서 당선된 그런 정치인은 없고. …(중략)… 대부분 여당으로 갔어요. 박정희 대통령의 공화당 정권으로 갔어요. 대변인으로 발탁되고…(중략)… 동아일보가 제일 많았어요. …(중략)…그런 거(박정희 정부에 저항했던 대표적인 야당지인 동아일보를 회유할 목적으로 했던) 거지요. 헌정질서를 파괴하고 만든 정권이기 때문에 야당지에 있는 언론인들을 안아 들임으로써 좋지 않은 이미지를 분식할까 하는 그런 게 있었던 것 같아.
>
> (김원기 구술 https://mkoha.aks.ac.kr/IndexMain.do.)

이처럼 권위주의 하에서 언론인들은 지역구에서 유권자의 선택을 받기보다는 정치권력의 선택에 따라 전국구의 통로를 통해 직업정치인으로 전환되는 경우가 많았다.[13] 즉 자신의 정치적·대중적 자산을 통해서라기 보다는 정치권력의 선택에 의해 외부로부터 주어진 정치적 기회가 작용했다. 개인의 선택의 여지는 크지 않았다는 것이다. 하지만 이들 언론인 출신들이 단순히 수동적으로 동원된 것만은 아니었다. 상대적으로

12) 동아일보 기자출신으로 1978년 제10대 총선에 당선된 이후 6선의 국회의원과 제17대 전반기 국회의장을 역임하였다.

13) 유신체제 이후 18명의 언론인이 유정회 의원으로 지명되었다. 제1기 유정회 국회의원 9명 중 7명은 정치부장 출신들로서, 재직 중에 발탁되었으며 각 언론사의 청와대 출입기자였다(장행훈, 「언론인의 정계진출, 왜 문제인가?」, 『관훈저널』, 2004. 136면).

권위주의적 속성이 덜 했던 1960년대 박정희 정부 하에서도 권력에 대한 감시와 견제 기능의 경계는 뚜렷하지 않았다. 적어도 집권보수여당 성향의 언론인의 경우에는 분명히 그랬다. 위에서 언급했던 최영철씨에 따르면,

"엄민영씨(내무부장관)가 보자고 연락이 왔어요. 가보니까 정치부 차장급들, 경향신문의 최서영, 중앙일보의 김영수, 서울신문의 류한열 등이 모였어요. 그 당시 경향신문 정치부장으로 있던 이환의라는 사람이 내무부 기획관리실장으로 발탁되어 있었는데 …(중략)… 그 사람도 나왔어요. 그 이환의는 우리랑 친구지요. 조금 있다가 이후락씨가 또 나와요. …(중략)… 저녁을 먹고나서, (엄민영씨가) 이번에 박대통령이 선거에 다시 출마하는데, 제일 첫 유세에서 연설할 첫 대목을 어떻게 했으면 좋을지 생각해 달라(고 그래요). …(중략)… 여러가지 얘기했지만 내 의견이 채택되었어요. 지난 4년 동안 돌아보니까 많은 잘못도 저질렀고 했다고 반성하는 것으로 시작해라(라고 했어요). 난상토의 끝에 다들 그게 좋겠다고. …(중략)… (엄민영씨가 요청하기를) 그럼 그것을 제안한 당신이 도입부를 써 달라고 해서 원고지 두 세장 써줬는데, …(중략)… 라디오에 중계되는 대전의 첫 유세에서 그게 나옵니다."

(최영철 구술 https://mkoha.aks.ac.kr/IndexMain.do.)

이처럼 당시 언론과 권력의 경계가 모호했지만, 일체가 되었다는 것은 아니다. 실제로 언론인을 직업정치인으로 픽업하는 구조는 단순하지 않았다. 대통령 선거유세 문구 작성까지 도왔던 최영철씨 사례는 당시 집권세력이 얼마나 적극적이었으며 촘촘한 네트워크를 활용했는지를 보여준다.

(1972년 '진산파동'의 여파로 최영철이 동아일보를 사직한 이후) 박대통령의 사회

담당 특보로 있던 임방현씨가 찾아와, "박대통령께서 영감(최영철)이 그만두신 소식을 듣고, 아까운 사람 놀게 할 수 없다. …(중략)… 자기(박정희대통령)가 별도로 부를 때까지 문화방송 해설주간으로 근무해 주면 좋겠다고 가서 말해보라고"했다면서, "각하가 특별히 말씀하신 거니, 그리 갔으면 좋겠다"고 얘기했어요. …(중략)… 거절했더니, 며칠 뒤에 이병희장관(제1무임소장관)한테서 직접 전화가 왔어요. "(나중에) 승진하더라도 일단은 정무조정실장으로와서 도와달라"고 그래서 거절했어요. …(중략)… 피서지까지 쫓아왔어도 대답을 안했어요. (피서지에서 돌아왔더니) 이병희 장관이 나한테 전화를 해서 JP(김종필)의 전화를 받으라고 해서 받았더니, 'Mr. 최가 이병희 장관 좀 도와주면 필요한 자리를 주겠다'고 해요. 생각해 보겠다고 했더니, 이후락씨 한테서도 전화 왔어요. …(중략)… 내가 벌컥 눈물이 날려고 그럽디다. 내가 박대통령 취재하고 두들겨 팼는데[14], 그런 나를 말이지. …(중략)… '만약 내가 그러면(계속 거절하면) 아주 천하에 나쁜 놈이다'는 생각이 들어서 "없는 힘이지만 돕겠다"고 했어요.

(최영철 구술 https://mkoha.aks.ac.kr/IndexMain.do.)

1970년에 박정희 정부에 픽업되어 정치인으로 전환되었던 임방현씨[15]의 사례는 이러한 복잡한 메카니즘이 박정희 정부에서 상시적으로 작동하고 있었음을 보여 준다.

KBS에서 한번은 언론계 논객들 서 너 명을 불러서 토크프로를 했어요. 그날 토픽

---

14) 1966. 3. 28.자 『동아일보』에 최영철기자는 「소신은 만능인가」라는 기명컬럼을 통해 박정희대통령의 권위주의적 통치와 독주를 히틀러에 비교하며 신랄하게 비판하였다. 이 일로 최영철기자는 테러를 당했으며, 국회 진상조사단이 꾸려지는 등 사회·정치문제가 된 바 있다.

15) 조선일보기자와 한국일보 논설위원을 거쳐, 1970년 대통령 사회담당특별보좌관, 청와대 공보수석, 청와대 대변인을 거쳐 제11대, 제12대 국회의원을 지냈다.

이 신생국가에서 민주주의를 하려면, 민주화가 먼저냐 경제건설이 먼저냐 에요. …(중략)…남재희씨가 먼저 얘기하더라고. 자기는 민주주의가 먼저다, 민주화만 되면 경제발전은 따라오는 거다. 그 말이 끝나자 '나는 생각이 다르다(고 했어요). 민주화가 되면 그렇게(경제발전) 된다는 게 신생국가에서는 비현실적이다. …(중략)…경제개발에 치중해야 중소기업 또는 대기업이 육성되고 경제발전이 가속된다. 그러면 누가 나오느냐. 중산층이 육성된다. 서민이 중산층으로 올라가고 중산층이 자본가가 될 수도 있고. 이렇게 해야 중산층 = 민주주의다.' 그런 얘기를 했어요. '(앨빈 토플러가 말했듯이) 민주화란 산업화가 된 다음의 얘기다. 그 과정에서 자유를 제한하는 것은 당연한 일이다고 앨빈 토플러가 얘기 했다.' …(중략)…토론은 그렇게 끝났어요. 그러고 잊어버렸어요. …(중략)…(그 후) 박대통령과 (점심을) 먹었어요. 박대통령이 간혹 언론계나 대학교수를 불러서 점심을 한다 던지 자유방담을 하는 게 있어요. (그때 박대통령이) "내가 며칠 전에 KBS토론을 봤소"라고 하시니까 주목하게 되었죠. 그러더니 "나는 임선생 의견에 동감합니다"이러더라고. …(중략)…그 무렵이에요. 장기영 (한국일보) 사장이 불러요. (그러더니) "임방현씨, 내가 어제 각하를 뵈었는데, 아무래도 당신을 데려갈 것 같아"라고 말해요. …(중략)…얼마 후 (대통령) 비서실장 김정렴씨가 나한테 전화해 왔어, 논설실로. 꼭 뵙고 싶다고. 그래서 한국일보 깃발 달고 차타고 (청와대에) 들어갔어. 김정렴 실장 말이 "임방현 선생을 (박대통령께서) 직접 지명했습니다" 이렇게 얘기하더라고. …(중략)…신범식 문화부장관(문화공보부)이 만나자고 해서 만났는데, "어제 각하를 뵈었는데 임형을 제 후임(대변인)으로 데려갈 모양입니다"라고 귀뜸을 해요. …(중략)…현직 내무부 장관 박경원씨가 (단 둘이) 보자고해서 가보니까, "며칠 전에 신원조회를 아주 잘해서 올렸습니다. 아마 며칠 내로 연락이 갈 겁니다" 라고 귀뜸을 해요.

(임방현[16] 구술 https://mkoha.aks.ac.kr/IndexMain.do.)

16) 2선 의원 및 대통령특별보좌관 역임

임방현씨의 사례에서 보듯이, 언론인으로서의 직업적 전문성과 이에 기초한 '근대화론'의 이데올로그로서의 활동이 정치적 기회구조에서 중요한 자원역할을 하였음을 알 수 있다. 그리고 이러한 기회구조는 매우 정치(精緻)하게 작동하고 있음을 보여준다. 최고 권력자인 대통령에서부터, 대통령비서실장(김정렴), 언론사주(장기영), 문화공보부장관(신범식), 내무부장관(박경원) 등 권력과 언론의 다양한 네트워크를 통해 픽업하는 방식을 보여준다.

1980년 신군부쿠데타 이후 군부권위주의 하에서 집권여당을 통한 경로는 보다 경쟁적이었으며, 따라서 언론인이 직업정치인이 되기 위해서는 아래로부터 보다 적극적인 노력이 필요했다. 당시 신군부는 언론통폐합과 언론인의 대량해직을 통해 언론환경을 직접 통제[17]하였으므로, 이전처럼 언론인에게 선별적으로 정치적 기회를 부여하여 간접적으로 언론을 통제할 필요가 없어졌기 때문이다. 조선일보를 필두로 하여 대부분의 언론사들이 신군부에게 서로 충성경쟁을 하였고, 언론인들은 직업정치세계에 진입하기 위해 스스로 경쟁에 나서야 했다. 제11대 국회의원을 시작으로 4선을 지냈으며 초대 문화체육부장관을 역임했던 이민섭은 이러한 경로를 보여주는 일례이다. 그는 서울신문 정치부 기자로서 진로에 한계를 느껴 국회의원 출마를 준비하던 중에 신군부에 의해 발탁되었다.

> 언론통폐합 때 서울신문 정치부 기자도 목이 잘려야 되는 건데, 그래도 서울신문이니까 (해직시키기지 않고) 강등한다고 해서 정치부 기자에서 …(중략)…외신부

---

17) 1980년 7월 신군부는 신문협회에 '자율정화결의'를 강제하여 기자들을 대량해직시켰고, 정기간행물 172종을 폐간시켰다. 해직대상자는 보안사에서 선정하였으며 이에 따라 298명이 해직되었다. 하지만 실제 해직대상자는 933명에 달했으며, 이는 언론사가 자체적으로 '끼워넣기'에 의한 것이었다. 이로 인해 언론인들은 극심한 생활고에 시달려야 했다(강준만, 『한국현대사산책 1980년대 1권』, 2003. 212-215쪽).

로 발령이 났습니다. 힘든 데로 귀양을 보낸 거지요. …(중략)…(그런데) 제가 춘천, 양구, 인제 민정당 조직책으로 발표됐어요. …(중략)…그럼 제가 우연히 지구당 조직책으로 발탁됐겠나? …(중략)…(당시) 서울신문기자들은 청와대 출입기자 다음에 정치부장(으로) 가는 코스인데, (제가 신원조회에 걸려서) 빠구 돼버린 거요. …(중략)…'아, 대한민국 사회가 나를 버리는 구나. 정상적인 길로 가면은 안되겠다. …(중략)…정치쪽으로 빨리 틀어야 겠다.' …(중략)…(그래서) 78년부터 지역에 연하장 10,000장을 냈습니다. "저는 서울신문에서 여차여차한데 이제는 고향을 위해서 뭔가 할 수 있는 일이 있을지 모르겠습니다"하고 (연하장을 통해) 진언을 보냈는데…(중략)… 또 아버님 성함으로 3-4개 중학교에다 3백 만 원을 내고, 또 연말에 경로당 몇 군데에 연탄을 좀 보냈지요. …(중략)…(그런데) 12.12가 나고 새 사람을 발탁하는데, 공화당은 일차적으로 배제되고…(중략)… 새 사람을 추리는 데 우리지역에서 내 이름 만 올라온다는 거예요.

(이민섭[18] 구술 https://mkoha.aks.ac.kr/IndexMain.do.)

하지만 이민섭에게 내정되었던 지구당 조직책의 자리가 다른 경쟁자에 밀려 취소되었다. 다시 그는 어렵게 중앙당 당료자리를 확보하였고 제11대 총선에 전국구 의원으로 당선되었지만, 그 과정 또한 순탄치 않았다. 처음에는 민정당 조직을 주도하고 있던 이상재 사무차장으로부터 중앙당직을 제안 받았다.

(이상재 사무차장이) '(지구당 조직책에서 밀려 난 사람들) 25명이 올라왔지만 자네 만은 중앙당 당직을 맡게 해주겠다'는 거예요. 그래서 "선전국로 갈래, 조직국으로 갈래?"하는 거예요. 그래서 나는 언론계 (출신이)니까 "선전국으로 가겠습니다"(라고 했지요). 그 당시 한국일보 정치부장을 하던 박현태씨가 선전국장으로

18) 4선 의원 및 문화체육부 장관 역임

와있었어. …(중략)…다음날 기자실에서 (당직인선을) 발표하기 직전에 (기자시절 부터 알고 지냈던) 이재형 대표위원이 "이 사람아, 정당에서는 조직이 제일이야. 선전국에는 (한국일보 정치부장 출신의) 박현태 국장이 있는데 그 밑에 가서 뭘 하겠나? 조직국으로 간다고 그래. 이상재 밑으로. 이상재가 실세니까, 조직국 간다고"(그렇게 말해). 그래서 발표직전에 헐레벌떡 권정달 사무총장에게 쫓아갔어. 그래서 딱 바꿔서 발표했어. …(중략)…내가 조직국으로 안갔으면 국회에 들어가지 못했어.

(이민섭 구술 https://mkoha.aks.ac.kr/IndexMain.do.)

하지만 언론인이 직업정치인으로 나아가는 통로는 이것이 전부는 아니다. 이것은 권위주의 정부의 주도 하에 언론인을 직업정치인으로 유도하는 경우에 나타난 정치적 기회의 통로일 뿐이다. 이와는 다른 충원통로가 존재했다. 1970년 대 박정희 정부 시기부터 권위주의 정부와 대립하고 있었던 비판적 언론인들 중에서 일부가 직업정치인으로 전환하였다. 1974년 유신체제 하에서 '동아일보 백지광고'사태로 대표되는 언론탄압 속에서 언론인의 대량해직이 이루어지고, 그에 대한 저항으로 '동아자유언론수호투쟁위원회'등이 결성되었는데, 이는 언론인이 직업정치인으로 전화하는 또 다른 기회구조를 제공했다. 권위주의 정부에 의한 픽업 통로가 개인적인 차원에서 이루어진 것이라고 한다면, 이 통로는 당시 언론환경에서 다소 조직적인 요인들이 작동하였다. 동아일보 노조 대변인으로 활동하다 해직되어, 동아투위 대변인을 맡았던 이부영은 대표적인 사례이다. 그에 따르면 당시 언론인을 가장 압박했던 것은 권위주의 정부였다.

(1971년부터) 우리들이 언론자유운동, 언론자유수호선언을 몇 차례 하잖아요. 근데 해봐야 소용이 없는 거야. 그거 그냥 선언에 그칠 뿐이지. 그러고 기사를 아무

리 잘 쓰고 특종을 해봐야 빼버리면 그만인 거야. 아니 그냥 중앙정보부나 보안사 이 요원들이 편집국에 들어와서 거의 상주를 하다시피 한다고. 편집국장석이나 정치부장 사회부장 이 여기 앉아서 전화로 해가지고 빼라고 그러고. 그러니 유능한 기자라는 게 의미가 없지. …(중략)…점점 그 압박이 심해지는 거야. 예를 들면 자꾸 반정부적이고 비판적인 기사를 쓰는 사람은 그 심지어는 그 편집국, 사회부 이런데 있던 놈을 소년동아부 기자로 보내버리는 거야. 또 방송뉴스부에 있던 기자를 광고국으로 내려 보내, 기자가 아닌 데로. 이게 신분보장이 우선 안 되잖아요.

(이부영[19] 구술 https://mkoha.aks.ac.kr/IndexMain.do.)

하지만 언론인의 언론활동을 제약한 것은 권위주의 정부 뿐 만이 아니었다. 여기에 언론기업도 편승하고 있었다. 경제적으로 정치적으로 불안전한 신분이었던 기자들이 노조를 만들자 언론기업이 강압적으로 대처한 것이다.

그리고 물론 60년대 후반 들어서 외자도입이 되면서 많은 재벌기업들이 생겨나잖아요. 재벌기업의 급료하고 언론계 급료가 막 엄청나게 이렇게 갭(gap)이 차버려, 반 이상이 적어져 버리는 거야. 그래서 그때 60년대 후반 70년대 이렇게 되면서 많은 유능한 기자들이 언론계를 떠나기 시작합니다. 관(官)계로 가거나 재벌계로 가버리거나 그것도 싫으면 유학을 가버리거나 그랬어요. 그래도 동아일보라는 보루(堡壘)를 지켜야 된다고 생각했던 우리들은 여기마저 그러면 어떡하냐 그러고 꽤 단결을 하고 그랬어요. …(중략)…그래 할 수 없다. 신분보장도 안 되고 기사도 쓸 수 없고 하니까 우리가 단결하는 도리밖에 없다 해서 만든 게 노조야 노조. 74년에 언론노조를 만든 거야. 노조 만들자 마자 동아일보에서 대량해임을 해버렸잖아요. 무기정직, 대량해임을 했는데, …(중략)… 그때 노조를 결성한 그 기자들이

19) 3선 의원 역임

박정희를 지지하거나 친유신세력은 아닌데 일단 노조를 결성해서 동아일보 사주하고 기자들이 싸움이 벌어졌잖아요. 그 동아일보 전체를 놓고 보면은 정부입장에서 유리한 상황이 벌어진 거지. 저희들 내부에서 싸움이 벌어졌으니까. …(중략)…어떻든 중앙정보부 입장에서는 동아일보가 내부에서 싸움 벌어진 거를 즐기고 있는 그런 입장이었다고.

(이부영 구술 https://mkoha.aks.ac.kr/IndexMain.do.)

동아일보의 백지광고사태와 그에 이은 언론인의 대량해고는 권위주의 정부가 언론기업을 움직였기 때문이었다.

민청학련사건이 터졌는데 온 사회가 인제 얼어붙어버렸거든. 그런데도 우린 그냥 노조 그냥 조직해 간 거야. 근데 민청학련사건 재판을 해가는 과정에 (선고형량이) 사형, 무기징역, 15년형…(중략)… 그런 재판정에서 흘러나오는 말로 보면은 엄청난 고문이 있었고 그 보도는 안 되고. 우리가 결단을 했어요. …(중략)…기자들이 출입처를 안가고 전부다 아침에 편집국으로 집결하는 걸 이용해서 거기서 10.24 자유언론실천선언을 한 거요. …(중략)…그냥 수호선언이 아니고 이제 실천을 하겠다라는 거. …(중략)…누가 무슨 기사 빼나 누가 무슨 기사 변질시키나 이걸 다 감시한 거지. 그 인제 이 부 차장이나 이런 사람들이 완전히 꼼짝 못하고 기자들한테. 그래 누구한테 보고하는지 정보부 쪽에다 보고하는 지, 전부다 체크를 했다고. 그러구 밀고 나간거야. 그 이제 뭐 막 제작거부하고 이러면서 저 그게 터져나가기 시작했는데 그렇게. 그걸 (정부측에서) 대응한 게 광고탄압이지, …(중략)…결국 그 백지광고라는 거는 그 사주를 압박을 해서 우릴 내쫓으라는 신호를 보낸 거지. 뭐 동아일보뿐만 아니라 동아방송광고까지 싹없어졌으니까.

(이부영 구술 https://mkoha.aks.ac.kr/IndexMain.do.)

결국 백지광고에 굴복한 동아일보 사측은 113명의 기자를 해고했고,

같은 시기 조선일보 역시 언론자유를 주장하며 사측에 대항했던 32명의 기자를 해고했다. 하지만 이들 해직기자들은 이후 재야와 연계하여 재야·사회운동에 나섰으며, 정치적 저항운동 내부에 자리잡게 되었다.

> 동아투위가 만들어 지니까, 그 사람들(황석영, 백낙청 등의 문인이나 학자들)도 자유실천문인협의회라는 걸 만들고, 또 민주청년협의회(민청협)이라는 거 그때 우리(동아투위) 따라서 만든거야. 종교계하고도 연결되고 한국기독교협의회(KNCC)니 이런데 하고(연결된 거요). 그래서 해직기자들이 재야 지식인 그룹들의 아교노릇을 한 거야.
>
> (이부영 구술 https://mkoha.aks.ac.kr/IndexMain.do.)

이렇듯이 청년, 문인, 종교부분과 함께 재야운동에 나선 해직언론인들은 정당과 직업정치인들이 제 기능을 하지 못했던 시기에 제도권 외부에서 정치집단의 엘리트를 기능적으로 대체했으며, 이들 중 일부는 민주화시기를 거치면서 직업정치인으로 변모하였다.[20]

1980년 신군부가 집권하고 나서도, 비판적인 언론인에 대한 정부의 통제와 압박은 언론인을 정치영역으로 내 몰았다. 선택을 위한 기회구조는 매우 협소했다. 유신체제 하에서 한국기자협회 회장을 지내며 자유언론운동에 참여했던 한국일보의 정치부 박실 기자도 협소한 기회구조에서 선택을 강요받았다. 그는 1980년 신군부에 의해 해직되어 정치규제법의 규제대상이 되었다.

> 야당을 내가 특별히 좋아서 한 것은 아니고, 그때 신문사의 위계상으로 봐서 소위

---

20) 이부영 뿐 아니라, 재야운동을 거쳐 4선의 국회의원과 제17대 국회에서 국회의장을 역임한 임채정, 제도 정치권에는 진입하지 않았으나 민주언론운동 등 재야활동과 사회단체활동을 이어갔던 성유보 등이 해당된다.

먹을 것 있는 데라는 여당(출입기자)은 상급자들이 하고, 별 볼일 없고 고생스러운 야당(출입기자)은 하급자들이 하고. 그런 인제 관계로서 (나는) 쭉 야당을 하게 되었고. …(중략)…그러니까 소위 출입처 배정에 대해서 전혀 불만을 안 가지고 야당 기자로서 충실했던 거죠. …(중략)… 그래서 정당 활동을 한 것도 아니고 이제 그런 사람을 …(중략)…(1980년 신군부에 의해) 엉뚱하게 정치정화법의 대상자가 됐어요. 이제 직장에서 쫓겨나고. 정치정화법에 묶여서 참정권을 박탈당하는 이중의 고통을 당했죠. …(중략)… 그래서 제가 그때 원광대학교에 신문방송학과 시간강사를 하고 있었는데, …(중략)… 전주 중앙정보부 분실에서 와서 학생 선동의 위험성이 있다고 학교에 공갈을 쳐가지고, 그 기회마저 박탈되어서 서울로 상경해서 배운 게 도둑질이라고 책 출판업을 아주 영세한 자금으로써 시작했어요. …(중략)…서울에서 출판사 인가를 안 내줘서, 내 고향에다가 그걸 했어요. 그래가지고 서울에 영업 사무실을 편법으로 만들어, 출판사를 해가지고 책을 열일곱 권 냈어요. 그러다보니까 몇 평 되지도 않는 그 사무실이 사실 해직 기자들 젊고 발랄한, 주로 서울대학교 나온 친구들 선후배 관계로 해서 집합소가 됐어요. …(중략)… 그런 과정에 내 고향 선배이고 또 그때 정치권에서 사귀었던 김상현, 박종률, 조연하. …(중략)… 소위 동교동계로 지목되는 의원들이 민추협을 만들었으니까, 같이 참여해서 하자고 권유를 해서(정치를 하게 됐어요). 내 그때 심경으로는 왜 좌경이 흐르고, 왜 대한민국에 소위 좌파 친공분자들이 생기는가 하는 것을 내 스스로 체험할 수 있을 정도로 정부에 대해서 비분강개하고 있었어요. 내 밥통을 뺏는데, 군인들이 뺏는데. '아, 그래서 김일성(金日成) 만세를 부르는 놈들이 나오겠구나.' …(중략)… 기왕에 뭐 직장도 없고 그러니까 인제 '민주화 투쟁, 본격적으로 정치활동 하자' 이렇게 된 거죠.

(박실[21] 구술 https://mkoha.aks.ac.kr/IndexMain.do.)

21) 3선 의원 및 국회 사무총장 역임

박실의 경우를 살펴 보면, 당시 언론사 내부의 위계에 따라 야당출입 기자에 배정되어 활동한 결과로 권위주의 정부에 의한 해직과 정치정화법에 의한 규제가 뒤따랐고 이후 직업활동까지 제한 당했던 것이 직업정치의 세계에 뛰어든 계기가 되었음을 알 수 있다. 일반화 할 수는 없다 할지라도 직업정치인으로 전환하는 1차적인 원인은 외부의 압박에 있었으며, 과거 언론인으로서의 직업활동 당시 형성된 네트워크가 정치적 기회를 제공했음을 알 수 있다.

이처럼 한국사회에서 언론인이 직업정치인으로 등장하는 과정은 권위주의 정부에 의해 위로부터 픽업되거나 언론인이 정치적 기회구조를 적극적으로 활용했던 통로와 권위주의 정부의 압박과 강요에 내몰린 상황에서 일부 비판적인 언론인이 정치적 선택을 강요받았던 통로로 구분된다. 물론 이 두 개의 통로가 전부는 아니다. 하지만 언론인이 대거 직업정치인으로 등장하는 초기과정에서 권위주의 적인 정치적 변동과 그것이 만들어 낸 기회구조가 크게 작용했다는 것은 명확하다.

1987년 이후 민주화가 진행됨에 따라 언론인이 직업정치인으로 전환되는 경로에 많은 변화가 왔다. 권위주의적이며 선별적인 이득을 제공하는 픽업양상은 사라져갔으며, 정당정치 또는 선거정치에서 다른 언론인 출신이나 다른 직군 출신 및 기존 정치인들과 경쟁을 해야 했다.

그리고 언론인 출신이 차지하는 비중은 경쟁적인 통로로의 변화만큼이나 극적인 변화를 보였다. 민주화초기에는 열리진 정치적 공간에서 언론인 출신들이 대거 진입하였다.[22] 넓어진 기회구조 속에서 적극적인 선택을 한 것이다. 이는 제헌국회 당시 열려진 정치공간에 언론인출신들이 대거 직업정치세계로 진입(20%)했던 것과 유사하다. 하지만 제17대 국회에서 15.4%로 축소되었고, 제19대와 제20대 국회에서는 8.7%로 급전직

22) 1988년 제13대 국회의 13.7%에서 제14대 국회에서 19.7%, 제15대 국회에서 18.7%, 제16대 국회에서 20.1%로 높은 비중을 차지하였다.

하 하였다. 여기에는 민주주의가 제도화됨에 따라 정치적 경쟁이 심화되고 언론인의 정치적 전문성이 지니는 경쟁력이 약화된 것이 작용한 것으로 보인다. 민주화 이후 언론인의 직업정치인으로 전환되는 과정에 대한 연구가 필요한 대목이다.

4. 법조인 출신 직업정치인의 등장과 충원

한국사회에서 언론인 출신의 직업정치인은 민주화이후 급속히 확대되었다가 최근 퇴조경향을 뚜렷이 보이고 있다. 마찬가지로 법조인 출신 직업정치인 역시 민주화이후 급속히 확대되어서 18대국회에서 20%로 최고조에 이르렀다가 제19대와 제20대에서는 15%대로 축소되었다. 하지만 언론인 출신 직업정치인 만큼 급속하게 퇴조하고 있다는 증거는 없다. 역대 국회의원 중에서 법조인의 비중은 10% 정도를 차지하며, 아래 표에서 확인 할 수 있듯이 1987년 민주화 이후 그 비중은 확대되어 15%를 상회하고 있다.

〈표〉 역대 국회에서 언론인출신 의석비율추이(13대-20대)

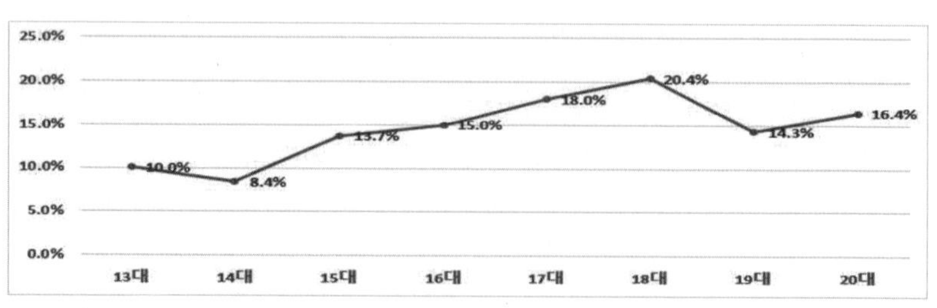

직업정치인 중에서 법조인 출신이 중요한 부분을 차지하는 것은 서구사회에서도 마찬가지이다. 하지만 그 비중은 점차 감소하고 있는 추세이

다. 영국하원의 경우, 1979년 10.8%를 점했으나 최근 2015년에는 6.1%로 감소하였다.[23] 미국의회 경우는 2020년 현재 28.3%를 차지하고 있으며, 이는 1970년대 중반 54.3%에 달했던 것에 비하면 현저히 낮아진 수치이다.[24] 하지만 현대 민주주의 사회에서 법조인출신의 직업정치인이 전반적으로 감소하는 추세에도 불구하고, 어느 사회에서나 과잉대표성 논란이 있을 정도로 그 비중은 결코 적지 않다. 여기에는 역사적·현실적인 이유가 있다.

역사적으로 유럽사회에서는 대학교육을 받은 법률가 계층이 직업정치인으로서 정치구조 전반에 걸쳐 결정적으로 중요한 역할을 했다.[25] 정치 관련 기구와 조직이 합리적 국가로 발전하는 데 있어서 숙련된 법률가들이 주도적 역할을 하였기 때문이다. 봉건지배를 타파하고 왕권수립에 필요한 법적 수단을 강구했던 프랑스 왕실법률가들과 의회주의 운동에서의 자연법주의 신학자들, 네델란드의 자연법주의자들과 폭군방벌론자들, 영국의 의회법률가들이 대표적인 예이다. 정당정치가 자리 잡은 현대 민주주의 사회에서도 법조인 출신 직업정치인의 역할을 여전히 유효하다. 의회의 본질적 업무가 법률 제정·개정·폐기을 통해 이루어지는 한, 법조인 출신이 가진 전문성을 필요로 하기 때문이다.

한국사회 역시 마찬가지였으며, 서구사회에서 보다 더욱 압축적이며 극적으로 나타났다. 제헌헌법을 제정하는 과정에서 법학자들, 유신헌법과 후속 법률을 제정하는 과정에서 법학자와 법조인(특히 검사)들, 신군부 하에서 5공화국헌법 개정 당시 법조인들, 1987년 헌법개정과정에서

23) Audickas, L and R. Cracknell, *Social Backgraound of MPs 1979–2019*, House of Commons Library. 2020.

24) CRS, *Membership of the 116th Congress: A Profile*. 3 page. 2020. (검색일 2020. 8. 4. https://fas.org/sgp/crs/misc/R45583.pdf)

25) Weber, 앞의 글.

두드러지게 나타났다. 이시기에 법조인 출신 직업정치인들은 정치권력의 하위 파트너로서 한국사회의 정치적 결과(쿠데타 등)를 법률적 구조물로 전환하는데 비상한 능력가지고 중대한 역할을 수행했다. 하지만 직업정치인으로서 일상적 역할은 더욱 중요했다. 왜냐하면 정치적 격변기에 법률전문가의 역할은 정치권력을 합리화하고 정당성을 치장하는 하위 파트너에 불과하지만, 권력이 안정된 시기에는 모든 영역에서 전문적인 법률지식이 필요로 하기 때문이다. 비단 입법과정 뿐 아니라, 정치적 갈등을 사법적으로 해결하는 과정, 국회 위원회 및 각종 회의기구를 운영하는 과정, 정당의 제반규정을 제정·개정·폐기하고 이를 실제로 운용하는 과정에서 법률적 지식은 훌륭한 정치적 무기이자 수단이 되기 때문이다. 그 결과 우한국사회에서도 종종 법조인의 과잉대표성이 논란이 되기도 하였다.[26]

하지만 직업정치인의 세계에서 전문법조인력의 기능적 필요성에도 불구하고, 한국의 권위주의 정부 하에서 법조인이 직업정치인으로 전화하는 것은 쉽지 않았다. 권력 핵심부에 직접적으로 접근할 수 있었던 소수[27]

---

26) 한국 사회에서 법조인 출신 직업정치인이 과잉대표되고 있는 이유는 정당공천과 유권자의 선택이라는 두 수준에서 분석될 수 있다. 법조인의 경력이 의정활동과 정당활동에 도움이 되기 때문에 정당공천을 손쉽게 얻을 수 있다는 점과 유권자들이 법조인의 높은 학력, 법조경력 및 관직경력에 기초하여 다른 직군보다 성공적으로 의정활동을 할 것이라는 기대감을 갖고 있기 때문이라는 것이다.(문우진, 「국회의원 개인배경과 입법: 입법 메커니즘과 16대와 17대 국회의 입법생산성」, 『의정연구』 29권, 2010.)

27) 대표적으로 검찰 간부출신의 정치인들이 사례에 속한다. 검찰의 경우는 그 자체로 권력기관이어서 검찰조직의 핵심라인에 있는 검사들이 굳이 직업경력 중간에 직업정치인으로 나서야할 경우는 그다지 많지 않았다. 권력의 핵심에 직접 접근할 수 있었던 사례들로는 공안검사(중앙정보부 대공수사부장, 서울지검 공안부장) 출신으로 검찰총장과 법무장관을 거쳐 3선의 국회의원을 역임한 김기춘씨와 역시 공안검사 출신으로 1980년 신군부 하에서 국보위 비상대책위원회 법사위원을 거쳐 5공화국과 6공화국 권력핵심에 자리매김했던 3선 의원의 박철언씨가 대표적이다. 하지만 이들은 전체 법조인 출신 직업정치인 중에 차지하는 비중은 높지 않다.

를 제외하고 상당수가 지역구에서 어려운 선거정치를 통과해야 했다. 그들이 전국구(비례대표)가 아닌 지역구에서 어려운 선거정치를 통과해야 했던 이유는 법조관료 조직에서 자신의 지위가 법조권력의 상층부가 아니라 중층 또는 하층부에 있었기 때문이다. 이는 직업정치인으로 전환될 때, 권위주의 권력으로부터 선별에 의한 것이었거나, 권위주의 권력으로부터 배제에 의한 것이었거나, 권위주의 권력과 관계없이 자발적 선택에 의한 것이었거나 마찬가지였다.

먼저 권위주의 권력으로부터 선별에 의한 사례에는 박찬종과 김중권이 포함된다. 박찬종은 경제적으로 어려웠던 학창시절을 지나 법조인으로써 유리한 출발조건[28]을 갖추고 있었지만, 권력핵심부가 아닌 우회적 경로를 밟아야 했다. 그는 평검사 시절에 박정희 대통령과 대구사범 동기이자 막역한 친구사이였던 조중출 MBC 사장의 제안으로 정계에 발을 들였으나, 야당 지도자였던 김영삼과 부산 지역구에서 경쟁 끝에 패배하였다.

> MBC 사장이 조종출 박사인데…(중략)…우리 김해 고향사람이고…(중략)…(우리 집안과) 세교(世交)가 있었는데다가 날 부른다고…(중략)… 저녁 먹으러 갈 때 나를 데리고 간다고. MBC 사장이 병아리검사(박찬종)를 데려가(서) 자기들 또래 술 먹는데 가면 '아 이친구 잘 봐두라'고 그랬쌌고. …(중략)… 그러나까 이듬해 정치적 변동기(1972년 4월 대통령선거, 5월 총선거, 10월 유신선포)가 있고 이러니까, 11월 달인가 되었어요. "자네 거기 초중학교 나오고 아버지 어머니 계신 부산서 국회의원 한번 나오면 어떠냐"고 하더라고.

> "(그 다음에 만날 때) 그 자리에 보도국장을 불렀어. 박근숙씨야. …(중략)… 그 보

28) 그는 대학3년 때 고등고시 사법과(사법시험)를 합격하고 이듬해 행정과(행정고시) 및 공인회계사 시험에 합격하였다.

도국장은 몇 번 만난 적도 있고…(중략)….(조종출 사장이 보도국장에게) '거 가서 길재호 사무총장에게 내가 추천한다고 해라'. 그거 조 사장이 추천한다는 뜻은 MBC사장이라기보다도 박정희 대통령, 공화당 총재 박대통령의 아주 절친한 친구, 청와대 안방에서 술 같이 마시는 친구하니까. (조종출 사장은) 길재호 사무총장한데 보통 건은 부탁할 사람이 아냐. 그러니까 자기(조종출 사장)가 추천해서 딴 사람 시킬 일도 없을 테고(하니까), 자신 있게 부탁하더라고…(중략)…. (그러더니) 공화당에서 연락이 와 갔고, 사무총장실로 오라하더니, …(중략)…입당하고 1월 (1972년) 달부터 조직책이니까 지구당을 인수해야(했어요)"
"…(중략)…(입당할 때) 입당 추천인란에 김재순씨를 찾아가 가지고(부탁했어요). 샘터사 사장이고 당시 공화당현역의원이고 재정위원장이었어요. 대학선배거든. …(중략)…(지역구 경쟁자였던 김영삼씨 와는) 민주당 신구파로 같은 국회의원도 한 사람들이고 그러니까, 나보고 "영삼이가 지역구관리는 잘 안했을 거야" 그러더라고. …(중략)… 그래서 (1972년) 1월 20일 (대통령선거 부산서구 대책위원장) 위촉장을 청와대에서 준다고 오라고 해서, 거기서 박정희 대통령하고 처음 악수했다니까. …(중략)…(그때 리셉션 장소에서) 김재순씨하고 가까이 서있으니까, 박대통령이 날 처음 보는 거야. …(중략)…"어? 상과대학 동창회하나?" 이러더라고. 김재순과 내가 대학선후배간이라는 것을 기억했다가. …(중략)… 그런데 (MBC) 조 사장 얘기는 절대 안해. 친구얘기는 공개석 상에서 안하고."

(1972년) 5월 25일이 선거인데, 내가 21일인가 돈이 다 떨어졌어요. 그래서 조금 분한 마음이 들더라고. 그렇다고 해서 조중출 사장한테 자꾸 다그칠 수도 없고…(중략)… 교통도 나쁠 때인데 서울까지 쪼르르와 갔고 MBC사장실에 가서, '사장님 저보고 나가라고 팽개쳐 놓고 말이지, 돈도 다 떨어졌는데…(중략)…' 이렇게 체면상 그럴 수도 없고.

(박찬종[29] 구술 https://mkoha.aks.ac.kr/IndexMain.do.)

---

29) 5선 의원 역임

이처럼 박찬종은 1964년 서울지검 검사를 시작으로 춘천지검 등을 거쳤으나 평검사 시절에 직업정치인으로 전환을 시도하였다. 그는 검사 시절 재벌외화 밀반출 사건과 중앙정보부가 연루된 비리사건 등을 수사하는 과정에서 정치적 외압과 위협에 시달리기도 했으며, 검찰권력의 핵심에 도달할 수 없는 조건이었다. 그가 직업정치인으로 전환하기 위해서는 당시 박정희 대통령선 선거를 앞두고 박정희 대통령에 강력한 반대세력이었던 김영삼에게 도전하는 경로를 선택할 수 밖에 없었다. 여기에 자신의 지연(조중출 MBC사장)과 학연(김재순 공화당 재정위원장)은 좁은 정치적 기회구조를 통과할 수 있는 자산이었던 셈이다.[30)]

상대적으로 손쉽게 정치권력으로부터 픽업되었던 경우에도 지역구의 경쟁을 피할 수 없었다. 1980년 신군부에 의해 민정당에 참여했던 판사 출신 김중권 경우가 그렇다. 김중권 씨는 고향인 대구지방법원 영덕지원장 시절 지역 국회의원들의 견제와 부당한 처우에 반발하여 직업정치인으로의 전환을 결심하게 되었다. 하지만 구체적인 시기와 계기는 다른 곳에서 왔다. 1980년 신군부의 등장이라는 정치적 변화가 기회구조를 만들었다.

> 저는 아시다 시피 육군사관학교 출신도 아니고, 경북고등학교 출신도 아니고, 이른바 신군부, 집권세력하고도 아무 관계가 없어요. 아는 사람이 아무도 없어요. ..근데 참 신통한 것 중에 하나가 저의 픽업이었습니다. …(중략)…저는 당시 서울고등법원 판사였구요. 근데 이사람들이 '새시대 새인물' 이래서 여러 쪽의 사람들을 모으기 시작한 거죠. …(중략)…그래서 법원에서는 김중권 판사, 검찰에서는 이

30) 그는 8대 선거에서 집권 공화당후보가 되는 데 까지는 성공했지만, 국회에 진입하지는 못했다. 전국적으로 유력한 야당지도자와 경쟁했던 평검사출신의 박찬종로서는 예정된 패배였다. 그만큼 정치적 기회구조는 좁았다. 하지만 곧 이은 유신체제 하에서 9대 국회의원으로 당선되었다.

한동 검사 둘을 뽑았습니다. …(중략)…(영입연락은) 민정당, 중앙당으로부터 연락을 받았을 겁니다. 김(중권)판사가 청송, 영덕, 울진 지역에 소집책으로 내정되었다고 통지가 온 거예요. …(중략)…소집되어서 서울에 모였을 때, '각계 각층에서 사람들을 뽑았고, 그 지역에서 무슨 전문성, 어떤 존경을 받고 이런 일반적인 설명을 하더라고요. 그래서 법조계에서는 둘(김중권과 이한동)이 선택되었다고'(하더라고요).

(김중권[31] 구술 https://mkoha.aks.ac.kr/IndexMain.do.)

게다가 법조계에서 선발되어 영입된 2명 중에 한명이었음에도 불구하고, 김중권은 정치권력의 실세나 민정당 주류와는 거리가 멀었다. 비록 지방법원장 출신이라고 하나 사법부 출신, 그것도 힘없는 영덕지방법원장이라는 지위는 권력의 중심에서 한참 비껴 있었다. 따라서 정치인으로 진입하는 관문인 선거에서 당으로부터 재정자원이나 조직자원을 충분히 공급받지 못했다. 그는 지역구에서 2명을 선출했던 제11대 총선에서 2위로 당선되었다.

소집책으로 내정이 되었다고, 그날 참석하라고 소집통지가 왔어요. …(중략)…그때만 해도 이종찬이가 실세인지, 권정달이 실세인지, 난 그 사람들 이름도 몰랐어요. 거기 현장에 가서 얼굴을 처음 익혔어요. (민정당의 창당이념이나 강령 같은 것은) 아무것도 모르는 상태였죠.

…(중략)…우리 장인이 그 당시 상당금액을 지원했습니다. …(중략)…중앙당에서는 8천만원을 줬을 겁니다. 그거하고 우리 집을 담보로 하고 그래서 선거를 치루었습니다.

…(중략)…(선거 당시 지역구에 와서 교육을 한다든지, 인력을 파견해 준다든지 한

31) 5선 의원 및 대통령 비서실장 역임

적은) 없었습니다. 전혀. 사실상 민정당이라는 큰 이름을 같이 공유했을 뿐이지, (지역구)내부에서 선거운동을 진행하고, 지역구 내에서 힘을 동원해서(한 셈입니다).

(김중권 구술 https://mkoha.aks.ac.kr/IndexMain.do.)

한편 권위주의 정부에 의해 법조관료조직에서 배제됨에 따라 직업정치인으로 전환했던 사례로는 목요상이 있다. 그는 판사시절에 1970년대 대표적 필화사건인 '오적' 사건을 배당받았으나 김지하를 비롯한 관련자 모두를 보석으로 석방하였고, 1971년 대선을 앞두고 신민당 김대중 후보의 홍보활동을 저지하기 위해 용공혐의를 씌웠던 월간 '다리' 필화사건에서는 전원 무죄를 선고하였다. 중앙정보부와 검찰의 협박과 회유를 거부했던 목요상은 48명의 법관들과 함께 1973년 법관재임용에 탈락하였다. 이후 대구에서 변호사 사무실을 개업하였고, 1981년 제11대 총선에서 직업정치인이 되었다. 그는 정치에 입문하기 위해 스스로 움직여야 했으며, 어려운 선거를 치러야 했다.

제가 (대구에서) 8년간 변호사를 하다가 정치판에 뛰어들었는데, ..'내가 변호사로서 평생 돈에만 매달려 일평생을 보내야 되겠냐 (판사시절 경험했던 부패한) 면서기나 경찰이라든지 이러 모습에서 느꼈던 것들을 바로 잡는 역할을 내가 해야될 것이 아닌가(라는 생각이 들었어요).'
…(중략)…뭐, 아시다시키 제 성격 상 여당에 갈 수는 없고 야당으로 갈 수 밖에 없는 거죠. …(중략)…(그래서 직접) 찾아 간거죠. 유치송 총재(민주한국당)를 찾아가고. 정치판에 끼어들려고 주변에 있는 사람들에 도와달라고 여러 번 찾아가고. 야당에 들고 싶은데 해 달라. 이렇게 해가지고 이게 통하게 된 거죠.
…(중략)…정치판에서는 혈연, 지연, 학연이 절대적입니다. 그런데 저는 찾아보니까 (대구에서 혈연이) 남자 세사람 밖에 없고 여자도 두 세명 밖에 없어요. 학교도 서울에서 다 다녔 잖아요. 학연도 없어요. 지연은 말할 것도 없고. 아주 세가 불리

한 입장이었는데, …(중략)…저희 집 식구(부인)이 대구에서만 자랐거든요. 초등학교, 중학교, 대학교까지 대구에서 다 나왔어요. 그래서 우리 집 식구 역할이 굉장히 컸죠. …(중략)…(부인의) 동문들을 동원해가지고 하는 바람에 지금도 그 분들하고 끈끈한 인간관계를 가지고 있죠. 그렇게 열심히 도와주는 바람에 된 거죠. …(중략)…(그렇다 하더라도) 둘씩 뽑았으니까 됐지, 한 사람 만 뽑았으면 안 됐죠.

(목요상[32] 구술 https://mkoha.aks.ac.kr/IndexMain.do.)

권위주의 정부에 의한 선별이나 배제와 관계없이 자발적으로 검찰조직을 떠나 직업정치인으로 전환하는 경우도 있었다. 현경대가 이러한 사례에 속한다. 그는 검찰조직 내에서 유능하여 전도가 유망하다고 평가받았으나 권력 사다리의 상층부에 도달하기 어려워서 자발적으로 조직을 떠나 직업정치인이 되었다. 그는 일찍이 4.3사태 당시 부모님을 여의었으며 불우한 성장과정을 보냈다. 하지만 특유의 성실성과 능력으로 서울대 법대를 거쳐 검찰에 입문하였으며, 특수부 검사로서 실적을 남기기도 하였다.[33] 그는 1981년 2월 제11대 총선을 앞두고 검사직을 사임하고 무소속으로 출마를 결행하였다.

(1981년) 2월 4일날 제가 사표를 냈습니다. 당시에 우리 서울지검 특수3부장이 정구영 부장검사였는데, 나중에 검찰총장까지 하셨죠. 정말 존경하는 선배이고 진짜 검사라고 평가받는 분입니다…(중략)….(정구영 부장이)저녁을 한 번 하자고 그러더라고요. 나한테 이런 얘기를 해요. '현 검사, 꿈이 뭐냐? …(중략)…검사장이 꿈이라고 하면, 너 실력가지고 제주검사장, 춘천검사장, 청주검사장까지는 할 수

---

32) 4선 의원 역임

33) 1970년대 사회문제가 되었던 불량식품, 부정의약품, 1980년 대규모 어음사기 사건 등을 해결하면서 언론의 주목을 얻었으며, 국무총리 표창과 근정훈장을 받았다.

있다. 내가 보증할 수 있다. 그냥 검사해라. 그러나 검사장이 꿈이 아니라 너가 검찰총장을 바라보고 검사를 한다고 하면, 그건 포기해라. 넌 검찰총장이 될 수 없어. 나는(정구영) 된다. 나는 부산고등학교에 서울법대야. 너는 제주도 오현고등학교에 서울법대잖아. 제주도 오현고등학교 가지고는 검찰총장이나 서울검사장을 할 수 없어'…(중략)….정구영 검찰총장(당시 부장)의 얘기, 뭐 이런 것들이 복합적으로 전개돼서 최종적으로 (검찰을 떠나 정치할 것을) 결심했는데…(중략)…

(현경대[34] 구술 https://mkoha.aks.ac.kr/IndexMain.do.)

무소속 출마라는 불리한 조건에도 불구하고 현경대가 직업정치인으로 전환하려고 했던 것은 자신이 검찰권력 중심에 다다를 수 없다는 구조적 한계를 느꼈기 때문이었다. 당연히 그는 자신이 가진 다양한 자원에 기초하여 직업정치인으로 전환해야 했다. 그는 무소속으로서의 불리한 선거운동 여건을 지연, 학연을 활용하거나 법조인 경력 및 변호사 개업 등을 적극적으로 활용함으로써 돌파하고자 했다. 무소속을 선호하는 제주도 특유의 유권자 심리도 도움이 되었다. 무소속과 여당을 넘나들면서 5선 의원을 역임하면서 오랜 직업정치인의 이력을 쌓을 수 있었던 것은 이러한 정치적 기반과 경쟁을 통해서 형성된 것이다.

이처럼 군부권위주의 시기에 등장했던 법조인 출신 직업정치인들은 주로 중·하급 법조관료 출신들이었다. 그들은 권력핵심에 접근할 수 있었던 소수의 상층법조관료와는 다른 경로를 거쳤으며, 주로 자신이 가진 사회적·경제적 자원에 기초하여 선거경쟁을 통해 정계에 진출하였다. 비록 중·하급 법조관료 출신이라고는 하나, 법조인으로서 다른 직업군보다 많은 사회자본을 가지고 있었고 일부는 변호사로서 경제적 자원까지 스스로 동원할 수 있었기 때문에 가능한 것이다. 이들이 가지고 있는

34) 5선 의원 역임

사회적·정치적·경제적 자원은 민주화 시기를 거치면서 더욱 효과적으로 활용되었다. 권력투쟁의 장이 국회 공간으로 이동함에 따라 법률전문가의 필요성이 더욱 증대되었기 때문이다.

5. 결론: 정치적 기회구조 변화와 직업정치인의 과잉대표성

앞서 살펴 보았듯이 한국사회에서 언론인과 법조인은 과잉대표되어 있으며, 이는 권위주의와 민주화 시기에 정치적 기회구조가 크게 작동하였다. 즉 과잉대표의 일차적인 원인은 오랜 권위주의 정부 하에서 특정 전문직업을 정치적으로 동원하거나 배제했던데에 있었다. 권위주의 정부가 언론인과 법조인을 정치적 필요에 따라 동원하거나 배제함으로써 과도하게 직업정치인으로 전환되는 통로를 제공한 것이다.

군부권위주의 정부는 언론을 간접적으로 통제하기 위해 상층 언론인을 대거 직업정치인으로 전환시켰으며, 권위주의에 저항하는 언론인을 해고하고 탄압함으로써 재야 또는 야당을 통해 직업정치인으로 가는 길을 열어 놓았다. 이들은 일종의 예비군이 되어 1987년 민주화 시기에 열려진 정치공간에서 개인적 또는 집단적 선택을 통해 급속히 직업정치인으로 전환되었다.

또한 권위주의 정부에서 소수의 상층법조관료들을 제외하고는 법조인이 직업정치인으로 나가기에 진입문턱이 높았다. 자발적이든 강제적이든 법조관료조직에서 벗어난 소수의 중·하위 법조인만이 직업정치인으로 전환되었다. 1987년 이후 민주화 시기에 법조관료조직의 특권이 축소되자, 정치에 필요한 사회적 자원과 경제적 자원을 갖추고 있었던 법조인들은 다수가 직업정치인의 길을 선택하였다.

그 결과 한국사회에서는 아직까지 특정 직업적 전문성이 과잉대표되어 있다. 언론인 출신와 법조인출신 모두 한 때 전체 국회의원 중에서 20%까지 치솟았다. 최근 제19대와 제20대 국회에서언론인 출신들이 10%미만으로 축소되고 법조인 출신들은 15%대로 감소하였다고 하지만, 한국 유권자들의 다양한 사회구성을 고려해 볼 때 과잉대표의 문제는 여전히 심각한 상황이라는 것을 알 수 있다.

분명 언론인이나 법조인과 같은 전문직 출신의 직업정치인은 근대 정치발전에서 주요한 역할을 수행했던 유형임에 틀림없다. 하지만 서구사회에서 그들의 역할은 한시적이며 제한적이다.[35] 근대 초기의 역할에도 불구하고 정당정치가 발전함에 따라 정당 경험에 기초하여 정치만을 유일한 직업으로 삼고 있는 정치전문가에게 자리를 빼앗길 수 밖에 없기 때문이다. 다른 분야에서와 마찬가지로 단기적인 경험에 기초한 아마추어들이 성공하기 힘들며, 사회가 구조적으로 분화하고 기능적으로 전문화됨에 따라 정치영역에서도 오랫동안 정당정치를 경험하며 정치에 특화된 전문성을 습득하는 것이 필수적인 요소가 되었다. 실제로 법조계와 같은 다른 경력을 경험하였다 하더라도 단지 초기 직업에 불과하며 정치를 하기 위한 준비 작업으로 선택된 경우가 다수이다.[36]

한국사회도 서구 사회와 다르지 않다. 민주주의가 심화될수록 사회집단의 정치적 대표로서의 전문성에 대한 필요성이 증대될 수 밖에 없다. 정치적 전문성과 관련하여, 김중권의 진술은 참고할 만 하다. 그는 1981년 권위주의 정부 하에서 집권여당의 초선의원에 불과했음에도 불구하고, 다음과 같이 진술하였다.

제 솔직한 마음을 고백할 텐데요. 제가 이제 판사를 지냈기 때문에 법조 엘리트

35) Weber, 앞의 글.

36) Hague, R and Harrop, M. 김계동 외 역(2011), 『비교정부와 정치』, 명인문화사. 374면.

(elite)잖아요. 제가 이제 법조에서 정계로 투신해서 국회의원이 되었는데 국회 딱 들어가 보니까요. 제가 굉장히 무식하다는 걸 느꼈어요. '야, 이런 영역이 있구나.' 저희가 판사를 할 때 프라이드(pride), 그런 전문성, 이런 것보다도 내가 알아야할 분야가 너무 많고 내가 생각지도 못 했던 그 영역이 너무나 많다는 걸 저는 느낀 거예요. 법조적인 그런 사고만 갖고 내 훌륭한 정치인이 될 수 없구나 하는 걸 제가 느끼는 겁니다. …(중략)… 제가 여당의원이잖아요. 그렇기 때문에 제일 첫째 관문이 당정협의에서 실력을 보여주는 거예요. 근데 지금 당정협의를 할 때 정부에 소속된 사람들(공무원)의 경우는 전문가잖아요. 그니까 (공무원들은) 여당위원들을 꿰뚫어보고 있는 거예요.

(김중권 구술 https://mkoha.aks.ac.kr/IndexMain.do.)

물론 위의 김중권의 진술에서 전문성이 의미하는 바는 유권자의 정치적 대표로서 지니는 전문성이라기 보다는 정책사안과 관련한 관료적 전문성에 가깝다. 그럼에도 불구하고 정치적 대표의 기능을 수행하는 직업정치인에게는 특정 직업세계에서 획득한 전문성 이상의 것이 필요하다는 것을 잘 보여 준다.

제02장

정당정치 변화의 순간들

조 영 재

1. 정당정치는 언제 변화하는가?

정당정치에 대한 두 가지 대립되는 통념이 존재한다. 하나는 정당정치나 정당의 행태는 변하지 않는다는 것이다. 이는 특정 사회의 정당이 정치적 부패나 정쟁으로 점철될 때 나타나기 쉬운 통념이다. 한국 사회에서도 매번 총선에서 현역국회의원들이 절반에 가까운 40%~50% 정도 교체됨에도 불구하고, 부패와 대립적 갈등의 양상은 변함이 없다는 인식이 매우 팽배하다. 반면에 또 다른 통념은 정당정치나 정당행태는 무정형적이며 예측이 불가능할 정도로 변화무쌍하다는 것이다. 정당정치에 관여하는 정치행위자나 사건은 비단 정당구성원들에 국한되지 않고, 한 사회전체를 포괄하고 있기 때문이다.

하지만 역사적 비교연구의 결과는 이러한 통념들이 잘못되어 있다는 것을 보여준다. 정당정치는 지속적·누적적으로 변화하지만, 상대적 지속성과 안정성을 지니고 있는 것으로 판명되었기 때문이다. 전근대적 또는 근대적 사회균열이 보통선거와 대중정치에 시대로 접어들었던 20세기 초반 고착화되었다는 '동결테제'(freezing these)나 탈산업화시대에

탈물질주의적 가치의 확산 등을 통해 새로운 정당정치의 출현을 분석하는 연구들이 사례이다. 한국의 정당정치 역시 정당의 평균수명이 3~4년을 넘지 못할 정도로 변화무쌍하였지만 몇가지 장기지속성을 지닌 특성들이 지적되곤 하였다. '여촌야도현상', '지역균열과 지역정치', '3김시대로 표현된 명사정당체제' 등과 같은 특성은 무정형에 가까운 변화양상을 보여온 한국정당 정치에도 상대적 안정성이 있었음을 반증한다.

본 연구에서는 정당정치 연구에서 주목하고 있는 정당구조의 측면과 정당체제의 변화매개하는 선거제도의 변화를 통해 정당정치의 변화 모멘텀을 확인하고자 한다. 기존의 연구에 따르면 정당정치의 변화양상은 크게 두 가지 영역으로 나누어 볼 수 있다. 하나는 정당의 운영·리더십·노선에 초점을 맞추는 정당구조(party structure) 영역이며, 또 다른 영역은 여러 정당들로 구성되는 체계 속에서 이들 정당간의 상호작용의 양식과 경쟁관계에 초점을 맞추는 정당체계(party system)가 그것이다.[1]

먼저 정당구조를 살펴보자. 정당의 구조는 정당 내부의 권력은 어떻게 구성·분산되어있으며, 정당의 지도부, 정당의 원내 의원들, 당원들과의 관계는 어떠한가에 달려 있다. 파네비앙코에 따르면, 정당의 조직과 구조는 역사적 계기, 특히 창당의 계기가 매우 중요하다.[2] 창당의 계기는 이후 다양하게 정당의 운영과 경로에 영향을 미치기 때문이다. 이와 관련하여 가장 일반적인 구분은 간부정당과 대중정당의 구분이다. 최근에는 포괄정당과 카르텔정당의 유형이 새로이 추가되었다.[3] 이러한 유형

---

1) Sartori, G., Parties and Party Systems: A Framework for Analysis, vol. 1. Cambridge: Cambridge University Press. 1976.

2) Panebianco, A., Political Parties: Organization and Power. Cambridge: Cambridge University Press, 1988.

3) Mair, P., Party System Change: Approaches and Interpretations, Oxford University Press. 1997.

들의 역사적 실재여부와 작동과정을 한국사회에서 확인하는 것이 이 글의 목적은 아니다. 오히려 이글의 목적은 서구적 유형의 사례적 특성 뿐 아니라 한국 특유의 정당발전의 다원적·중첩적 특성을 확인하는 데 있다.[4)]

〈표〉 정당의 모형과 그 특징

특징	간부정당	대중정당	포괄정당	카르텔정당
시기	19세기	1880-1960	1945이후	1970이후
정치적 포괄수준	선거권제한	참정권부여 및 보통선거	보통선거	보통선거
정치적 목표	특권의 분배	사회개혁 (혹은 그 반대)	사회개량	직업으로서 정치
정치기반	지도자의 생득적 지위	민의수렴능력	통치능력	관리기술
정당활동 성격	개별적 활동	노동집약적	노동·자본 집약	자본집약
수입원	개인 연줄	당비	다양한 기부	국고보조금
당원의 특징	소수엘리트	권리와 의무를 가진 동질적인 당원	의무보다는 권리가 강조되는 다양한 당원들로 구성	의무도 권리도 강조되지 않으며, 당원과 비당원의 경계 모호

Mair(1997: 140)에서 재구성

또 다른 변화 영역은 정당체계이다. 정당들의 상호작용과 정당들의 행

4) 한국의 정당이 순차적이고 선형적으로 발전되 않았을 뿐 아니라, 다양한 유형의 정당 특징들이 혼재되어있다는 지적에 대해서는 강원택(「한국정당연구에 대한 비판적 검토; 정당조직유형을 중심으로」, 『한국정당학회보』, 제8권 제2호(통권15호). 2009.) 참조.

위를 지배하는 규칙으로 정의되는 정당체계는 이러한 체계를 통해 정당들이 서로 경쟁하고, 투쟁하고, 모방하고, 학습을 하기 때문에 개별 정당의 구조보다 정치질서에 훨씬 영향을 미친다. 게다가 서구사회에서 정당체제는 체제를 구성하는 개별정당의 부침에도 불구하고 '동결'(freezing)을 논의할 정도로 장기 지속적이고 안정성을 갖추고 있는 것으로 평가된다.[5)]

이러한 정당체계는 정당체계 구축 당시 균열구조, 체계를 구성하는 정당의 수와 그들의 이념성향 등에 의해서 영향을 받으며 다양한 방식으로 나타날 수 있다. 일반적인 구분은 패권정당제, 양당제, 다당제로의 구별이다. 이러한 정당체계 유형은 한국사회에서 이념형(ideal type)에 근접한 형태로 구현된 적은 없다. 하지만 앞에서 논의한 정당구조와 마찬가지로 정당체계에 대한 연구는 한국 정당정치에서 정당간의 경쟁과 투쟁을 설명하는데 있어서 유용한 관점을 제시해 줄 뿐 아니라, 정치적 혹은 정당지도자들과 그 조력자들은 창당, 탈당, 분당, 정계개편 등을 통해 정당체계의 재편을 시도했다는 점에서 반드시 고려해야할 영역이다.

〈표〉 정당체계의 유형 및 특징

특징	패권정당제	양당제	다당제
경쟁정당수	압도적 우월적 지위 정당의 존재	경쟁적인 두 개의 주요정당 존재	최소 5개 이상의 경쟁적 정당의 존재

---

5) 립셋과 로칸은 서유럽의 정당체계는 국가형성과 산업화과정에서 형성된 4개의 균열구조에 기반하고 있으며, 이러한 균열구조는 20세기 초반 보통선거권의 도입과 함께 동결되었으며, 이후 1960년대까지 지속되었다는 소위 '동결테제'(freezing these)를 주장했다(Lipset, S. M. and S. Rokkan, "Cleavage Structures, PartySystems and Voter Alignments: an Introduction", in S. M. Lipset and S. Rokkan(eds.). Party System and Voter Alignment, New York. 1967. pp. 1-64.).

특징	패권정당제	양당제	다당제
정부구성	패권정당의 정부	경쟁을 통한 단독정부	연합정부 또는 소수정부
소수정당의 지위	영향력이 무의미하거나 열등적 하위 파트너	영향력 무의미	연립을 통한 다양한 영향력 통로보유
정당의 지지기반	패권정당의 지지자에 대한 보상	다양한 사회집단이 양대정당으로 귀속	다양한 사회집단이 다양한 정당에 귀속

이러한 정당체제변화에 핵심요인 중하나는 선거제도의 변화이다. 선거공간 자체가 정당의 핵심적 정치활동공간이며, 선거제도는 개별 정당의 생존과 성장 뿐 만아니라 정당체계에 중대한 영향을 미치고 있기 때문이다(Lijpahrt 1994). 선거와 관련된 모든 규칙을 의미하는 선거제도는 매우 복잡한 요소들로 구성되어 있지만, 그중에서 한국정당정치에 중요한 것은 정당의 득표수와 의석수의 비례성을 결정하는 선거공식(electoral formula)와 각 선거구 마다 배정되는 의석수를 결정하는 선거구크기(district magnitude)였다. 전자는 크게 다수제, 비례제, 혼합제로 구분되며, 후자는 소선거구제, 중대선거구제 등으로 구분된다. 한국정당정치사에는 이러한 선거제도를 두고 정치적 갈등과 경쟁, 탄압이 이어졌으며, 그 제도적 효과는 곧바로 정당정치의 변화에 결정적인 요인으로 작용하기도 하였다.

아래 글에서는 한국정당구조의 결정적 변화를 가져온 박정희 정부 시대에 민주공화당 사례를 분석하고, 아울러 정당체제의 변화를 매개했던 1972년과 1988년 선거법 개정의 사례를 살펴볼 것이다.

2. 정당조직과 구조의 변화: 초기 공화당 사례

정당의 조직과 구조에 관한 구술을 위해 소속정당 핵심지도자는 누구이며, 공천은 어떤 방식으로 이루어졌고, 의사결정 과정과 절차는 어떠했는지, 또 의원들의 원내조직과 사무조직·지역조직과의 관계는 어떠했는지에 대한 질문들이 행해졌다. 그리고 이러한 조직의 구조에 지속적인 영향을 미치는 창당·분당·합당의 계기와 과정에 대한 구술이 이루어졌다.

이글에서는 본 구술에 대한 연구사례의 하나로 초기 공화당의 창당과 운영과정을 통해 정당조직과 구조의 특성을 살펴보고자 한다. 한국정당사에서 공화당은 간부대중의 형태를 벗어나 최초의 근대적인 대중정당의 형태를 갖춘 것으로 평가[6]될 수 있으며, 그 형성과 발전 경로는 서구와 달리 한국적 맥락과 역사적 특성을 반영하고 있다고 보기 때문이다.

실제로 1963년 창당된 공화당은 사무국 중심의 강력한 원외정당을 중심으로 대중적 기반을 갖춘 당조직을 구성하였고, 여기에는 리·동 및 자연부락까지 포함하여 광범위한 기층조직이 포함되어 있었다. 하지만 공화당의 창당과 조직구성의 방식, 내부의 권력 운용은 대중조직이 출현하는 서구적 경험과 매우 달랐다.[7] 그리고 이러한 한국적 특성을 통

---

6) 물론 한국정당정치의 기원은 조선공산당(남로당)과 한민당이 조직되었던 해방정국으로 거슬러 올라간다. 하지만 이 정당들을 근대적 대중정당의 기원으로 볼 수는 없다. 대중조직의 기반을 갖춘 남로당은 국가형성기(단독정부수립시기)에 정당체계에서 배제되었으며, 한민당의 지방조직은 주로 동아일보 지국장들이 만들어 낸 서류상의 숫자에 불과했기 때문이다(심지연·김민전 공저, 『한국 정치제도의 진화경로 - 선거 정당 정치자금제도』, 백산서당. 2006.; 호광석, 『한국의 정당정치: 제1공화국부터 제5공화국까지 체계론적 분석』, 들녘. 2005.).

7) 이 때문에 '대중정당의 외피를 입은 동원정당'이라는 평을 받기도 한다(심지연·김민전, 위의 글, 317-319면.)

해 창당되고 운영되었던 공화당은 이후 보수여당의 맥을 잇는 민정당, 민자당, 새누리당에게로 조직과 자산이 이전되고, 모방되고, 학습되는 과정을 통해 지속적인 영향력을 미쳤다. 다시 말해 초기 공화당의 특성은 정치변동과 민주화 과정을 거치면서도 지속적으로 한국의 정당정치, 정당체계에 지속적인 영향력을 미침으로서 경로의존적 발전(path-dependent development)의 주요 요인으로 자리하고 있다.

공화당의 창당과 운영에 관련하여 구술을 했던 인물들은 아래와 같다.[8] 이들에는 공화당의 창당을 직접 기획하고 집행했던 E씨, F씨, G씨, 도단위 책임자인 C씨 그리고 이들과 대립하였던 A씨, 창당이후 상하층에서 당의 운영에 참여했던 B씨, D씨, H씨 등이 포함되어 있다.

〈표〉 공화당 창당 및 운영관련 주요 구술자

구술자	정당활동 이전	정당활동 직책	비고
김재춘	- 육군장성 - 중앙정보부장	- 자유민주당 최고위원	- 8, 9대 국회의원
장경순	- 육군장성 - 농림부장관	- 공화당 사무총장	- 6, 7, 8대 국회의원
예춘호	- 대학강사 - 사회사업가	- 공화당 사무총장	- 6, 7, 10대 국회의원
강상욱	- 육군장성 - 최고회의 최고위원	- 공화당 당무위원	- 청와대 공보수석 및 대변인 - 9대 국회의원
강성원	- 육군영관급장교 - 중앙정보부창설 요원	- 재건동지회 조직부장 - 공화당초대 조직부장 - 공화당 사무차장	- 8대 국회의원

8) 이들의 실명을 밝히지 않은 것은 일부 구술이 아직 공개절차를 진행하는 중이기 때문이다.

구술자	정당활동 이전	정당활동 직책	비고
조희선	- 내무부 공무원	- 재건동지회 조사부 활동 - 공화당 조정담당관	- 은행나무동우회 설립 및 활동
김영도	- 교사	- 재건동지회 선전부 활동 - 공화당 선전부장 - 공화당사무차장	- 9대 국회의원
정창화	- 연세대 졸업	- 공화당 사무국 공채 1기 - 공화당 청년국장/훈련부장 - 민정당 창당준비위원 - 민자당 원내수석부총무 - 한나라당 원내총무	- 11, 12, 13, 15, 16대 국회의원

1) 창당의 계기

공화당의 창당의 계기는 정치적인 것이었다. 서구에서 대중정당을 포함한 대부분의 주요 정당들이 사회적 균열(social cleavage)에 기반하여 발생한 것과는 사뭇 다른 경로이다. 창당에 관계했거나 반대했던 사람들의 공통된 구술은 정치적 계기에 관한 것이었다.

먼저 중앙정보부 창설에 참여했고 창당과정에서 사전조직[9]의 조직부장으로서 기획과 집행을 총괄적으로 책임지고 있었던 강성원은 공화당의 창당이 당시 최고회의의 박정희 의장에서 비롯된 것임을 밝히고 있다.

"JP(중앙정보부장)가 종이 한 장을 내 놓는 거야…(중략)…박대통령(최고회의 의장)의 친필이에요. …(중략)…혁명정신을 다 밟아버리고 제멋대로 하는 정권이 들

9) 재건동지회,

어서면 어떻게 하느냐, 그 걸 막는 방법을 연구해라…(중략)…그래서 내(강성원)가 답변서를 어떻게 썼냐하면, 혁명정신을 위한하는 헌법기관이 존재할 수 없도록 하는 유일하고도 단호한 방법은 정권을 직접 장악하는 것입니다. …(중략)…정권을 잡기 위해서는 첫째로 부정정치인 더러운 정치인들을 전부 청소하고…(중략)… 그 다음에 아주 깨끗한, 정치능력이 있는 사람들은 정당조직을 하도록 해야(한다)…(중략)… (그후 박정희 의장께 갔더니) 남의 정당 만들 새가 어딨냐. 우리가 말이야 깨끗한 정당 하나 만들자. 이런 말씀을 하는 거예요"

(강성원 구술 https://mkoha.aks.ac.kr/IndexMain.do.)

박정희 의정의 지시를 통해 1년여 기간 동안 사전조직되었던 공화당은 1963년 3월 26일 정식으로 창당되었다. 그러나 김종필씨를 중심으로 조직되었던 공화당의 정치적 지위가 안정적인 것은 아니었다. 박정희 의장은 창당된 공화당과는 별도의 정당을 조직할 것을 지시했기 때문이다.

1963년 초 제3대 중앙정보부장이었던 김재춘은 범국민정당(이후 자유민주당)의 결성을 실질적으로 지원하였고, 그 배경에는 박정희 의장이 있었다고 진술하였다. 또 박정희 의장은 최고회의 내부에서 반 김종필의 입장에 섰던 세력들로 하여금 정당조직을 모색해보라는 지시하였다는 것이다.

"박정희 의장이 '정치자금을 주겠다.' …(중략)…그걸 받아가지고 소위 정당을 창당하라고 그래서 창당(범국민정당)을 했다. …(중략)… 그때 김재순, 박준규, 소선규 그 사람들에게 맡긴 거죠. …(중략)…우린 정치도 모르고 정당조직도 모르니까. 또 박정희 의장이 그렇게 하는게 좋겠다고 그래서 지시를 받아가지고…(중략)…박정희 의장이 인선을 직접했었요."

(김재춘 구술 https://mkoha.aks.ac.kr/IndexMain.do.)

"(1963년 3월 초순경박정희 의장이) 오치성이를 불러서 '당신들이 민간인을 규합하여 사회단체같은 것을 만들어가지고, 정당조직같은 것으로 갈 수 있도록 해라' 고 말했다…(중략)…(그래서) '5월 동지회'를 만들었어요"

(강상욱 구술 https://mkoha.aks.ac.kr/IndexMain.do.)

이처럼 박정희 의장이 여러 경로를 통해 정당을 조직한 배경에는 다양한 정치적 이유가 작용했던 것으로 보인다. 당시 정당조직활동을 주도하고 있던 김종필씨에 대한 군정참여세력들의 반대와 저항은 조율하기가 쉽지 않았다는 것도 중요한 이유였다.[10] 하지만 그것만이 전부는 아니었다. 각 경로들이 다른 사회적·정치적 기반에 근거하고 있기 때문이다.

"이미 준비된 공화당은 공화당대로 진행을 시키고, 거기서 이탈된 다른 세력들은 김재춘이 자유민주당(범국민정당) 세력으로 흡수하고, 그다음에 '5월동지회'를 통해서 대학, 일반 유지들 중에서 과거 정치를 안하던 사람들 중에서 쓸만한 사람을 별로로 민간 교육을 하고, 어떤 시점에 가게되면 이것도 전체적으로 하나의 덩어리로 활용할 수 있지 않느냐…(중략)…이런 구상을 하셨던 걸로 생각해요."

(강상욱 구술 https://mkoha.aks.ac.kr/IndexMain.do.)[11]

결국 세 가지 경로의 화학적 반응은 일어나지 않았다. 자유민주당(범

10) 군정참여세력들 내부의 갈등은 두 가지 축으로 전개되었다. 하나는 육사 5기와 8기간의 갈등이고, 다른 하나는 육사 8기 내부의 갈등이라 할 수 있다. 아래 중앙정보부장 김재춘이 구술하는 범국민정당은 전자의 갈등으로 인한 파생물이며, 5월동지회는 후자의 갈등으로 인한 산물이라 할 수 있다. 결국 공화당은 김종필과 그 조력자들이 5기와 8기와의 갈등 속에서 조직되었다고 볼 수 있다.

11) 박정희 의장이 공화당에 온전히 힘을 실어주시 않았다는 것은 "공화당의 창당이후 수개월동안 사무국 직원들의 급여조차 지불할 재정능력이 없었다"(조희선, 김영도)는 점을 통해서 간접적으로 확인된다.

국민정당)은 분리되었고, 5월동지회는 공화당 내부로 들어와 반김종필 파벌로 작동하였다. 이처럼 공화당의 창당은 군사정변을 주도했던 세력들의 정권창출을 목적으로 이루어졌고, 그 과정에서 내부갈등의 영향을 받았다. 즉 공화당 창당이 정치적 계기를 통해 이루어진 것이다. 이로 인해 공화당 조직과 구조는 다음과 같은 몇 가지 특징을 갖게 되었다. 첫째, 박정희 의장을 비롯한 권력의 실세들에 의해 위로부터 조직된 정당이라는 점이다. 아래에서 보듯이 대중조직을 구축하기 위한 많은 시도들이 있었다. 하지는 위로부터의 동원의 성격이 짙었으며, 사회적 기반을 구축하는데로 이어지지는 않은 것이다. 둘째, 정치적 동기에 의해 좌우되는 파벌이 이후 정당내부 정치를 틀지웠다는 점이다. 당내의 경쟁이 사회적 이해를 반영하거나 정책적 차이에 기초하여 이루어지지 않는 것이다.

2) 창당조직의 특성과 그 영향

정당조직과 구조의 핵심적 문제는 정당내부의 권력이 어떻게 분포되어있는가? 즉 당지도부, 원내의원들, 당원들이 어떤 관계에 놓여있는가이다.[12] 초기 공화당 설계자들이 염두에 두었던 것은 대중정당 모델이었다. 보다 구체적으로는 '영국 노동당 모델'이라 할 수 있다.

> "(재건동지회 훈련원장인) 윤천주 박사가 영국노동당이 이렇다고 JP(김종필)에게 보고하니까…(중략)…(영국노동당 조직형태를 제안 한 것으로) 난 그렇게 알고 있어요"
>
> (조희선 구술 https://mkoha.aks.ac.kr/IndexMain.do.)[13]

---

12) Hague and Harrop, 앞의 글 245면.

13) 1962년 11월 28일 한국일보는 "혁명주체세력과 그 동조자들이 모체가 될 신당의 당명은 가칭 「사회노동당」으로 내정하고…(중략)… 정강·정책은 대체로

당조직의 가장 큰 특징은 사무조직(사무국)과 의원조직을 이원화하고, 사무조직을 의원조직의 우위에 둔 것이었다. 국회의원들은 국회에서 의정활동 만하고, 지역의 의견수렴이나 정책문제는 완전히 당에서 전담토록 하였다. 이에 대한 반발은 거셌다. 창당준비 막바지에 공화당 사전조직의 존재를 알아차린 한 최고의원은 박정희 최고의장에게 강력히 이의를 제기했다.

"완전히 국회의원에 당선되는 사람도 사무국에서 선발해서 거기서 추천한 사람들 되가지고 (당선되) 나오면, 사무국관리는 일체하지 않고 정부나 일만보고, 지역구 관리를 사무국에서 하고 중앙당도 사무총장이 인사권·재정권을 다가져…(중략)…(박정희 의장에게 가서 말했어요) '공산당 서기국 조직이더라'."

(강상욱 구술 https://mkoha.aks.ac.kr/IndexMain.do.)

이처럼 사무국의 조직은 당의 조직·인사·재정에 관한 실질적인 권한을 집중하도록 설계되었다. 그리고 그 인원은 중앙당에 200여명, 전국조직이 합쳐서 1,200여명에 달했다. 그런 만큼 창당과정에서 이들에 대한 선발과 교육과정은 비밀리에 그리고 매우 엄격하게 진행되었다.

먼저 중앙당 요원과 도(道)지부의 부장급 이상은 치안국과 보안사 등의 도움을 받아 사전조사와 테스트[14]를 거쳐 인사위원회에 회부되었다. 그리고 나서 최종적으로 공화당 창당의 기획과 조직의 책임을 맡은 강성원의

영국노동당의 것을 채택"하였다고 보도하였다. 이 기사로 인해 사주 장기영은 구속되었다(동아일보 1962.11.29)

14) 고교 교사로 재직하다 재건동지회 선전부 요원으로 선발된 김영도는 세 번의 테스트를 거쳤다고 한다. 교사재직시 세 번이나 부정전학에 대한 청탁이 들어왔고 그때 마다 단호히 거부했는데, 알고 보니 그것이 요원선발 테스트였다는 것이다. 김영도를 추천한 사람은 서울대 교수 출신으로 재건국민운동본부장을 지낸 유달영이었다.(김영도)

최종 면접을 통과해야 했다(조희선). 특히 도지부의 책임자는 대학총장급에, 그리고 중앙당의 부장들은 장관급에 경력을 맞추려고 하였다.[15)]

선발된 인력은 기수별로 4-50여명씩 1주일의 교육과정을 거쳤으며, 사전준비를 하는 1년 내내 비밀리에 진행되었다. 그리고 그 교육은 공화당 사무국 조직의 정체성을 형성하는데 매우 지대한 역할을 했던 것으로 평가된다. 교육의 책임은 훈련원장을 맡고 있었던 윤천주교수였다.

> "강사는 강주진, 윤천주, 김성희, 또 박동섭 이런 사람들이에요…(중략)… 그 사람들이 주로 발제를 하고. 주로 인제 한 사오십(40~50) 명 이래 해가지고. …(중략)… 그 사람들이 한 열 명씩 분담이 돼가지고 팀을 만들어가지고 워크샵을 하는 거예요. 아침에 자고 일어나면 발제를 같이 얘기를 또 경제문제 우리가 당면하고 있는 어려운 경제문제가 뭐다, 정치문제는 정치를 개혁 하자면 어떻게 해야 되겠다 발제를 하게 되면 그거 이제 기본 과제를 가지고 토론을 하는 거야. 열(10) 명씩 정도가. 머리에 쏙쏙 들어오지. 발언할 기회도 많고 비슷하게 이제 이래 일주일씩 했는데. …(중략)…토론을 해가지고 공화당의 뼈대를 좀 만들은 거죠. 국회의원들의 문제점은 뭐다, 폐습이 뭐다, 또 정당의 에 문제점은 뭐다. 또 정당이 무능해질 수밖에 없고 돈이 드는, 정치에 돈이 드는 것은 뭐 때문이다. 이런 거를 아주 뭐 격의 없이 토론해가지고 들춰내고 정리를 하고 이래 했다고 이게."
>
> (예춘호 구술 https://mkoha.aks.ac.kr/IndexMain.do.)

> "그 교육의 힘이라는 것이 조직에도 큰 그게 되더라고요. 거기서 심어진 이념이래는 거. 다른 거 아니에요. 우리 못사는 거, 우리 젊은 에너지 합쳐가지고 우리가 한번. …(중략)…그래 우리 이걸 나라를 잘 살게 하자. 그땐 먹고 살기가 힘들 때니

15) "시도사무국장은 그래도 장차관급은 되어야 지구당을 관장하지 않겠느냐 이런식으로…(중략)… 중앙의 부장급도 장관급으로…(중략)… 장관 아니면 장관급을 할 수 있는 사람으로 한다"(조희선)

까. 그래 한번 우리도 할 수 있지 않냐. 인제 그러면서 인제 서로를 격려하면서 서로 긍지, 명예를 지키면서 또 우리 예를 들어서 공무원에 있던 사람들은 아 우리도 좀 있으면 승진한다는 그런 뭔가 항상 꿈을 가지고.. 백지상태에서 교육을 시켰으니 그 뭐 이념교육이 확 들어가죠. 우리가 주인의식을 심어줬어요. 야 국회의원은 말야, 우리 극단적인, 야 국회의원은 왔다갔다 심부름하는 거고, 너희들이 전부다 정책 만들고 너희가 그 지역의 민심을 다 어, 취합을 해서 너희들이 다 하는 거니까 너희들이 하는 거 아니냐. 인제 이런 그, 인제 그, 꿈을 심어준 거예요."

(조희선 구술 https://mkoha.aks.ac.kr/IndexMain.do.)

이처럼 1년여 동안 비밀리에 진행되었던 사전조직작업을 통해 공화당은 창당 즈음에 이미 체계적인 교육과 활동을 통해 매우 동질적인 정서와 이념을 공유한 결속력 집단으로 성장하였다. 이러한 경로는 향후 공화당(더 나가서는 보수여당)에 다음과 같은 영향과 흔적을 남겼다.

첫째, 전문적이고 체계적인 선발과 훈련을 거친 직업적인 정당관료제를 정착하도록 했다는 점이다. 이러한 토대 위에서 공화당은 1965년 공채제도를 도입하였을 뿐 아니라, 하급당료에서 상층당료로, 상층당료에서 원내진출이라는 내부 승진의 사다리를 구축하였다.[16] 둘째, 직업적 당료들이 당지도부와 일반 당원 사이에서 내부 정치집단의 성격을 띠게 되었다는 점이다. 그 결과 창당이후 정치적 외압에 의해 사무국이 대폭 축소·약화되었음에도 불구하고 위로부터 부당한 공천에 집단적으로 저항하기도 하였다.[17] 셋째, 창당요원 또는 사무국 요원들의 주도로 대규

16) 사전조직에서 선전부 요원이었던 김영도는 선전부장, 사무차장을 거쳐 9대 국회의원으로 원내진출하였다. 또 공화당 1기 공채요원이었던 H씨는 공화당에서 청년국장, 훈련부장을 거쳤으며, 민정당의 창당준비위원, 5선의 국회의원을 역임하였다. 정창화는 이 과정에서 당원의 교육과 훈련이라는 전문성을 지속적으로 이어나갔다.

17) 공화당 초기에는 국회의원 공천을 둘러싸고 당지도부와 사무국요원들 간에

모 지방조직을 구축하였으며, 이로 인해 일반 유권자나 당원들을 '위로부터의 동원' 이라는 보수여당의 특성을 고착화시켰다는 점이다. 대중정당으로 발전하지 못하고, '대중정당의 얼굴을 한 동원정당'으로 평가받는 역사적 기원이 된 것이다.

3) 초기 공화당의 운영과 활동

공화당의 기본적인 조직원리인 '이원조직'체계는 창당 초기부터 지속적으로 유지되었다. 전당대회-중앙위원회-의원총회-시도당위원회-지구당위원회 등으로 이어지는 대의조직과 사무총장-각급당사무처-기간조직으로 연결되는 사무조직의 기본적인 골격은 그대로 유지되었다. 하지만 두 조직체계의 관계는 사무국 중심에서 대의조직, 의원조직 중심으로 변화해갔다.

> "(1965년 당헌개정 전에는 사무국을 관할하는 사무총장의 권한이) 사실은 당의장보다 셉니다. …(중략)…당의 인사문제도 당의장보다 사무총장이결정권이 있어요. 당재정의 집행은 (사무총장인) 내가 하고…(중략)….(그러던 것이) 당헌이 바뀌어지고 실제 사무국이 중심이 되어서 당을 관리하고 직접 대민봉사도하고 하는 궁상이 무너진 셈이었지요"
>
> (예춘호 구술 https://mkoha.aks.ac.kr/IndexMain.do.)

갈등이 종종 있었다. 사무국의 이상적 기준에 의한 인물조사와 당지도부의 정치적·현실적인 필요에 따른 공천과 충돌했기 때문이다. 그 결과는 당지도부의 의견이 항상 관철된 것은 아니었다. 당시 공화당에서 나눌았던 '이상 4, 현실 6'라는 표현은 당지도부의 현실적 공천이 60%는 차지해야 한다는 견해를 반영하는 것이었다.(김영도, 장경순) 게다가 정치적 갈등에 의해 밀려난 초기 공화당 사무국 요원들은 이후에도 '은행나무회'라는 외부 정치·친목조직을 결성하고, 지속적으로 공화당의 당내 정치에 영향을 미치고자 할 정도로 지속성을 띄고 있었다.(조희선)

지구당위원장(국회의원 및 원외 지구당위원장)들의 지속적인 당헌개정 요구 속에서 사무국의 권한과 위상이 약화되기는 했으나, 당의 인사와 예산에 대한 권한이 전적으로 대의조직에 귀속되지는 않았다. 중앙당 사무국은 사무총장의 관할 범위에 있었고, 이에 대해서 원내조직이나 대의조직이 개입할 수 없었을 뿐 아니라 대의기구를 견제할 수 있는 수단이 있었기 때문이다.

"(대의조직이 당의 인사와 예산권을) 완전히 장악하지는 못했어요. 중앙당의 기능과 입김이 워낙 셌으니까요. …(중략)…예를 들어 어느 조직에 문제가 있거나 불미스러운 얘기가 들리면 중앙당에서 비밀조사도 나가고 '조직진단'도 많이했어요. …(중략)…정보가 들어오면 중앙당에서 5명, 10명씩 비밀리 파견해서 조직진단을 해요. …(중략)…문제가 있으면 지구당 사무국장의 목을 치니까…(중략)….지구당위원장이 견제가 되지요…(중략)… 다음 공천에도 반영을 하고…(중략)…그런데 이것도 차차 약화되더라고요"

(정창화 구술 https://mkoha.aks.ac.kr/IndexMain.do.)

이처럼 공화당 사무국의 위상이 약화도고 있었음에도 불구하고, 여전히 당의 핵심적 기반을 구축할 수 있었던 것은 기간당원의 존재였다. 중앙당 사무국의 핵심적인 역할 중 하나는 300,000만명에 달하는 기간당원을 조직하고 관리하는 것이었기 때문이다.[18]

"기간당원이면 '읍·면장급'에 속했어요. 당시 임명제였던 읍·면장, 읍·면 농협조합장을 하려면, 공화당의 기간당원인 읍·면의 책임자가 되어야 했어요…(중략)…이후에 통일주체국민회의 할려면 또 읍·면책임자가 되어야 했어요. 아주 '유지'였

18) 흔히 '100만 공화당원'이라고 표현되었던 평당원의 관리는 지구당에 위임되었다.(정창화)

지요. …(중략)…지구당 사무국장이 …(중략)…당정협조라는 명목으로 군 행정에 관여를 많이 했고, 그 다음에 읍면동 책임자(읍면동관리장)이 그랬어요"

(정창화 구술 https://mkoha.aks.ac.kr/IndexMain.do.)

공화당 사무국의 위상과 역할의 중요성은 구조적으로 분화되고 기능적으로 전문화된 당조직에 아울러 이들을 교육·훈련을 통해 통합하는 데 있었다. 교육과 훈련에 대한 기능은 사전조직(재건동지회)이래로 당사무국의 핵심기능 중에 하나였다. 당 사무국 서열이 사무총장, 사무차장에 이어 훈련부장이라는 데서도 드러난다. 훈련부장은 당료로서 올라갈 수 있는 최고직이라 할 수 있다. 공화당은 훈련원을 운영하였고, 훈련부장의 관할이었다. 기간당원에 대한 교육으로만 1년에 20,000명씩 교육하였으며, 선거 시에는 더욱 활발하게 진행되었다.

"…(중략)….(훈련·교육대상들에는) 국회의원반, 부인반, 무슨 중앙위원반, 중앙위원반. 그러면은 우리나라 유지급들이지요, 예. 쭉 기업체장이라든가 이런 사람들 중앙위원반 뭐 또 시도위원반, 이런 반이 있고 고 다음에 인제 관리장반 그래서 관리장반이라는 거는 읍면동책반, 그 다음에 청년회장반 여성회장반, 지도장반, 그거는 인제 이·동·통·반반, 청년당원반, 여성당원반, …(중략)…사무처반도 있고 사무처 재·보수교육도 있고…(중략)…공천 받은 사람, 국회의원교육반도 있고…(중략)… 선거 때가 되면 지구당에서 몇 백 명씩, 그때는 더 시켜달라고 난리지요. 밥 먹여주고 여비시켜주고 뭐 어째도 뭐 너 위원장 당선시켜야 된다는 소리 계속 이틀 동안 해주니까 얼마나 좋아요. 그러니까 교육시켜달라고 난리지요."

(정창화 구술 https://mkoha.aks.ac.kr/IndexMain.do.)

이처럼 공화당 중앙당 사무국은 창당 당시에 비해 대의조직·의원조직에 비해 힘이 약화되었다고는 하나 그 기능은 더욱 분화되고 전문화되어 기간당원과 평당원들을 효율적으로 동원하는 데 커다란 역할을 하였다.[19] 공화당의 사회적·정치적 동원 기구와 그 역사적·경험적 자원은 이후 1980년대 민정당, 1990년대 민자당, 2000년대 한나라당과 새누리당으로 지속적으로 유증되었음은 물론이다.

3. 선거제도와 정당정치: 1972년과 1988년 선거법개정의 정치

정당정치를 연구하는 구술연구가 정당정치 자체요인(정당구조와 조직)이 아닌 외부 환경적 요소로 가장 주목하는 것 중에 하나는 선거정치와 선거제도이다. 이는 정당정치의 또하나의 요소인 정당체제에 영향을 미칠 뿐 아니라, 어떤 정당이 정부를 구성하여 권력을 행사할 것인지에 대해 지대한 영향을 미치기 때문이다(박찬욱 2000: 5). 동일한 득표분포라 할지라도 상이한 의석배분규칙을 적용하면 각 정당이 획득하는 의석률과 당선되는 후보자가 매우 달라질 수 있다. 게다가 선거제도는 정당 내부에서 행위자들의 결속과 규율에도 커다란 영향을 미친다.

이 글에서는 정당정치구술연구에 기반하여 1972년과 1988년의 선거법 개정이 한국 정당정치에 미친 영향을 서술하고자 한다. 앞서 지적했듯이 이 두 번의 선거법 개정은 한국 정당정치에 중대한 영향을 미치는 두 가지 요소 중에서 선거구의 크기(district magnitude)의 문제에 해당하

19) 사실 공화당 사무조직의 약화는 대의조직이나 원내조직에 의한 것이라기 보다는 행정부에 의한 것이었다. 공화당의 사무조직과 원내조직이 했던 역할(중앙과 지방차원에서 당정협조를 통한 기간당원 관리)이 유신체제 성립이후 경찰, 정보기관 쪽으로 많이 넘어 갔기 때문이다.(예춘호, 정창화)

기 때문이다.[20] 이와 관련하여 참고했던 주요 구술자들은 아래와 같다.

〈표〉 1972년과 1988년 선거법개정관련 주요 구술자

구술자	정당활동 이전	선거법개정당시 지위	비고
최영철	– 언론인 – 정무직 행정 관료	– 정무담당 무임소장관실 정무조정실장(1972) – '8인정치회담' 민정당 대표 (1988)	– 9, 10, 11, 12대 국회의원 – 국회부의장
허경만	– 법조인	– 평민당 원내총무 – 선거법 협상대표	– 10, 11, 12, 13, 14대 국회의원
김현규	– 정당인	– 민주당 원내총무 – 선거법 협상대표	– 10, 11, 12대 국회의원
유준상	– 기업인	– 평민당 선거법개정소위 – 선거법 협상대표	– 11, 12, 13, 14대 국회의원
신경식	– 언론인	– 민정당 지역구출마	– 13, 14, 15, 16대 국회의원
이민섭	– 언론인	– 민정당 중진의원	– 11, 12, 13, 14대 국회의원
이세기	– 교수	– 민정당 중진의원	– 11, 12, 14, 15대 국회의원

1) 1972년 선거법개정의 정치

1972년 11월 박정희 정부는 유신헌법을 공포하고, 이어 12월에 선거법을 개정하였다. 개정의 핵심은 1구 2인의 중선거구제와 의석의 1/3을 통일주체국민회에서 선출하는 간접선거제도였다.[21] 본 구술연구에서 중요

20) 한국 정당정치에 중대한 영향을 미치는 다른 하나는 정당의 득표수와 의석수의 비례를 결정하는 선거공식(electoral fomula)이다. 2002년 1인 2표에 의한 정당명부식 비례대표제의 도입과 그에 따른 정당체제의 변화가 이 경우에 해당한다.

21) 신두철, 「제4공화국의 선거」, 한국선거학회 편, 『한국선거 60년: 이론과 실제』, 오름. 2011.

하게 다루었던 것은 1구 2인선거구제이다. 왜냐하면 의석의 일부를 간접선거제도를 통해 선출하는 것(유정회)은 유신체제의 붕괴와 함께 사라졌지만, 중선거구제는 이후 1988년 선거법 개정이 이루어지기 까지 존속했기 때문이다. 게다가 이 중선거구제에 대한 논란과 갈등은 1988년 소선거구제로의 선거법 개정과정에 일정하게 영향을 미쳤다고 판단되기 때문이다.

본 구술연구에서는 1972년 중선거구제로의 선거법 개정 이전에 이루어진 정치에는 관심을 두지 않는다. 당시 선거법 개정을 둘러싼 정당정치는 무의미했다. 대통령이 제안했던 이 선거법은 기능이 정지된 국회가 아닌 비상국무회에서 의결했고, 정당정치의 영역은 닫혀있었기 때문이다. 이 선거법 개정에서 중요한 것은 이 선거법 개정이 의도한 것은 무엇이었고, 그 제도적 효과는 무엇인가이다. 1988년 선거법 개정에서 보겠지만, 이 두 가지 요소는 소선거구제를 선택하는데 기여했기 때문이다.

1972년 10월 17일 유신선포 당시 이미 유신헌법에 대한 골격은 성안이 된 상태였지만, 국회법, 선거법, 정당법 등 정치관계법에 대한 구체적인 작업은 아직 이루어져 있지 않았다. 실제로 정치관계법에 대한 성안작업은 유신선포 직후부터 시작했으며, 여기에 다양한 행위자들이 결합하였다. 1차적으로는 공화당, 법무부, 중앙정보부, 내무부 측에서 다양한 자료와 안을 올리면, 이를 청와대에서 취합하여 정리하고 이에 대해 박정희 대통령이 최종적으로 재가하는 방식으로 이루어 졌다. 당시 청와대에서 6개월 동안 비공개로 작업의 지휘했던 A씨에 따르면, 1구 2인선거구제는 박정희 대통령의 아이디어였다는 것이다. 박대통령이 A씨에게 요구하는 것은 '돈이 적게 드는 선거제도'를 마련하라는 것이었다.

"(박정희 대통령이) 정치관계법을 저한테 정리를 맡기시면서 지침으로 주셨습니다. (통일주체국민회의 경우에) 대통령이 추천을 해가지고 결정되는 게 전체 정원의

1/3을 가져가기 때문에 말하자면 하나의 담보가 있다고. 그 안전판은 쉽게 얘기하면 여당 쪽에 걱정하지 않아도 좋다는 메시지(message)다. 그러니 지역구에서는 아무래도 돈이 덜 드는 방안을 찾아올 수 있지 않냐는 것이죠. 돈이 많이 드는 선거는 반드시 부패하기 때문…(중략)…그래야 싸움도 덜 할 거다는 거죠.

(최영철 구술 https://mkoha.aks.ac.kr/IndexMain.do.)

그러나 여러 기관에서 올라 온 안들 중에는 '1인 2선거구제'에 대해 운을 띄워 본 사람은 없었다'는 것이다. 결국 박정희 대통령은 1인 2선거구제의 검토를 최영철에게 지시했지만, 그에 대한 주변의 반응은 부정적이었다.

"끝까지 문제가 된 것이 선거구 문제요. …(중략)…당이나 다른데다 연락을 해 보았습니다. 해 본 적도 없는데 무슨 말이냐면 받아들일 생각을 안 해요. …(중략)…당에서도 '소선거구제'를 하면 2/3이상을 확보할 수 있다. 그런데 중선거구제를 해가지고는 반은 야당이 되는데, 그래가지고 국회 운영이 되겠느냐는 거예요. …(중략)…(당시 당의장이었던) 김종필씨는 어떻게 알았는제 나를 불러서는 '대선거구제를 해야한다. 당을 보고 투표하면, 개인적인 비리가 없어지지 않겠느냐'. (그러면서) 정당투표제를 주장합디다. 또 청와대 수석비서관회의에서는 소선거구제를 해야 한다고 그러지."

(최영철 구술 https://mkoha.aks.ac.kr/IndexMain.do.)

그리고 박정희 대통령의 중선거구제에 대한 구상에는 단순히 '돈 안드는 선거'라는 원칙 만 있었던 것은 아니었다. 정당정치와 의회정치에 대한 대통령의 구상이 포함되어 있었다. 먼저 통일주체국민회를 매개로 하여 다소 중립적인 대통령이 중심이 된 통합형 의회정치의 의중은 비추기도 했다.

"박대통령이 말씀하시길 '(전문인들로 구성된) 통일주체국민회의에 야당(인사)도 반드시 넣겠다. 전문인과 여당, 야당이 공존하게끔 한다. …(중략)…대통령이 야당(인사)도 국회의원 만들어 주는 선례도 만들고…(중략)… 그 사람들이 야당이니까 야당소리를 내줘야하는데, 내 판단에는 그렇게 안할 것으로 본다'는 것이다."

(최영철 구술 https://mkoha.aks.ac.kr/IndexMain.do.)

박정희 대통령은 통합형 의회에서 야당성이 약화될 것으로 보았지만, 그 것은 의원들의 지위변경을 통해 정책정당, 정책의회로 나갈 수 있는 토대로 보았다. 정치관계법의 정리 맡았던 최영철에게 박정희 대통령은 다음과 같은 지시를 추가하였다.

"(야당성향의 인사를 유정회 국회의원으로 만들어 주면) 결국은 야당 소리가 희미해질 가능성이 많기는 하다. …(중략)…(하지만) 국회의원들이 장관들하고 맞먹을려고 하고, 초선의원이 장관보고 '여보'하고 그러는 것은 안된다. 그러니 의원들을 차관급으로 하고 의원겸직을 하도록 해라. 장관에게 호령하고 그러지 말고 정책으로 승부를 거는 그런 분위기를 만들도록 하는데 (선거법)개정의 주안점을 두고 하라"

(최영철 구술 https://mkoha.aks.ac.kr/IndexMain.do.)

이처럼 1972년 선거법의 개정은 국회의원의 선출 방식의 변화를 넘어서, 야당에게 기득권을 부여하는 한편 투쟁성을 약화시키고 정책경쟁에 나서도록 정당정치와 의회정치가 변화할 수 있도록 하는 구상을 담고 있었다.[22] 그리고 실제로 정치적 결과는 예측과 크게 벗어나지 않았다. 이

22) 실제로 9대 총선에서 제1야당에게 기득권을 부여하는 방식은 다양했다. 이전 선거와 달리 무소속을 허용하는 대신, 등록에 필요한 비용을 정당공천자보다 무겁게 부과하여 진입장벽을 높였다. 그리고 공천과 선거과정에서 제3당인 통

후 야당은 의회정치 내에 안주하는 경향을 보였으며, 유신체제에 대한 강력한 투쟁은 학생, 재야세력, 소수당이인 통일민주당의 몫이었다.

야당에게도 안정적 당선이라는 기득권을 보장해주는 1972년 선거법은 이후 민주주의를 추구하는 데 있어서 '중선거구제=권위주의적 공작정치', '소선거구제로의 복귀=민주화'라는 한국 특유의 등식이 만들어지는 역사적 계기가 되었다. 마치 1980년대 후반 '직선제 대통령선거=민주화'라는 공식처럼.

2) 1988년 선거법개정의 정치

1987년 대통령선거 이후에 치러진 13대 총선을 앞둔 1988년 3월 국회의원 선거법이 개정되었다. 1972년 선거법 개정이후 16년 만에 소선구제로 회귀하였다. 이는 다음과 같은 두 가지 점에서 서구사회의 일반적 경험과 달랐다.

첫째, 의회의석의 9.9%(27명)를 차지하고 있는 소수정당이 과반수 이상을 점유하고 있던 제1당 민정당(53.7%, 146명)과 제2당 통일민주당(16.5%, 45명)을 제치고 자신의 입장을 관철한 것이다. 정치적 경쟁률에 해당하는 선거제도의 변경은 서구민주주의 사회에서 일반적으로 주요 정당들 간 사이의 세력균형과 합의의 산물이었다는 점에서 이례적이다. 둘째, 비례성이 높은 대선거구제나 비례대표제의 도입이 아닌, 단순다수제인 소선거구제로의 회귀가 이루어졌다는 것이다. 서구사회에서 민주주의로의 진전은 단순다수제에서 비례제로의 발전과 궤를 같이 한다는 점에 비춰 볼 때, 1987년 민주화 이후 최초의 정치적 합의가 불비례성이 가장 높은 소선거구제였다는 점은 한국적 특성이라 할 수 있다.

구술을 통해서 확인한 바로는 1988년 선거법 개정정치의 한국적 특

일당에 대한 관권개입은 매우 심했다.(김현규, 기타 통일당 관련자 구술)

성은 한편으로는 1972년 선거법개정의 유산이었으며, 다른 한편으로는 당시 정치지형이 만들어낸 독특한 산물이었다.

1988년 대선 직후부터 조성된 선거법 협상국면의 핵심의제는 선거구의 크기였다. 가장 폭넓은 합의는 한 선거구에서 1–3인을 선출하는 혼합선거구제였다. 소선거구제, 중선거구제(2–4인), 혼합선거구제(1–4인) 등 다양한 안이 제기되었으나, 제1당과 제2당을 구성하고 있는 민정당과 통일민주당이 1–3인 선출의 혼합선거구제에 합의했기 때문이다. 그 당시 민주당 원내총무이자 선거법협상에 참여하였던 김현규는 그 배경에 대해 다음과 같이 구술하였다.

> "DJ(김대중)쪽은 1구 1인제였어요. 나는 절대 안된다고 했어요. 지역의 골이 깊어 평민당이 타지역에게 가서는 당선이 안되고, 반대로 다른 당도 마찬가지다. …(중략)…그래서 나중에 YS(김영삼)도 1구 1인제는 안된다고 해서, 우리 통일민주당은 '중대선거구제'로 결정했어요. 민정당도 (처음에는) 1구 1인제였어요. 민정당은 후보자들이 많으니까, 전라도를 포기하더라도 다른 지역에서 다 먹을 수 있으니까… (중략)… 그런데 우리가 (지역주의 문제를 지적하니까) 민정당도 호응했어요. … (중략)…(평민당이 반대해도) 민정당과 통일민주당이 특위를 구성했어요. …(중략)…평민당은 그때 20여석 밖에 안되니까 충분히 무시할 수 있을 정도 였고…(중략)… 그리고 고건을 위원장으로 하는 특위에서 (통일민주당과 민정당이) 통합안이 합의되었어요. 선거구가 적은데서는 한명을 뽑고, 웬만한데는 두명을 뽑고, 더 큰데는 3명을 뽑는 걸로 말이죠."
>
> (김현규 구술 https://mkoha.aks.ac.kr/IndexMain.do.)

또한 1972년 선거법 개정에 참여했고, 1987년 6.29선언이후에 헌법개정 '8인정치회담'의 참여자인 A씨는 여야 간에 폭넓은 공감대가 형성되어 있었다고 주장한다. 정치회담 당시 '이용희씨, 이중재씨, 김동영씨, 박

용만씨 등에게 딱히 당론이다 뭐다 이런 이야기는 안했지만, 중선거구제를 유지하는 쪽으로 동의를 했다'는 것이다.(최영철) 그러나 소수 정당이었던 평민당의 인식은 달랐다.

"우리는 처음부터 당론이 소선거구제였어요. 소선거구제가 국민의 의사를 제대로 반영하기 위한 가장 좋은 제도라는데 대해서 이론이 없죠. 게다가 그 당시 나눠먹기식으로 둘을 뽑는 (2인 1구) 선거제도에 대한 국민들의 반발이 상당히 컸기 때문에, 대다수 국민들은 소선거구제를 선호한다고 믿고 밀어붙였죠."

(허경만 구술 https://mkoha.aks.ac.kr/IndexMain.do.)

"사실상 그때 바깥 민심이 소선거구로 가라 하는 것이었기 때문에…(중략)… 대통령 직선제에 소선거구제가 그때 역사의, 국민의 명령입니다. 그러기 때문에 그건 뭐 그, 이제 뒤에서 막후에 얘기도 했지마는, 중선거구 하자 하는 사람도 있었지만 큰 물결을 막을 수가 없었어요."

(유준상 구술 https://mkoha.aks.ac.kr/IndexMain.do.)

수적인 열세에도 불구하고 소선거구제로 전환하는데는 여러 요인이 작용하였다. 첫째는 정당정치 리더십 수준이었다. 무엇보다도 당시 아직 현직에 머물러 있었던 전두환 대통령과 노태우 당선자의 태도였다. 민정당 협상대표들은 청와대의 지시와 노태우 당선자의 의중에 따라 입장을 변화하였다.(최영철, 이민섭) 여기에 김영삼 통일민주당 총재의 입장변화도 크게 작용했다. 당시 선거패배의 책임을 지고 양김이 퇴진하라는 압력이 통일민주당 내부에서 거셌고, 이를 돌파하기 위해 김영삼 총재가 선거법 개정과정에서 김대중 총재와 협력적 태도를 취했기 때문이라 것이다.

> “당시 김영삼 총재는 (선거패배의 책임에 따른 퇴진하라는 요구에 따라) 정계은퇴 선언하고 설악산을 들어갔어요. …(중략)… YS가 정계은퇴를 하면 DJ도 은퇴선언을 해야해요. DJ도 당황한 거죠. …(중략)…중간에 한완상 씨가 연결을 해서…(중략)…서로 손을 잡게 된 거예요. …(중략)…둘이는 서교호텔에서 만나서 ‘양당통합한다. 그리고 소선거구제를 받는다’고 합의하고 발표를 해버린 거예요. 중선거구제가 민정당과 통일민주당의 입장인데, 20여개 의석을 가진 소수당에게 끌려간 거죠”
>
> (김현규 구술 https://mkoha.aks.ac.kr/IndexMain.do.)

소선거구제로 전환하는 데는 작용했던 두 번째 요인은 개별의원들의 이해득실이었다. 민정당과 통일민주당 내부에서 중선거구제를 실시할 경우 공천이나 당선이 어려운 중진의원들이나 소선거구제가 실시되었을 때 당선이 유리한 경우에 소선거구제의 지지로 돌아선 것이다(김현규, 신경식, 이민섭, 이세기).

이처럼 1987년 민주적 개방이후에 이루어진 선거법 개정협상은 서구의 일반적인 경험과는 상이한 결과를 만들어 내었다. 그것은 첫째, 1972년 선거법 개정이 남긴 유산으로 ‘소선거구제로의 복귀’가 민주화에 부합하다는 일부 정서적 공감대가 작용한 결과이다. 둘째, 당시 정치세력이 처한 이해득실계산이 정치리더십 수준과 개별 정치인 수준에서 작용한 결과였다.

4. 이후의 변화와 남아 있는 연구과제들

이글에서는 ‘정당정치구술연구’ 결과들 중에서 한국 근대적 정당의 기원이 될 뿐 아니라 이후 보수정당의 경로의존적 발전에 지대한 영향을 미친 초기 공화당의 창당과정과 운영과정을 살펴 보았다. 그리고 정당정치 외부 환경 중에서 정당체계에 영향을 미친 영향에 대해 1972년 선거법개정의 정치와 1988년 선거법 개정의 정치에 대해 살펴 보았다.

이러한 정당구조와 선거법은 이후 정당정치에 있어서 이전과 다른 양상의 정당정치를 주조하는데 일조했지만, 그 지속성은 상대적일 뿐이다. 그 이후에도 지속적인 변화가 이루어져왔기 때문이다. 대표적으로 정당구조와 관련하여 '3당합당'은 기존 보수대중정당의 틀을 약화시켰다. 공화당의 계승정당이었던 민정당이 김영삼 중심의 명사정당에 가까웠던 민주당과 합당함으로써 내부 분열을 초래하였기 때문이다. 정당구조를 변화시킨 또 다른 요소로는 40여년간 정당의 지역조직으로 기능하였던 정당지구당이 2004년 정당법 개정으로 인해 전격적으로 폐지된 것이다. 대중정당의 조직적·제도적 근거를 제거한 것이다.

선거제도와 정당체제에 있어서도 중대한 변화가 발생하였다. 2004년 국회의원선거에서 도입된 1인 2표제는 간선제비례대표제를 직선제로 전환하였으며, 그 결과 보수-중도정당에 의해 구성되었던 정당체제의 획기적인 변화를 초래하였다. 진보정당으로는 최초로 민주노동당이 10명의 국회의원을 배출하여 제도권 정당을 진입하였기 때문이다. 이와 같은 최근의 정당정치 변화 모멘텀에 대해서는 추가적인 연구가 필요하다.

새로운 변화 모멘텀에 대한 연구뿐 아니라, 이글의 연구내용 또한 보완되어야 한다. 이 연구가 심화되기 위해서는 다음과 같은 점을 지적할 수 있을 것이다. 첫째, 구술연구가 일반적으로 부딪히는 어려움이지만, 특히 엘리트 구술연구에서 문제가 될 수 있는 허위, 과장, 축소, 망각과 같은 요소들을 경계하는 것이 필요하다. 이를 위해서, 사전적으로는 구술연구자의 철저한 준비와 연구가 매우 중요하며, 사후적으로는 교차검증·추가구술을 하는 것이 필수적이다.

둘째, 정당정치 엘리트 중심의 시각을 보완하는 것이 필요하다. 사실 정당정치의 영역과 이해관계자는 정치엘리트에 국한되지 않는다. 하위당료, 일반당원, 일반유권자 수준에 정당정치는 전혀 다른 관점을 제공해 줄 수 있다. 이들은 정치엘리트들의 '그들만의 리그'가 행해지는 토대이자 경기장이기 때문이다. 사실에 대한 보완 뿐 만아니라 관점의 보완도 병행되어야 한다.

셋째, 연구분석틀의 보완이 필요하다. 현재까지 구술은 1990년을 전후로 한 시기이전을 중심으로 이루어져왔다. 이 시기까지 정당정치는 주로 보수 또는 중도파 정당 중심의 정당체계였으나, 이후 시기부터 진보정당을 정당체계에 포함시키는 것이 필요하다.

제03장

정계입문의 경로와 정치적 입장 선택의 변수들

손 동 유

1. 머리말

정치인의 정계진출 경로는 시간이 흐름에 따라 더욱 다양해 지고 있다. 정당정치의 초보적 정치환경에서는 대체로 전문인의 영입케이스가 절대적인 우위를 차지하지만, 민주주의 발전, 다양성 확대 등으로 인해 사회 각 분야의 정치참여가 늘어나고 있고, 각 정당의 비례대표제 운영의 변화로 폭넓은 계층의 정계입문이 시도되고 있다.

본 장에서는 구술자의 정계진출 과정 및 구술자가 직간접적으로 경험한 정치입문의 케이스를 소개함으로써 다양한 정계입문 경로를 소개하고자 한다. 이 과정에서 정치인들이 정계입문과정에서 정당 또는 정치적 입장을 어떻게 선택하는지에 대한 내용도 함께 다루어 질 것이다.

사례 또한 권위주의 정권시절 영입 케이스, 민주화 과정의 영입 및 자원 케이스, 진보정당의 충원구조 등에 대해서 제시하고자 한다.

2. 군사정부의 창당과 영입

1) 공화당 창당 과정

5.16 군사쿠데타로 권력을 장악한 박정희와 군부는 국가재건최고회의를 조직하고 견제세력들을 제거함과 동시에 국민들에게는 호감을 사려는 조치들을 추진했다. 한편 중앙정보부를 신설하여 국가정보 및 개인정보까지도 독점할 수 있는 장치를 만들었고, 이 중앙정보부는 집권여당 역할을 할 민주공화당을 창당하는데 중요한 역할을 하였다. 쿠데타 세력들은 1961년 5월 16일 당시 발표한 소위 '혁명공약' 6항과는 달리 본연의 임무로 돌아갈 모습을 보이지 않았다. 오히려 새로운 정치조직을 만들기 시작했고, 이를 위해 자금을 마련하는 일과 조직원이 될 사람을 확대해 나갔다. 이는 비밀리에 진행되었으며 민주공화당의 실체는 1962년 12월 전격적으로 공개되었다.

이러한 비밀과정에서 이른바 '공화당 사전조직' 작업이 당시 중앙정보부장인 김종필의 주도로 이루어졌는데, 군부 일각은 물론이고 야당과 국민들로부터 반감을 사기도 했다. 그 이유 중 가장 큰 문제는 모든 정치활동이 금지된 상태에서 진행되었다는 점이다. 야당의 정치활동을 봉쇄한 상태에서 여당 역할을 할 민주공화당을 사전조직한 것은 온당치 못한 처사였고, 도덕적으로 지탄받기에 충분했다. 또한 중앙정보부라는 무소불위의 권력기관을 동원해 정당을 조직하는 것은 이전 민주주의와는 거리가 먼 양상이었다.

이 과정에 대하여 5.16 쿠데타에 참여하고, 제7대 국회에서 전국구 의원을 지낸 김용채의 진술을 보자.

면담자: 창당하는 과정에서 뭐 준비하는 과정에서의 뭐 갈등이라든가 뭐 이런 것

들은 없었나요?

구술자: 아이~ 왜 없었어요. 혁명 그 주체들하고 또. 왜냐면 혁명 주체들 중에는 8기 생들이 상당히 많았었는데 최고 위원으로 있던 8기 생 중심의 어떤 말이지 그 저 알력(軋轢)이 생겨가지고 제이피(JP)하고 사이가 안 좋았는데 그 소위 이제 예를 들면 뭐 이제 오치성이라든지 길재호라든지 뭐 이제 이런 사람들이 같은 8기 생들 아닙니까? 이런 사람들이 자기들의 앞으로 그 자리라든지 어떤 권력의 보장 뭐 이런 것들이 말이지 소원하다, 너무 무관심하다 제이피(JP)가. 이래가지고 그때부터 이제 갈라지기 시작하는 거예요. 주류, 비주류로 이제 갈라지기 시작하는 거야. 그래가지고 거의 다 그 사람들이 비주류로 됐습니다. 어어 저 팔(8)기 생들이. 그래가지고 제이피(JP)가 상당히 정치적인 곤혹을 치러요. 그래서 그런 사건들이 벌어지면서 제이피(JP)가 창당을 앞두고 말이지 이 양반이 외유를 합니다. 일(1)차 외유를. 창당을 못 하고 가요 이 양반이.

면담자: 그때 뭐 결국은 이, 결국은 사람들을 심는 과정 아닙니까.

구술자: 근데 이제 그 어디서부터 알력이 생겼냐하면 이 강성원이가 하는 소위 그 사전조직. 에~ 그것을 이제 최고의원들한테 왜 비밀로 했느냐, 뭐 이런 거에서부터 오해가 생겨가지고. 그리고 강성원이가 하던 그 비밀 조직이 말이지 핵심, 공화당 핵심 조직을 전부다 최고 의원들을 제껴놓고(젖혀놓고) 했단 말이야. 그 사람들을 좀 끼워놔야 되는데.

면담자: 왜 그렇게 했을까요?

구술자: 그게 단순한 큰 오류죠. 잘못했죠. 내가 했다면 그렇게 안 하죠. 혁명 주체를 갖다 중심으로 해서 해야죠. 안 그렇습니까?

면담자: 그게 왜 그랬을까요? 그 분의 독단적인 생각이었을까요? 아니면 방침이 그때 그랬을까요.

구술자: 방침이 아니고 그놈 독단이었어. 고집이 좀 세다보니까. 강성원이가 국회의원도 한(1)번 하긴 했는데 그 자기 마누라 말이지 반지 그 저 은, 뭐 은

방울 무슨 뭐 다이아(diamond) 반지 그것 때문에 정치에서 떠난 사람인데. 그 육군 본부에서 같이 근무했어요. 정보 참모부장 같이. 내가 그래서 별동대 내가 끌어들였다고. 강성원이라고 있어요. 그래가지고 그것이 조그마한 참 그런 데서부터 불씨가 생겨가지고 그걸 강성원이가 생각 하나 잘못해가지고서 제이피(JP)를 그냥 외유로 쫓겨나가는 과정까지 일어나게 됩니다. 근데 외유라는 게 여러 가지를 나도 해봤지만은 절대로 말이죠, 제가 사심을 가지면 안 돼요. 큰 테두리에서 항상 국가적인 안목에서. 그리고 모든 사람들이 같이 더불어 할 수 있는 그런 분위기를 만들면서 그런, 그런 방향으로 일을 모든 일을 꾸며나가야지. 속닥속닥 그거 사전조직 한답~ 시고 말이야 바깥에 비밀이 뭐 새나가면 안 될까봐 하는 건 좋은데. 아니 어떻게 돼서 비밀 새는 거 때문에 말이지 전체에 말이지 혁명과업이 말이지 이 국민 혁명으로 승화하는 그런 큰일들이 혁명 주체들이 빠져가지고 말이지 암만 말이지 민정 이양이지만은 군정에서 민정이양으로 가지만은 역시 주체가 말이지 혁명 주체가 거기 중심인물이 돼야 되는 거 아니냐. 초기에는. 그래서 혁명이 완전히 말이지 뿌리가 내렸을 때는 그 뿌리 세력들은 다 도태 되도 되요. 대게 그렇습니다. 도태 되게 돼 있어요. 어. 왜냐면 군인들이 뭐 배운 거 없지, 경험 없지, 정치 경험 없어 그러니까 자연히 도태 된다고 자연~ 도태불로 그냥 도태 된다고요. 선거에 나가면 떨어지기도 할뿐더러 말이지. 자연 잘 자리매김도 안 된다고. 그러면 그렇게 해서 자연~ 사하게 해야지 아니 이걸 말이야 펄펄 뛰어다니는 사람들을 말이야 지금 힘도 있고 한데 말이야 최고 위원들을 전부 다 제외시키고 말이야 민정이양을 하는 게 어딨냐(어디 있냐) 말이야. 이거는 그 사람이 착각을 뭘 했냐면 민정이양고 민정이양이라고 하는 그런 건 민간 중심으로 해야지 군인들은 여기 끼어서는 안 된다하는 그 한 가지 잘못 판단 한게 그게 민정이양이지. 오일육(5.16) 혁명 주체 세력이 빠진 민정이양이라는 것은 있을 수가 없다 이 말이야. 내가 얘기한 게. 내가 그놈한테 그렇게 충고했거든. “너 어떻게 이런 일을 했냐.” 말이야. “이렇게 일을 갖다 벌려놨냐.” 내가. 나하고 많이 다퉜어요, 그래서 결국 그게 문제가 되가지고 결국 공화당 자체가 둘(2)로 갈라져서 힘을 쓰지 못하게 되는 결국 그 원인이 되었단 말이야.

면담자: 네. 그 당시에 이제 밖에서 이제 그래도 어찌 됐건 좋은 자원들, 좋은 인력들을

구술자: 많이 모인 건 좋아요 그 뭐 그거는, 그거는 많은 자원을 갖다가 모아 놓은 거는 강성원이 공입니다. 근데 에… 그 사람들을 이 오일육(5.16) 혁명 주체 세력들이 중심이 되는 세력으로 포용을 했어야지. 그 사람들 중심으로 오일육(5.16) 혁명을 도외시하고 제껴놓는(제쳐놓는) 그런 말이지 조직을 해서는 안 되는 거죠.

면담자: 그 당시에 외부에서 자원들을 이렇게 참여시키는 과정에서 특히 역점을 뒀던 대상들이 있습니까?

구술자: 내가 생각하기에는 좀 순수성을 같이 지녔다고 하는 학자들. 대학교수들이 많이 등용이 되죠. 교수들이 많이 등용됩니다. 그 대학 교수들이 중심이 되고. 그 다음에 공무원 출신들 중에서도 좀 양심적이고 청렴한 사람들. 뭐 이런 사람들이 많이 등용 되죠.

면담자: 그런 사람들이 등용 되고. 그 당시에는 뭐 기업인들은 많지 않았습니까?

구술자: 기업인들은 원래 못 들어왔어요.

(김용채 구술 https://mkoha.aks.ac.kr/IndexMain.do)

또한, 김용채의 증언에 등장하는 강성원은 공화당 창당과정에서 핵심적인 활동을 한 인물로 알려져 있는데, 그의 회고를 상세히 살펴보면 다음과 같다. 우선 중앙정보부의 창설 당시 CIA의 직접적인 지원이 있었음을 밝혔다.

구술자: 그 다음에는 이제 중앙정보부 창설을 위한 그 일을 하라고 하는 지시를

받아가지고 에, 모두다 중앙정보부 조직에 관한 그, 검토와 이, 저, 계획을 이제 주로 했죠.

면담자: 미국 씨아이에이(CIA) 그럼 자료를 주로 참고를 많이.

구술자: 그럼요. 또 씨아이에이(CIA)에서 사람도 나와 있었고. 그 사람 이름 내 지금은 잊어버렸는데 소령이었었어요. 그 연락장교가 소령이었었어요.

면담자: 미국 씨아이에이(CIA) 그, 연락장교가 이제 같이 일하게 된 게 어느 정도 시점부터였습니까?

구술자: 그게 혁명 후 한 한 달 후부터예요.

면담자: 한달 정도 뒤에 미국 쪽에서. 그때는 미국정부도 그러면 혁명정부를 어느 정도 인정을 했다는 얘기가 되겠네요.

구술자: 인정하고 무슨 소령 그 사람을 보낸 거죠.

면담자: 뭐 그 소령은 주로 어떤 역할을 했나요.

구술자: 그 소령은 주로 말이죠. 이 정보기관의 그 이, 장비 같은 거를 알선해주는 일을 많이 했어요 그. 그래서 이제 상당히 현대화 됐죠 그때 우리 정보기관들이. 그때까지만 해도 이게 우리 정보기관들 아무 것도 없었다고. 장비가 없었다구요. 도청하는 장비 하나 없었어요. 근데 그때 이제 도청기 같을 걸 많이 우리가 이제 지원받았죠.

면담자: 그게 미국에 직접 공수돼 왔습니까 아니면 뭐 여기.

구술자: 미국서 공수돼왔어요.

면담자: 아 주한미군들이 사용하던 거 준 게 아니고.

구술자: 아니 그게 아니고 미국 씨아이에이(CIA)에서 보내온 거예요.

면담자: 바로 예. 주로 뭐 어떤 것들입니까? 뭐 권총 뭐 도청장비.

구술자: 뭐 그런 거죠. 에, 그런 거 또 뭐 이, 저, 녹음장치를 하는 그, 그, 그 전에 우리는 녹음, 녹음하는 건 녹음하는 거대로 조그만 게 요런 거 하나밖에 없었잖아요. 아니면 이런 큰 게 있거나. 근데 거기서 온 것들 보니까 녹음하는 거하고 무슨 조종하는 거까지 다 이제 된 상당히 압도돼있다는 그런

기계들이 많이 왔죠 그때.

면담자: 그리고 뭐 인제 좀 교육도 많이 받으셨겠네요 그럼.

구술자: 그럼요. 그, 저, 미 씨아이에이(CIA)의 전문가들이 와서 교육도 하고 그랬죠.

(강성원 구술 https://mkoha.aks.ac.kr/IndexMain.do)

공화당을 창당하게 된 배경에 대해서는 자신과 김종필이 중앙정보부 창설과정에서 육사 8기들의 불만으로 잠시 주춤하고 있던 터에 박정희의 지시로 추진된 과정을 소개했다.

면담자: 그러면 이제 중정에서 이제 초기에 인제 보직을 못 받으시다가 나중에 연구실 행정관, 행정관실장 그거로 보직을 또 받으신 거로 나오거든요

구술자: 근데 그거는 조금 그, 먼저 어, 그, 연관되는 일부터 이제 얘기를 해야 돼요. 그건 뭐냐면 그, 하루는 내가 낚시를 갔는데 그, 이제 보직이 없으니깐 뭐 낚시질 가고 싶으면 가고 그 뭐 그, 저, 술집에 가고 싶으면 가고 내 맘대로 아니에요? 그 낚시를 가서 낚시를 하고 있는데 내 누이동생이 까만 지프(jeep)를 타고 왔어요. 그, 그, 내 누이동, 누이동생만 알았거든요 그, 저, 낚시터를 어딜 내가 갔느냐. 그래 보니까 이제 그, 저, 이, 중정 애들이 저, 둘이 타고 이, 까만 지프(jeep)로 저, 내 동생을 이, 길잡이로 하고서 온 거예요. 그래서 그, '부장이 지금 바로 좀 들어오시랍니다.' 이제 그래서 '아 그래? 그럼 가자.' 그래가지고서 낚시 집어치우고 이제 갔죠. 갔더니 제이피(JP)가 이, 저, 십육(16)절지 종이 한 장을 내놓는 거야 나한테. 이거 좀 읽어봐 그러더라구요. 그걸 보니까 박 대통령 친필이에요. 친필로 명령서가 그, 이제 와있더라고. 그 뭐라고 돼있느냐면 뭐 지금 그, 이, 그, 문구 하나는 생각이 안나지만 그, 뜻은 이런 뜻이에요. 그 이제 한국은 원래 당쟁 그, 이, 정치로 이제 연명된 그런 나라 아니냐. 그러기 때문에 에, 지금부터 걱정이 되는 것은 그, 우리 혁명공약이라든지 혁명정신

에 그 혁, 혁명정신을 다 밟아버리고 제멋대로 하는 정권이 들어서면 어떡하느냐. 그걸 막는 헌법적 방법을 연구해라. 그 내용이 그런 거예요. 근데 제이피(JP)가 그, 제이피(JP) 머리가 좋은 양반이지만 어, 제이피(JP)야 뭐 뭐 교육학 그, 저, 대학에서 교육학밖에 공부안한 사람이니깐 이, 이, 정치에 구체적인 건 모르잖아요. 그러니까 그걸 보니까 이게 답답한 거예요. 이걸 누구하고 협의를 하느냐 이거예요. 누구하고 협의를 하던 오해를 받게 돼있다는 거죠. 그래서 날 불른 거예요. 그 오해받는다는 건 뭐냐면 이제 박 대통령이 딴 생각이 있어서 저따위 수작을 하는 거 아니냐는 소리가 이제 퍼질까 봐. 그걸 이제 제이피(JP)는 겁내가지고 어, 누구한테도 이걸 물어보지 못하고 정치학자들한테 물어보면 금방 알 텐데. 그 이제 물어보지 못 하고 날 불른 거예요. 낚시, 낚시터에 가 있는 날 불른 거예요. 그, 들어가니까 그걸 이제 보여줘서 내가 보고 내가 그냥 탁 던져놨어요 그걸 이제 그, 이, 그, 종이 한 장을 던져놓고서 그냥 이렇게 제이피(JP)를 이제 쳐다봤더니 "생각이 어때." 그러더라고. 그래서 "무슨 생각 말입니까?" 그러니까 "아 이거, 이거 이 명령서 보고서 이제 생각나는 게 뭐야." 방법이 뭐 없겠냐. 얘기해 봐 그래서. 아 이런걸 뭐 질문이라고 하느냐고 말이야. 이건 누구래도 상식이 있는 놈이면, 정치에 대해서 상식이 있는 놈이면은 보고서 대번에 답이 이, 머릿속에 떠오르게 돼있는 건데 이, 이걸 모르느냐고. 그러니까 제이피(JP)가 있다가 "아 그래? 그럼 말이야 오늘 저녁에 집에 가서 이, 써가지고 낼 아침에 이, 저, 좀 나와 일루. 부장실로 나와." 그러더라고. 그래서 알았습니다 그러고서 그냥 나왔지요. 그 종이 가지고서 그냥 나왔어요. 나와 가지고 내가 그 그, 답변서를 뭐라고 썼느냐면은 어, 통치기관을, 통치기관의 능력을 어, 초월하는 헌법기관을 사사로이 맨들 방법은 없습니다. 그, 제 일(1)조가 그거라고 그걸 이제 써놓고. 어, 따라서 어, 그 혁명정신을 위반하는 헌법기관이 존재할 수 없도록 하는 유일하고도 어, 단호한 방법은 정권을 직접 장악하는 겁니다.

그렇게 내 써놨어요. 그 두 줄 써 놓, 써서 그냥 주고 온 거예요. 그, 제이피(JP)가 "아 이거 무슨 답변서가 이래. 이렇게 간단해. 좀 제대로 쓰지." 그래서 "아 이거 저 부장님은 몰라도 이거 저 의장은 알겁니다. 의장한테 갖다 주면 금방 알겁니다." 그러고선 난 나와 버렸거든. 근데 그 다음날 또 이제 낚시를 나갔지. 낚시를 나가있는데 아 그 까만 지프(jeep) 그 왔던 놈이 또 왔더라구요. 점심때 가까이 돼가지고 또 왔어요. 그래서 그, 들어오라고 그래서 타고서 들어가니까 "근데 말이야 정권 잡을라면 어떻게 해야 되는지 알아?" 그러더라고 나보고. 그래서 그, 내가 어떻게 아느냐고 나 잘 모른다고 그런 거 내가 정치 안 해봐서 그거 모른다고. 그러니까 "아 알거 같은데?" 하하. 먼저 이거 쓴 거 보고서 저, 각하께서 이거 이, 어떤 놈이 쓴 거냐 그래서 강 아무개가 쓴 거다 그러니깐 '아 이, 그놈한테 이거 저, 답을 말하라면 금방 말할 거 같은데.' 그러면서 줬다 이거야. 그래 "글쎄 그건 뭐 이, 저, 각하께서 그런 말씀을 하셨다면 글쎄 나도 모, 모르긴 하지만 어떨는지 모르죠." 이제 그러니깐 "그러지 말고 말이야 그, 저, 안을 써봐." 그러더라고. 그래서 그 자리에서 이제 써줬어요. 그 이제 일반적인 논리로 말하면은 정권잡기 위해서는 정당을 조직을 하고 그 정당을 살찌게 맨들어서 그 정당이 에, 정권을 잡는 역할을 하도록 이제 하면 될 거 아니냐 이렇게 보통은 생각을 할 수가 있는데, 우리 현재 우리 한국의 사정은 그, 그걸론 안 된다 말이야. 그래서 이 정권을 잡을래면은 첫째로 그, 이저, 부정정치인, 그, 더러운 정치인들을 전부 청소하는 어, 그, 작업부터 먼저 해야 된다. 그걸 하고난 다음에 그, 아주 깨끗한 그, 정치능력이 있는 사람들을 그, 이, 정당조직을 하도록 해서 에, 경쟁을 시켜야 된다. 그래 그, 저, 박 대통령이 정권을 잡는다는 그런 그, 잡을 수밖에 없다고 하는 걸 내가 이제 이, 간파를 했지만, 그 사람이 그걸 하겠다고 얘기한 건 아니거든 나한테. 그러니까 난 그렇게 쓸 수밖에 없다고. 에, 그, 저, 정당을 만들도록 그렇게 이제 유도를 해서 그 정당을, 이, 만들어지면 그 정당들을 경쟁시켜가지고 정권을 잡게하면은 이 문제는 어, 일단 말이야 초기는 해결이 된다 말이지. 나중에 어떻게 변질되느냐는 건 모르지만 그게 된다 그렇게 이제 써서 이제 내놨더니. 그 사람이 이제 박 대통령한테 갔다가 이제 한 3일 후에 다시 또 그걸 지시를 받아가지고 왔더라고. 그러니까 그때에 그, 이, 이, 돌아가는 모냥을 보면 제이피(JP)는 완전히 이제 심부름꾼이고 박 대통령이 이, 유일한 이제 의사결정자라고. 그때 그랬어요. 근데 그, 그때 그런 그 습관 때문에 제이피(JP)가 박 대통령 앞에선 말도 못하고 맥을 못추는 사람이 된 건지, 에, 원래 뭐 그, 저, 정치적인 소양이 부족한 건지 그거 난 모르겠어요. 모르겠는데 하여튼 그때 그랬다고. 그, 그 다음에 이제 3일 후에 다시 이제 정보부로 나오라고 그래서 나갔더니 에, 그, 이제 구체적으로 뭐, 이, 뭘 해야 되겠는지 그럼 저, 이, 방법을 좀 얘기해봐라. 그래서 그 내가 나중에 그, 저, 이, 이, 실장이 된 그, 저, 이, 정책연구실, 정책연구실이라는 걸 이제, 이제 가칭이라고 그러구서 이제 그렇게 써서 맨들어서 거기에서 그, 한국에서 이제 초일류라고 할 수 있는 각계의 전문가를 그, 이, 어, 모아서 어, 한 20명에서 30명 정도를 모아가지고 그 사람들이 국체의 기본을 짜도록 하는 게 좋겠다. 어, 그리고 그 이제 구체적으론 헌법, 정당법, 선거법 뭐 이, 저, 정치정화법 이런 걸 맨들자 뭐 하는 걸 내 안을 다 냈죠. 내 그동안 생각했던 안을 낸 거예요. 냈더니 그, 이틀 후에 또 들어오라 그래서 가니깐 "내차 타." 이, 같이 가자고 그런단 말이야. 그래서 어딜 가, 어딜 가느냐 그랬더니 "의장이 오래." 그, 그러는 거예요. 그래서 의장한테 이제 가지 않았겠어요. 그래 갔더니 그, 정당을 말이야 남의 정당까지 맨들어 주고 뭐 그럴 새는 없으니까, 그, 박 대통령이 그때는 결심을 한 거라고 정권을 잡겠다는 결심을 한 거예요. 근데 사실 이 얘기를 하면은 대체로 사람들이 믿지 않거든요. 박 대통령이 결심한 거는 혁명할 때부터 결심을 핸 거지 무슨 그때 와서 결심했겠느냐 하, 하는데, 내 믿음으론 그렇지 않아요. 박 대통령을 수없이 만났으니깐 그때 그, 그 양반의 이, 이, 견해를 뭐 누구보담 내가 잘 안다고 믿는데 어, 내 믿음으로는 절대로 그 양반이 첨부터 그랬던 건 아니라고 정권 잡겠다고 했던 건 아니라고. 그, 정권을 이제, 이, 냄겨주겠다고 하는 공약을 하지 않았습니까 그 동안에 벌써. 공약을 해놓고 가만히 보니까 아 이 빌어먹을 놈들한테 정권을 맽겼다가는 혁명공약이고 나발이고 다 없어지고 우리는 다 이제 영혼 신세가 될, 될 거다 말이지. 그런 생각을 박 대통령이 한 거예요. 그거는 그, 그 후에 이런 얘기 저런 얘기하는 과정에서 흘러나오는 그 느낌으로 내가 이제 느낀 거죠. 그러니까 남의 정당 만들 새가 어딨냐. 어, 우리가 말이야 깨끗한 정당 하나 맨들자. 이런 말씀을 하는 거예요

(강성원 구술 https://mkoha.aks.ac.kr/IndexMain.do)

이렇게 정당추진을 지시 받은 후에 함께 할 사람들을 규합하는 과정에 대해서도 상세히 소개했다. 이른바 공화당 창당과정에서 볼 수 있는 전형적인 정계입문 과정이라고 할 수 있다.

구술자: 야 사실은 말이야 이, 저, 조직을 그, 정당조직을 이제 해야 되겠는데 어짜면 좋겠느냐. 그, 박 대통령은 우리가 알아서 할 걸로 이제 믿는데 어짜면 좋겠느냐 그래요. 그래서 그건 뭐 간단하다 말이야. 정치정화법을 맨들어서 구정치인을 다 묶어버리자 말이야. 그, 구정치인을 골라서 지금 쓰는 거 우리가 능력이 없다 말이야. 어떤 놈이 진짜배기고 어떤 놈이 드러운 놈인지 어떤 놈이 썩은 놈인지 알 수가 없다 말이야. 그러니깐 몽땅 묶자. 정치정화법으로 몽땅 이제 묶어서 정치활동 못하게 하자 말이야. 그래갖고 우리, 우리가 조직하는 거는 뭐 몇 달 걸려서 하든지 뭐 한 1년 걸려서 하든지 조직을 하자. 그 조직을 하자 하면서 이제 그, 눈치를 보니까 제이피(JP)도 이제, 이제 그런 생각을 이제 동의하는 거 같에요. 그래

서 이제 그, 이, 제이피(JP)보고 이젠 말이야 이게 길게 더 얘기할 거 없다 말이야. 대통령의 의사가 이제 우, 우리한테 감지됐으니까 이제는 그, 우리가 저, 대통령보다 앞서서 이제 밀어붙이는 쪽으로 해야 된다 말이지. 이렇게 제이피(JP)한테 말을 했더니 제이피(JP)가 그 다음날 이제 가서 각하한테 얘길 한 거예요. 그래 약, 각하가 그럼 누굴 시키지 이렇게 된 거라. 그러니까 날 또 불러가지고 누굴 시키지 또 그러는 거예요. 하하하. 그래서 아 누굴 시키는 거야 대통령이 지명을 해야지 뭐 그건 뭐 누굴 시키는 얘기 뭐 나한테 하면 내가 아느냐고. 그러니까 이제 그 다음날, 그때부턴 매일 내 정보부에 나가는 겁니다. 그러니까 이제 에, 부장실에서 이제 같이 정보부장하고 일을 하는 거예요. 그 다음날 이제 아침에 나갔더니 어제 저녁에 저, 갔더니 말이야 그, 저, '정보부에서 지명을 해. 그러면 내가 선택을 할테니까 지명을 해.' 그랬다는 거예요. 그래서 내가 대뜸 그랬지. 그건 김용태(金龍泰)하고 어, 저 누구지? 서울신문 사장한.

상　황: [부인] 장태화(張太和)

구술자: 응 장태화(張太和). 장태화(張太和)하고 김용태(金龍泰)하고 두 사람이 정보부장 고문으로 그때 이제 위촉이 돼 있었거든. 그래 두 사람 이름을 내댔어요. 장태화(張太和)하고 이, 저, 김용태(金龍泰)하고 두 사람 중에서 한사람을 총책임자를 시키면 될 거다 말이야. 그 사람들은 정치적인 그, 저, 센스(sense)가 있는 사람들이니까. 또 구정치인들하고 상당히 그, 깊은 관계가 있는 사람들이예요. 그 두 사람이. 그래서 그렇게 이제 해보랬더니 그, 저녁때 나보고 기다리라고 해, 해서 이제 정보부장실에서 기다리고 있었지. 그랬더니 내려오자 문 열고 들어오면서 "틀렸어. 틀렸어." 그러더라고. 그래서 아 틀리긴 뭐가 틀렸느냐 그러니깐 "두 새끼 다 안 된대. 믿을 수 없다고 안 된대." 그러니까 박 대통령이 무서운 양반이라고. 자기가 동지라 부르면서 다 요직에 앉혀놓고서는 그놈들을 안 믿는 거예요. 에, 그, 요직에 앉히는 데까진 이제 보답으로 다 해준 거지. 협력을 했으

니까 보답으로 해준 건데 그담부턴 믿지를 않는 거예요. 그, 그 아주 통치자의 그, 그 정말 특징이라고 할 수 있는 그런 성격을 박 대통령이 갖고 있다고. 그래서 그 다음날 이제 그, "딴사람을 추천하라고 하니까 딴사람을 추천해." 그러더라고. 그, 이, 저, 김종필(金鍾泌)이는 성격이 묘해요. 한번 이게 뭘 이제 시키기 시작하면 끝이 날 때까지 그 사람한테 꼭 시켜요. 그, 그런 버릇이 있다고 제이피(JP)는. 그래 나한테 이제 다, 딴사람 추천해 그러더라고요. 그래서 그, 길재호(吉在號), 이석제(李錫濟) 내 그렇게 둘을 이름을 이제 불렀어요. 길재호(吉在號), 이석제(李錫濟) 이름 다 생각나시죠? 에, 이석제(李錫濟), 길재호(吉在號) 두 사람 다 최고의원이거든 그때. 최고의원이고 또 8기생이고. 그리고 내 입장에서는 두 사람 다 이북사람이니까 이북에서 온 사람들이니까 이제, 나중에 나를 괄세 안할 거라는 생각도 있고 그런 이제 사사로운 생각도 조금씩은 하는 거지. 그 두 사람 이름을 댔어요. 그랬더니 박 대통령한테 그 다음날 아, 가지고 들어갔다 나오더니 "틀렸어. 틀렸어." 이거 문 들어서면서 또 틀렸어 틀렸어. "그, 그럼 나도 뭐 이제 아이디어(idea)가 없습니다. 뭐 이, 이상이 뭐 전붑니다. 제가 이, 낼 수 있는 이, 전붑니다. 내 아는 사람이 뭐 별로 있어야지요." 그랬더니 이, 그 다음날 갔다 오더니 "강 소령 하래." 그러더라고요. 깜짝 놀랐지 그냥. 아니 소령출신을 그런 걸 하라 그래봤자 그게 이, 이, 말야 위엄이 통해야지 그걸 할 거 아닌가 말이야. 그래 난 그, 그건 말 안 된다고 내가 하, 절대로 할 수 없다고. 그랬더니 그, "박 대통령이 하라 그러니까 안할 수는 없어. 그, 그런데 다만 말이지 첨부터 이제 총책임자로 앉는 거는 그, 8기생 놈들이 우리, 내 동기생 놈들이 가만 안 있어. 가만 안 있으면 당신 일을 못해. 그러니까 말이야 그, 저, 그 일을 이, 실질적으로 맡아서 하긴 하되 뭐, 뭔가 편법을 찾자." 말이야. 박 대통령도 그렇고 8기생들도 그렇고 걱정안하도록 염려안하도록 그, 편법을 찾자. 그래서 내가 아 그건 말이야 그, 저, 이, 내 위에 앉힐 사람을 내가 원하는 사람

시켜라 말이지. 그 처음에는 이제 그, 8기생이 추천하는 걸 시키자 이래서 내가 그건 못한다 내 그랬거든. 그러면 난 거기 관계안하겠다 이제 그랬다고.

면담자: 누군데요?

구술자: 거기 저, 김동환(金東煥)이라고 죽은 사람 알죠? 아, 그, 저, 어, 화폐개혁 그, 으, 주역이죠. 으, 그 사람을 시키자 그랬다구요. 그러고 그때 죽기 전이니까. 으, 그 사람 시킬 거 같으면 뭐, 나 그 사람하고 개인적으로 친했거든. 그, 그 사람 같으면 아주 부드러운 사람이니까 그, 아무리 팔(8)기생이래도 말이야 8기생들 하자는 대로 떠들진 않을 거다 그 사람 시키자 이제 그랬는데. 이, 그렇게 이제 할려고 했는데 그쪽에서 그 사람 이름을 내놓으니깐 겁이 나서 안 되겠더라고. 그 8기생들이 그건 인제 구두투표를 해가지고 구두호칭 돼가지고 그 사람을 추천한 거거든. 그러고 사무총장으로 추천을 한 거라 말이야. 그, 그 안 된다 말이지 그, 그 난 그 사람이 한다면은 난 거기 가서 뭐 안하겠다고. 그랬더니 그럼 누군지 말을 해라. 그러면 대통령한테 가서 얘기를 하겠다. 그래서 이영근(李永根)씨를 시켜달라 그랬단 말이에요. 그래 그, 그 관계로 이영근(李永根)씨하고 나하고 아주 그 서로 이, 끊지 못할 인간관계가 된 거예요. 근데 그 양반 요새 건강이 나빠서 내가 참 걱정인데. 그, 그러니깐 중앙정보부 이제 정보차장인데 그 양반이. 정보차장자리를 면하고 바로 그, 저, 이, 공식화할 수도 없는 그러니까 이, 말하자면, 에, 아니 저, 그룹(group)속에 있는 그런 자린데, 그 사무총장이라는 거. 그 뭐에 사무총장인지도 몰라요. 그저 사무총장이야. 그저 사무총장이라고 그냥 하고서 나를 조직부장으로 이제 임명을 하고 뭐 이런 식으로 해서 어, 그 저 서인석(徐仁錫)씨라고 혹시 이름 들어보셨어요? 그 양반도 지금 살아있죠. 그 서인석(徐仁錫)씨를 이제에, 조사부장으로 하고.

(강성원 구술 https://mkoha.aks.ac.kr/IndexMain.do)

이른바 '밀봉교육(密封教育)'[1]이라는 표현으로 알려져 있기도 한 사무국 요원을 위한 사전교육이 어떻게 이루어졌는지에 대한 설명은 다음과 같다. 구술자는 사전적 의미의 '밀봉교육'이 아니라고 부인하는 것으로 보이는데, 내용적으로는 비밀리에 집체교육을 한 것은 확인할 수 있다.

면담자: 사전 조직한 요원들을 이제 교육을 했다는 얘기가 있던데.

구술자: 예. 윤천주(尹天柱) 그, 그 양반이 훈련부장이요.

면담자: 아, 그 훈련소가 어디 있었습니까?

구술자: 곽상훈(郭尙勳) 씨가 살던 그 주택이에요. 그 주택을 우리가 빌려가지고 그, 썼죠. 그게 낙원동, 오진암 옆에.

면담자: 오진암 있는. 예. 거기 집이 굉장히 컸던 모양입니다.

구술자: 컸어요. 그걸 사가지고 거기서 교육을 했어요.

면담자: 그래서 뭐 기수별, 기수가 쭉 있었을 거 아닙니까. 20만 명 다 교육할래면.

구술자: 20만 명을 다 교육한 건 아니사무국 요원이 될 사람들만 훈련을 한 거죠. 그때 교육한 숫자가 아마 한 2,000명 될 겁니다. 한 50명씩을 모아놓고 교육을 했는데 어, 그, 저, 김 누굽니까 중앙정보부장핸 김재춘(金在春)이 그놈이 말이죠 어떻게 이제 기자들한테 이제 나팔을 불었느냐면 공화당이 밀봉교육 했다고 그놈이 떠들었다고. 그래서 내가 공개적으로 저, 그.

상 황: [부인] 욕을 했지 그냥.

구술자: 너, 그, 저, 그, 텔레비전(television)에 나가 그래, 나가가지고서 그런 얼빠진 놈도 있는데 하고서 내 얘길 했어 내가. 아니 50명을 모아놓고 어떻게 그, 저, 밀봉교육을 합니까?

면담자: 김재춘(金在春) 의원 이제 얘기에 따르면 한명씩 방에 넣어서 요강만 딱 줘서 한방씩 넣어가지고.

1) 일반적으로 외부와의 접촉을 끊고 비밀리에 행하여지는 교육을 의미하며 북한에서 대남공작 요원을 교육할 때 활용하는 방법으로 알려져 있다.

구술자: 요강같은 드러운 새끼야 그 새끼가. 요강을 넣으면 밀봉교육이 벌써 안 되는 거지. 그 오줌냄새를 옆에 놈까지 다 맡아야 되는데 그, 그 밀봉교육을 할 수가 있습니까? 그건 말이 안 되는 거지 그.

면담자: 교육은 그럼 실제론 어떻게 어떤 식으로.

구술자: 실제론 이래 그냥 강의핸 거죠. 강당에서 강의하는 식으로 핸 거죠.

면담자: 보통 한번 하면 한기수당 뭐 기간이 어느 정도씩 교육을 했습니까?

구술자: 1주일 했어요 1주일 했는데 그, 그 김 무슨 교수지? 저 어, 충북대학 총장도 한, 하고 한 양반 그, 그, 그 양반도 교수를 했고, 하여튼 그 교수 중에서도 정말 1급들만 데려다가 이, 에, 훈련을 다 했죠.

면담자: 네 그럼 강의내용은.

구술자: 어. 김성희(金成熺) 교수가 거기서 시간을 많이 했어요.

면담자: 네. 그 뭐 그래도 뭐 이, 이, 혁명사상 교육도 해야 될 거고.

구술자: 그렇죠.

면담자: 그 다음에 뭐 저, 정당운영과 관련한 실무적인 것도 있어야 될 거고. 주로 어떤 교육들을 그때 커리큘럼(curriculum)이 어떻게 됐는지 기억나세요?

구술자: 뭐 난 솔직히 말해서 그때 뭐 거기 가서 강의할 주제가 안됐다고. 뭐 시간도 없고 바쁘기도 했지만, 그보다도 더 중요한 거는 내 머릿속에 학문적인 게 들어있는 건 아니거든요. 그러니까 뭐 내가 가서 거기 이, 이제 이 연설하면은 저 새끼 미친 새끼 아니야 그렇게밖에 안 될 테니까 난 거기 그.

면담자: 교육은 아까 말씀하신 교육.

구술자: 윤천주(尹天柱) 씨가 원장하면서 주로 교육을 많이 했고 이제 강의를 많이 했고. 윤천주(尹天柱) 씨하고 가장 가까운 친구가 지금 말한 김성희(金成熺) 교수예요. 김성희(金成熺) 교수라고 고려대학교 교수. 그 양반하고 둘이서 이제 시간을 많이 했죠.

면담자: 예. 그래서 이제 강의를 하고 7일 동안 합숙교육 한 다음에 이제 보내고, 다시 또. 2,000명 정도 사무국요원.

구술자: 그건, 그건 순전히 사무국요원입니다. 그 교육한 거는.

(강성원 구술 https://mkoha.aks.ac.kr/IndexMain.do)

강성원은 주로 조직책임을 맡았던 관계로 정확한 기억은 아닐 수 있지만, 창당 자금과 당운영에 필요한 자금을 어떻게 마련했는지에 대한 회고도 함께 소개한다.

면담자: 당시 그 증권시장을 통한 자금 형성, 그 누구의 처음 아이디어(idea)였습니까? 그쪽에서 제안이 먼저 왔습니까? 아니면.

구술자: 근데 그것에 관해서는요 조금 설명이 필요해요. 어, 자금 형성이라고 그, 누구든지 그, 거기다가 초점을 맞춰서 생각을 하겠죠. 근데 원래 초점은 그게 아닙니다. 증권시장을 육성해야 되겠다고 하는 데서부터 일이 시작된 건데, 그게 나중에 이제 에, 그 정당 조직을 하는데 있어서 필요한 자금의 일부를 거기서 이제 쓰게 된 것도 사실이지만. 하여간 근본적으로는 어, 증권시장을 올바로 육성해야 앞으로 우리가 산업화하는데 이 그, 도움이 되겠다 그런 생각으로 어, 거기 이제 손을 댄 건데. 그것에 있어서는 사람들이 그, 저, 제이피(JP)가 그때 이제 그, 그, 외유를 하지 않았습니까? 조금 말썽이 있었죠. 그런데 그 말썽에 대해서도 사람들이 또 잘못 알고 있는 게 많이 있어요. 그 말썽의 핵심은 뭐냐면 8기생의 내분입니다. 그게 그 말썽의 원인이에요. 8기생들이 이, 5.16혁명에 에, 핵심 주체인 건 사실이죠. 근데 그 사람들이 이, 이제, 혁명 그, 그, 계획이 이제 달성이 되니까 모두 다들 이제 에, 과실을 나누는 문제에 관해서 이제 상호 이제 의심이 다 생긴 거예요. 특히 이제 제이피(JP)가 어, 중앙정보부를 창설을 하고 그, 부장으로 취임을 하니까, 그 막강한 이제 이, 그, 힘을 가진 거 아니에요? 그렇게 되니까 8기생들이 모두 그냥 제이피(JP)를 의심하기 시작한 겁니다. 저기 우리가 같이 한다고 그래놓고서는 저 '지 놈이 혼자 다

하는 거 아니냐.' 뭐 이런 그 이제 이 그 의구심 때문에 이 사람들이 이, 그, 상당히 그, 정서적으로 말이죠 중심을 잃은 그런 상태였었어요. 그러니까 그, 증권 문제에 관해서는 이제 내가 제이피(JP)한테 얘길하고, 제이피(JP)가 이제 의장한테 말씀을 드리고 이래가지고서 에, 이제 관여를 하게 됐는데, 관여를 하게 된 시작은 어, 우리가 정치 조직을 하는 것과 에, 그 시점을 따지면 정치 조직을 하는, 하는 거를 생각하기 이전입니다. 에, 몇 달 전이에요.

면담자: 그러니까 증권시장 활성화 차원에서 조치를 한 거죠.

구술자: 그렇죠. 근데 그거를, 그, 내가 그거를 제안을 했으니까. 결국 이제 나한테 그 일을 이제 맽기게 된 건데. 어, 제이피(JP)는 증권이 뭔지 전혀 모르는 양반입니다. 나는 그 이상하게 그 젊어서 증권 하는 사람들하고의 교유가 좀 있어서, 그래서 이제 증권에 관한 그 관심을 갖고 에, 증권시장을 육성하지 않고는 산업화는 불가능하다 뭐 이런 그, 내 나름대로의 신념을 갖게 된 건데. 제이피(JP)는 전혀 모르잖아요. 그러니깐 그 제이피(JP)하고 나하고 사이에 어떤 얘기가 이제 이, 그, 밑바닥에 이제 그, 조성이 됐느냐 하면 '나한테 몽땅 맽겨라. 이거 일일이 간섭하면 일이 안 된다.' 이제 이런 얘기를 내가 하고 제이피(JP)가 그걸 또 동의했죠. 그래, 그러니까 4대 의혹사건 중에서 이 증권파동에 관한 문제에 있어, 관한한 모든 책임은 나한테 있는 겁니다. 그래서 이제 국민과 또 그, 이, 증권파동으로 인해서 어, 고생을 한 양반들 모두에 대해서 난 지금도 어, 내가 책임이 있고 어, 미안한 일을 한 것이다 그렇게 이제 생각을 하고 있어요.

면담자: 네. 그 윤응상(尹應相) 씨, 윤응상(尹應相) 회장님하고는 그 전에 사전에 교유가 있으셨던.

구술자: 그렇죠. 그 인제 어, 윤응상(尹應相) 씨를 그, 선택을 한 거는 어, 내 참모 중에 윤응상(尹應相) 씨의 조카가 있었어요. 그래서 그, 그 사람보고 '좀 나하고 연결시켜라.' 해서 에, 서로 만나게 된 거죠. 그래가지고 그 작전을

그 양반한테 내 의존하다시피 했어요. 그 양반 아주 전문가니까.

면담자: 그랬더니 뭐라 그러시던가요. 그쪽 처음 반응이.

구술자: '절대 해야 된다.' 그러더군요. 뭐 아주 뭐 쌍수를 들어서 환영을 해요. '활성화를 해야 된다. 그거 안하구선 산업화 안 된다.' 그런, 내 신념하고 똑같은 얘기를 그, 그 양반이 해서 어, 아주 마음 든든하게 생각을 하고 협력을 했죠.

면담자: 그래서 그 일흥증권을 그렇게 해서 만들게 되신 건가요?

구술자: 예. 그렇습니다.

면담자: 그럼 초기 자본, 지금 저 보도된 바로는 초기 자본이 중정에서 나온 걸로 그렇게 돼있거든요.

구술자: 초기 자본에 관해서는 내가 불법을 한 거예요. 불법을. 내, 내가 이제 위, 위법을 한 거죠. 어떻게 초기 자본을 맨들었느냐면 농협에서 갖고 있는 그 저, 주권이 꽤 많이 있었어요. 그, 그것을 잠시 내가 빌렸습니다. 그, 빌릴 적에 그, 이성가(李成佳) 장군인가 그 내 이름을 정확히 기억을 지금 안하는데 이성가(李成佳) 장군이 그 농협 회장이었었는데 그 양반한테 내가서 얘길 했죠. '이게 지금 어, 증권시장을 활성화를 해야 되겠는데, 기본적으로 지금 이, 그것을 일을 해줄 그 회사를 차렸는데 회사가 움직일 수 있는 그, 이, 힘이 없다. 그래서 그 힘을 잠깐 당신을 통해서 빌리고자 한다. 그, 저, 좀 협력을 해줬으면 좋겠다.' 이래가지고 그 증권 빌리는 얘기를 한 겁니다. 근데 그 증권 빌린 거가 아마 한 백억(10,000,000,000) 원어치쯤 될 거예요. 근데 그때 그, 권병호(權炳鎬) 씨라고 그 부회장을 한 분이 계셨는데, 그 권병호(權炳鎬) 씨를 이제 나하고 이, 그, 회장이 연결을 시켜줘 가지고 그 권병호(權炳鎬) 씨한테 그, 실무를 좀 부탁을 해서 했죠. 근데 그, 그것은 그건 하여간 불법입니다 그건. 그건 불법이에요. 내가 무슨 최고회의 의결을 거쳐서 한 것도 아니고. 내 혼자 이제 독단으로 그걸 추진을 해가지고 어, 허니까. 그 양반들은 어, 내가 의장의 또는 김종

필(金鍾泌) 총, 부장의 승인을 받고 하는 것으로 생각했을 겁니다. 근데 기본적으로 활성화한다고 하는, 시장을 활성화한다고 하는 그 일에 관해서는 내가 승인을 받, 받은 거지만 그런 구체적으로 이제 농협에 것을 빌려다가 이, 해도 좋으냐하는 문제에 관해서는 누구한테도 물어본 일도 없고 내 단독으로 그냥 그, 이, 생각을 해서 한 거죠.

면담자: 예. 그렇게 해서 인제 그, 그러면 중앙정보부에서 자금은 하나도 안 나온 거네요 결국은.

구술자: 중앙정보부 돈이 없습니다. 중앙정보부 무슨 돈이 있습니까?

면담자: 그렇죠. 그럼 그렇게 해서 자금 해서 이걸 윤응상(尹應相) 회장한테 맡겨서 이제.

구술자: 작전을 하게 한 거죠.

면담자: 작전을 하신 거 아닙니까 그죠? 그때 조성한 규모가 과연 얼마나 되느냐 이게 아직까지도 지금 밝혀지지 않고 있는 부분인데요.

구술자: 그게 에, 내가 아는 것은 백억(10,000,000,000) 정도에 그 이제 주권을 어, 가지고 이제 한 거고. 어, 그때 말이죠, 그 투자하는 사람들이 그냥 꼬여들었어요. 그걸 하니까. 벌써 그 냄새가 났던 모냥이죠. 강 아무개가 이걸 저, 뒤에서 이, 이, 그, 움직이고 있는데 이건 혁명정부의 이.

면담자: 의지에 따라서 하는 거다

구술자: 예. 의지에 따라서 하는 거다. 시장 그 활성화라고 하는 것은 어 혁명정부의 의지다 그렇게 이제 돼버린 거예요.

면담자: 주식이 오를, 오를 거 같다 이런 분위기가.

구술자: 아 뭐 시작부터 무지막지하게 오르더라구요. 근데 올랐다가 떨어지는 파동이 이, 저, 한 1년 후에 온 거죠. 1년까진 안했지. 한 6~7개월 후에 그 이제 파동이 한번 온 거예요. 파동이 왔는데, 그 이제 그, 어, 내가 하는 일이 공화당 조직보다도 그 정치 조직보다도 먼저 뭘 했느냐면은 그, 김용채(金鎔采)가 말했다 그러는 그, 저, 연구실 에, 그, 각종 그 법 체제를 기

본, 기본 법 체제로 만드는 그 연구실을 어, 만드는 일부터 먼저 했거든요. 그래가지고 그거를 이제 운영을 하는 어, 그런 과정에 있었는데 에, 증권파동.

면담자: 주식이 막 오르고 이제

구술자: 예. 주식이 너무 오르니까 그냥 사람들이 너도 나도 다 뎀비는 거예요. 그래서 그, 그, 내가 보기에는 아마 수백억의 자금이 동원됐을 겁니다. 수백억이라면 지금 같으면 우습게 생각하겠죠. 지금 한사람도 수백억 하는, 뭐 우습게 보니까. 근데 그 시대에는 말이죠. 그 1억이라는 건 엄청난 돈이었었습니다.

면담자: 그럼 이제 윤응상(尹應相) 회장이 그 과정에서 계속 사고팔고, 사고팔고 하면서 수익을 이제 남기신 건가요?

구술자: 수익이 남을 수도 있고 뭐 손해 볼 수도 있고 그런 이제 그, 이제 계속해서 왔다갔다했죠. 근데 하여간 증권시장을 활성화한다고 하는 그 기본으, 목표 자체는 일단 이제 성공적으로 달성이 돼, 됐다 이렇게 이제 볼 수 이, 있는 그런 상황이 된 거죠.

면담자: 그 과정에서 인제 과실이 떨어진 거 아닙니까 그죠?

구술자: 과실이 꽤 떨어졌죠. 예.

면담자: 그거 규모와 관련해서 백억(10,000,000,000) 환이다 하는 얘기가 있고. 64년도에 이중재(李重載) 의원은 67억 환이다 그렇게 주장을 했더라고요.

구술자: 이중재(李重載) 의원은 나하고 개인적으로 아주 가깝습니다. 그 뭐 저, 이, 나이 먹어가지고 늙고 또 이제 여야가 갈리고 이런 이후에 서로 잘 만나지 않았지만 그 전엔 아주 가까이 지냈어요. 그래서 아마 그 양반이 딴 사람 보담은 좀 알 겁니다.

면담자: 네. 그래서 그 정확하게 그럼 대략 기억이 안 나세요? 백억(10,000,000,000) 환 정도였는지. 미국 의회에서는 미국 달러(dollar)로 한 사천만(40,000,000) 달러(dollar) 정도 된다고.

구술자: 글쎄요 그 이, 이.

면담자: 백억(10,000,000,000) 환이 맞는 겁니까?

구술자: 백억(10,000,000,000) 환이래는 거는요, 그 증권파동 때 에, 정부에서 그, 금통위를 통해가지고 백억(10,000,000,000)을 융자를 해줬습니다 증권 어, 거래소에. 그, 그, 일단 그, 증권파동은 수습을 해야 되지 않느냐 그래가지고 그거를 수습하기 위해서 백억(10,000,000,000)을 어.

면담자: 투입을 한 거죠. 공적 자금 요즘으로 치자면 그죠?

구술자: 그렇죠. 이, 뭐 그렇지만 형식으로는 에, 융자를 해준 겁니다.

면담자: 대출해준 거.

구술자: 예. 대출을 해줘가지고 그 백억(10,000,000,000)으로 에, 파동을 이제 살살 이제 어떻게든지 막았는데 그, 그, 어렵게 막은 거죠. 백억(10,000,000,000) 가지고 될 수는 아니었거든요. 근데 그 파동에 그 연관된 음, 그, 거래 에, 그 저, 저저 뭐야 어, 결재 자금이라고 하는 건데 결제자금인데 거기선 그 증권거래소에서 쓰는 용어는 따로 있어요. 허허허. 그거를 다 이제 그 부도가 안 나게 처리를 해 줄래면 백억(10,000,000,000) 가지곤 모지랬었죠. 그러나 백억(10,000,000,000) 융자를 받아오니까 어, 그 이, 저.

면담자: 그러니까 숨통이.

구술자: 예. 숨통이 트여서 해결은 됐습니다. 그 파동을 넘겼죠. 그 파동 넘기고 나니까 이제 시장이 안정화돼가지고 뭐 한꺼번에 뭐 뭐 일확천금으로 이렇게 버는 사람도 이, 그땐 이, 하지, 하기 어렵게 되고, 또 이, 저, 이, 개미떼도 이렇게 쉽게 뭐 혼나는 거 아니고 이, 그런 안정된 상황이 그 후에 된 겁니다.

면담자: 그럼 그때 인제 조성된 자금 그게 인제 상당히 많이 조성이 된 건데요.

구술자: 뭐 몇 백억이 상장, 그, 저, 시장에 그 저 동원이 됐겠죠.

면담자: 네. 그래서 그 자금을 그럼 이제 정치 그 공화당 창당 쪽에 활용해야 되겠다라는 그 생각은 누가 하시게 된 겁니까? 의원님께서 하신 겁니까?

구술자: 활용을 뭐 해야 되겠다 생각을 한 거는 아닌데, 그 이제 당 조직에 관한 것을 이제 방향을 정하니까 그, 그건 요전에 다 얘기한 거죠. 그런 과정을 통해서 방향을 정하고 또 그 조직을 내가 이, 맡게 되니까 어, 그, 아무리 저, 뭐 정치적으로 돈을 쓰는 거 아니래도 그, 그때는 정치적으로 돈을 쓰는 시대는 아니었죠. 우리, 우리 시대는 그랬어요. 우리 시대는 진짜 실비만 필요했던 겁니다.

면담자: 운영자금.

구술자: 예. 운영으로 해서 실비만 필요했던 건데 그것도 적지 않은 돈인데 그걸 어디 가서 얻을 데가 없어요. 그 뭐 가령 지금처럼 말이죠 정당 운영 자금을 예산으로 국가가 주는 그런 방법이 있었다면 그때 그런 방법을 이제 채택을 했겠죠. 그래서 인제 퇴고해서 법을 맨들어서 할 수 있었을 텐데 그렇게 할 수가 없잖아요. 아무 법도 없고 우린 그, 그런 방법이 있는 것도 몰랐으니까 그때는. 그래서 이제 생각한 게 아, 이게, 증권회사에서 이익이 좀 남았어 이제 여력이 있는데 그거 좀 갖다 쓰, 써서래도 해야 되지 않겠느냐 그런 생각을 내가 핸 거죠. 했는데 그때 그, 어, 정치 조직을 하는 일을 으, 내가 이제 이, 그때 박정희(朴正熙) 의장으로부터 위임을 받고 위임을 받아가지고서 시작할라 그럴 적에 에, 그, 중앙정보부에 에, 차장 보좌관으로 있었던 정지원(鄭智元)이라고 있습니다. 그 정지원(鄭智元)이라는 친구를 그, 데려다 놨는데 그게 에, 정보 차장보를 하던 이영근(李永根) 의원의 에, 그 보좌관이었었죠. 차장이 그때 둘이 있었는데. 그 이영근(李永根) 저, 이, 차장의 보좌관을 했던 정지원(鄭智元)이라고 하는 친구가 있었는데 이 친구가 아주 회계에 밝아요. 그래 그 친구를 인제 그, 우리가 조직 활동을 하는데 있어서 그, 으, 역을 뭘 줬느냐면은, 나는 조직 부장을 했고 그 친구는 으, 기획 부장을 했습니다. 기획 부장을 했는데 그 친구한테 '야 니가 이걸 좀 이 저 이, 관장해줬으면 좋겠다. 어, 이게 뭐 최소한도로 이, 짜게 이거 돈을 갖다 써야 되겠는데 이거 니가 좀 저, 이,

계획을 해가지고 예산을 짜서 적절히 갖다 쓰는 걸로 그렇게 하자. 그, 니가 그 돈을 쓰는 거를 제이피(JP)한테 보고를 하고 이렇게 하도록 해라.' 하고 제이피(JP)한테는 그렇게 하겠다고 얘기를 했어요. 근데 제이피(JP)가 "그 돈 갖다 써도 되나." 뭐 그러더라구요. 그래서 "아 그 염려 마십시오." 그 저 이, 증권을 하게 되면 증권에는 그, 거래 수수료가 있다고. 수수료를 증권회사가 받는 건데 고객을 많이 말하자면 투자하는 고객을 많이 이제 그 이, 확보하게 되면 그 거, 거래 수수료를 가지고도 상당한 그, 이익이 된다고. 그래 그 돈이 주로 어 이, 우리가 쓰는 돈이 될 테니까 아무 걱정하지 말라고 이제 그랬어요. 그야말로 증권을 이제 사고 팔고 해서 거기서 남는 이익을 가지고 쓰는 게 아니고 수수료로 쓰는 걸로 그렇게 이, 방향을 잡아서 했죠.

면담자: 근데 그게 돈이 또 넘어올라면 일단 회사에 있는 돈이 넘어와야 되니까 이게 절차가 또 필요하잖습니까?

구술자: 그렇죠. 그런데 이제 그, 으, 우리가 대주주니까 대주주 쪽에서 좀 뭐 이제 갖다 쓰는 거 되지 않느냐 그걸 나중에 이제 에 그 회계 처리하는 거는 으 나중에 법에 맞춰서 회계 처리를 하고 우선 좀 갖다 쓰자 이렇게 이제 된 거죠.

면담자: 아 네 알겠습니다. 그렇게 해서 대략 어느 정도 갖다 썼는지 기억나세요? 토탈(total) 금액?

구술자: 그게 지금 내가 이제 알쏭달쏭해요. 그 정확한 건 정지원(鄭智元)이가 알 텐데. 정지원(鄭智元)가 이제 카나다(Canada)에 가서 목사를 하고 있어요. 근데 지금 살아있는지 죽었는지 그걸 모르겠어요. 그 부인은 죽었죠. 그 부인은 인제 죽었는데 정지원(鄭智元)이가 살아있으면 정지원(鄭智元)이가 이 문제에 관해서는 누구보다도 정확하게 알 거예요. 나는 이 저 공화당 조직을 책임 맡게 되면서부터 중정하고 관계를 끊었으니까요.

(강성원 구술 https://mkoha.aks.ac.kr/IndexMain.do)

이상의 증언으로 살펴볼 때, 민주공화당은 군사정부의 성격을 약화하고 집권여당으로 합법적으로 출범하고자 하였으나, 많은 문제점과 불법적 행태가 동원되는 가운데 진행되었음을 파악할 수 있으며, 이 과정에서 정당구성원들의 영입에도 무리한 방법이 동원되었음을 알 수 있다. 요약하면 민주공화당의 창당은 박정희의 직접지시와 미국 정보기관의 지원으로 진행되었고 참여 인사들은 창당을 주도한 군인들의 인맥으로 형성되었다는 것이다.

2) 민정당 집권기 충원과정

박정희의 사망으로 유신체제가 무너졌으나, 이른바 신군부에 의한 군사정부가 연장되던 시기 민주주의에 대한 대중적 요구가 점차 높아지는 등 사회적 분위기는 변화하고 있었으나, 정치인의 진입 경로와 과정은 크게 변하지 않은 것으로 보인다.

제5공화국의 출범과 함께 민정당에 참여하여 제11대 국회의원을 지낸 신상식의 정계입문과정에 대한 증언을 통해서도 신군부의 인맥에 의한 영입 과정을 볼 수 있다.[2]

면담자: 예. 그, 의원님께서는 이, 민정당 창당 과정을 통해 그, 정계에 입문하신 걸로 알고 있습니다. 근데 조금 전에 말씀해주셨던 것처럼 그 이, 학업도 지원을 해주셨고 또 이, 초고속 승진을 할 정도로 그 이, 조양상선의 그, 소유주께서 이, 눈여겨본 인재셨는데, 임원까지 하시고 또 그다음에 많은 역할들이 기다리고 있었을법한데 정, 그, 그런 그, 재계 임원자리를 좀 뒤로 하고 정계를 어떤 계기로 입문을 하시게 된 겁니까?

---

2) 여당은 물론이고 제5공화국 시기 야당인 민주한국당, 한국국민당 등의 충원까지도 정권과 정보기관의 영향 하에 있었던 것은 공공연한 사실이므로 야당이라고 해서 특별한 충원구조를 갖지는 못했을 것으로 사료된다.

구술자: 아, 그게요, 참. 근데 뭐 솔직히 말씀드려서 그때 박남규(朴南奎) 회장님은 요. 제보고 하지 마라 그랬어요. 국회의원 하지 마라. 국회의원, 그때 그 어른은 친구들 국회의원 한 사람도 많고 또 수난을 겪은 사람도 많기 때문에, "국회의원이 그래 좋은 게 아이고 니가 인자 조금 있으면 내 회사도 여러 개인데 니 사장할 긴데 왜 국회의원 해가 고생할라 카느냐." 마 그런 그 어, 말씀도 있고 권유를 받았습니다마는, 그때 당시에 인자 그 회사 사정이 말이죠, 어떻느냐. 회사는 그때는 상당히 성장 발전하고 있을 때입니다. 발전할 땐데 에, 그 회장님의 그 자제가요 어, 4남 1녀였어요. 그때 이미 그, 장남이 와가지고 기획실장이라고 앉아 있고 그다음에 차남도 나오고 이, 부산에 인자 지점에 있고. 부산에. 그래서 그, 제가 그 회사에 설립하고 쭉 있으면서 그, 평소에 생각한 것이 이 후세 에, 자제분들이 그 어, 회사를 관장할 때 나는 그만둬야 된다. 왜 그만둬야 되느냐. 제가 그, 박남규(朴南奎) 회장님 자제분들을 에, 한 1년 가까이 그, 가정교사를 했습니다. 아. 그래서 내가 가르친 또 가정교사지마는 그래도 그, 가르쳤는데 에, 그 친구들이 커서 이제 그, 회사를 관리하게 되면 나는 그만 물러가는 것이 옳다 이런 생각을 했거든요. 에, 그런 것도 있고 사실 또 어, 상당한 오랜 동안 국회의원이라는 해야 되겠다는 생각을 하고 있었잖아요. 그러니까 기회가 오면 하겠다 이래 생각했는데, 사실은 그때 국회의원 그, 어, 처음에 할 때요. 민정당 창, 창당멤버(member)입니다 제가. 민정당 창당할 때 105인의 창당멤버(member)가 있었어요. 그런데 그때 제가 창당멤버(member)인데, 에, 뒤에도 뭐 어, 이야기 할 기회가 있겠습니다마는 어, 밀양 창녕이 한 지구당입니다. 그때 대한민국 전체가 92개 지구당이에요. 그래 인자 위원장이 있는데 경남도당위원장을 할 사람이 그때 잘 없었고, 하대돈(河大敦) 씨가 경남도당위원장을 하도록 그래 돼가 있었습니다. 그 왜 그러냐. 에, 도당위원장 할라면 하대돈(河大敦) 씨는 그, 10대 국회의원을 한 번 했거든요.

면담자: 예. 공화당에서요.

구술자 예. 그런데 그때 당시에 그 에, 김태수(金泰洙)라고 그 그때 그, 옛날 공화당 총무도 하고 굉장히 파워(power)가 센 분도 있었고. 그다음에 구태회(具泰會) 씨라고 또 파워(power)가 센 분이 있었어요. 그런 분들의 그, 연관된 사람들은 인자 제외됐거든요, 그때. 그래 하고 나니 하대돈(河大敦) 씨가 남아가 인자 생각했는데, 에, 그 하대돈(河大敦) 씨가 인자 그래 내정이 돼 있었기 때문에 밀양 창녕에 하대돈(河大敦)이 공천되고 도당위원장 한다는데 나는 안 되잖아요. 그래가 내보고 창당발기인 할 때는 밀양에 에, 휴일이나 일요일 되면 가끔 가서 그, 아는 사람들 인사도 하고 그래 놔라(해라) 캐쌌고 이랬는데 아 그 딱 되니까 나는 안 하게 딱 됐어요. 그래 나는 인자 아, 몬(못) 한다고 생각하고 있었지요. 있었는데 이기 그때 당시고 지금이고 간에 이 모든 정보기관, 경찰이나 행정이나 뭐 보안사나 뭐 안기부나 다 동원해가지고 전국적으로 이, 여론조사를 합니다. 그래 조사를 하는데 하대돈(河大敦)이는 안 되겠다는 겝니다. 안 된다는 거.

면담자: 여론조사 결과가요?

구술자: 안 된다. 왜 안 되느냐. 그때 당시에 인자 그 어, 어, 민정당, 민한당 그다음에 국민당 이 세 개가 있었잖아요? 그런데 민정당도 밀양 창녕이 같은 지구당인데 밀양이 창녕보다도요 이, 전부다 다섯 개 하면 밀양은 세 개고 창, 창녕은 두 개 정도 이렇게 밀양이, 창녕이 작습니다, 이게. 인구도 작고 지역도 좁고. 그런데 밀양 사람은 없고 제1당인 민정당도 하대돈(河大敦)이 창녕, 제2당인 민한당도 신화식(辛和植)이라고 그때 부산시 기획관리실장하던 분인데 창녕에 그, 민한당에 위원장으로 어, 됐어요. 그러니 밀양 사람들은 지금 삐끼가(삐쳐서) 있는데 밀양에는 지금 박희선(朴熙琁)이라고 국민당 공천받안 사람이 밀양에 인자 돼 있단 말입니다. 그러니 밀양 창녕 중에 보니까 박희선(朴熙琁)이가 되고 하대돈(河大敦)이나 뭐 신화식(辛和植)이나 안 되는 거로 그렇게 분석이 됐던 겝니다. 그 인구

비례로 보면 그렇고 또 밀양 사람들 감정이 좀 생겼다 말입니다. “이 우리가 훨씬 큰 군인데 이거 말도 안 되는 거 아니냐. 너거 그래? 좋다 우리는 제삼(3)당 민다.” 이래 돼버렸다 말입니다. 그래서 인자 밀양에서 국회의원 당선될 사람이 누구냐 조사를 했던 겝니다. 거기에 손재식(孫在植) 씨나 제가 인자 물망에 올라간 거지요, 올라가서 인자 조사를 해보니까 아, 그 제가 인자 그동안에 학생활동도 마이(많이) 하고 여러 가지 하고 또 우리 집에 에, 선고(先考)께서도 그렇게 인심 잃은 분도 아니고 어, 그 고을에 소문난 분이고 이러니께네 적임자다 이래가 인자 그 올라갔다는 거 아닙니까? 제가. 그래 올라갔는데 에, 뭐 그, 숨은 이야기들도 많이 있습니다만도 올라가가 그래 손재식(孫在植) 씨는 에, 어릴 때 에, 부모들 그, 품에 안겨가지고 의식이, 어, 어릴 때 아주 태어나 얼마 안 될 때 대전으로 이사를 갔어요, 그분이. 대전서 유치원 뭐 국민학교 중학교 고등학교 나온 사람입니다, 그 사람이. 대학은 서울대학 나왔을 겝니다 손재식(孫在植) 씨가.

(신상식 구술 https://mkoha.aks.ac.kr/IndexMain.do)

신상식의 경우 경제계 영입케이스로서 개인적인 입문배경을 밝히고 지역정서를 감안한 안배과정을 소개했는데, 그 외에 법조계, 언론계 출신 영입인사의 경우에도 이와 유사한 과정을 거쳤다.

면담자: 그 손재식(孫在植) 씨란 분은 인제 당시에 그, 부산시장으로.

구술자: 어. 시장이지요.

면담자: 시장으로 계셨고 그분과 인제 공천경합을 했던 과정에 대해서 말씀해주시는 거죠?

구술자: 그렇지. 그렇습니다. 그런데 에, 그래 가서 어, 그 손재식(孫在植) 씨는 대전 사람인 줄 아는 사람이 더 많은 겁니다, 밀양 사람인지 모르고. 밀양

사람 중에 거서 여론조사 하는 사람이 가서 물어봐도 "어. 손재식(孫在植)이 밀양 사람인 줄도 나는, 우리는 모른다." 이래 카는 사람들이 많다 이깁니다. 그래서 그다음에 부산시장인데 그때 제가 인제 그, 마지막 공천인데요. 그, 선거 치르기 한 한 달 보름 정도 남겨놓고 그 바꼈어요. 그때 인자 손재식(孫在植)이를 하게 되면 부산시장을 누를(누구를) 임명해가지고 지금 그 선거를 치를 것이냐, 시장이. 그래서 어, 그래서 시장 자리가 막중하고 그, 그러니까 손재식(孫在植)이는 부산시장 그냥 놔두라 안 된다 이렇게 결정이 된 깁니다. 그리고 제가 인자 해라 이렇게 됐지요.

면담자: 그것 좀 잠시 좀 의문점이 들어서 여쭤보겠는데요. 그 이, 여러 기관에서 이제 중앙정보부라든가 그, 당시에 인제 그 이, 보안사라든가 주로 그 이, 정당을 창당하고 할 때 인제 관여했던 기관들 아니겠습니까? 여론조사를 했다고 말씀을 하셨는데 그, 당시에는 인제 주로 인제 탐문형식이었습니까? 어떤 것이었습니까?

구술자: 어, 그 인자 그, 여론조사는요. 항상 그 경찰하고 행정은 합니다. 보호를 하도록 돼 있고. 그다음에 그, 제가 마, 구체적으로 사후에 들은 거는 청와대 그, 하고 그, 보안사에서 사람을 직접 밀양 창녕에 보냈다는 거 아입니까. 보내가 니가 몇 십 명씩 만나 봐라 모르는 사람. "그래 여 다음에 국회의원 출마하는 사람, 이래 떠들어쌌는데 누가 되겠느냐." 그러니 하대돈(河大敦)이는 떨어지도록 딱 나온다. 그래가 안 된다 캤는데 사실 하대돈(河大敦) 씨가 제 고등학교 선배입니다. 그리고 박희선(朴熙琁) 씨도 제 고등학교 선배입니다. 그래서, 그래서 하대돈(河大敦) 씨는 뭐 공천 떨어졌는데 박희선(朴熙琁) 씨는 저하고 어, 직접 선거를 했잖아요? 했고 사실 제가 밀양서 공천을 안 받았으면 박희선(朴熙琁) 씨가 되는 거지요, 그대로. 그래서 사실은 그.

면담자: 여러모로 좀 껄끄러운 관계가 많았겠습니다.

구술자: 어. 그 상당히 안 좋았지요. 그러나 어느 것이나 두 분 다가 여러 가지 오

해를 하고 그 두 분의 동기들이 저한테 오해를 한 분도 많지마는 저는 양심에 봐서요, 내가 뭐 박희선(朴熙璇)이를 국회의원 안 되구로 한다든지 하대돈(河大敦) 씨를 떨어뜨리게 하는데 그렇게 역할한 일은 하나도 없고 없고 지절로 자기들이 하니까 그래 된 깁니다. 그, 보세요. [웃음] 그러니 참 그 어, 어떤 면으로 보면요 국회의원 당선된다는 게 그기 그, 상당한 그, 자기 모르는 그, 운명적인 그런 것도 작용을 한다 이래 봐야 됩니다, 지금 보면. 옛날부터 그, 군의원을 할라 캐도 논뚜름쟁이를 타야 된다, 카는 말이 있잖아요? 있습니다. 그래 마, 그렇게 보면 됩니다.

면담자: 네. 아까 의원님께서 말씀하시기를 인제 105인 그, 창당멤버(member) 중에 한 분으로 이, 참여를 하시게 됐는데요. 그, 어떤 계기로 참여를 하시게 되셨습니까?

구술자: 예. 그래요. 그때 그, 민정당 창당하는 그, 실무책임자가 중에 한 사람이 윤석순(尹碩淳)이라는 내 친구입니다, 윤석순(尹碩淳)이. 그게 내 고등학교 동기인데 에, 윤석순(尹碩淳)이라는 친구가 아, 제한테 왔어요. 만나가지고 "야. 우리 부고 동기 중에 국회의원 했으면 잘할 수 있는 사람 누구누구냐?" 그래 한번 묻더라구요. "그래?" 그러니 어이, 그래 그 뭐 생각나는 몇 사람을 인자 들밌지요(들이 밀었지요). 들밌더니(들이 밀었더니) 그래 돌아와가 한 일주일 있다가 딱 다시 만나자 그라는 거야 인제. 만나가지고 "야. 니가 지금 이야기해준 친구는 전부 내가 그." 그때 인자 뭘 했느냐니께네 안기부 어, 뭐 기조실장인강 뭐 총무국장인가 그렇게 할 때입니다, 그 친구가. "그래 해보니까 니가 말한 딴 친구들은 하나도 당선될 사람이 없다. 그래도 당선될 수 있는 거 니뿐이다. 그래 니가 국회의원 출마해야 되겠다." 이깁니다. "그래? 그래 그게 내가 본래 국회의원 할라캔 사람인데 에, 당선확률이 있다 카면 마, 해야 안 되겠느냐. 근데 그, 니가 확실히 조사를 잘 해봤느냐?" "그래 여하튼 라프(rough)하게 해봤다." 이래. 그래가지고 인자 그, 부산고등학교에서 전체 대표로 창당발기인으로 제

가 들어가고 경남고등학교라 해갖고 부산서 부산고등학교, 경남고등학교 두 개가 쌍벽을 이루고 있는 고등학교입니다, 부산, 경남 고등학교. 거서 곽정출(郭正出) 의원이라고 그 친구가 인자 그, 창당발기인에 들어가게 된 겁니다. 그래서 어, 어, 뭐 부, 부산고등학교만 들어가고 경남고등학교 안 들어가면 또 안 되니까 거도 하나 옇고(넣고) 우리도 들어가고 이래 된 기라고 봐야지요, 그때.

면담자: 예. 그러면 의원님께서 적극적으로 그 이, 지원 의사를 피력하셨다기보다는 뭐 동기의 연이긴 했습니다마는 당시에 그 이, 창당의 그 이, 주도세력에서 이, 요청을 하고 픽업(pickup)을 하신 셈이네요?

구술자: 그렇습니다.

(강성원 구술 https://mkoha.aks.ac.kr/IndexMain.do)

민주정의당 차원에서 전국적인 밑그림을 마련하고, 당 조직을 통해 친분관계를 통해 접촉하는 방식을 충원의 기본구조로 삼았던 것이다. 이와 함께 출신 지역, 학교, 직종 등을 적절히 안배해서 했는데, 이 과정에서 지역정서 등을 파악하기 위하여 여론을 조사하기도 했다. 현재와 같은 광범위하고 체계적인 설문조사 방식이 아니라, 조사할 사람을 지역에 보내 유권자들의 여론을 직접 듣는 방식을 취했다. 이는 구체적인 여론을 확보할 수 있는 장점이 있을 수는 있어도, 발언자와 전달자의 주관이 개입될 수 있는 한계가 있고, 대상자를 다각도로 검증하는 데에는 실효가 크지 못한 방법이었다고 보인다.

3. 민주화 시기 창당과 영입

1) 전문성과 지역주의

1985년 신한민주당을 창당하며 전통적인 야당을 부활하고자 한 야권에서는 통일민주당으로 진화하고 동교동계가 평화민주당을 창당하여 분화하는 과정에서 대중적으로 지지받는 정당을 갖추려는 일환으로 외부 영입을 지속적으로 시도했다. 전통적인 당료나 계파인사 진영을 초월하여 대중적 인지도가 높은 인사를 영입하여 당의 신뢰를 확보하고, 지지도를 높이고자 했던 것이다. 그러기 위해서는 각 분야의 전문가나 명망가가 우선 영입대상이었다. 문민정부가 출범 이후에도 이러한 양상은 꾸준히 지속되었다.

홍재형의 경우 정통 경제관료로서 장기간 국제기구에서 근무한 경험을 가지고 있으며, 문민정부 시기 경제부총리를 역임한 경제전문가로서 김영삼 대통령의 권유로 총선에 출마하였으나 낙선했고, 국민의 정부에서 지역연고로 출마를 권유받아 당선됨으로써 정계에 진출한 독특한 입문 과정을 소개하였다.

면담자: 15대 총선에 출마 권유를 받게 되시지 않습니까? 김영삼(金泳三) 대통령의 권유로 이렇게 출마하시게 됐다고 알려져 있는데. 그 뭐랄까? 조금 의아스러운 거 같애요. 왜냐하면 인제 쭉 경제공무원으로 쭉 활동해 오시다가 재무부 장관, 부총리까지 역임하신 분을 그 선거현장에 내려가라. 그것도 또 이 당시만 해도 연세가 거의 60 가까워지시는 이런 때시지 않습니까? 정, 그니까 출마 권유를 하는 고 상황은 어떻게 돼서 그렇게 된 건가요?

구술자: 그때 여당이, 다음번 선거에서 여당이 다, 다수를 확보하는 것이 중요한 문제였던 거 같애요.

면담자: 대통령 선거도 또 있고 그래서 그런가요?

구술자: 아, 고 다음에 바로 국회의원 선거. 96년 4월에 15대 총선이니까. 근데 고 전에 뭐 지방선거가 있었던가 뭐 그래가지고 졌을 거예요. 예? 그러니까 인제 이 국회의원 선거에는 가능성 있는 사람을 뽑아서 공천을 줘서 꼭 어, 다수당을 만들어야겠다는 의지가 확고했던 거 같고, 그리고 김영삼(金泳三) 대통령이 그렇게 그, 정치권에 이렇게 물갈이라고 그럴, 물갈이가 아니라 이렇게 재충전시키는 데에 대해서 김영삼 대통령이나 김대중(金大中) 대통령이나 그게 좀, 어, 강했잖나. 어? 그런, 그런 것이. 그것이 겹치면서 이제 충북으로 알아보니까 그래도 충북 분위기가 나쁜데 뭐 홍재형(洪在馨)이가 나오면 혹시 가능성이 있을지 모르겠다. 그렇게 이제 누가 보고를 했을 수도 있죠. 그리고 김영삼 대통령이 정치에 오래 있었기 때문에 국회의원도 좀 경제를 아는 사람이 좀 가야 된다. 뭐 예결위원장도 뭐 할 만하고 뭐 그럴 사람 좀 가야지. 너무 그 경제 모르는 사람이 많다. 전문화가 필요하다고 본인은 생각을 하셨던 거 같애요. 그런 요인이 겹쳐가지고 그래서 구십오(95)년 팔(8)월쯤 해서 전화를 주셔가지고 "청주에서 좀 국회의원을 나갔으면 좋겠다."그러시더라고. 그래서 제가 청주에 전화를 걸어봤죠. 나오면 안 된다고. 지금 와이에스(YS) 인기도 떨어져가지고 안 된다고, 나오지 말라고. 근데 나 개인적으로는 내가 와이에스(YS)하고 뭐 이렇게 오랜 동안 친분이 있는 것도 아닌데 그 양반이, 대통령이 부총재(부총리: 구술자의 정정요청)까지 시켜줬는데 그 동양적인 사고방식으로 그런 의리라 그럴까? 채무의식 때문에 "나가겠습니다. 지가 선거운동도 안 해보고 그동안에 지역에 공을 안 들여놔서 그만둬야겠습니다." 그랬더니 이번 예산까지는 끝내고, 팔(8)월 달인데 금년 예산까지 끝내고 나가라 그러더라고요.

면담자: 아이, 그럼 선거운동 준비할 시간이 없잖습니까? [웃음]

구술자: 글쎄요. [웃음] 그런데 이제 하여튼 그래서 그해 12월에 개각이 있으면서 나갔죠. 출마했죠. 예. 그때도 당 사무총장하고 실명제 때문에 승강이가

있었고 그랬어요. 출마를 한다는 것이 기정사실화 된 후인데도.

면담자: 사무총장이요?

구술자: 응.

면담자: 당 사무총장이 그 해당 지역구에 누굴 미는 사람이 있었던 건가요?

구술자: 아니요. 아니요.

면담자: 그럼 어떤 일이,

구술자: 실명제를 보완해야 된다고.

면담자: 아, 아. 실명제.

구술자: "그 국회의원 선거하려면 그 실명제 때문에 요즘 말이 많은데 좀 보완을 해야 된다." 어? 고러고 고 다음에 이제 "금융소득 종합과세를 해야 되고 그럴 판이니까 완화해야 된다." 그래서 공개석상에서 사무총장하고 부총리하고 만났는데 부총리는 그 당에 국회의원 후보 될 사람이라는 게 알려져 있던 때기 때문에 신문의 가십(gossip)거리로 좋았죠.

면담자: 그러네요. 그 상당구를 맡으신 거죠? 처음에.

구술자: 그렇죠. 예.

면담자: 충북 청주 상당구. 상당구가 어리, 어리셨을 때 그 지내시던 곳인가요?

구술자: 원도심이죠. 어. 거기에서 초등학교, 중학교 다 거기 그 안에 있고. 근데 와이에스(YS)는 그때 그거 말고 흥덕구 쪽을 나갔으면 그러시, 그러더라고요. "아, 근데 전 여기서 나왔기 때문에 여기서 나와야 됩니다." 그랬더니 그때 거기에 국회의원 떨어져가지고 하던 양반이 정종택(鄭宗澤) 의원이 거기서 이제 그 협의회 회장을 하고 있었어요. 그 양반을, 어, 노동부 장관인가 환경부처장인가를 시켜주고 저를 이제 그, 글로 보냈죠. 상당구로.

(홍재형 구술 https://mkoha.aks.ac.kr/IndexMain.do)

홍재형은 제15대 총선에서 낙선한 뒤, 제16대 총선에서는 당적을 바꾸어 새천년민주당에 입당하여 출마하였다. 정치적 입장과 소신 보다는

지역주의에 편승한 충원의 일면을 볼 수 있다. 홍재형 스스로 밝히는 그 과정에 대한 설명이다.[3)]

면담자: 그러면 새정치국민회의 입당하시는 건 어떻게 해서 그렇게 하시나요?

구술자: 그렇게 하고 있는데, 그다음 해에 이제 99년에 강의를 하다가, 강의를 했는데, 다음 선거 되면 어차피 뭐 선거에 나오라고 누가 그럴 거다. 그러니까 골치 아프다 그래가지고 그때 마침 또 이렇게 우연히 돼 가지고 이스트웨스트센터(Center for Cultural and Technical Interchange Between East and West)에서, 하와이에 있는 이스트웨스트센터에서 그, 뭐, 초빙스칼라(scholar)로 해가지고, 연구원으로 해가지고 돈을 좀 주겠다. 대주겠다고 해서 글로 갔는데, 거기서 뭐, 거기서는 뭐 어싸인먼트(assignment)를 주고 하라는 건 아니고 그냥 뭐 사무실 하나 주고, 숙소 제공해 주고, 한 달에 몇 천 불씩 주고 괜찮죠, 뭐. 그런데 이제 하는데…. 거기서 컴퓨터(Computer)가 그때 처음 보고 그럴 때인데, 강습소도 있고 그렇더라고요. 돈 내고 하는 거. 그, 뭐라고 그러나? 사업 관계 하는 걸 뭐라고 그러죠? 그냥 프로그램 그때 여러 가지 프로그램 있잖아요. 그거 가서 강의도 중간에 듣고 뭐 왔다 갔다 하면서 시간 보냈는데, 이인제(李仁濟) 의원이 민주당에 들어갔어요. 새천년민주당에 들어가서 충청권 선거대책위원장을 맡은 거 같아요. 그러면서 "홍재형(洪在馨) 이를 데려와야…" 새천년민주당이 충북은 뭐 황무지나 다름없으니까 "데려 와야 되겠다." 그래서 하루는 영사관에서 뭐 그 센터(center)에 이인제 씨 비서실장이 왔다고 뭐 영사관 통해서 연락이 왔다고 그래요. 저를 초청해 준 쪽으로 연락이

3) 홍재형은 제16대 총선에서 새천년민주당 소속으로 출마하여 당선된 이래로 제18대까지 내리 3선을 역임하였고, 제18대 국회 하반기 국회부의장을 지낸 바 있으며, 이 과정에서 열린민주당의 창당에 참여하였고, 최근에는 더불어민주당 고문을 맡는 등 정치적 정체성을 일관되게 유지하고 있다.

온 모양인데. 아니, 난 국회의원 안 한다고. 안 만난다고. 그래서 스쿨에도 저기 뭐 아침 일찍 나와서 밤에 늦게 들어가고 안 만났어요, 그래가지고. 근데 이인제 씨는 자기 신당 할 때 '그래도 고생했다, 자기를 위해서.' 그런 그 마음도 있고 총재야 뭐 마땅한 사람도 없고. 그러니까 이제 좀, 자기가 충청권 책임자는 됐고. 충북도 사람이 없으니까. 충북에 꽂아야 되는데 국회의원 꽂을 사람이 없으니까. 그때 뭐 여당이 됐다 그러지만 그렇게 인기가, 충북 지역에서 민주당 인기가 그렇게 있는 건 아니니까. 그랬는데, 안 간다고 만나지도 않고, 안 만나고 있는데 집사람도 같이 하와이에 와 있었는데, 이 양반이 우리 아들 대학원 졸업식을 한다고 모처럼만에 대학원 졸업식 하는 데 서울을 좀 가야겠다 그래서 갔다 오라고 갔는데, 청주 사람들이 이제 붙잡고 늘어진 거예요. "청주 민심이 안 그렇다. 지난번에 떨어져서 이번에는 좀 찍어주려고 그런다." 그러고 이제 청와대에서도 김대중(金大中) 대통령도 이제 뭐 여당, 다수당을 만들어야 할 거 아니겠어요? 그러니까 이제 사람을 골랐겠죠. 고르다가 당에 지시해서 뭐 좀 영입하는 데 좀 도움을 해라. 뭐 그래가지고 충북도에 있는 골수당원들 있어요. 뭐 거기, 그 사람들 얘기로 특무상사 뭐 그래가지고 오래 민주당 한 사람들. 그 사람들이 집사람을 붙들고 가서, 붙고 늘어지는 바람에 집사람이 와서 국회의원 나가라고.

...(중략)...

구술자: 그래서 타의 반, 자의 반 민주당에 들어가서 선거가 한 달밖에 안 남았을 때예요.

면담자: 근데 이제 궁금한 거는요. 그동안 활동하시는 과정에서는 주로 공무원 생활 쪽 하셨던 거고, 또 김영삼(金泳三) 대통령 시절에 부총리까지 하셨기 때문에 정치적 성향이랄까? 이렇게 가까운 분들이 신한국당 쪽에 많이 계시지, 한나라당 이쪽에 많이 계시지 않습니까?

구술자: 아이, 뭐 그때야 정치하는 사람 별로 없죠. 신경식(辛卿植) 의원 정도나

뭐 내가 동문이니까 좀 알지만 뭐 한나라당 추천받아서 후보는 했지만 그렇게 가깝게 그런 사람이 많지는 않았죠.

면담자: 그러면 새천년민주당으로 당적을 갖게 되실 때도 크게 뭐 부담감이나 이런 거는….

구술자: 뭐 없었죠.

면담자: 정치적 견해에 따른 부담감은 크게 없으셨군요.

구술자: 와이에스(YS)한테만 있어가지고 와이에스(YS)한테 전화를 했어요. 워낙 또 그, 동교동하고 거기는 뭐 사이가 워낙 그런 데이기 때문에. 저는 뭐 당에 들어가서 알았지만. 그렇기 때문에 이제 전화를 드려서 "제가 글로 가려고 그럽니다." 그랬더니 아, 정치하는 분이 뭐 뻔히 정해놓고 전화했는데 뭐라고 그러겠어요. 그래. 가서 잘하라고 그러시더라고요. 그 양반도 탈당을 한 상태였으니까. 이회창(李會昌) 거기서 탈당해 나와 계실 때니까 그러니까 이제 정치적인 부담은 와이에스(YS)한테밖에 없는 거죠.

(홍재형 구술 https://mkoha.aks.ac.kr/IndexMain.do)

2) 정당 외연의 확대

1997년 대통령선거에서 헌정사상 처음으로 수평적 정권교체를 성공한 새정치국민회의와 김대중 대통령은 여당의 혁신과 대중적 지지를 추구하며 각계 전문인력을 영입하는 한편, 2000년 당명을 '새천년민주당'으로 바꾸었는데, 재야민주화운동 및 학생운동 출신 인사들을 대폭 영입하기도 하였다. 이 과정에서 정계에 입문한 우상호의 정계입문 과정을 소개하면 다음과 같다. 이전부터 청년정당에 관심을 두고 '제3의 힘'을 결성하여 활동한 바 있는데, 여러모로 독자 창당의 어려움을 겪는 상황에서 영입 제안이 이루어졌다고 한다.

구술자: 근데 같이 하던 동지들이 모여서 "도리 없다, 당을 못 만들면 내년이 선거

인데 움직여야 될 거 아니냐? 풀어주라."까지 얘기가 나오니까 99년도 이제 8월, 9월쯤에는 도리 없다. 그러면 자기가 제3의 힘을 밖에서 지키겠다. 너희들은 들어가서 그러면… 그때 나온 게 제3의 힘의 논쟁이 된 게 제3의 힘이 파견한 것이니 당과 견해가 다를 때 제3의 힘의 지시를 받겠느냐? 서약을 해라. 서약했어요. 근데 다들 선수들은 "그 서약해봤자 돼?" 이러면서 약간 뭐 한 사람도 있는데, 그게 뭐냐면 제3의 힘이 있던 강경파, 소위 말하면 독립창당론자들이 "좋다, 그럼 제2의 타협안이다. 서약해라." 서약서 썼어요, 저도.

면담자: 민주당으로 온 분들만 쓴 건 아니시죠?

구술자: 몰라요, 누가 썼나. 썼는지 안 썼는지까지는 기억은 안 나는데 사실은 정치권에 간다고 생각한 순간부터 제3의 힘 사무실은 거의 안 갔죠. 정당사무실 가지. [웃음] 술 먹으러 가끔 가고, 부르면. 저녁때 가서 "어떻게 되고 있냐?" 그러면 "모르겠다. 공천 받을지 안 받을지 몰라." 그런 얘기하면 독립창당론자들은 되게 이렇게 삐딱한 표정으로 '저것들 왜 왔어?' 이런 느낌. 우리 안에서도 이제 결국은 그런 상처가 조금씩 생기기 시작했던 거죠. 정치적 결사라는 게 운동결사는 쉬운데 정치는 누가 출마할 사람, 출마하는 사람을 도울 사람, 그다음에 기존 정당을 싫어하는 사람, 막 이런 것들이 중첩되면서 당시 제3의 힘이 굉장히 주목받다가 많이 이렇게 서로 쭉 각 당으로 찢어지면서 좀 힘을 많이 잃었죠. 그게 99년도 하반기. 본격적으로 창당이 시작되던 시기. 그러니까 그 새천년민주당 창당은 99년 10월 말, 11월부터. 창당준비위원회가 만들어지면서부터 시작됐거든요. 그러니까 얘기는 9월부터 있었는데, 8월 말, 9월 초에 물밑 논의가 있다가 그게 한 달 정도 탁탁탁 얘기가 되고 그게 정리가 된 다음에 이제 9월쯤에 아마 창당발기인이 만들어지고 우리가 10월 말쯤 결합하고, 창준위가 만들어져서 뭐 이렇게… 이런 식의 창당 일정을 받고 아마 2000년 초에 창당을 했을 거예요.

면담자: 이인영(李仁榮) 의원과 이야기를 주고받던 컨택 포인트(contact point)라 그래야 될까요? 당에 그분은 누구신지 혹시 알고 계십니까?

구술자: 최재승(崔在昇) 의원입니다.

면담자: 최재승(崔在昇) 의원이 그걸 전담해서….

구술자: 그니까 최재승(崔在昇) 의원이 익산, 고향이 익산 출신이고요. 김홍걸(金弘傑) 의원하고 친한 출신이신데, 그분이 굉장히 우리 세대에 대한 애정이 강했고 그래서 그분이 이제 말하자면 신계륜(申溪輪) 의원을 또 국회 입성시킨 분이거든요.

면담자: 입성시켰다 하면 다리 역할을….

구술자: 처음 정치 입문할 때부터. 그러니까 그게 이렇게 이렇게 신계륜(申溪輪) 의원과 친분이 있으니까 그게 이인영(李仁榮), 같은 고대 출신 이인영(李仁榮) 의원 연결이 되고 그게 이제 우리가 이렇게 연결되는 일종의 다리 역할을 해주셨죠. 당시에 창당의 산파 역할을 한 4인방이 제가 알기로는, 전체는 모르겠습니다마는 정균환(鄭均桓) 의원, 김민석(金民錫) 의원, 최재승(崔在昇) 의원, 그리고 또 한 명 더 있다 그랬는데 그게 윤철상(尹鐵相) 의원인지 뭐 정확히는 제가 모르겠는데 세 명 정도는 알아요.

면담자: 김민석(金民錫) 의원은 이미 당에 입당해 있었나요?

구술자: 초선의원이었죠, 새정치국민회의 대변인이었어요.

면담자: 아, 그랬군요. 조금아까 제3의 힘이나 청년 조직 분들이 새로운 질서로 구 정치 시스템을 좀 바꿔보자라는 표현을 해주셨는데요. 그때 그러면 구 정치를, "개선돼야 될 구 정치의 폐습은 뭐냐?"라고 할 때 좀 명문화되거나 암묵적으로 합의된 몇 가지 포인트들이 있었나요?

구술자: 사당화 돼 있는 기존 정당, 양김에 의해서 사당화 돼 있는 기존 정당 질서를 허문다. 그게 이제 기본이죠. 그니까 김대중(金大中) 대통령으로 정권 교체는 됐지만 정당은 여전히 사당화 돼 있고 비민주적이고 정치공천도 밀실공천 시스템이고. 지금 우리가 얘기하고 있는 많은 민주적 정당개혁

의 과제들이 그때 제3의 힘 안에서 논의가 많이 됐죠. 이런 정치가 바뀌어야 대한민국이 바뀐다. 그래서 우리가 기존 정치 입문법을 거부하고 새롭게 출발하자, 이런… 그렇게 합의를 했던 것이기 때문에 기존 정당으로 들어갈 때, 기존 정당으로 들어가려고 한 사람들이 대개 사실은 거기서 그 모임에 가면 많이 밀렸죠. 말을 할 수가 없잖아요. 그니까 그중의 일부는 뭐 "뱃지에 눈이 멀었냐?" 막 이런 비판도 하고 "그동안 우리가 같이 논의했던 내용은 뭐냐?" 이런 항의도 받고. 그러니까 그게 싫으니까 안 나오기 시작을 하죠. [웃음] 저만 가서 계속 욕먹었어. 나는 맨날 욕먹는 자리에만 앉아갖고 맨날 이렇게…. [웃음]

면담자: 공천 이야기도 오가고 하니까 출마 지역이라든지 또 의원님 스스로 뭐 캐릭터라 그러면 좀 그렇지만 어떤 정치인이 돼야 되겠다라는 구체적인 목표라든지 이런 것들이 그 당시에 좀 얼개라도 잡히셨습니까?

구술자: 그니까 그게 사실은 제3의 힘에서 논의됐던 내용을 실천하러 들어간다. 저는 그렇게 생각하고 있었죠. 그러니까 다른 분들과는 이런 구체적인, 개인의 뭐 정치를 어떻게 할 거냐에 대한 개인적인 비전이나 이야기를 들을 기회는 없었고, 저는 다른 사람 모두가 다 저와 같은 생각을 가지고 들어간다. 그리고 언젠가는 우리가 독립, 말하자면 우리가 뭔가 주도해서 정치를 한번 바꾸는 정치개혁의 기수가 돼야 된다. 이런 생각은 늘 하고 있었죠, 그 당시에는.

면담자: 그러면은 이제 뭐 다 그렇진 않으시겠지만 개개인 정치인들 이전에 가져왔던 어떤 모습하곤 달리 80년대 학생운동적 성격이 더 있는 거 같아요. 그러니까 뭔가 대의를 가지고 그걸 실천하기 위해서 활동의 장을 정치로 바꾼 거지….

구술자: 그렇습니다. 그러니까 그냥 자기 사회생활 하다가 어느 날 갑자기 "너 들어와." 한 것과는 다른 게 이미 "정치를 왜 해야 되는가? 한다면 어떤 정치를 해야 되는가? 경로는 어떤가?" 이런 토론을 수십 명의 당시 80년대 학

생운동 했던 동료들과 끊임없이 토론하고 시도를 해보다가 들어간 것이기 때문에, 다만 들어가는 방식에 있어서 전체의 동의와 합의를 얻지 못하고 들어가게 된 것이 좀 아쉬웠지만 그 당시에 그걸 준비하, 들어간다고 생각했던 사람들은 나름대로 그런… 진입을 하지만 진입하고 나면 우리는 우리만의 별도의 활동 패턴(pattern)을 만든다 이런 생각을 강하게 가지고 있었죠. 그래서 우리 네 명도 별도로 계속 만났었어요. 이인영(李仁榮), 임종석(任鍾晳), 우상호(禹相虎), 오영식(吳泳食)은 거의 일주일에 한 번씩 만나서 같이 정보 공유하고 뭘 준비할 거냐 이런 얘기하고. 근데 이제 이게 좀 웃긴 게 막상 정당에 들어간다고 약속하고 창당준비위원이 되니까, 그게 99년 하반기죠. 늦가을. 가을 이제 겨울로 넘어가는 그 시점에 슬슬 점점점점 불안해지기 시작하는 거예요. 공천을 받을 수 있는 건가? 왜냐하면 공천을 주겠다는 백퍼센트(100%) 약속은 없었어요. "야, 너희들 데려다 놓고 우리가 모른 척하겠냐?" 이 정도 수준, [웃음] 얘기. 그때 이인영(李仁榮) 의원을 통해서 들은 얘기죠. 그니까 이걸 준비해야 되는 거야, 뭘 해야 되는 거야를 전혀 알 수가 없는 거예요. 가장 먼저 사무실을 내고 움직임 사람은 이제 임종석(任鍾晳), 성동에다가. 그래서 성동에다가 사무실을 냈고요. 그다음에 그러다 보니까 들은 이야기가 오세훈(吳世勳) 씨가 성동구를 하고 싶어했대요. 근데 이제 김민석(金民錫) 의원이 그쪽을 만나는 포스트(post)였나 봐요. 들은 얘기라 정확하지 않을 수 있어. 확인해 봐야 됩니다만, 오세훈(吳世勳)한테 "거기 임종석(任鍾晳) 가 있는데. 임종석(任鍾晳) 한양대 나왔고." 그래서 이제 "당신은 25개구 어딜 내도 다 되는데." 그러면서 아마 제가 듣기로는 강서 쪽 어디를 가라고 했던 거 같애. 강서나 양천 어디 쪽을. 그랬더니 싫다 그러고서 자기 강남 간다고. 성동 안 주면 자긴 강남 간다 그러고 당을, 당시에 저쪽 당도 계속 교섭을 했나 봐요, 동시에. 그러니까 그렇게 선택했단 얘기를 전해 들었어요. 정확하진 않아요, 전해들은 거라. 임종석(任鍾晳) 의원은 사무실을 좀 일찍

낸 편이고요. 거기는 본인이 아예 딱 사무 공간을 지고 시작했죠. 저는 이제 참 체면상 그럴 수가 없어서 일산 아니면 서대문구 중일 텐데 서대문구는 김상현(金相賢) 의원이라고 하는 당내 2인자가 계셔서 줄 수 있을까? 이게 굉장히 불안한 처지가….

면담자: 일산은 왜 일산이신 거예요?

구술자: 거기 연대생들이 많이 살았어요. [웃음] 연대 졸업한 사람들이 일산에 정말 많이 살아. 집들이만 한 150 군데 갔으니까. [웃음] 근데 그렇게 심도 있게 고민한 건 아니고 근데 사실 이럴 때 우리 네 명이 앉아갖고 지역구 논의를 해본 적이 없어요. 그거 참 지금 생각하면 웃긴데 그때 만 해도 그게 되게 쪽팔린 짓이라고 생각했어요. 그니까 정치를 하면 어떤 가치를 갖고 할 거냐 막 이런 논의는 막 토론하는데 사실은 진짜 궁금한 건 "너 어떡할 거야? 지역구." 그거는 다 개인이 고민했어요. 전 그래서 이인영(李仁榮) 의원이 구로 갈 줄 몰랐어요. 그거 서로 얘기하기가 그거는 2000년 가서. 2000년 넘어가서야 창당하고….

면담자: 좀 더 지나고.

구술자: 아니, 창당하고 나서야….

면담자: 총선 임박해서야.

구술자: 예. 4월이 선거인데 그래서 결과적으론 제가 공천을 제일 늦게 받았어요.

면담자: 아, 그랬습니까?

구술자: 예.

면담자: 당시 오영식(吳泳食) 의원은 어디 지역구가 어디로 했습니까?

구술자: 본인이 원한 데가 있었는데, 그렇게 해서 네 명이 들어갔는데 2000년 초반에 한창 공천 시기에 공천 절차가 들어간 다음에 지역구를 셋밖에 못 준다, 이렇게 연락이 온 거야. 그래서 오영식(吳泳食)은 비례대표로. 그래서 그때 오영식(吳泳食) 의원이 막 좀 눈물도 흘리고 아니, 이게 분명히 자기까지 공천 준다고 그래서 왔는데 이게 지금 어떻게 된 거냐? 그래서

조금 마음아파하고 그랬었죠. 지금 생각하면 그때 좀, 그게 저도 그때 공천 못 받았을 땐데 비례대표는 제일 마지막에 주잖아요. 지역구 공천은 이제 임종석(任鍾晳) 의원이 제일 먼저 받고 뭐 이인영(李仁榮), 우상호(禹相虎) 순인데 오영식(吳泳食) 의원이 이제 비례대표를 그것도 당시에 안정권이 아니고 뒷순번이었어요. 그니까 보결로 들어간 거 아닙니까? 그래서 오영식(吳泳食) 의원이 되게 막 힘들어 했었어요. 말을 못하고 있는 거죠. 그래서 그냥 그 당시에 연결선이 이인영(李仁榮) 의원이니까 오영식(吳泳食) 의원이 이인영 의원한테 막 "형, 정말 이럴 수 있어?" 이렇게 항의하는, 항의하고 그랬었죠. 근데 뭐 그건 결정이 우리가 하는 게 아니라 기존 정치권에서 하는 거니까. 그런 걸 겪으면서 점점 현실정치의 말하자면 속성을 보게 되는 거죠. 새로운 당을 만들겠다고 호기 있게 막 준비하다가 그게 잘 안 돼서 기존 정당으로 들어갔는데 또 들어가면서 공천 걱정하게 되고 또 막상 공천을 했는데 우리 중에 셋은 지역구를 받았는데 한 명은 또 비례대표로 밀리고, 비례대표에서도 안정권이 아니라 바로 뒷순위를 받고 이런 과정을 거치면서 '아, 정치권이 이게 말이 좀 바뀌고 또 뭐 이렇게 확실한 게 없구나.' 저는 제가 서대문구 공천 받았다는 사실을 신문 보고 알았으니까요. 예.

(우상호 구술 https://mkoha.aks.ac.kr/IndexMain.do)

민주화운동 경험을 가진 이들이 영입된 것은 정당 입장에서는 군사독재 시기 민주화운동을 함께 한 넓은 의미의 동지들을 제도 정당으로 흡수하여 제도적 민주주의를 심화하고자 하는 성격, 대중적 지지를 더 확보하기 위하여 외연을 넓히는 성격 등으로 의미가 있다. 반면에 이러한 경로로 충원된 인사들의 경우 우상호의 증언에서 볼 수 있듯이 당시 제도권 정치의 폐해에 대한 비판적 입장을 갖고 있던 민주화운동 인사들이 새로운 정치를 모색하던 중 영입된 측면이 있다. 이처럼 영입 인사들의 정치적 지향이 뚜렷한 관계로 지역안배 등의 타협적 논의는 부차적인 문제였던 것이다. 즉, 실익과 명분의 측면에서 다른 영입케이스에 비해 명분을 비중있게 고려하는 양상이었다.

3) 진보정당의 제도권 진입

2000년대 정당의 정치활동과 정치자금 운용의 투명성이 확보되는 등 정치제도가 서서히 개혁되어 가는 가운데 진보정당의 출현도 특별한 정치현상 중의 하나라고 볼 수 있다. 진보정당의 구성원 영입과정은 다양한 계층의 참여 특히, 소수자의 참여를 보장하는 측면에서 이루어 지는 것이 특징이라고 할 수 있다. 여성, 청년, 장애인을 우선시하는 비례대표 선정 등이 그것이다. 이러한 진보정당이 원내에 본격적인 진입이 시작된 민주노동당의 창당과정을 천영세의 증언을 통해 살펴보면 다음과 같다.

구술자: 예. 다시 결합을 해서 본격적으로 그... 국민승리21이 에... 정치단체로서의 모든 본격적인 정당건설을 위한 준비들을 해가기 시작합니다. 주로 아무래도 노동 쪽을 대상으로 해서 지난번에 국민승리21 실패한 어떤 교훈, 그러함에도 불구하고 당위적으로나 현실적으로 우리가 노동자 민중의 정치세력화. 독자적인 정치세력이 반드시 있어야 된다 하는 부분을 강조하는 거. 강연이라든지 주로 교육 그런 부분들이 활발히 이루어지고 그러면서 그걸 위한 토대들, 준비들을 해나가기 시작합니다. 그래서 주로 그 당시가 노동 쪽, 그것도 민주노총 쪽하고의 간담회, 교육, 그런 부분이었죠. 노동자, 노동운동과 어떤 정치세력화 그런 주제를 가진 그런 부분을 하다가 이제 어느 정도 이것이 무르익었다 이렇게 이제 준비가 됐다고 봤을 때, 99년 초에, 아마 1월인가 그렇게 됐을 거 같아요. 그때 원탁회의를 제안을 합니다, 제민족민주진영에 대해서 국민승리21이. 그래서 새로운 진보정당 건설을 위한 모임을 제시민사회단체 쪽에 해서 그 당시에 세종문

화회관 국제회의실에서, 그때까지만 해도 원탁회의 같은 건 잘 안 했어요. 근데 이게 그 당시에 하여튼 최규엽 위원장이 아이디어를 냈는지. 옛날 그리스 기사도의 원형, 하여튼 그렇게 해서 원탁을 보다 회의분위기를 공평한. 그렇게 해서 원탁회의를 했는데 그 당시에 꽤 많이 모였어요. 한 330여명이 모여가지고. 그때 제가 회의를 주재를 하고. 그걸 바탕으로 해서 거기서 그 준비위원을 다음 어떤 정당건설, 진보정당건설을 위한 준비위원을 갖다가 한 열다섯 명 내외로 만들기로 하고 전형위원을 선출하는데 전형위원이 신창균 선생하고 권영길(權永吉) 위원장하고 저하고 3인이 거기서 선출이 됩니다.

면담자: 무슨 위원이라고 그러셨나요?

구술자: 전형위원. 준비위원을 전형하기 위한. 그게 지금까지 국민승리21만 있으니까 국민승리21이라는 것은 발전적인 해소를 하겠다. 기득권을 절대 주장하지 않겠다는 걸 전제로 했기 때문에. 그러면서 다음에 그런 모임들, 논의들을. 이게 논의가 진행해가야 되는데 그럼 그 주체가 있어야 될 거 아니겠어요, 준비해가는. 그래서 준비위원을 그 원탁회의에서 결정된 것이. 다음에 2차 원탁회의를 갖는다. 근데 2차 원탁회의를 갖기 위한 준비위원을 늘 330명이 늘 모일 수 없으니까. 한 15명 내외로 구성을 하되 그 구성에 대한 하여튼 이름을 전형위원이라고 했어요. 3인을 뽑았는데 그게 신창균(申昌均) 선생, 이쪽에 민민운동진영에서 그렇게 하고. 그리고 저기 권영길(權永吉) 위원장하고 저하고 천영세(千永世) 세 사람이 거기서 선임이 됐죠. 그렇게 해가지고 그 뒤에 3월 아마 중순인가 해서 2차 원탁회의를 하는데 그 당시에 한 550여명 그렇게 많이 모였습니다. 광범위하게 모여서. 그 당시에 웬만한 시민사회단체는 거의 다 왔어요. 근데 그 당시에 참관으로다 참석한 데들이 이를테면 협동조합운동 하는 한살림 그런 쪽, 그런 정도로 오고. 거기에는 다 참여를 해가지고 거기서 본격적으로 추진위원회를 구성을 하고 이후에. 거기서 대표들도 선출을 하고 그 격을 갖

춰서 해나가게 됩니다.

면담자: 정당건설하기로 합의가 됐을 때에 초기명칭도 민주노동당이었나요?

구술자: 아니었죠, 그건. 전혀 아닙니다. 그냥 진보정당. 진보정당 건설을 위한 원탁회의. 두 번째 원탁회의 할 때는 하여튼 그런 것을 내걸었었어요. 그 당시에 조직으로 중심은 대개 민주노총, 국민승리21, 그다음에 전빈련. 대개 조직으로는 그랬고 나머지는 개별적으로 인사들이 주로 많이 참석을 했고. 그랬는데 그 당시에 하여튼 신자유주의, 신자유주의 하여튼 걸개그림에, 원탁회의하는, 두 번째 원탁회의의 기억이, 하여튼 신자유주의를 이걸 분쇄해야 된다. 진보건설 신당 아래 신자유주의 분쇄하자인가? 하여튼 신자유주의를 제일 큰 하여튼 중요한 전략적인 우리사회가 해결해야 될 과제로 그때 전제를 했었어요, 그걸 논의를, 실무팀에서 논의를 해가지고서. 그때도 제가 사회를, 두 번째까지도 제가 사회를 보고 그러고서 그 뒤로부터 보다 안정적인 진보정당 건설 준비들을 해가게 됩니다. 그래서 12월 언젠가, 9월 언제 같은데? 그래서 63빌딩 국제회의장에서 발기인대회를 갖습니다. 발기인, 그 당시에 2,000 여명이 모여가지고 거기서 당명을 결정합니다. 근데 당명을 국민공모를 했어요. 그 당시에 당명제정위원장이 경남대학교 법대교수였던 조영근 교수였어요. 나중에 통합진보당의 고문으로도 참여하고 민주노동당도 같이. 근데 국민공모를 했는데 일흔 일곱개가 당명이 모아졌어요, 들어온 게. 그 당시에 관심이 상당히 많았다 그랬죠. 거기서 보니까 대개 분류를 하다 보니까 진보당의 류, 노동당의 류, 사회당의 류, 복지당의 류, 민주당의 류. 그런 것들이 대개 공통적으로다 들어가 있는 겁니다. 그래서 최종적으로 거르고 거르고 해서, 당명제정위원회, 당명제정위원회에서 걸러낸 것이 11가지를 골랐어요, 11개를. 그 부분이 대개 보면 복지당, 진보당, 노동당, 민주당, 뭐 하여튼 사회당, 그런 류가 이렇게 된 겁니다. 거기서 투표를 거쳐가지고, 열한(11)개를 놓고 투표를 거쳐서 최종적으로 남은 것이 세 개예요. 그게 통일민주진보당, 그

다음에 민주진보당, 그다음에 민주노동당이었어요. 근데 그 당시에 이걸 놓고 대개는 진영별로 쫙 나눠지는 경향이 나타났죠. 노동 쪽을 중심으로 해서 그 동안에 민중운동중심 이쪽으로다는 대개 민주노동당을 선호하고 그다음에 이쪽에 통일운동 민족문제 이쪽을 중심으로 하는 쪽은 통일민주진보당. 그런데 통일민주진보당을 선호한 쪽이 좀 패착을 뒀어. 이게 참 비망록에 나와야 될 얘기인데요. 세개를 놓고, 세 개를 놓고 최종결정을 해야 되는데 이쪽에 민족진영이 통일민주진보당을 하고 싶은 거예요. 그러니까 민주진보당을 이걸 갖다가 제끼고 싶거든. 그러니까,

면담자: 민주노동당을.

구술자: 예. 아니, 민주노동당을 결국에 상대를 해야 되는데 둘(2)로 해야 될 거 아니에요. 이게 둘(2)로다 1대1로 돼야 되는데 표가 갈리게 생겼잖아요. 그러니까 식자우환(識字憂患)이라. 그 당시에 조영근 교수가 저도 옆에 있고, 근데 이제 박순경 교수님하고 이렇게 앉아있는데 그 당시에 다 준비위원들이었어요. 그분들이. 근데 조영근 교수님은 뭐라고 그러냐면. 지금 대만에 아주 군소정당 야당이 하나 있는데 그게 민진당이다. 그래서 민주진보당을 잘못하면 언론에서 약칭으로 쓰면 민진당이 돼버린다. 대만의 이름도 없는 군소정당처럼 돼버리는 이 원대한 목표를 가지고서 출범하는 이 정당이 진보정당이 되겠냐. 이런 생각을 가지고 얘기를 한 거예요. 그러니까 박순경 선생이 딱 그것을, 박순경 선생이 딱 그것을 듣고서는 발언신청을 해서 나가서 그 얘기를 사실대로 한 거예요. “돌이켜 놓고 보면 거기 집권도 했잖아, 민주진보당이. 그리고 대만의 조그만 군소정당하고 여기하고 무슨 상관있어, 우리하고. 그리고 약칭이 여기서 민주진보당이니까 진보당으로 약칭을 해 달라 하면 될 거 아니냐. 왜 민진당이라고 주장할 거여?” 여러 가지가 있는데 내가 보기에 식자우환(識字憂患)이라고 그렇게 얘기한 거예요. 내가 지금도 만나면 그 얘기를 하는데. 그러니까 이게 쫙 갈려버린 거야. 그리고 그게 탈락이 되고 통일민주진보당하고 민

주노동당하고 이게 됐어요. 근데 요즘에 더불어민주당 긴 이름들도 막 나오고 이러지만 그 당시에는 아 이게 간단명료해야 된다. 통일민주진보당은 욕심을 너무 많이 낸 거다. 다 집어넣으니까. 그러니까 이게 중간에 있던 부분이 상당히 이쪽으로 쏠릴 수 있는 부분이, 그러니까 민주진보당을 했으면 그 당시에 얘기가 다 그거야. 민주진보당하고 민주노동당하고 했으면 민주진보당이 당명이 결정됐을 거다. 이게 나중에 다 공통적으로 진단하는 얘기예요. 근데 그게 떨구고 통일민주진보당하고 민주노동당하고 되니까 중간에 있었던 부분이 "야, 통일민주진보당 너무 길다. 더군다나 신생정당인데 국민들한테 빨리 당명이 똑바로 이게 입력이 되도록 해야 되는데 언제 통일민주진보당, 그거 얘기하다가 이후에 토론 같은 거 나가가지고 안 된다." 이런 분위기들이 확 돌면서 민주노동당이 어부지리로 당명으로 결정이 났어요. 과감한 시도였죠. 과감한 시도였고 그게 여러 가지 문제제기들도 많이 있었어요. 뿐만 아니라 그게 현실로 다가왔어요. 2000년도 1월 30일날 창당을 하고 그해 사4월 13일날, 4.13 총선을 치르는데. 그거 뭐 완전히 노동당, 북의 노동당, 빨갱이당 아니냐. 또 이쪽에서는 붙들고서는 운동원들이 후보들이 "우리는 민주노동당입니다." 하면 지나가는 유권자들이 대중들이 민주자만 듣는 거야. "아, 민주당? 알았어요." 그때 민주당 있었으니까. 새천년민주당인데 그 당시에 약칭이 민주당이거든, 새천년 안 붙이고. 그러니까 "민주당 알았어요." 설명할 겨를이 없이 됐어. 완전히 그 싸움 하다가 2000년 4.13총선을 끝냈다고 나중에 그게 참 운동원들이 후보들이 모여서 한 평가에요. 나중에 그걸 완전히 벗게 된 것이, 그런 어떤 빨갱이당 아니냐, 또 한쪽으로는 민주당 아니냐. 이 민주노동당의 시민권을 획득하도록 만드는 것이 사실은 2000년 창당하면서부터는 아니었어요. 총선 치르고 2002년 대선과 지방선거 치르면서 민주노동당이라는 당명이 명실공히 이제는 대중성을 갖고 시민권을 획득하게 됩니다. 그러니까 참 우여곡절이 많았어요. 그러니까 그 뒤에도, 민주노동당 뭐 굉장히 문제가 많았어요. 그래서 재창당 논의가 그 뒤에도 끊임없이 이루어지는데요. 전국연합이 나중에 참여하고 더군다나 전농이 조직적으로 합류를 하면서 그 과정에서부터 해서 또 일반학생, 시민들 대거 들어오면서 당명을 포함을 한 재창당. 이런 논의들이 계속, 그걸 그렇게 넣을 정도로 당명에 대해서 문제인식들을 많이 가졌어요, 비판들을 많이 하고. 그런데 나중에는, 나중에는 진영에 상관없이 "야 이 시민권을 획득을 한, 대중성을 획득을 한 민주노동당을 바꾼다는 건 말이 안 된다." 나중에는. 이게 공지의 다 사실이고 모든 국민들이 다 아는 민주노동당을 이제는 그건 북의 노동당하고도 다르고 민주당하고도 다른 민주노동당이다. 고유명사로서 민주노동당이다. 이 부분을 바꿀 이유가 없다. 나중에 실천적인 어떤, 그런 선거와 활동들을 통해서 나중에는 자연히 정리가 됐죠, 당명이. 그런 곡절이 있었습니다, 완전히 국민공모부터 해서 당명이 결정되기까지는. 그러면서 한 축으로는 또 제일 중요한 위원회가 창당을 준비하는 쪽에서 당명을 어떻게 정하는 위원회하고 또 하나가 강령이었어요. 결국에 당의 노선. 이념정당으로서 노선을 어떻게 가질 것이냐. 이 당명제정위원장은 조영근 교수, 그 다음에 강령제정위원장은 과거사진상위원회 위원장을 지낸 가톨릭대학의 사학과 안병욱 교수님이 하셨어요. 창당작업에 안병욱 교수님이 굉장히 적극적으로 참여했어요. 그다음에 지금 민주당으로 공천심사위원장으로 갔나? 지난번에 당기위원장 한 교육감, 경기도 교육감 김상곤(金相坤) 교수가 지금 얘기하다 보니까 여기에 국민승리21 그 이후에 민주노동당 창당에는 중요하게는 학계의 역할들이 굉장히 컸어요. 그래서 민주노동당 그 김상곤(金相坤) 교수는 국민승리21 그 대선이 치르던 97년도가 1년간 안식년이었어요, 한신대에서. 그래서 자기가 미국 가가지고 스페인 거쳐서 어디 유럽 거쳐서 모든 스케줄을 다 그쪽에서 잡아놓고 있었는데. 그러니까 얘기해가지고 여기 참여해야 된다. 더군다나 안식년이니까 시간도 많고 잘됐다. 그래서 거기 제가 선대본부장 할 때

선대부본부장으로. 물론 복수 부본부장이었지만. 그래서 그 안식년 모처럼만에 다 잡아놓은 가족들하고 잡아놓은 그걸 완전히 다 취소하고 그런 정말 헌신과 열정이 있는 분이에요. 그리고 내가 지금도 김상곤(金相坤) 교육감 얘기가 여기저기서 회자가 되잖아요. 그러면 내가 늘 얘기하죠. 내가 그 동안에 운동하면서 만난 많은 학자들, 교수들이 있는데. 가장 입장이 확고하면서도 덜 관념적이고 실사구시(實事求是)적인 그런 부분들을 갖춘 한 분이 지역에 교육감 하고서 대비해서도 제가 이름을 지금 밝히기는 그렇습니다마는, 하여튼 김상곤(金相坤) 교육감은 틀림없이 성공적으로 정말로 교육이 개혁적인 그런 부분을 잘 행할 것이다. 제가 얘기했는데 하여튼 그런 분들이 참여를 했어요.

(천영세 구술 https://mkoha.aks.ac.kr/IndexMain.do)

민주노동당에 참여하는 제 진영과 그 성격은 기존의 전선운동 조직과 운동진영중 정치지향 그룹을 망라하였고, 당명을 정하는 과정에서도 운동의 정체성을 반영하면서 대중적 지지를 확보하는 방안을 모색하였으며, 이러한 과정에서 가급적 전 당원의 의사를 수렴하고자 했던 정당 운영방식은 이전에 볼 수 없었던 정치적 시도라고 할 수 있다. 그렇게 출범한 민주노동당은 2002년 지방선거에서 255개 선거구 중 절반가량 후보를 내는 조직적 성과를 거둔 이후 2004년 제17대 총선거를 준비하면서, 정당득표 15%를 목표로 하여 활동한 결과 지역구 2석, 비례 8석을 당선시키는 결과를 얻었다.[4] 당시 비례대표 후보의 홀수 후보는 여성, 짝수는 남성을 배치하는 혁신적인 공천을 시도하였고, 후보는 계급과 계층을

4) 당시에 총선에는 9선의원이었던 자민련 김종필 총재가 비례대표 일(1)번으로 출마했는데, 민주노동당의 비례대표 8번인 노회찬 후보가 당선되고 김종필은 낙선을 하게 되어, 민주노동당의 약진과 보수정당의 쇠락의 명암이 회자되기도 하였다.

안배하여 당내 검증과정을 거쳤다. 정당운영과 공천과정에 있어서 기성 정당과는 전혀 다른 모습을 보이면서 국민들의 기대와 신뢰를 높여낸 측면이 있으며, 기존 정당의 공천방식에도 영향을 미치게 되었다.

4. 소결

정치발전과정에 따라 정당의 운영은 물론이고 창당과 정계진출 과정이 투명한 방향으로 진화를 거듭해 온 것이 사실이다. 민주화 이전 시기에는 주로 정치권력 상층부의 필요에 의해 하향식으로 의사소통이 이루어지는 가운데, 인력충원 또한 지연, 혈연, 학연 등을 통해 일방적으로 이루어져 왔다. 정계에 입문하는 직업군도 법조계, 언론계, 재계 등의 특정 군에 집중되어 있었다. 민주화시기로 진입하면서 대상과 영입절차가 다양해 지면서 전문성도 강조되었다. 이는 대중적 지지를 염두한 측면과 정당의 정체성을 강화하려는 취지도 담겨있다고 보인다. 다양한 분야의 전문성을 가진 이들, 장애인, 노동자, 여성, 청년, 당료 등 계층을 대변하는 인사 등으로 그 폭이 넓혀졌다. 이는 진보정당의 출현과 무관하지 않다.

또한 정계진출 인사들의 준비 정도도 이전에 비해 높다고 할 수 있다. 저마다의 정치적 소신과 정치활동의 계획을 가지고 입문하고 있다. 다만, 모든 세대와 계급, 계층을 조화롭게 대변하는 구조를 갖추어가고 있는가에 대해서는 아직은 충분치 않다고 할 수 있다. 이는 선거제도, 정치관계법 등과 유기적인 관계를 가진 사안인 만큼 한국정당정치의 과제 중의 하나로 삼아야 할 것이다.